Ralf Gréus

Entdeckertouren mit dem Wohnmobil

Toskana

und Elba

Die Anleitung für
einen Erlebnisurlaub

WOMO®
Der Wohnmobil-Verlag

Die Deutsche Bibliothek – CIP-Einheitsaufnahme

Bibliografische Information der Deutschen Bibliothek

Die Deutsche Bibliothek verzeichnet diese Publikation in der Deutschen Nationalbibliografie.
Detaillierte bibliografische Daten sind im Internet über <http://dnb.ddb.de> abrufbar.

Titelbild: Dom und Glockenturm in Pisa (Tour 1)
Bild in vorderer Klappe: Siena – Blick von der Domerweiterung (Tour 6)

Karten: Ralf Gréus
Fotos: Bildnachweise Seite 380

Herzlichen Dank an Florentine Zeun für die Ausdauer bei der Suche nach Fehlern

6. vollständig neu bearbeitete Auflage - 2023

Reihen- und Umschlaggestaltung:
www.martinveicht.de

Druck:
Beltz Grafische Betriebe GmbH, 99947 Bad Langensalza

Vertrieb:
GeoCenter GmbH, 70794 Filderstadt

Herausgeber:
WOMO-Verlag, OT Mittelsdorf, 36452 Kaltennordheim
GPS: N 50°36'38.2" E 10°07'55.6"

0049 (0) 36946-20691
verlag@womo.de
www.womo.de

MIX
Papier aus verantwortungsvollen Quellen
FSC® C089473
www.fsc.org

Autoren-E-Mail: Greus@womo.de

ISBN 978-3-86903-086-9

EINLADUNG

Schließen Sie die Augen und lassen Sie bei den Gedanken an die Toskana Ihren Vorstellungen freien Lauf:

Hügel kommen Ihnen in den Sinn und lange Reihen von Zypressen. Sie denken an die Kunst, an Florenz, Siena und an die mittelalterlichen Plätze anderer Städte; vielleicht auch an den Turm von Pisa. Sie sehen sich bei einem Cappuccino vor Renaissance-Fassaden sitzen oder mit einem Rotweinglas vor Ihrem Wohnmobil über den dunstigen Bergen des Chianti.

Ein klassisches Reiseland wartet auf Sie!

Folgen Sie uns durch eine der aufregendsten Kulturlandschaften Europas und verweilen Sie auf ausgesuchten Stell- und Campingplätzen.

Schon vor Jahren wurde die Toskana, nachdem sie vorübergehend mit zwei Büchern bereist werden musste, wieder in einem einzigen Band zusammengefasst. Dabei wurden die beschriebenen Routen keineswegs gekürzt, sondern sogar um eine ausgedehnte Elba-Tour erweitert. Und der Umfang des Reiseführers hat sich somit beinahe verdoppelt. Die nun vorliegende neue Auflage, die bereits zwölfte Toskana-Ausgabe seit dem Jahr 1991, ist vollständig überarbeitet.

Alle Empfehlungen und Tipps sind bestens, vielfach sogar über Jahre erprobt. So werden Sie Ihren Urlaub gut vorbereitet in einer für Wohnmobile idealen Region erleben.

Hierbei wünsche ich Ihnen viel Freude!

Ihr

Piazza dei Miracoli

Wenn der Volksmund ein Bautenensemble als *Platz der Wunder* bezeichnet und das außerdem zum Weltkulturerbe zählt, müssen auch wir immer wieder herkommen.

Tour 1, Seite 26

Palazzo Guinigi

Auf der Bastion des Turms in Lucca sind wir unter Steineichen bei jeder Reise vom Rundblick über die roten Dächer bis zu den blauen Bergen begeistert.

Tour 2, Seite 42

Capella Brancacci

Der Freskenzyklus in der Kirche Maria del Carmine ist eines der bedeutendsten Werke der Frührenaissance und gehört zu allen unserer Florenzbesuche.

Tour 4, Seite 84

Abend in San Gimignano

Nachdem am Abend die Tagestouristen abgezogen sind, erleben wir den ganzen Zauber dieser wundervollen, mittelalterlichen Stadt mit ihren berühmten Türmen.

Tour 6, Seite 137

Panorama dal Facciatone

Den Dom von Siena kennt fast jeder. Aber die Balustrade der unvollendeten Domerweiterung besucht so gut wie niemand, obwohl der Blick von dort sensationell ist.

Tour 6, Seite 148

Abbazia di San Galgano

Die gewaltige, gotische Klosterkirche steht im freien Feld, die Fenster fehlen, und statt eines Dachs wölbt sich der toskanische Himmel mit weißen Wölkchen.

Tour 7, Seite 177

Val d'Orcia

Eine Wanderung durch das Val d'Orcia, eine der großartigsten Landschaften Südeuropas, ist eine unserer Lieblingsbeschäftigungen in der Toskana.

Tour 9, Seite 211

Cascate del Gorello

Die warmen Schwefelquellen bei Saturnia begeistern uns an kühlen Ostertagen wie im Sommer, am Tag wie am Abend – und am meisten bei Vollmond.

Tour 12, Seite 257

Giardino dei Tarocchi

Der Skulpturengarten von Niki de Saint Phalle mit seinen bunten Figuren und den bizarren Gebäuden zählt für uns zu den größten Sehenswürdigkeiten der Toskana.

Tour 13, Seite 264

Tombolo di Cecina

Zum sommerlichen Gang durch die prächtige, kühle Pineta nehmen wir die Badesachen mit. Das Ziel sind einsame Sandstrände am glasklaren Meer.

Tour 16, Seite 340

Inhaltsverzeichnis

Unsere persönlichen Top Ten 4

Gebrauchsanleitung 8

Tour 1: Zwischen Meer und Marmorbergen
Pontremoli – Carrara – Colonnata – Viareggio
Pisa – Marina di Pisa – Calci – San Giuliano Terme 12

Tour 2: Nach Lucca und in die Garfagnana
Lucca – Bagni di Lucca – Barga – Coreglia Antelminelli
Castelnuovo di Garfagnana 38

Tour 3: Zwischen Florenz und der Küste
Collodi – Montecatini – Pistoia – Vinci – San Miniato
Poggio a Caiano – Artimino 54

Tour 4: Florenz & Co
Florenz – Fiesole – Pratolino – Prato 78

Tour 5: Im Zeichen des schwarzen Hahns
Greve in Chianti – Castellina – Radda in Chianti
Badia a Coltibuono – Gaiole – Castello di Brolio 99

Tour 6: Hügel, Türme und nach Siena
Barberino Val d'Elsa – Certaldo – San Gimignano
Colle di Val d'Elsa – Strove – Monteriggioni – Siena 122

Tour 7: Etruskisch, hügelig, mittelalterlich
Volterra – M. Marittima – Roccastrada – S. Galgano 156

Tour 8: Weinland
Montalcino – Sant'Antimo – San Quirico d'Orcia
Bagno Vignoni 182

Tour 9: Zu den Kalendermotiven
Pienza – Montepulciano – Asciano – Rapolano Terme 199

Tour 10: Geheimtipps im Nordosten
Vallombrosa – Stia – Poppi – La Verna – Anghiari
Monterchi – Arezzo 218

Tour 11: Von Südosten zum Monte Amiata
Lucignano – Cortona – See von Chiusi – Radicofani
Monte Amiata – Arcidosso – Santa Fiora 232

Tour 12: Tufftour
Sorano – Pitigliano – Sovana – Saturnia – Scansano 250

Tour 13: Die südliche Maremmaküste
Capalbio – Orbetello – Talamone – Alberese 262

Tour 14: Die nördliche Maremmaküste
Grosseto – Castiglione d. Pesc. – Golf von Baratti 280

Tour 15: Reif für die Insel – Elba
Capoliveri – Porto Azzurro – Rio Marina – Lacona
Marina di Campo – Marciana Marina – Portoferraio 296

Tour 16: Die Etruskerküste
Venturina – Marina di Bibbona – Cecina – Livorno 330

Tipps und Infos
Anreise 347
Autoaufbrüche / Diebstahl 351
Campingplätze 353
Freies Camping / Stellplätze / WOMO-Parkplätze 354
Gas 356
Geld 358
Geschichte 359
GPS / Navigation 361
Hunde 362
Landkarten – auf Papier und virtuell 362
Lebensmittel / Getränke 363
Literatur 363
Notfälle 363
Preise 364
Rad fahren 364
Reisezeit / Klima / Feiertage 365
Restaurants 367
Sehenswürdigkeiten / Öffnungszeiten / Schönste Dörfer 368
Telefonieren 369
Toiletten / Entsorgungsstationen / Wasser 369
Unfall 370
Verkehr / Straßen / Umweltzonen / Tankstellen 372
Wanderungen 374
Wein 375

Wissenswertes (im beigen Kasten)
Der Schiefe Turm von Pisa 26
Via Francigena 45
Der Ölbaum 68
Mord im Hause Medici? 73
Öffnungszeiten, Eintrittspreise, Vorbuchungspflichten 81
Wer waren die Medici? 89
Weinprobe mit Chip 102
Süßes in Siena 154
Kalenderfotos 200
Kalenderfotos – Teil 2 243
Giardino di Daniel Spoerri 247
Die Katastrophe der Costa Concordia 270
Kalenderfotos – eine Zugabe 288
Der Golf von Baratti 294
Allgemeine Hinweise zu Elba 297
Bergbau auf Elba 315
Napoleon auf Elba 326
Mick Jagger und Sarah Ferguson in Castagneto Carducci 326

Stichwortverzeichnis 377

Gebrauchsanleitung

Reisegebiet

Kaum ein Leser wird zweifeln, wohin die Reise gehen soll, auch wenn er die genauen Grenzen der italienischen ***Region Toscana***, einer nach dem Staat obersten Gebietskörperschaft Italiens, nicht kennt. Das Reisegebiet ist mit knapp 23.000 Quadratkilometern etwas mehr als halb so groß wie die Schweiz, umfasst aber nur ein Drittel der Größe Bayerns. In der Toskana leben 3,7 Millionen Einwohner (163 Personen pro Quadratkilometer, Schweiz: 207, Bayern: 185), was Ihnen sagt, dass die Region nicht dicht besiedelt ist und was für eine Wohnmobilreise günstig ist.

Sie haben sich für eine Fahrt in die Toskana entschlossen, weil Sie hier eine außergewöhnliche Mischung von kunsthistorischen, kulturellen und landschaftlichen Reizen antreffen, und das sogar noch hinter einer Badeküste – von Elba ganz zu schweigen. Zweifellos werden Ihnen, vom Hochgebirge einmal abgesehen, alle Arten spektakulärer Urlaubsziele geboten. Und Sie werden in der Lage sein wetter- und situationsbedingt ganz schnell von einem Bereich in den anderen zu wechseln, weil alles dicht beieinander liegt.

In diesem Buch ist übrigens die Schreibweise des Reisegebiets eingedeutscht, Sie begleiten uns auf 16 Touren durch die Toskana mit *ka*.

Florenz – Tour 4

Karten, Symbole und Kilometerangaben

Alle WOMO-Reiseführer sind nach Touren untergliedert, die mit den wichtigsten Ortschaften auf der **Übersichtskarte** im hinteren Bucheinband dargestellt sind. Einzelheiten zu diesen Touren, insbesondere die dort empfohlenen Stell- und Campingplätze, finden Sie in den jeder Tour vorangestellten **Tourenkarten**, deren verwendete **Symbole** auf der hinteren Einbandklappe erläutert sind.

Die **Kilometerangaben** neben den Tourenüberschriften erlauben nur eine erste Orientierung über die Länge der jeweiligen Tour und betreffen die Entfernung ab dem letzten Stell- oder Campingplatz der vorhergehenden Tour, soweit diese an die beschriebene Tour unmittelbar angrenzt (ansonsten von dem im Text beschriebenen Touranfang), bis zum letzten Stell- oder Campingplatz der aktuellen Tour.

Stellplätze, Farben und Nummern

Die Stellplatzsymbole zeigen auf den ersten Blick, ob es sich um einen **Campingplatz** (Zelt), einen übernachtungsgeeigneten **WOMO-Parkplatz** (vollfarbiges Oval) oder um einen **Offiziellen WOMO-Stellplatz** (Wohnmobilzeichen) handelt. Letzterer betrifft Flächen, die von privater oder amtlicher Hand für Reisemobile – meistens über eine Preisangabe oder ein Wohnmobilsymbol – ausgewiesen sind.

Auch die **Farbe** eines Stellplatz-Symboles hat eine Bedeutung: **Blau** steht für eine nahe Bademöglichkeit in natürlichen Gewässern, einer Therme oder einem besonders interessanten Schwimmbad. **Grün** kennzeichnet einen Platz, an dem typischerweise Wanderungen beginnen und dort meistens beschildert sind. **Hellgelb** sind alle Plätze bei Winzern, Bauernhöfen oder Gaststätten, die nicht öffentliche Parkplätze sind. **Orangegelb** sind die Plätze ohne die vorgenannten Merkmale. Nur Plätze, die eine durchlaufende **Nummer** tragen, sind zur Übernachtung geeignet oder dafür zugelassen. Diese Plätze werden im Text entsprechend ihrer vorgenannten Eignung farbig unterlegt und stehen meistens in einem **Stellplatzkasten** mit den wichtigsten Informationen. **Olivgrün** sind dort die Campingplätze.

Zum Verständnis der **GPS-Daten**, der Geräteeinstellung und dem Bezug der Daten erfahren Sie genaue Einzelheiten hinten bei den Tipps.

Max. WOMOs meint die Kapazität von Stellplätzen, bei öffentlichen Parkplätzen die geschätzte Anzahl, die man der Bevölkerung noch zumuten kann oder die Wohnmobilen mittlerer Größe zur Verfügung steht. Diese Angaben hängen von der Größe anderer Wohnmobile, von den Dimensionen Ihres eigenen Fahrzeuges und von dem Parkverhalten anderer ab. Selbst auf offiziellen Plätzen, auf denen durch feste Einzeichnungen oder Buchten die Parzellen definiert sind, besteht bisweilen die Möglichkeit, mehr Fahrzeuge unterzubringen. Nicht alle in diesem Buch erwähnten Stellplätze kommen für Wohnmobile im Lastwagenformat infrage, zumal die Geeignetheit für **große Reisemobile** zum einen davon abhängt, ob schon andere Großfahrzeuge dort parken, aber auch, ob man lange Wagen beispielsweise mit dem Heck über eine Grünfläche ragen lassen kann, was ebenfalls situations- und fahrzeugabhängig ist. Maßangaben sind daher nur eine grobe Schätzung. Ich bitte um Verständnis, dass ich auch einige Plätze erwähne, auf die ausschließlich kleinere Fahrzeuge passen. Etwa die Hälfte aller Neuzulassungen betrifft heute Kastenwagenausbauten.

Bei Campingplätzen und offiziellen Stellplätzen nenne ich immer die **Öffnungszeiten**.

Ich vermittle Ihnen die **Ausstattung** der Plätze, insbesondere mit Ver- und Entsorgung, Strom (wobei nicht zwingend jeder Benutzer einen Steckdosenzugang findet), Toilette, Dusche und Müllgefäßen, bei Campingplätzen vor allem mit Pool oder Einkaufsmöglichkeit Unter **Beschreibung** wird Ihnen Näheres zur Beschaffenheit, der Lage, der Nutzungseignung und meiner eigenen Beurteilung mitgeteilt. Es wird Ihnen verraten, wenn ich Stellplätze für **klappstuhlgeeignet** halte, wenn Sie also außerhalb Ihres Fahrzeuges sitzen und essen können. Niemand zwingt Sie aber, dort Ihre Campingmöbel vor die Tür zu stellen, falls sich meine Einschätzungen als zu unsensibel erweisen. Kein WOMO-Parkplatz in diesem Buch ist dafür geeignet, sich tagelang wie auf einem Campingplatz aufzuhalten, mit Markise, Stühlen und Grill. So gut wie kein Stellplatz eignet sich dafür, Campingmöbel über Nacht vor der Tür zu belassen und nur wenige Stellplätze sind Grillplätze, – wobei kein WOMO-Autor jemals verspricht, dass man irgendwo auf der Welt noch auf eigener Kohle grillen darf.

Das angegebene **Preisniveau** ist nur eine Orientierung und bezieht sich bei den Campingplätzen auf ein WOMO mit zwei Erwachsenen in der preiswertesten und in der teuersten Zeit – ohne Strom (falls er nicht im Grundpreis enthalten ist), Kurtaxe und Hund; bei den Stellplätzen ohne Kurtaxe, Strom und Wasser.

Der letzte Stichpunkt in den Tourenkästen ist die Beschreibung der **Zufahrt**. In Zeiten der GPS-Navigation halte ich die Darstellung möglichst knapp, – es sei denn, die Anfahrt zu einem Platz mithilfe des Navis bereitet Probleme.

Wanderungen

Ich schildere Ihnen die Streckenführung, nenne deren Länge oder die benötigte Wanderzeit sowie die erforderliche Wanderkarte (und meistens eine sinnvolle App). Damit die gehfaulen Leser entspannt weiterlesen können, sind die Beschreibungen von Wanderstrecken grün unterlegt.

Restaurants

Meine Restauranttipps beziehen sich überwiegend auf Ristoranti und Pizzerien, die ich bezüglich der Essensqualität oder der Stimmung für überdurchschnittlich, nicht unbedingt außergewöhnlich halte und die mehr bieten als Durchschnitt. Sonst wäre die Empfehlung letztlich nur eine Warnung vor dem Reinfall anderswo. Aber diese Hinweise erweisen sich leider als immer kurzlebiger. Sie müssen also die Augen und die Nase offenhalten. Angeführte Ruhetage gelten meistens nicht an Feiertagen.

Top Ten, Sehenswürdigkeiten, Tipps und Infos

Mit den Seiten vier und fünf dieses Reiseführers soll Ihre Neugier geweckt werden. Dort haben wir aber nicht unbedingt die größten Sehenswürdigkeiten des Zielgebietes aufgezählt, sondern zehn Kleinode oder Knüller, die uns persönlich besonders gut gefallen haben und die wir nicht nach einem Ranking, sondern nach ihrer Reihenfolge in den Touren beziffert haben.

Bei den Öffnungszeiten von Sehenswürdigkeiten nenne ich, soweit bekannt, die Kassenöffnungszeiten und gebe in der Regel die nicht ermäßigten **Preise** an.

Die **Tipps und Infos** am Ende des Buches machen Sie mit den Besonderheiten der Reiseregion vertraut.

Reiseführer und der Zahn der Zeit

Bei den Stellplätzen und allen anderen Angaben kommt es im Laufe der Lebensdauer einer gedruckten Auflage immer wieder zu Veränderungen. Es lohnt sich deshalb stets ein kurzer Blick ins Forum des WOMO-Verlages (www.womo.de). Ich versorge Sie dort mit weiteren aktuellen Informationen. Sie können dabei helfen, Hinweise für alle Leser aktuell zu halten, indem Sie selbst dort melden, wenn sich irgendetwas (Ristorante, Wanderweg u. a.) verändert hat, vor allem, wenn ein Platz nicht mehr existiert oder verboten ist, oder wenn Sie etwas Neues entdeckt haben. Sie erreichen mich jedoch auch direkt über die Mailadresse greus@womo.de.

Ich freue mich über jede Zuschrift!

TOUR 1

nach Pontremoli
001
002
Miseglia
Colonnata
005
003
Cave Marmo
006
007
CARRARA
004
Alpi Apuane
nach Castelnuovo
1
12
Marina di Carrara
MASSA
San Carlo
Tour 2
008
Marina di Massa
Forte dei Marmi
Pietrasanta
439
10 km
Lido di Camaiore
WC 009
VIAREGGIO
010
WC 011
012
11
014
C
013
Villa Puccini
Lago di Massciucolli
Torre del Lago Puccini
La Valle
nach Lucca
20a
San Giuliano
020
015
018
Calci
016
PISA
019
017
Arno
nach Vicopisano
Marina di Pisa
nach Firenze
nach Livorno

Tour 1: Zwischen Meer und Marmorbergen 240 km

**Pontremoli – Carrara – Viareggio – Pisa
Marina di Pisa – Calci – San Giuliano Terme**

Stellplätze:	in Pontremoli, in und bei Colonnata, in Marina di Carrara, in Lido di Camaiore, in Viareggio, in Torre del Lago Puccini, in Pisa, in Marina di Pisa, in Calci, in Vicopisano, in San Giuliano Terme
Campingplätze:	bei Pontremoli, in Marina di Massa, in Viareggio, in Pisa
Besichtigen:	Pontremoli, Marmorsteinbrüche bei Colonnata, Innenstadt, Dom und Marmormuseum von Carrara, Viareggio, Lago di Massaciuccoli, Domplatz in Pisa mit Schiefem Turm, Altstadt von Pisa
Wandern:	Wanderung ab Colonnata; von Calci auf den Monte Verruca
Essen:	*Osteria della Bietola* in Pontremoli, Ristorante *Al Quinquantatre* in Viareggio, *Sosta dei Cavalieri* in Pisa

Hätte man Ihnen an der Autobahn A 15 von Parma nach Pisa nicht mit einem grünen Schild den Beginn der Toskana angezeigt, würden Sie an der Kleinstadt **Pontremoli** (7.900 Einwohner) achtlos vorbeifahren und nicht bemerken, dass Sie schon hier, am Südrand des Apennin, den nördlichsten Anlaufpunkt in unserem Reisegebiet finden. Der malerische Ort ist mehr als ein Etappenziel und eignet sich gleichermaßen für den ersten wie auch den letzten Abend in der Toskana. Sie werden Ihr WOMO am Rand einer bilderbuchartigen, kleinen Altstadt mit

Pontremoli

Castello di Piagnaro

schönen Arkaden abstellen und die Mühe der Parkplatzsuche mit einem kurzen Spaziergang zum Fahrstuhl auf die Bastion des **Castello di Piagnaro** krönen. Das lohnt wegen der Sicht, vor allem wegen des einmaligen **Museo Statue Stele**, in dem Steinfiguren aus dem Neolithikum, der Zeit aus dem 5. bis 1. Jahrtausend v. Chr., ausgestellt sind *(9:30–17:30 Uhr, Juni–Sept. bis 18:30 Uhr; 7 €; Aufzug am Osthang des Burgberges durch die Via Garibaldi)*. Die Stellplatzbedingungen sind leider nur noch zweitklassig, aber das Städtchen lohnt sich:

(001) WOMO-Stellplatz: Pontremoli

GPS: N 44°22'40" E 9°52'50", Via Chiosi. **Max. WOMOs**: 5.
Ausstattung: Wasser oben bei den Bänken, Mülleimer.
Beschreibung: Sie stehen am Rand eines Parkplatzes, der hauptsächlich Pkw dient und sich nur für die reine Übernachtung eignet. In das Zentrum mit Geschäften und Gaststätten sowie zum Aufzug auf der Rückseite der Burg kann man ganz bequem über eine Brücke zu Fuß spazieren. Die Markierungen sind für viele WOMOs zu kurz. Auf der einen Randseite kann man trotzdem noch stehen (siehe Foto). Tagsüber sind die Plätze zeitweise stark belegt.
Zufahrt: Verlassen Sie die Autobahn A 15 (Parma – La Spezia) bei der Abfahrt *,Pontremoli'* und folgen Sie dem Wegweiser *,Centro'*; bleiben Sie auf dem westlichen Flussufer und verlassen Sie sich auf das Navi zum Parkplatz fast auf dem Westufer des westlichen (!) Flusses an einer Fußgängerbrücke.

Wenn Sie eine Lücke gefunden haben, lohnt sich ein kurzer Weg über die Brücke zur preiswerten Hausmacherküche der ***Osteria della Bietola*** *(Via della Bietola – nach der Fußgängerbrücke links, Tel. 0187 831949; Do. geschlossen)*.

Schöner übernachten Sie elf Kilometer weiter nördlich im Gebirge, im Ortsteil Grondola:

(002) WOMO-Campingplatz: Pontremoli/Grondola *Federico Farm*

GPS/Kontakt: N 44°25'17" E 9°51'18"; www.federicofarm.com/camping.
Öffnungszeit: April bis September.
Ausstattung: Mehrere Spiel- und Sportmöglichkeiten, Wanderwe-

ge, Frühstück, unzureichende Toilettenentsorgung.
Beschreibung: Das schattige Gelände liegt sehr schön und ruhig am Rand eines kleinen Dorfes, in dem Sie nichts kaufen und nicht einkehren können, in den Bergen neben einer Schafweide.
Preise: 36–44 €.
Zufahrt: Der Campingplatz liegt nordwestlich von Pontremoli. Wenn Sie von Norden anreisen, können Sie die A 15 schon an der Abfahrt ‚Borgotaro' verlassen bzw. auf dem Heimweg über Borgo Val di Taro erreichen. Das ist aber zum Teil ein ziemliches Gegurke.

Nach einer unerwartet frühen Nacht in der Toskana könnten Sie 23 Kilometer südlich von Pontremoli bei Aulla entgegen unserem Tourverlauf zum Ende unserer 2. Tour gelangen (Näheres siehe dort). Bei der hier begonnenen Tour müssen Sie zunächst auf der A 15 bleiben und am Autobahnkreuz von La Spezia Richtung *‚Livorno'* abbiegen. Wenn das misslingt, könnten Sie umdisponieren und, falls Sie mit der richtigen Literatur ausgerüstet sind, in Ligurien statt in der Toskana urlauben. Wahrscheinlich werden Sie sich nicht verfranzen, meinen aktuellen Ligurienführer der WOMO-Reihe haben Sie vielleicht trotzdem im Gepäck.

In vorliegendem Buch werden Sie zunächst nur kurzzeitig von mediterraner Stimmung umweht, bevor Sie ein paar Kilometer hinter **Carrara** auf einem schmalen Sträßchen (für alle WOMO-Größen geeignet, vor den Kurven hupen) zwischen grünen Wäldern beim Dorf **Colonnata** die berühmten **Marmorsteinbrüche** suchen.

Folgen Sie den Wegweisern zu den *Cave (di) Marmo*, wo Sie den Abbau des Marmors in den unteren Etagen der fast 2.000 Meter hohen Apuanischen Alpen besichtigen dürfen:

Marmorabbau in den Apuanischen Alpen

Wenn Sie zu den Stellen klettern, an denen der Marmor gewonnen wird, erkennen Sie, wie mit Drahtseilen und mithilfe einer Schmiere aus Sand und Wasser ganz langsam große, rechteckige Marmorblöcke aus dem Berg geschnitten werden – mit einer Technik, die man erst im 19. Jahrhundert entwickelt hat. Bis dahin wurde seit der Renaissance Sprengstoff verwendet – und somit Raubbau betrieben, dessen Abfall auf riesigen Schutthalden schon vom Strand aus zu sehen ist und den unkundigen Urlauber zunächst glauben lässt, auf den Bergen liege noch Schnee. Vor der Erfindung des Schwarzpulvers, vor allem in der Antike, rammte man Holzpfähle in den Fels und begoss diese mit Wasser. Durch das Aufquellen des Holzes wurde der Marmor in den natürlichen Adern auseinandergesprengt.

Sie dürfen sich am Rande der Steinbrüche in Ruhe umsehen. Aber verlassen Sie auf keinen Fall die Wege, von denen alles zu sehen ist. Sie können es sich aussuchen, ob Sie sich die Marmorbrüche an einem

In den Marmorsteinbrüchen

Werktag vornehmen oder lieber an einem Sonntag. Während Sie an Ersterem besser erkennen, wie der Stein dem Berg abgerungen wird, dürfen Sie sonntags ungehindert (bitte aber mit der nötigen Vorsicht) bis unmittelbar zu den Drähten vordringen und die technischen Feinheiten aus allernächster Nähe betrachten. Allerdings sind die Zufahrten zu den Abbaustellen meist gesperrt. Für alle Touristen, die sich nur ungern eigenverantwortlich umsehen, gibt es die organisierte ***Marmo-Tour***, die wir selbst noch nicht erprobt, von der uns Leser aber begeistert berichtet haben. Sie starten in **Miseglia** (dazu gleich mehr) in einem Kleinbus, Sie steigen nach wenigen Minuten aus und sind sodann etwa eine halbe Stunde zu Fuß unterwegs, um die Marmorgewinnung aus nächster Nähe zu betrachten *(April, September, Oktober 11–17 Uhr, Mai, Juni bis 18 Uhr, Juli und Aug. 10–19 Uhr; 15 Euro/Person; Wanderschuhe sind sinnvoll; siehe auch unter www.marmotour.com; diese Tour findet in einem Raum statt, der Kathedrale des Marmors genannt wird. Es gibt weitere Anbieter, die Sie vor Ort erkennen, darunter eine Tour, die im Allradfahrzeug – Sie sitzen zum Teil seitlich im Auto – oberirdisch durch die Steinbrüche führt – siehe unter www.cavedimarmotours.com).*

Sie werden schnell bemerken, dass man auch heute keineswegs schonend mit den steinernen Gaben der Natur umgeht, denn das Marmorgeschäft floriert in vielfältiger Weise. Nach einer Flaute in den Sechzigerjahren des vorigen Jahrhunderts sorgten zunächst die Ölscheichs beim Bau ihrer Prunkpaläste für den gehörigen Absatz. Danach hat sich aber auch in Mitteleuropa wieder der Geschmack gewandelt. Trotzdem wird heute mehr als eine Million Tonnen pro Jahr aus dem Berg geschnitten.

Stark rückläufig ist aber das kleinbetriebliche Verarbeitungsgewerbe, das Endprodukte in Form von Schachfiguren, Eierbechern, Käsebrettern und anderen Gebrauchsgegenständen hergestellt hat. Früher war die Straße nach Colonnata von einem Verkaufsstand nach dem anderen gesäumt. Von diesen sind nur wenige übrig geblieben, und es sieht ein wenig nach Endzeitstimmung aus. Der Geschmack hat sich gewandelt. Kaum noch jemand möchte Geld für Dinge ausgeben, die zwar lange halten, die jedoch schon von den eigenen Erben auf Flohmärkten verramscht werden.

Selber essen macht fett! So sprießen seit Jahren bei Colonnata mehr Speckverkaufsstellen aus dem Boden, als Marmorläden schließen. Denn der ***Lardo di Colonnata*** ist zurzeit groß in Mode. Für ihn müssen Sie in Deutschland sehr viel bezahlen, am Ort seiner Herstellung hingegen ist er wirklich preiswert. Sie werden zu zahlreichen Produzenten geleitet, die das ehemalige Nahrungsmittel armer Leute und Steinbrucharbeiter mit Kräutern und Gewürzen sechs Monate in Steinwannen eingelegt haben. In Colonnata steht in fast jedem Haus ein solcher Marmorsarg, *Conca* genannt, dem die EU-Hygiene-Richtlinien schon das letzte Glöcklein geläutet hatten. Aber selbst ein *Lardaiolo* hat einen Lobbyisten, und so wurde das Vermarktungsverbot vorerst abgewendet. Verspeisen Sie den Speck hauchdünn geschnitten auf Brot und unbedingt mit Pfeffer aus der Mühle (die zu jeder vernünftigen WOMO-Grundausstattung gehört).

Verkaufsgeschäft für Lardo

Für den Rückweg von Colonnata nach Carrara sollten Sie unbedingt bereits etwa 2,3 Kilometer nach Colonnata <u>rechts</u> abbiegen, um durch abenteuerliche Tunnels und bei wunderbarer Sicht die Strecke der Marmorlastwagen zu wählen (auch für große WOMOs kein Problem, teilweise Einbahnstraße, aber schlechter Straßenbelag). Die Tunnels sind ein Relikt aus der Zeit, in der eine Eisenbahnlinie bis zu den Marmorbrüchen betrieben worden ist. Sie kommen auf dieser Route am nachgenannten Parkplatz von **Miseglia** vorbei, wenn Sie

Bei Miseglia

an einer Kreuzung etwa 1,7 Kilometer nach der erwähnten Abzweigung, also rund 4 Kilometer nach Colonnata, links fahren, zuletzt ohne Wegweiser (wenn Sie das verpassen, können Sie später immer noch beschildert nach Miseglia gelangen; ebenso auch direkt ab Carrara; das Navigationsgerät lieferte bei unserer letzten Fahrt etwas verwirrende Empfehlungen).

An Wochenenden, an Feiertagen sowie im August müssen Sie das WOMO unterhalb des Ortes auf einem Busparkplatz abstellen und die restlichen 900 Meter zu Fuß bewältigen. Das gilt das ganze Jahr über für größere Fahrzeuge und für Chauffeure, die sich vor einem (an zwei oder drei Engstellen) entgegenkommenden, feindlichen Wohnmobil fürchten. In ruhigeren Zeiten werden sich die Leser mit kleinen Fahrzeugen auf den unteren Dorfplatz trauen. Die Piazza bedarf der Erwähnung schon wegen ihres Namens: Alberto Meschi hieß die Persönlichkeit, derer man hier gedenkt, und eine Tafel zeugt von der Disziplin, in welcher der Namensgeber ruhmreich tätig war. Das Schild weist Herrn Meschi nämlich als *Anarchico* aus, dessen Genossen in Colonnata, vor allem auch in Carrara, auf eine bewegte Vergangenheit zurückblicken und sich immer noch in gar nicht geheimen Anarchistenzirkeln treffen:

(003) WOMO-Parkplatz: Colonnata – Piazza Meschi

GPS: N 44°05'09" E 10°09'21", Piazza Meschi.
Max. WOMOs: 2-3.
Ausstattung: Mülleimer.
Beschreibung: Das ist ein beengter Parkplatz im Dorf, auf dem man in kleinen Fahrzeugen auch mal übernachten kann. Im Ort gibt es ein Geschäft, wenigstens zwei Gaststätten und einen Wanderweg. Der Platz ist zeitweise durch Wahlkampftafeln oder Mülleimer reduziert und tagsüber bisweilen zugeparkt und nicht für Fahrzeuge über 7 m Länge geeignet.
Zufahrt: Fahren Sie von Carrara nach Colonnata, bis Sie nach zwei engen Kurven den Ort sehen; nun folgen Sie bei der ersten Möglichkeit vor dem Ort dem *'P'* nach links.
Hinweise: Am Wochenende, an Feiertagen und im August sind die letzten Meter der Zufahrt verboten, Sie müssen dann auf Platz Nr. 004 bleiben, wenn das nicht auch verboten ist.

(004) WOMO-Parkplatz: Colonnata – *Larderia*

GPS: N 44°05'04" E 10°09'08". **Max. WOMOs**: 10.
Ausstattung: Zeitweise Imbiss und *Lardo*-Verkauf.
Beschreibung: Ausgebaut und die eindeutig bessere Alternative ist der Busparkplatz 900 m unterhalb bei einer Rettungsstation und einem Lardobetrieb. Der Platz ist eher einsam, aber häufig besucht. Sie können hier loswandern. Aber der Platz eignet sich nicht, um am Abend in den Ort zu spazieren und ist möglicherweise nachts nicht mehr zugänglich.

Zufahrt: Fahren Sie über Carrara nach Colonnata; unterhalb von Colonnata nehmen Sie den Parkplatz links.

(005) WOMO-Parkplatz: Miseglia

GPS: N 44°05'00" E 10°06'48"; Via Carriona; **Max. WOMOs**: 2-3.
Ausstattung: Mülleimer.
Beschreibung: Der Parkplatz liegt innerhalb der Bebauung mit Blick zum Meer und eignet sich vor allem, wenn Ihnen Platz Nr. 003 zu einsam ist, weil Sie hier in Miseglia, fast mitten im Dorf mit Geschäft und Gaststätte stehen. Leser haben selten berichtet, sie seien von Bewohnern weggeschickt worden, die sich darauf berufen hätten, Wohnmobile dürften hier deshalb nicht stehen, weil sie nicht in die eingezeichneten Markierungen passen. Möglicherweise wurde inzwischen ein Verbotsschild montiert.
Zufahrt: Auf dem Rückweg von Colonnata nach Carrara biegen Sie ca. 2,3 km nach Colonnata rechts ab und erreichen nach dem Passieren mehrerer Tunnels, etwa 4 km nach Colonnata, eine Ansiedlung, von deren Parkplatz Sie bis zum Meer blicken. Fahren Sie an einer Kreuzung etwa 1,7 km nach der erwähnten Abzweigung links, also rund 4 km nach Colonnata, zuletzt ohne Wegweiser (wenn Sie das verpassen, können Sie später immer noch beschildert nach Miseglia gelangen).

In Colonnata, das augenscheinlich von seinen Bewohnern zunehmend verlassen und immer weniger gepflegt wird, beginnt ein ab der *Piazza Meschi* rot-weiß markierter **Wanderweg**, auf dem wir bislang nur ein Stück steil bergauf gegangen sind. Trotz des überwältigenden Fernblicks auf Colonnata und die Küste hatten wir noch nicht die Zeit (oder das Wetter – beim letzten Versuch hat es in Strömen geregnet), eine geeignete Rundwanderung zu erproben.

Blick vom Wanderweg auf Colonata und das Meer

Auch in **Carrara** (62.000 Einwohner) sieht man den Häusern an, dass hier vornehmlich Arbeiter zu Hause waren, die seit Jahrhunderten unter schlechten Bedingungen und für einen

Carrara

kargen Lohn in den Steinbrüchen arbeiten mussten. So ist die Stadt beinahe zwangsläufig Hochburg italienischer Anarchisten und war zurzeit des Faschismus Zentrum des Widerstands. An den Häusern kleben auch heute noch auffallend viele politische Plakate – auf Marmor, der hier als Baustoff reichlich Verwendung gefunden hat, sogar für das Straßenpflaster und für Trockenmauern. Nicht nur deswegen macht es Spaß, durch Carrara zu laufen, dessen Innenstadt sehr homogen und richtig italienisch wirkt. Außerdem fehlen weitgehend die Touristen, die sich allenfalls für die Marmorbrüche oder den *Lardo* interessieren. Sehenswert ist auch der von seinem Vorplatz merkwürdig abgewendete Dom, der zwar in verschiedenen Stilrichtungen, aber vorwiegend aus Marmor gebaut wurde, wobei Letzteres in Carrara schon deshalb selbstverständlich ist, weil dort früher kein Stein billiger war.

Wenn man schon mal hier ist, sollte man auch einen kurzen Museumsbesuch nicht scheuen. Zwischen Marina und Carrara, im Viale XX Settembre (beschildert), erfahren Sie im **Museo Civico del Marmo** alles zum Thema Marmor – vom römischen Abbau bis heute *(9–12 und 14–17 Uhr; Mo. geschlossen; 5 €).*

Frustrierend ist allerdings die Stellplatzsuche, weil man damit am Meer anfängt und dort vergeblich die Seitenstraßen abklappert. Aber in diesem Teil der Toskana dürfen Sie leider kein ruhiges oder gar schönes Plätzchen in Strandnähe erwarten. Leider verändern sich die Bedingungen auch von Jahr zu Jahr. Der Platz an der Grenze zu Ligurien beispielsweise wurde aus Rechtsgründen immer mal wieder geschlossen, war aber zuletzt eine ganze Saison über in Betrieb. Weiter südlich gab es zuletzt am Meer nur noch einen Privatstellplatz hinter Gaststätten und Bagni:

(006) Offizieller WOMO-Stellplatz: Marinella di Sarzana

GPS: N 44°03'03" E 10°00'29", SS 432. **Max. WOMOs**: 40.
Öffnungszeit: Unbekannt, jedenfalls nur im Sommer, vermutlich Juni bis Ende September.
Ausstattung: Ver- und Entsorgung, Toilette, Mülleimer.
Beschreibung: Sie stehen auf gewachsenem Untergrund unter alten Bäumen vom Badestrand nur durch eine Straße getrennt. Eine geschlossene Ortschaft ist nicht in der Nähe, es gibt aber diverse strandnahe Gaststätten. Der private Stellplatz ist im Hochsommer sehr gut besucht. Campingverhalten ist nicht erlaubt, es gibt offenbar immer wieder Probleme mit der Erlaubnis. **Preis**: 15 €.
Zufahrt: Der Platz liegt nördlich von Marinella di Sarzana an der Küstenstraße, wo diese auf das Meer trifft.

(007) Offizieller WOMO-Stellplatz: Marina di Carrara *Bagno Lunezia*

GPS: N 44°02'39" E 10°01'19", Viale C. Colombo. **Max. WOMOs**: 20.
Öffnungszeit: Ende März (vermutlich Ostern) bis Ende September.
Ausstattung: Ver- und Entsorgung, Strom, Mülleimer, Gaststätte.
Beschreibung: Der schattenlose, klappstuhlgeeignete Platz auf gewachsenem Boden oder Kies liegt fast am Strand (es gibt auch einen freien Strand), ist aber von diesem durch eine Sackgasse getrennt. Im nahen Ort gibt es weitere Gaststätten und Geschäfte. **Preise**: 20–25 €.
Zufahrt: Der Platz liegt nördlich von Marina di Carrara zwischen Küstenstraße und Strand.

Genauso bescheiden ist das **Campingplatzangebot**. Sehen Sie nur auf die Karte! Zwischen Straße und Meer ist häufig gar kein Raum. Auch insoweit kann ich also nur mit einer Behelfslösung aufwarten, immerhin mit einer fast direkt am Meer – sofern Sie Platz finden! Die Ausstattung ist jedoch kaum besser als die Lage an der Durchgangsstraße:

(008) WOMO-Campingplatz: Marina di Carrara – *Giardino*

GPS/Kontakt: N 44°01'30" E 10°04'26", Via delle Pinete 382, Tel. 0585 869291; www.campinggiardino.com/.
Öffnungszeit: Mitte April bis Ende September.
Ausstattung: Drei Schwimmbecken, Laden, Restaurant.
Beschreibung: Der Platz ist vom Bezahlstrand und einem schmalen freien Bereich 100 Meter entfernt und nur durch die Straße getrennt. Wegen der vielen Dauercamper entspricht er nicht dem Niveau, das Sie in unseren Führern erwarten. **Preise**: 25–43 €.
Zufahrt: Der Campingplatz ist zwei Kilometer südlich von Marina di Carrara und nördlich von Marina di Massa an der Durchgangsstraße nicht zu übersehen.

Weiter südlich finden Sie in Meeresnähe einen etwas besseren Stellplatz:

(009) Offizieller WOMO-Stellplatz: Lido di Camaiore

GPS: N 43°54'29" E 10°13'08", Viale Kennedy. **Max. WOMOs**: 23.
Öffnungszeit: Ganzjährig.
Ausstattung: Ver- und Entsorgung, Strom, Toilette, Dusche, Mülleimer.
Beschreibung: Der teilweise schattige Platz liegt außerhalb der geschlossenen Bebauung und ist auf grasigen Randstreifen unter Bäumen klappstuhl-

geeignet. Gaststätten und Geschäfte sind fußläufig erreichbar. Die Entfernung zum Bezahlstrand beträgt 400 m, zu einem freien Sandstrand mindestens 800 Meter.

Preis: 8 €/Stunde oder 20 €/Tag.

Zufahrt: Biegen Sie im nördlichen Teil von Lido di Camaiore von der SS 1 bei dem Kreisverkehr vor einem Supermarkt mit Großparkplatz meerwärts in den Viale Kennedy ein. Der Platz liegt sodann nach etwa 200 m links teilweise unter Pinien.

Hinweis: Am benachbarten (kostenlosen) Parkplatz standen bei unserer Visite im Juni die Höhenbeschränkungsbarrieren offen, aber es ist ein Pkw-Schild montiert. Trotzdem stehen hier viele WOMOs.

Jugendstil in Viareggio

Erst in neuerer Zeit haben wir **Viareggio** (62.000 Einwohner) als lohnendes Ziel am Meer wahrgenommen, eine lebhafte Stadt mit großer Markthalle. Die **Jugendstilgebäude** an der **Strandpromenade** sind schon deshalb besonders sehenswert, weil man hier italienisches Strandpromenadeneinerlei erwartet, aber stattdessen Bauwerke antrifft, die anderswo im Zentrum einer Stadt Einzelhandelsgeschäften und Cafés dienen. Das liegt daran, dass die ursprünglichen Holzgebäude bis auf eines im Jahr 1917 abgebrannt und in einer Zeit ersetzt worden sind, in der es das heutige Strandleben mit seinen hässlichen Zweckbauten

Viareggio

noch nicht gegeben hat. Betrachten Sie unbedingt das **Caffè Margherita** auch im Innern. Nicht alltäglich ist ferner das die Promenade im Süden abschließende Ufer des schmalen Flusses, in dem kurz vor der Mündung richtige Fischkutter vertäut sind, von denen täglich frischer Fang vor Ort angeboten wird. Ganz in der Nähe, am großen Platz gegenüber den Jugendstilgebäuden, entdecken Sie das **Ristorante *Al Quinquantatre (53)***, eine Mischung aus Imbiss und richtiger Gastronomie, wie sie in meinen Büchern selten vorkommt, wo Sie aber zu sehr anständigen Preisen überraschend gut bekocht werden *(Piazza Massimo d'Azeglio 53, Tel. 0333 4086115; Mo. geschlossen; günstiger offener Wein, nicht neu getestet).* Die Stellplätze können Sie von hier zu Fuß erreichen; auf keinem würden wir allerdings im Sommer verweilen:

(010) WOMO-Parkplatz: Viareggio

GPS: N 43°51'27" E 10°14'51", Via Luigi Salvatori. **Max. WOMOs**: 25.
Ausstattung: Wasser, Mülleimer.
Beschreibung: Der teilweise schattige Platz liegt in der Stadt neben einer Sporthalle. Sie können im Halbschatten auf grasigem Betonpflaster Klappstühle aufstellen. Da der Platz kostenlos ist, halten sich hier den ganzen Sommer über zunehmend mehr Dauerwohnmobillisten in Uraltfahrzeugen auf. Gaststätten und Geschäfte sind fußläufig erreichbar. Ein merkwürdiger Schrottplatz grenzt an. Der unschöne freie Strand in der Nähe von Werften ist etwa 400 m entfernt.

Zufahrt: Der Platz liegt südlich des Hafens zwischen Sportstadion und dem Strand und am Nordrand der Pineta.

(011) Nur 260 m hinter dem freien Strand liegt ein **offizieller Stellplatz**, der im Internet aber als in der Nacht sehr laut beschrieben wird und 20 € kostet. **GPS**: N 43°51'18" E 10°14'37".

Gemessen daran deutlich schöner und für einen mehrtägigen Aufenthalt geeignet ist ein Campingplatz knapp zwei Kilometer südlich des Zentrums, auch wenn dieser nicht am Strand liegt:

(012) WOMO-Campingplatz: Viareggio
Camping Viareggio

GPS/Kontakt: N 43°51'03" E 10°15'36", Via del Comparini, Tel. 0584 391012; www.campingviareggio.it/ita/.
Öffnungszeit: Mitte April bis Anfang Oktober.
Ausstattung: Pool (Juli/August zusätzlich 3 €), Laden, Restaurant.
Beschreibung: Der sehr geräumige Platz ist schattig und, das ist unser wesentliches Empfehlungskriterium, frei von Dauercampern. Die Sanitäranlagen sind etwas veraltet, und zum Duschen braucht man *Gettoni*. Vom Platz führt ein Fuß oder Radweg durch eine romantische Pineta zum Strand; zu Fuß benötigen Sie 12 Minuten bis an die Dünen plus 5 Minuten über den breiten, schönen freien Strand bis ans Wasser. Der Fußweg in die Stadt dauert 25 Minuten (gehen Sie nach dem Campingplatzausgang stur geradeaus). **Preise**: 20–38 €.
Zufahrt: Der Campingplatz ist 1,9 Kilometer südlich von Viareggio beschildert.

Direkt hinter dem Strand können Sie im südlich angrenzenden **Torre del Lago Puccini** ohne Baum und Strauch stehen:

(013) Offizieller WOMO-Stellplatz: Torre del Lago Puccini
GPS: N 43°49'04" E 10°15'38", Viale Europa. **Max. WOMOs**: 30.
Öffnungszeit: Ganzjährig.
Ausstattung: Wasser auf einer Verkehrsinsel, Mülleimer.
Beschreibung: Das ist ein geschotterter, schattenloser Parkplatz in einem Bereich, der, wie Torre del Lago Puccini, als legendärer Schwulentreffpunkt gilt. Ein freier Sandstrand befindet sich links des kostenpflichtigen Bereichs. Gaststätten sind in der Nähe. Nächtlicher Besuch von Wildschweinen, die ungefährlich sind und von Touristen angefüttert werden.
Preis: Parkuhr mit Wohnmobiltarif und Kartenschlitz; über Nacht etwa 16 €; vom 20.9. bis 22.4. kostenlos.
Zufahrt: Biegen Sie in Torre del Lago Puccini kurz vor dem südlichen Ende der Bebauung meerwärts ab.

In **Torre del Lago Puccini** finden Sie zwei Campingplätze, die nur durch einen breiten Pinienwaldgürtel vom Strand getrennt sind (auch dort gibt es viele Dauercamper).

Sie merken es schon beim Blick auf die Landkarte und beim Betrachten der Satellitenfotos (siehe dort die zahlreichem kostenpflichtigen *Bagni*): Auf rund 40 Kilometern hat sich touristische Schwerindustrie angesiedelt, deren Ursprung auf eine Zeit zurückgeht, in der man anderswo noch nicht einmal wusste, was ein Urlauber ist. Schon um die Wende zum 20. Jahrhundert war die eigentlich schöne **Versilia-Küste** ein Treffpunkt der Reichen. Man steigerte die Übernachtungszahlen kontinuierlich, bis die Faschisten mit einer Vorstufe des Massentourismus begannen. Der Wolkenkratzer nördlich von Marina di Massa ist ein Überbleibsel von Mussolini, der hier eine *Colonia* hochziehen ließ, um die Jugend in den Ferien faschistisch-militärisch zu drillen.

Wie Perlen an einer Kette reihen sich die privaten Badeanstalten, die *Bagni*, an die Küstenstraße. Falls Sie irgendwo dazwischen aussteigen, bestaunen Sie vom Strand die wunderbare Kulisse des Hinterlandes. Sie werden dann erahnen, dass hier vor vielleicht 80 Jahren am Fuß der zackigen Berge einer der schönsten Abschnitte des nördlichen Mittelmeers anzutreffen war. Das ist aber Vergangenheit. Der Mensch hat alles zugebaut, betoniert, asphaltiert und mit den Hässlichkeiten ausgestattet, die der Massentourist zu seinem Urlaub zu brauchen scheint.

Fahren Sie hier ein Stück landeinwärts, erleben Sie am **Lago di Massaciuccoli**, dem größten toskanischen Binnensee, touristisch das krasse Gegenstück zum Meer, obgleich dieses sogar in Sichtweite bleibt: Süßwasser statt Salzwasser, Stille anstatt Rummel im Zentrum eines Naturschutzgebietes, das inzwischen seinen Namen rechtfertigt. Man kann zwar im See nicht mehr baden (er ist an den meisten Stellen auch nur 1,60 m tief), und an seinen schilfbewachsenen Rändern treiben im Sommer Milliarden von Moskitos ihr blutrünstiges

Lago di Massaciuccoli

Villa Puccini

Unwesen, aber es nisten viele Vögel, und es gibt malerische Ecken, ohne die der Opernkomponist **Puccini** hier wohl niemals sesshaft geworden wäre. Die Mücken setzen auch den Opernfreunden zu, die am Westufer des Sees, in **Torre del Lago** (schöne Lindenallee), zum Grab des 1924 verstorbenen Maestros pilgern oder im Sommer einer Aufführung seiner Opern lauschen. Die sehr dekorative **Villa Puccini**, in der Giacomo einen Großteil seiner Werke komponiert hat, kann besichtigt werden, was lohnender ist, als man befürchtet *(täglich außer Montagvormittag 10–12 und 15–17:40 Uhr, man wird gruppenweise alle 40 Minuten eingelassen; 7 €)*. Der dazugehörende Parkplatz mit Toilette und bei einem nett wirkenden Ristorante taugt vermutlich für die Nacht. Ob hier eine Moskitoplage nervt, weiß ich nicht. Dafür kann ich mit den Koordinaten dienen: [**014**: Lago di Massaciuccoli; N 43°49'57" E 10°18'17"].

Die Festspiele finden alljährlich zwischen Ende Juli und Mitte August statt; um Karten habe ich mich bislang nicht bemüht. Ebenso wenig habe ich mir die Ruinen ehemals **römischer Thermen** beim Dorf Massaciuccoli angesehen.

Umso häufiger habe ich mich schon mit einem Turm beschäftigt, der beinahe ebenfalls nur noch als Ruine zu sehen gewesen wäre:

Der Schiefe Turm von Pisa

Wenn Sie davor stehen, muss man Ihnen nicht mehr wortreich erklären, dass schon den altehrwürdigen Baumeistern frühzeitig klar geworden ist, auf welches Risiko sie sich im Jahr 1173 mit dem Bau eines Turms im Schwemmland des Arno eingelassen hatten. Erst bauten sie trotz des spürbaren Schiefstandes weiter, dann aber unterbrachen sie nach der dritten Säulenreihe die Arbeiten und dachten hundert Jahre nach, ehe sie, was man deutlich sieht, versucht haben, den Schwerpunkt wieder in die Mitte des Bauwerkes zu verlagern. Und nach erneutem, 80 Jahre dauerndem Überlegen haben sie sich bei der Errichtung des Glockenraumes abermals um Begradigung bemüht. Genutzt hat das bekanntlich alles nichts.

Dieses Wunderwerk der Baukunst hat gerade deshalb in der Neuzeit unendlich viele Besucher angelockt und mich in mehreren Vorauflagen dieses Buches zu Korrekturen gezwungen. Über Jahrzehnte oder länger musste man nämlich mit ansehen, wie die Neigung jährlich durchschnittlich um 1,2 mm zunahm, und zu seinem Herrgott beten, dass dieser Pisa von schweren Stürmen oder Erdbeben verschonte. Frühere Berechnungen hatten ein Umstürzen des Kirchturms schon für das Jahr 2010 prognostiziert. Und alle Rettungsversuche blieben lange Zeit erfolglos, nachdem bereits im Jahr 1935 unbedachte Zementinjektionen dem *Torre pendente* beinahe ein jähes Ende beschert hätten.

Irgendwann jedoch nahm man das Sanierungsprojekt mit Verstand und Planung in Angriff. Es begann mit einer Enttäuschung für die Touristen – und die Kassierer: Nach langen Diskussionen durfte man ab Januar 1990 nicht mehr die 293 Stufen des Campanile hochsteigen. Wobei das buchstäblich nur teilweise richtig war. Denn wenn man gerade auf der sich neigenden Seite war, hatte man eher das Gefühl, beim Hinaufsteigen die Treppen runterzugehen. Der Bürgermeister von Pisa prophezeite bei der Schließung, der Turm werde schon in drei Monaten wieder offenstehen, während der zuständige Minister drei Jahre für wahrscheinlicher hielt. Keiner von beiden sollte recht haben, denn es dauerte fast 10 Jahre und bescherte einen herben Einnahmeverlust. Denn allein der Umsatz an Eintrittsgeldern (seit 1922, als erstmals Eintrittskarten verkauft wurden, haben bis zur Schließung fast 18 Millionen Besucher gelöhnt) betrug zuletzt 10 Millionen Euro im Jahr. Kein Wunder also, dass sich alle Welt mit guten Ratschlägen einmischte: Russische Experten empfahlen ein hydraulisches Stützsystem, und amerikanische Fachleute wollten das 140.000 Tonnen schwere Denkmal vorübergehend gar an Heißluftballons aufhängen, nachdem im März 1995 Alarmstimmung aufgekommen war. In einer einzigen Nacht hatte sich die Schräglage von 4,50 Metern um 2,5 Millimeter verstärkt.

Bald aber wirkte sich die 600 Tonnen schwere Bleikonstruktion positiv aus, die als Gegengewicht um den Turm gelegt worden war. Und man verpasste dem Campanile temporäre »Hosenträger«; Stahlseile, die in 20 m Höhe montiert und gut 100 m entfernt im Boden verankert worden sind. Auf diese Weise konnte man das Sorgenkind untergraben und gegenüber der Neigungsseite mit einem Gegengewicht aus Eisen und Blei ausstatten und um 45 Zentimeter (!!) aufrichten, was man deutlich sieht, wenn man den Turm von früher kennt. Fachleute sind sogar der Ansicht, das Problem für die nächsten 250 Jahre gelöst zu haben, und die Geschäftswelt darf aufatmen. Auf Zehntausenden von Kommoden dürfen weiterhin rotschimmernde, campanileartige Leuchten die Herzen erfreuen. Nur die Fotoindustrie wurde von der Computerindustrie abgelöst, wenn es gilt, das Weltwunder wenigstens fotografisch gerade zu rücken – oder es in die Bilddiagonale zu legen.

Seit Dezember 2001 dürfen wieder Besucher bis zur Spitze in etwa 60 m Höhe steigen *(9-19 Uhr, Mitte Juni bis August bis 22 Uhr; Tickets gibts im Internet unter* www.opapisa.it/visita/torre-pendente *oder im* *Sinopienmuseum* *auf der langen Straßenseite des Platzes am Turm ab 20 €; gleichzeitig werden nur maximal 40 Personen für 30 Minuten mit zwei Fremdenführern eingelassen, weshalb Sie mitunter lange, möglicherweise mehrtägige Wartezeiten einkalkulieren müssen; auf der genannten Internetseite sehen Sie die freien Plätze).*

Pisa – Piazza dei Miracoli

Uns gefällt es trotz des Schiefen Turms in Pisa. Nur die gnadenlose Vermarktung dieser einzigen Stelle einer ansonsten sehr schönen Stadt ist schade. Auch Sie würden vielleicht gar nicht hierher fahren, gäbe es nicht den Turm. Dabei gehört der weiße Marmor über grünem, bewässerten Rasen des Bautenensembles der ***Piazza dei Miracoli***, wie der **Domplatz** genannt wird, zum Eindrucksvollsten, was Architektur weltweit zu bieten hat und ist trotz der überragenden allgemeinen Bekanntheit in unseren persönlichen **Top Ten** platziert:

Dem bereits 1064 (!!) begonnenen und nach etwa 100 Jahren Bauzeit verlängerten **Dom** sieht man an, dass Pisa, damals noch am Meer gelegen, aufgrund des Handels eine der reichsten Städte Italiens war. Denn die Bauten des Domplatzes waren überwiegend mit der Beute eines gegen die Araber gewonnenen Seekrieges finanziert worden. Einzelheiten lesen Sie ausführlicher in einem Kunstreiseführer. Genauso wie Erklärungen zu den bronzenen Domtüren und der rührenden Geschichte, Galilei, der berühmteste Sohn der Stadt, habe vom Turm die Fallgesetze erprobt und am Leuchter im Dom die Pendelgesetze studiert. Sie erfahren aber auch, dass dies gar nicht stimmen kann, hatte der Universalgelehrte doch seine Entdeckungen schon veröffentlicht, bevor der Leuchter überhaupt aufgehängt worden war. Der größte Schatz ist vermutlich die **Kanzel**, wo Giovanni Pisano Themen des Neuen Testamentes aufgegriffen hat *(April bis Sept. 9–20 Uhr, sonst ab 9 Uhr und kürzer; 10*

Kanzel im Dom

€, Karten siehe oben beim Turm, die Kombikarte ist sinnvoll).

Pisa - Baptisterium

Fällt Ihnen auf, dass das benachbarte und runde romanische **Baptisterium** (Bauzeit 1153–1358) etwa einen Meter höher ist als der Turm – und damit die größte Taufkapelle der christlichen Welt? Bei unseren Besuchen hat der Custode, als das Rund des ehemals nach oben offenen Innenraums mit Besuchern gefüllt war, feierlich die Türen geschlossen und, nachdem endlich das letzte Blitzlicht erloschen war, Akustik und Echo demonstriert (das können Sie selbst ausprobieren, wenn Sie an der Stelle, wo auf dem Boden etwas rechts des Taufbeckens die Markierung ist –siehe Foto, ein Lied anstimmen). Für das Baptisterium hat Nicola Pisano, Vater von Giovanni, mit der ersten frei stehenden Kanzel zugleich das bekannteste frühgotische Bildhauerwerk geschaffen. Sie werden bei späteren Touren nach Pistoia oder Siena noch mehr von meiner Begeisterung für Vater und Sohn lesen *(April bis Sept. 9–20 Uhr, sonst kürzer; Karten siehe oben beim Turm).*

Bodenmarkierung

Und vergessen Sie nicht den **Camposanto**, den mittelalterlichen Friedhof in der Ecke des *Platzes der Wunder*, wo sich die Reichen in heiliger Erde bestatten ließen, die im 13. Jahrhundert auf 53 Schiffen von Golgatha hierher transportiert worden war. Die Fresken aus dem 14. Jahrhundert haben leider im 2. Weltkrieg durch Brandbomben, vor allem durch das vom Dach herabfließende Blei, Schäden erlitten, die in den letzten Jahren aber teilweise repariert werden konnten. Sehr beeindruckend sind die römischen Sarkophage *(Tickets und Öffnungszeiten siehe vorstehend).* Auch wenn Ihre Urlaubskasse etwas schmal ist, dürfen Sie nicht mit den Eintrittsgeldern knausern, die Bauwerke sind auch innen (!) wirkliche Weltwunder und

Pisa – Piazza dei Miracoli

stehen aus gutem Grund seit 1987 auf der Liste des UNESCO-Weltkulturerbes (noch vor Venedig).

Man fragt sich, weshalb ausgerechnet in Pisa derartige frühmittelalterliche Kunstwerke zu sehen sind, die zurzeit ihrer Erbauung unvorstellbar teuer gewesen sein müssen. Pisa lag damals als einzige Stadt der Region (noch) am Meer, profitierte von der Landflucht der leibeigenen Bauern und trieb

Pisa – Chiesa di Santa Maria della Spina

Seehandel in einem Umfang wie die Kaufleute von Genua und Venedig. Die Blüte endete 1284 nach der Niederlage in einer Seeschlacht gegen Genua und weil der Hafen infolge des vom Arno angeschwemmten Gerölls allmählich versandete. Die Auswirkungen dieser Naturgewalt kann man sich gut vorstellen, wenn man bedenkt, dass Pisa heute zehn Kilometer vom Meer entfernt liegt.

Vor wenigen Jahren haben wir die baulichen Wunder (außerhalb der Hochsaison) bei Dunkelheit bestaunt und halten seitdem das illuminierte Ensemble wegen der fast unwirklichen Stimmung für einen kleinen Geheimtipp. Erst recht, wenn Sie auf dem Campingplatz logieren und in der Stadt essen. Dann liegt der *Platz der Wunder* am Weg.

Zum Abendessen wollten wir eigentlich in die bekannte *Osteria dei Cavalieri*, die aber Ruhetag hatte. So sind wir durch Zufall schräg gegenüber in der ***Sosta dei Cavalieri*** gelandet, was in jeder Hinsicht ein Volltreffer war *(Freisitz auf der Straße Via San Frediano 3, nur ab 19:30 Uhr, Tel. 050 9912410; So. geschlossen; Preise leicht über der Mitte, aber mehr als angemessen).*

Pisa – Piazza dei Cavalieri

Auf dem Weg in das schöne Lokal sind Sie schon ein Stück in die Altstadt vorgedrungen, vorbei an der nahen und sehenswerten **Piazza dei Cavalieri**. Sie sind zu früh dran, weil Sie sich noch nicht an die späte Essenszeit der Italiener gewöhnt haben und noch ein wenig durch die Straßen streifen. Gehen Sie lieber noch früher los, Sie sollten noch ein paar Schritte weiter gehen, denn der Domplatz liegt außerhalb der eigentlichen **Innenstadt**, so wie die Dome im Mittelalter häufig gebaut wurden. Im Gegensatz zu anderen Städten hat das spätere Siedlungswachstum den Dom zunächst nicht eingeholt, was nicht heißen soll, dass man von hier aus den alten Stadtkern nicht bald zu Fuß erreicht. Wir sind jedes Mal aufs Neue von der Vitalität dieser italienischen Fastgroßstadt (91.000 Einwohner) begeistert. An der traditionsreichen Universität, der ältesten der Toskana, studieren 30.000 junge Menschen – und das bedeutet Betriebsamkeit. Folglich wird auch alles angeboten, was man zum Leben in Italien braucht. Man trinkt in geselliger Runde einen Espresso, oder man lässt sich einfach treiben. Das Bild der

In Pisa

Schaufenster wird nicht in dem Maß anderer oberitalienischer Großstädte von Luxusgütern geprägt, bei deren Preisen – sofern überhaupt solche an der Ware sind – ich mich immer frage, woher eigentlich ausreichend Käufer mit dem notwendigen Kleingeld kommen.

Nur darf man nicht den Fehler machen, erst am späten Vormittag den Domplatz zu besichtigen, um danach in der Stadt zu flanieren. Die Geschäfte sind dann geschlossen, und es ist sehr schade, ausgerechnet während der Mittagspause durch eine derart intakte italienische Innenstadt zu laufen. Dann darf man sich nur mit der sehenswerten kleinen, gotischen Kirche am Arno, der **Chiesa di Santa Maria della Spina**, aus dem 14. Jahrhundert trösten (Foto siehe Seiten 30/31).

Die Altstadt liegt auf der Strecke vom Stellplatz zu den Wundern. Man kann sich den Weg zu Fuß zumuten, und es gibt keine empfehlenswerten Alternativen:

(015) Offizieller WOMO-Stellplatz: Pisa

GPS: N 43°43'18" E 10°25'13"; Via di Pratale. **Max.WOMOs**: 45.
Öffnungszeit: Ganzjährig.
Ausstattung: Ver- und Entsorgung, Strom, Mülleimer.
Beschreibung: Der empfehlenswerte, schattenlose, klappstuhlgeeignete Platz auf Betonpflaster am Stadtrand eignet sich nicht für Urlaubstage, aber sehr gut für ein Besichtigungsaufenthalt in Pisa. Er ist bewacht, weshalb hier auch das Aufbruchrisiko sehr gering ist.

Am Stellplatz habe ich kein nahes Geschäft für Brot gefunden. Nur bis ca. 3,20 m Höhe. Wenn über Mittag die Schranke geschlossen ist, kann man sie hochheben.

Der **Fußweg ins Zentrum** ist etwa 1,2 km lang, von dort zum Dom sind es nochmals etwa 400 m (beschildert, folgen Sie am Stellplatz dem Aquädukt und gehen Sie an dessen Ende geradeaus weiter). **Preis**: 12 €.

Zufahrt: Der Platz liegt **östlich** der Innenstadt und ist als Stellplatz sehr gut beschildert. Kommt man von Norden, stößt man jedenfalls nördlich der Innenstadt auf das Wegweisersymbol.
Nach meinen Recherchen kann man den niedrigen Aquädukt wegen mehrerer Einbahnstraßen nicht umfahren..

Meine anderen früher empfohlenen Stellplätze sind alle gesperrt. Wir haben daher aktuell nochmals mehrere Hinweise von *park4night* überprüft. Das sind, falls überhaupt brauchbar, ausnahmslos zweifelhafte Notlösungen, weshalb der Campingplatz noch im September bereits am Nachmittag belegt war. Reisen Sie also rechtzeitig an, da er die beste Bleibe für Pisa ist, zumal man von hier in gut 15 Minuten zur Wunderpiazza und in die Altstadt spazieren kann:

(016) WOMO-Campingplatz: Pisa – *Torre Pendente*

GPS/Kontakt: N 43°43'27" E 10°22'59", Via delle Cascine (SS 12), Tel. 050 561 704; www.campingtorrependente.it/.
Öffnungszeit: Palmsonntag bis Anfang November.
Ausstattung: Laden, Restaurant, Pool (Badekappe).

Beschreibung: Der Campingplatz mit relativ schmalen Parzellen und einigen Schattendächern liegt nur 950 m von der Piazza dei Miracoli entfernt. Diese und die Altstadt sind gut zu Fuß erreichbar (gehen Sie durch die etwas laute Unterführung bis zu deren Ende und dann rechts). Das ist kein Campingplatz für einen ganzen Urlaub, aber eindeutig mehr als ein reiner städtischer Übernachtungsplatz – mit Glühwürmchen im Frühsommer.
Preise: 30–42 €.
Zufahrt: Der Platz liegt gut beschildert westlich des Zentrums an der Straße nach Marina di Pisa.

Keine schlechte Idee und die Lösung bei Überfüllung in Pisa ist eine Nacht in **Marina di Pisa**, in der Nähe der Mündung des Arno, auch wenn Sie hier wegen der Gewässerverschmutzung keinen idealen Badeplatz erwarten dürfen und das Gelände zwar sehr geräumig ist, aber nicht direkt am Strand liegt. Interessant sind die großen Fischernetze am Fluss, der Küstenort selbst ist hingegen eher etwas öde:

(017) Offizieller WOMO-Stellplatz: Marina di Pisa

GPS: N 43°40'43" E 10°16'45", SP 224. **Max. WOMOs**: 80.
Öffnungszeit: Ganzjährig.
Ausstattung: Ver- und Entsorgung, Freiluftdusche, Spülbecken, Strom, Mülleimer, Bäckereiwagen.
Beschreibung: Der schattenlose, privat betriebene Platz auf geschottertem Naturboden liegt am Rand der Bebauung und ist klappstuhlgeeignet. In den Ort mit Badestrand, Ristorante und Geschäften sind es 1,5 km Fußweg. Der Platz ist für einen längeren Aufenthalt nicht schön genug. Möglicherweise nur für Fahrzeuge mit Toiletten! **Preise**: 12–15 €.
Zufahrt: Das Gelände ist nördlich von Marina di Pisa beschildert und liegt seitlich des Flusses und davon nur durch die Straße getrennt.

Individualisten entscheiden sich für die umgekehrte Richtung und fahren von Pisa nach Osten. In dem kleinen Ort **Calci**, am Fuß des Monte Pisano, kennen sie nämlich einen netten Parkplatz, der zugleich Ausgangspunkt einer fantastischen Wanderung ist:

(018) Offizieller WOMO-Stellplatz: Calci

GPS: N 43°43'38" E 10°31'01", Via Oberdan. **Max. WOMOs**: 6.
Öffnungszeit: Ganzjährig.

Ausstattung: Ver- und Entsorgung, Picknickbank.
Beschreibung: Das ist ein typischer Platz, den man als Ausgangspunkt

für Wanderungen wählt, von dem man aber auch gut in den nahen Ort zu Geschäften und Gaststätten spazieren kann. Da der Platz kostenlos ist, wird er wie die meisten kostenlosen Stellplätzen in ganz Norditalien von abgestellten Wohnmobilen belegt, weshalb man, obgleich das eigentlich verboten ist, auf den Nachbarplatz ausweichen kann. Dort ist es auch ruhiger, weil hier nicht der Bus den Motor warm laufen lässt.

Zufahrt: Der Platz liegt beschildert an der Hauptstraße oberhalb des Ortszentrums.

Certosa di Pisa

Wer hier übernachtet, spaziert zumindest zur bekannten **Certosa di Pisa**, einer der größten Klosteranlagen der Toskana. Nachdem der letzte Mönch um 1970 die Anlage verlassen hatte, wurde in dem barocken Gebäude das **naturgeschichtliche Museum** der Universität Pisa untergebracht, in dem Sie unter anderem 24 Walskelette besichtigen dürfen *(täglich 9–19 Uhr; 8 €; gehen Sie vom Stellplatz etwa 100 m bergab und an der Kreuzung links)*. Am besten bauen Sie die Kartause in eine Wanderung ein:

Von Calci auf den Monte Verruca

Wir wandern vom **Stellplatz Nr. 018** auf der Straße bergab, wenden uns bei der ersten Kreuzung nach links und gehen vor dem Eingang der **Certosa di Pisa** nach rechts. Am Ende des Komplexes wählen wir den mit dem Wanderzeichen Nr. 141 markierten Weg und marschieren links, unmittelbar an der Mauer, bergauf. Wir folgen dieser Markierung (an der ersten Gabelung rechts) bis zum Dorf **Montemagno**. Dort suchen wir die bergaufführende Dorfstraße, von der wir beim Wegweiser zum Friedhof *(Cimitero)* nach rechts abbiegen, um links oberhalb des Friedhofs immer

Blick auf Montemagno

mehr an Höhe zu gewinnen. Dort wird uns allmählich sonnenklar, weshalb dieser Streckenverlauf in den meisten Wanderführern beschrieben wird. Die Ausblicke auf Montemagno und die Ebene bei Pisa werden immer weiter und großartiger, je mehr wir auf dem breiten Waldweg in mehreren Windungen an Höhe gewinnen. Durch einen Waldbrand in neuerer Zeit haben sich die Sichtverhältnisse sogar noch verbessert. Dieser Weg endet auf einem Bergsattel seitlich einer Wegkreuzung.

Am besten folgen Sie weiter der rot-weiße Zeichengebung, da die von mir früher empfohlene Abkürzung durch den Brand nicht mehr zu erkennen ist. Wir werden durch zunehmend steiniges und steiles Gelände führt, in dem wir sogar ein paar Felsstufen erklimmen müssen, ehe wir vor den Mauern der Rocca auf dem **Monte Verruca** auf 537 Meter das Ziel erreichen. Die Schönheit des Blicks von der Festung bis zum Meer – und auch zu unserem WOMO in Calci – wird auf unseren folgenden toskanischen Wanderungen kaum übertroffen (bis hierhin 2 ¼ Stunden).

Rocca auf dem Monte Verucca

Entgegen der Wegbeschreibung bei Rother zweigen wir etwa 300 m nach dem Gipfel auf einem Pfad in vielen Kurven rechts ab, um die Strecke etwas zu verkürzen. Mit der Rother-App oder der Kompass-App ist das kein Problem. Wir überqueren einen breiteren Waldweg, von dem der Pfad weiter recht steil in einigen Biegungen, in der Großrichtung aber ziemlich geradewegs ins Tal führt und dabei ein großes Gebiet durchquert, in welchem bei unserer Wanderung die verkohlten Stämme eines Waldbrandes noch deutlich zu sehen waren. Kurz vor dem Ende des Waldes stoßen wir auf einen weiteren Querweg, auf dem wir links gehen und nach einer Quelle in einem rechten Bogen ins Tal geführt werden.

Oberhalb des Tals treffen wir beim **Convento di Nicosia**, einem kleinen ehemaligen Frauenkloster, auf einen grasigen Zuweg, auf dem wir nach rechts vollends ins Tal absteigen, um jenseits der Brücke über den

Bach erst rechts und dann gleich wieder links zu spazieren und um damit unterhalb der Certosa di Pisa auf den Hinweg zu stoßen.

Die Wanderung ist überwiegend schattig und dauert insgesamt **4 ½ Stunden** *(die Kompasskarte Nr. 2457, Pisa, Livorno ist sinnvoll; wir haben die Route gegenüber der Beschreibung im Rother Wanderführer ab der Rocca di Verruca deutlich abgewandelt und etwas verkürzt; die Strecke ist bis auf einen Teil in Montemagno und Bereiche des Abstieges gut markiert; ohne Kompass- oder Rother-App würde ich der Beschreibung bei Rother folgen).*

Von Calci kann man gut nach San Miniato (Tour 3) weiterfahren und unterwegs in **Vicopisano** ebenfalls übernachten. Schöner als auf dem offiziellen Stellplatz am südlichen Ortseingang stehen Sie nördlich des historischen Zentrums [**019**: N 43°42'03" E 10°35'03"].

Häufig fahren wir von Pisa auch nach Lucca (Tour 2). Dort finden Sie ebenfalls gute **Übernachtungsmöglichkeiten**. Etwa sieben Kilometer von Pisa entfernt, auf dem Weg nach Lucca, durchqueren Sie den kleinen Kurort **San Giuliano Terme**, der ebenfalls schön unterhalb des Monte Pisano liegt. Hier gibt es mehrere geeignete Parkplätze, unter anderem in der Via Carlo Collodi [**020**: N 43°45'34" E 10°26'14"].

Auf dem Weg nach Lucca und unserer 2. Tour, aber noch auf dem Gebiet der Gemeinde San Giuliano Terme, liegt ein kleiner Agricampeggio, der sich als Ausgangspunkt für Besuche in Pisa und Lucca (u.a. mit der Bahn) gleichermaßen eignet:

(020a) WOMO-Campingplatz: San Giuliano Terme *La Valle*

GPS/Kontakt: N 43°49'40" E 10°25'32", Via Statale Abetone 478 (SS 12), Tel. 349 1370750; www.agricampeggiolavalle.it/.
Öffnungszeit: Ostern bis Mitte November. **Ausstattung**: Pool.

Beschreibung: Der Campingplatz mit zeitweise schattigen16 Parzellen liegt schön am Waldrand. Man hört leicht die nicht sichtbare Autobahn. Ins Zentrum von Lucca sind es etwa 7 km, zum schiefen Turm von Pisa sind es 13 km; 1,1 km zum Bahnhof Ripafratta. **Preise**: 35–40 €.

Zufahrt: Der Platz liegt beschildert seitlich der SS 12 (das ist die westliche Straße von San Giuliano Terme nach Lucca) und östlich der Autobahn.

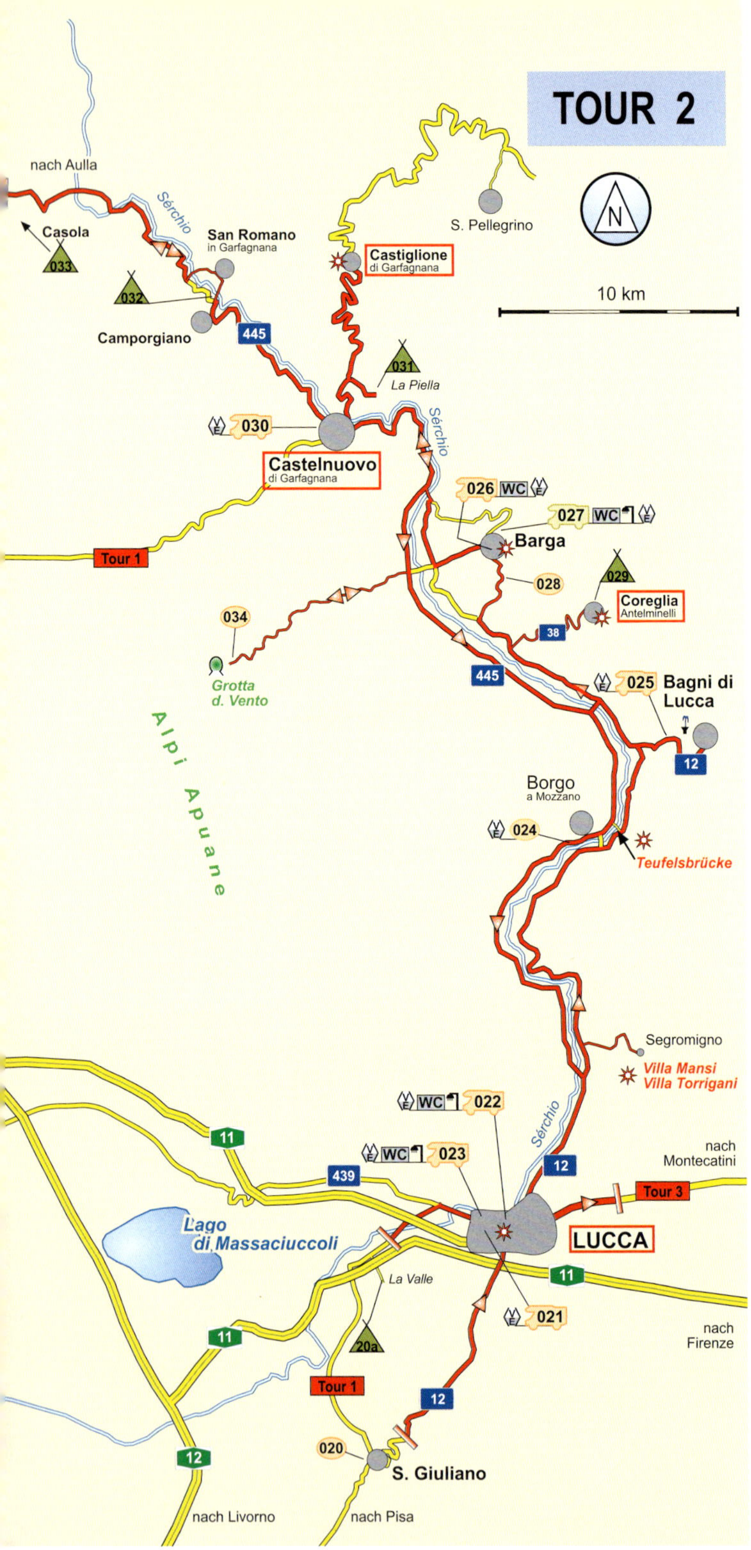
TOUR 2
N
10 km
nach Aulla
Casola
033
Sérchio
San Romano
in Garfagnana
032
Camporgiano
445
Castiglione
di Garfagnana
S. Pellegrino
031
La Piella
030
Castelnuovo
di Garfagnana
Sérchio
026 WC
027 WC
Barga
Tour 1
028
029
Coreglia
Antelminelli
034
38
Grotta
d. Vento
445
025
Bagni di
Lucca
12
Alpi Apuane
Borgo
a Mozzano
024
Teufelsbrücke
Segromigno
Villa Mansi
Villa Torrigani
WC 022
WC 023
Sérchio
nach
Montecatini
11
439
12
Tour 3
Lago
di Massaciuccoli
LUCCA
La Valle
11
021
nach
Firenze
11
20a
Tour 1
12
020
S. Giuliano
12
nach Livorno
nach Pisa

Tour 2: Nach Lucca und in die Garfagnana 210 km

Lucca – Bagni di Lucca – Barga – Coreglia Antelminelli Castelnuovo di Garfagnana

Stellplätze: in Lucca, in Borgo a Mozzano, in Bagni di Lucca, in und bei Barga, in Castelnuovo di Garfagnana, an der Grotta del Vonto

Campingplätze: bei Castelnuovo, Coreglia Antelminelli, Camporgiano, Casola in Lunigiana

Besichtigen: Lucca, Villen und Gärten bei Lucca, Teufelsbrücke bei Borgo, Bagni di Lucca, Barga, Coreglia Antelminelli, Grotta del Vento

Wandern: Spaziergang auf dem Stadtwall von Lucca

Essen: *Trattoria Da Leo* oder *Osteria Verciani Il Mecenate* in Lucca, *Café Capretz* in Barga

Lucca ist eine der großen Städte (90.000 Einwohner), die wir bei fast jeder Toskanareise gerne besuchen. Wir freuen uns stets auf die von der restlichen Bebauung vollständig separierte, gut erhaltene Altstadt, ihre grandiosen Gebäude und am meisten auf den Stadtbefestigungswall mit dem rundum verlaufenden Grüngürtel. Lucca bietet zudem richtig gute Stellplätze für Wohnmobile aller Gewichtsklassen und für alle Jahreszeiten:

(021) Offizieller WOMO-Stellplatz: Lucca Via G. Luporini

GPS: N 43°50'25" E 10°29'19", Via G. Luporini. **Max. WOMOs**: 50. **Öffnungszeit**: Ganzjährig. **Ausstattung**: Ver- und Entsorgung, Mülleimer.

Beschreibung: Der große Asphaltparkplatz mit schattigen Rändern ist bedingt klappstuhlgeeignet (am Rand ein Wiesenstück) und liegt ideal zum Besuch des Zentrums mit seinen Gaststätten. Einen Bäcker finden Sie in der Nähe: Gehen Sie, den Stellplatz im Rücken, rechts und in der ersten Seitenstraße erneut rechts.
10 Minuten zu Fuß in die Altstadt – etwa 400 m bis zur Stadtmauer (gehen Sie am zweiten großen Kreisverkehr weiter durch die Via Luporini und merken Sie sich für den Heimweg den Einstieg gegenüber dem Mauerdurchbruch).
Im Internet wird in größeren Abständen immer mal wieder von Aufbrüchen berichtet.
Wenn man im hinteren Teil steht, ist der Verkehrslärm kein Problem.
Preise: 10 € werktags / 14 € an Sonn- und Feiertagen.

Zufahrt: Der Stellplatz liegt an einer der Hauptzufahrtsstraßen westlich der Innenstadt. Fahren Sie, wenn Sie von Westen (z. B. der Autobahn) kommen, am ersten Kreisverkehr westlich vor der Altstadtmauer auf der SS 439 Richtung ‚*Viareggio*', Sie kommen dann am Stellplatz vorbei; nähern Sie sich von Osten, müssen Sie erst Richtung ‚*Pisa*' fahren, bis Sie auf die SS 439 stoßen. Notfalls sollten Sie die Altstadt – die Mauer immer in Sichtweite – einmal umrunden, der genannte Kreisverkehr liegt dann westlich der Altstadt an der Strecke.

(022) Ebenfalls zentral, aber nördlich des Mauerrings, liegt der Hinterhof einer Werkstatt, der als sicherer Stellplatz angeboten wird; hier steht man aber zeitweise eng und unschön; mit Ver- und Entsorgung, Dusche und Toilette; 25 €.
GPS: N 43°51'02" E 10°30'18", Via Augusto Passaglia 318.

(023) Offizieller WOMO-Stellplatz: Lucca – *Il Serchio*

GPS: N 43°51'00" E 10°29'09", Via del Tiro a Segno 563.
Max. WOMOs: 30.
Öffnungszeit: März bis November, abends nur bis 19:30 Uhr, im Winter kürzer. Bei einer Ankunft über Mittag bekommt man telefonisch den Freischaltcode für die Schranke.
Ausstattung: Ver- und Entsorgung, Strom, Toilette, warme Dusche, Spülbecken, Mülleimer, schöner Pool (auf dem Nachbargrundstück, aber 8 € / Person / Tag).
Beschreibung: Das ist eine Mischung von Camping- und Stellplatz (man kann auch zelten), der zeitweise schattig und klappstuhlgeeignet ist. Die Parzellen sind sehr schmal, es besteht ein Instandhaltungsstau. Aber als Stellplatz ist das gut gelegene Gelände auch im Sommer sehr zu empfehlen. Gaststätte, Metzger und Bäcker finden Sie, wenn Sie auf dem Weg in die Stadt an der ersten Kreuzung ein paar Meter geradeaus gehen. Bis zur Stadtmauer sind es 1,1 km (gehen Sie an der ersten Kreuzung links und folgen Sie dem Straßenverlauf). Am benachbarten Sportgelände finden Sie eine Gaststätte. Tagsüber hört man vom Nachbargelände zeitweise Schieß-, abends Sportgeräusche; beides hat uns nicht gestört.

Preis: 25 € bei zwei Personen.

Zufahrt: Der private Platz liegt nordwestlich der Altstadt in der Nähe des Flusses und ist vielfach mit einem braunen Wegweiser beschildert; bei der Mauerumrundung folgen Sie notfalls zunächst den Wegweisern ‚*Abetone*' oder ‚*Pistoia*', um dann in der Nähe eines Großparkplatzes nach Westen abzubiegen; falls Sie von Norden am Fluss entlang (!) fahren, nicht verzagen und nicht umkehren (Sie haben nur das Gefühl, sich verfahren zu haben).

Wir fahren nicht nach Lucca, um dort tagsüber zu verweilen (dazu eignet sich keiner der vorgenannten Plätze), sondern weil wir eine außerordentlich lebhafte mittelalterliche Stadt haut-

Lucca – Blick vom Turm des Palazzo Guinigi

nah erleben wollen, in der weder Museumsatmosphäre noch übertriebener Touristennepp die Oberhand gewonnen haben.

In Lucca waren schon die Etrusker ansässig, bevor hier Cäsar, Pompeius und Crassus das berühmte erste Triumvirat verlängert haben, die zunächst heimliche Machtausübung unter Umgehung des demokratischen römischen Senats. Die später durch den Seidenhandel reich gewordene Stadt wurde dank des im 16. Jahrhundert mit Millionen von Ziegelsteinen auf der Außenseite eingefassten Lehmwalls nicht mehr nennenswert zerstört. Diese Befestigungsanlage bietet wegen ihrer zwölf Meter Höhe fast rundum eine hervorragende Sicht auf die Stadt, und selbst im heißesten Hochsommer kann man dort unter ausladenden Platanen im Schatten angenehm spazieren oder sogar radeln. Schon mehrfach haben wir die mittelalterliche Stadt auf dem 4,2 Kilometer langen Mauerweg umrundet, was ein Erlebnis der ganz besonderen Art ist. Sie glauben gar nicht, wie viele Variationen von roten und braunen Dachfarben Ihnen zu Füßen liegen. Zu diesem **Spaziergang** empfiehlt sich der Nachmittag, denn in die Stadt hinein sollten Sie vor Mittag

Lucca – Piazza del'Anfiteatro

Lucca - Piazza del'Anfiteatro

oder gegen Abend gehen, wenn alle Läden geöffnet sind und das geschäftige Treiben am größten ist.

Alle Teile der Altstadt sind an einem Tag, wenn man früh genug aufsteht sogar an einem Vormittag, zu erreichen. Deswegen müssen Sie auch keine der vier Hauptsehenswürdigkeiten auslassen: Nicht den Palazzo Guinigi, den Dom, die Kirche San Michele und schon gar nicht den berühmten Platz im nördlichen Teil.

Das ist die **Piazza del'Anfiteatro**, der Sie unschwer ansehen, dass sie in römischer Zeit ein Amphitheater war. Im Mittelalter hatte man Häuser auf die untersten Zuschauerränge gebaut und dafür die Steine aus den oberen Etagen des antiken Gemäuers recycelt. Man beschränkte sich aber nicht darauf, nur den ovalen Ring der Tribüne durch Häuser zu ersetzen, die meisten von ihnen standen am Ende im Innern der Arena, sozusagen auf dem Spielfeld. Diese Behausungen wurden in der Mitte 19. Jahrhunderts wieder abgerissen, während die Gebäude auf den Bogenfundamenten der Tribüne stehen blieben und so heute einen einmaligen Marktplatz umrahmen, den Sie leicht finden werden, weil er beschildert ist und weil man in Lucca alle Sehenswürdigkeiten unschwer findet.

Der **Turm des Palazzo Guinigi** (liegt auf dem Weg von der Piazza del'Anfiteatro zum Dom) ist Ihnen sicher schon beim Mauerspaziergang aufgefallen, seine Zinnen werden nämlich von mehreren Steineichen überragt. Früher war es ein Zeichen von Reichtum und Macht, wenn der Turm des Hauses einer Familie möglichst hoch und zudem noch mit Bäumen bewachsen war. Die Torre Guinigi besteigt man über Stein- und Eisentreppen nicht wegen ihrer Eichen, sondern wegen der Aussicht. Noch besser als von der Stadtmauer aus wirkt von hier oben der Kontrast zwischen den farblichen Nuancen der roten Dächer und den blauen Bergen dahinter; ein fantastischer Blick über eine großartige Stadt – und deshalb einer unserer persönlichen **Top Ten** *(Foto Seite 41, Okt. bis 20. März 10–16 Uhr, Juni bis 20. Sept. bis 19:30 Uhr, restl. Jahr bis 18:30; 5 €).*

Wahrscheinlich haben Sie von oben, fast am südlichen Rand der Altstadt, den **Dom** gesehen. In dessen Innenraum dürfen Sie den **Sarkophag** der **Ilaria del Carretto** nicht versäumen, den Jacopo della Quercia samt dem treuen Hündchen am Fuß der Verstorbenen in Stein gehauen hat und der von neuzeitlichen Strategen vom angestammten Platz in die Sakristei verlagert worden ist, um Eintritt erheben zu können *(10–17:30 Uhr; So. 12–17:30 Uhr; 3 €).* Kostenlos ist noch der sogenannte **Volto Santo**, ein Holzkruzifix in einem kleinen Tempelchen in der Mitte des Domes. Das schon im Mittelalter bekannte Heiligtum lockt auch heute noch so viele Gläubige, dass sich mitunter Menschentrauben an die zum Schutz angebrachten Gitterstäbe drängen.

Palazzo Guinigi

Danach stehen wir bei unserem Stadtrundgang mitten im Zentrum vor der noch prächtigeren Fassade der **Kirche San Michele in Foro**, deren Name daran erinnert, dass sie auf dem ehemaligen römischen Forum errichtet ist (sehenswertes Tafelbild von Filippino Lippi im rechten Querschiff).

Lucca – San Michele in Foro

Schließlich gehört die romanische Kirche **San Frediano** (siehe Foto), unweit nördlich der Piazza del'Anfiteatro, zum Pflichtprogramm.

Trattoria da Leo

Der heute noch erhaltene Bau stammt aus dem 12. und 13. Jahrhundert, während das wunderbare Freskenmosaik an der Fassade in neuerer Zeit stark repariert und ergänzt werden musste (Foto Seite 43). Beachten Sie im Innern das romanische Taufbecken rechts des Eingangs und dahinter die Mumie der heiligen Zita.

Wer davon noch nicht genug hat, könnte in Lucca 89 weitere Kirchenbauten aufsuchen oder statt der 92 Kirchen ein **Restaurant**. Und wer dabei schlicht speisen – hier eher essen – möchte, entscheidet sich für die meist rappelvolle **Trattoria *Da Leo***. Die Tische des geräumigen Speisesaals und entlang der Gasse werden am Abend mehrfach hintereinander besetzt, weshalb man nicht reservieren, allenfalls ein wenig anstehen muss. Trotzdem bleibt stets noch Zeit für einen *Grappa* auf Kosten des Hauses, und das Rindfleischcarpaccio mit frischen Steinpilzen als Hauptgericht würden Sie der regionalen Küche gar nicht zutrauen *(Via Tegrimi 1, in der Nähe der Piazza San Michele, Tel. 0583 492 236; kein Ruhetag; besonders preisgünstig).* Um Sie auch in den östlichen Teil der Altstadt zu locken, in die wegen des sprudelnden Wasserlaufs zwischen den Fahrbahnen ungewöhnliche Via del Fosso, empfehlen wir zusätzlich das Lokal, das seit einigen Jahren bei den Lucchesern besonders angesagt ist: In einer ehemaligen Färberei werden unter dem Namen ***Osteria Verciani Il Mecenate*** zu anständigen Preisen regionale Gerichte serviert, von denen uns lediglich das Perlhuhn enttäuscht hat. Sehr gut waren hingegen die *Tordelli*, eine Art *Ravioli*, als *primo* und *Rovelline lucchesi*, in Ei gewendete und frittierte Rindfleischstückchen unter Tomaten-Kapernsoße, als *secondo (Via del Fosso 94; Tel 0583 512167; kein Ruhetag; sehr schöner Freisitz auf einer öffentlichen Piazza).*

Das jährliche Großereignis in Lucca ist der Abend des 13. September, wenn anlässlich der **Festa Santa Croce** ein Umzug durch die nur mit Kerzen beleuchtete Altstadt die Massen anlockt (dann sollten Sie unbedingt schon am Vortag einen der Stellplätze aufsuchen).

Via Francigena

Spätestens in Lucca fallen Ihnen Hinweisschilder zur *Via Francigena* auf, und Sie fragen sich, ob es sich dabei ebenfalls um die Streckenführung einer ehemaligen Römerstraße handelt, wie bei der *Via Aurelia* (entlang der Toskanaküste), der *Via Cassia* (von Rom zum heutigen Chiusi) oder der berühmten *Via Appia* (von Rom nach Süden).

Die (braune) Beschilderung macht Ihnen aber deutlich, dass sie ausschließlich zur Förderung des Tourismus angebracht worden ist. Denn die *Via Francigena* ist die italienische Antwort auf den spanischen *Jakobsweg*, eine Wanderstrecke mit Endziel Rom.

Der *Frankenweg* (das ist die deutsche Übersetzung) verläuft in etwa auf der Route, welche die Pilger auf ihrem Weg von Franken zum Grab des Apostels Petrus bevorzugt haben und wie sie vom Erzbischof *Sigerich, der Ernste von Canterbury* beschrieben worden ist. Das heute noch vorhandene Dokument nennt 80 Stationen seiner Reise von Canterbury nach Rom, wohin Sigerich im Jahr 990 gewandert war, um sich beim Papst das sogenannte Pallium, einen Wollschal als Zeichen seiner Erzbischofswürde, abzuholen. Die Gesamtdistanz betrug rund 1.600 km, was ein durchschnittliches Tagespensum von 20 km ergab.

Demnach leiten die braunen Schilder Sie heute meist zum Wanderweg, an dessen Rand dann klassisch rot-weiß (oft mit Pilgersignet) weitermarkiert wird. Die toskanischen Etappen sind teilweise über 30 km lang und vielerorts auf Tafeln dargestellt (in Lucca beispielsweise auf dem Fußweg von Platz Nr. 023 zum Stadtwall). Lucca war und ist Tagesziel der Strecke ab Pietrasanta und Startpunkt des Weges nach Altopascio.

Die heutige Wegführung ist touristisch geschönt und vermeidet hässliche Abschnitte. Sie finden obendrein Streckenschilder für das Fahrrad und vereinzelt sogar für den Autopilger.

Nördlich von Lucca verkörpert die **Garfagnana** bei Weitem nicht, was der unerfahrene Reisende von der Toskana erwartet. Er sieht in jenem Landstrich nämlich kaum einen Ölbaum, nur vereinzelt eine Zypresse und noch seltener einen Touristen. Dafür ausgedehnte Esskastanienwälder und unglaublich viel, für norditalienische Verhältnisse beinahe unberührte Natur. Die Rede ist von dem Bereich auf der Rückseite der Alpi Apuane, deren Marmor uns bei Carrara (Tour 1) begeistert hat. Wer gute Luft, abwechslungsreiche Landschaften und touristische Abgeschiedenheit sucht, ist hier richtig.

Wer außerdem Spaß an Prunkvillen hat, biegt ein paar Kilometer nördlich von Lucca aus dem Tal des Serchio nach Osten ab, um sich zwei Herrenhäuser lucchesischer Aristokraten aus dem 17. Jahrhundert anzusehen: die **Villa Mansi** bei Segromigno mit reich geschmückter Fassade *(Mo. bis Fr. 14–18 Uhr; 7 €)* und die **Villa Torrigani** in der Nähe *(10–13 und 14:30–18 Uhr, im Winter kürzer; 12 €; für Fahrzeuge über 7 m Länge wegen der schmalen Zufahrt verboten; im Innern etwas*

Teufelsbrücke

schäbig). Interessant sind eigentlich nur die beiden Parks mit Statuen und Wasserbecken.

Spätestens nördlich von **Borgo a Mozzano** halten Sie zum ersten Mal an, um die sogenannte **Teufelsbrücke** (Ponte del Diavolo) aus dem 12. Jahrhundert zu fotografieren, die eigentlich Ponte della Maddalena heißt und heutzutage nicht mehr nur den Serchio, sondern auch einen kleinen Stausee überspannt. Der teuflisch kühne Schwung des großen Bogens will mir aber zunächst nicht so recht ins Bild passen, obwohl ich die Kamera aus allen erdenklichen Perspektiven auf ihn halte, bis ich den richtigen Standpunkt für den Schnappschuss finde: Man fotografiert die Südseite der Brücke vom westlichen Ufer, aber nicht von den Gleisen der Bahn. Deren Lokführer, so scheint es, bekommen schon auf der Lokführerschule eingebläut, dass hier mit waghalsigen Fotografen zu rechnen ist. Also tuten sie, wie man nur tuten kann, wenn man sich einer Teufelsbrücke nähert. Spazieren Sie einmal über die Brücke ans andere Ufer. Die steilen Aufgänge, besonders der auf der Ostseite, lohnen sich!

Ein Stück weiter flussabwärts, südwestlich von Borgo a Mozzano, wurde ein offizieller Stellplatz eingerichtet, der hier hauptsächlich der Vollständigkeit halber erwähnt wird:

(024) Offizieller WOMO-Stellplatz: Borgo a Mozzano

GPS: N 43°58'34" E 10°32'28", Via Salvemini. **Max. WOMOs**: 5.
Öffnungszeit: Ganzjährig.
Ausstattung: Ver- und Entsorgung, Picknickbänke, Mülleimer.
Beschreibung: Das ist ein mäßig schöner, geschotterter Platz mit grasigem Randbereich neben der vermutlich deutlich hörbaren Straße am Flussufer und am Rand der Bebauung. **Zufahrt**: Der Platz liegt südwestlich des Ortes.

Wieder im WOMO zögern Sie an der nächsten Straßengabelung. Sollen Sie nach links dem Serchio folgen oder sich rechts **Bagni di Lucca** ansehen? Entscheiden Sie sich für beides. Zuerst rechts in dem verschlafenen Badeort (5.800 Einwohner) für die morbiden Zeugnisse des Baustils des späten 19. Jahrhunderts, bei deren Anblick ich mir nie sicher bin, ob mir die Häuser im heruntergekommenen oder im restaurierten Zustand lieber sind. In Bagni di Lucca plädiere ich für abblätternden Putz als untrügliches Zeichen der Vergänglichkeit der viel gelobten Gründerzeit. So können inzwischen nicht nur die Reichen ihr Rheuma in einer der 19 Thermalquellen heilen.

Gemessen an der Anzahl der Brunnen ist in dem kleinen Städtchen heutzutage wirklich wenig los. Das war im Jahre 1828 noch ganz anders, als Heinrich Heine (Gedenktafel an der Piazza San Martino) hier weilte und bis dato *»nie ein reizenderes Tal«* gesehen hatte. Das hat ihn inspiriert, denn er hielt die Marotten der Reichen in *Die Bäder von Lucca* fest, noch vor der Blütezeit des Badeortes, der einst einer der bedeutendsten in Europa war. Die große Stunde schlug erst, als im Jahre 1840 der Herzog von Lucca das erste Roulette der Welt eröffnen ließ und damit die Gastro- und Bagnokonjunktur kräftig ankurbelte, von der die Hoteliers und Kneipiers heute nur noch träumen. So wurde inzwischen das Hotel *Roma* geschlossen, obwohl die Herberge einst Sommerresidenz von Elisa Baciocchi war, der Schwester Napoleons. Das schönste thermale Freibad ist das der *Villa Alda* im Zentrum des Ortes. Die Badesaison dauert dort vom 1.4. bis zum 30.11. Das Stadtbad *Bernabo* hingegen ist ganzjährig geöffnet (schöne alte Marmorwannen, frisch restauriert).

Anstatt dem Tourismus auf die Beine zu helfen, versetzte man ihm in den letzten Jahren den Todesstoß: Man eliminierte nämlich den innerörtlichen (!) WOMO-Stellplatz und wird sich bald eingestehen müssen, dass man so lange nicht nach vorne blicken kann, als nicht wieder ein ordentlicher Stellplatz eingerichtet, beschildert und weltweit beworben ist. Ich habe zuletzt nur noch im Ortsteil Ponte a Serraglio den Übernachtungsplatz am Sportgelände gefunden, der mich – im Gegensatz zu einigen Lesern – nicht überzeugt hat. Wer selbst nachsehen möchte, wird an der Straße nach Fornoli, der Via Lima, unproblematisch fündig [**025**: Bagni di Lucca; N 44°00'34" E 10°34'13"].

Nach der Besichtigung der Bäder von Lucca kehren Sie am besten um und fahren entlang des Serchio nach Norden. Spätestens in **Barga** (500 Einwohner im alten Dorf, 10.000 in der ganzen Gemeinde) wird Ihnen klar, warum sich die Reise in diesen unbekannten Teil der Toskana lohnt. Der Ort steht in der Liste der *I Borghi più belli d'Italia* (*Die schönsten Ortskerne Italiens* – Sie kennen Ähnliches aus Frankreich; in der Toskana gibt es zurzeit 27 dieser Dörfer oder Kleinstädte, die bis zu

Barga

15.000 Einwohner haben dürfen), und bei der Beschreibung des **Duomo** kommen Kunsthistoriker ins Schwärmen. Die vergessen aber meistens die prächtige Lage hoch über dem historischen Zentrum. Wenn ich nämlich lange genug auf dem Mäuerchen vor der Domtreppe sitze und betrachte, wie sich die grüne Domwiese mit dem Rot der Hausdächer, den grünen Wäldern, den blauen Bergen der Apuanischen Alpen und dem Travertin des Gotteshauses zu einer Farbenkomposition zusammenfügt, bin ich drauf und dran, den Dom von Barga, zumindest, wenn die Sonne scheint, in die erste Liga toskanischer Sehenswürdigkeiten aufsteigen zu lassen. Auch wenn er nach der klassischen Reiseliteratur dort nicht hingehört – trotz der wunderbaren, von einem Zwerg und zwei Löwen getragenen Kanzel mit Gesichtern, die eher einem menschlichen Antlitz mit Mähne gleichen.

Barga - Domkanzel

Leider liegt der offizielle Stellplatz nicht in vergleichbarer Traumlage, weshalb viele Reisende nach näherer Betrachtung des Parkscheinautomaten zum liebenswerten Gelände der ***Cantina del Vino*** weiterfahren:

Barga

(026) Offizieller WOMO-Stellplatz: Barga
Area Camper

GPS: N 44°04'18" E 10°28'53", Via Hayange. **Max. WOMOs**: 15.
Öffnungszeit: Ganzjährig.
Ausstattung: Ver- und Entsorgung, Strom, Toilette (oberhalb am Ende der Ausfahrt), Picknickbänke, Mülleimer.
Beschreibung: Das teilweise schattige, leicht vernachlässigte Gelände liegt direkt unterhalb des historischen Zentrums und ist mit grasigen Rändern klappstuhlgeeignet. Durch Schotter ist es zeitweise staubig. Gaststätten und Geschäfte sind fußläufig erreichbar. Mehrere abgestellte Wohnmobile auf dem kostenfreien Teil sind störend. **Preis**: 10 €.
Zufahrt: Der Platz ist gut als *,Area Camper'* beschildert.

(027) Offizieller WOMO-Stellplatz: Barga
Cantina del vino

GPS: N 44°04'41" E 10°28'49", Via Mario Mazzoni, Tel. 338 3100772; www.lacantinadelvinobarga.com/it/.
Max. WOMOs: 15.
Öffnungszeit: Ganzjährig.
Ausstattung: Ver- und Entsorgung, Toilette, Dusche, Spülbecken, Strom, Weinverkauf, Kaffeeautomat (neben vielen anderen Weinen guter und preiswerter hausgemachter Prosecco), Mülleimer.
Beschreibung: Sie stehen auf grünen Wiesen mit schönem Blick auf die Rückseite der Apuanischen Alpen. Zu Fuß sind es an den Beginn der

Altstadt nur 500 m bergauf. Dieses Gelände ist deutlich schöner als das vorgenannte, ein richtiger Lieblingsplatz. **Preis**: 15 €.
Zufahrt: Der Platz ist erst kurz vorher beschildert und liegt nördlich unterhalb des Zentrums.

(028) Mehrere Leser haben südlich unterhalb des Ortes und seitlich der SP 7 kostenlos, aber einsam am Friedhof übernachtet:
GPS: N 44°03'23" E 10°29'28".

Nur kurz mussten wir bedauern, die Beliebtheit des **Ristorante *L'Altana*** (und dessen Karte) unterhalb des Doms unterschätzt zu haben, als wir schon am späten Nachmittag für den Abend keinen Tisch mehr bekamen. Denn Angebot und Flair des ***Café Capretz*** lassen keine Wünsche offen. Entweder sitzen Sie auf einem kleinen Balkönchen mit Blick über die Dächer ins Gebirge oder schattig in der ehemaligen Markthalle – atmosphärisch ein unerwarteter Geheimtipp *(Piazza Salvo Salvi, Tel. 0583 989422; preiswert, kein Ruhetag und ganztags geöffnet)*.

Café Capretz

Einen weiteren *Borgo più bello d'Italia,* **Coreglia Antelminelli** (1.080 Einwohner), entdecken Sie nur 15 Kilometer entfernt (fahren Sie unten rum über die SP 7 und die SP 38). Mit einem Großmobil (insbesondere einem Elefanten, dessen Ohren man nicht einklappen kann) parken Sie auf einem Seitenstreifen vor den ersten Häusern bei einer Hinweistafel, ansonsten folgen Sie dem Wegweiser *,Centro'* bis zu einem Parkplatzgelände

Coreglia Antelminelli

auf mehreren Ebenen. Das verwinkelte, noch nicht vom Tourismus und Zweitwohnungsbesitzern vereinnahmte Bergdorf liegt mindestens so schön wie Barga und präsentiert im Museo civico dekorative Gipsfiguren, die seit dem 17. Jahrhundert in Handwerksbetrieben der näheren Umgebung hergestellt werden und früher hauptsächlich auf Jahrmärkten verkauft worden sind. Oberhalb des Dorfes hat der kleine Campingplatz ***Camping Pian d'Amora*** Platz für viele Zelte, aber nur für acht Wohnmobile [**029**: N 44°4'03" E 10°31'49"; mit Pool; wegen der geringen Kapazität und der engen Straße sollten Sie vorher anrufen: 0583 78334; http://campeggiopiandamora.it/).

Unser nächstes Ziel weiter nordwestlich ist **Castelnuovo di Garfagnana** (5.800 Einwohner), das sich weniger durch malerische Randgebiete als durch eine bezaubernde Altstadt mit Torbogen, Burg, vielfältigen Geschäften und italienischem Alltag fast ohne Touristen auszeichnet. Der offizielle Stellplatz liegt relativ zentral:

(030) Offizieller WOMO-Stellplatz: Castelnuovo di Garfagnana

GPS: N 44°06'51" E 10°24'11", Via G. Puccini. **Max. WOMOs**: 10.
Öffnungszeit: Ganzjährig.
Ausstattung: Ver- und Entsorgung, Mülleimer.
Beschreibung: Der schattenlose, klappstuhlgeeignete, aber nur für die reine Übernachtung und nicht für heiße Sommertage sinnvolle Platz auf Rasenbetonsteinen liegt am Rand des Ortes mit Gaststätten, Geschäften und Schwimmbad. Fast besser sind die Möglichkeiten zwischen Stadion und Schwimmbad seitlich des Flusses unter einigen Pappeln.
Zufahrt: Der Platz ist 200 m hinter dem Stadion nordwestlich des Ortskernes und wie das ,*Stadio' beschildert* (Fahrtrichtung Modena südlich des Flusses).

(031) Nur noch am Rande wird hier der im Gebirge abgelegene Campingplatz ***La Piella*** erwähnt, weil er vernachlässigt ist und bisweilen wie verlassen wirkt.
Fahren Sie in Castelnuovo nördlich des Flusses nach Norden auf der SP 71, Richtung Modena und biegen Sie in Pieve Fosciana rechts, Richtung '*Sillico*', und beim Wegweiser erneut rechts ab. Sie durchqueren nördlich von Castelnuovo einen Tunnel; **GPS**: N 44°07'15" E 10°25'14".

Sieben Kilometer nördlich von Castelnuovo liegt **Castiglione di Garfagnana**, das ebenfalls zu den *Schönsten Dörfern* zählt.

Erneut sind wir für diese Auflage in Castelnuovo di Garfagnana durch das **Tal des Serchio** weiter aufwärtsgefahren. Es hat dieses Mal nicht in Strömen geregnet, aber das Wetter jenseits der Apuanischen Alpen ist deutlich schlechter als an der Küste. Abermals haben wir bis **Aulla** tapfer durchgehalten und erlauben uns nach einem dritten, nicht wenig zeitaufwendigen Versuch nun eine gefestigte Meinung: Man muss dafür das abgelegene Italien schon mögen, mehr aber noch sein Auto – genauer dessen Lenkrad. Und kein Beifahrer darf mosern oder gar unter der Reisekrankheit leiden. Dann lohnt sich die passabel zu fahrende, aber abgelegene und touristisch unerschlossene Strecke für Individualisten und Liebhaber weiter Fernblicke und grüner Natur, die schon alles andere kennen. Leider wird der schöne offizielle Stellplatz von **San Romano in Garfagnana** seit einiger Zeit als Lager für Baumaterial benötigt (siehe bei N 44°10'22" E 10°20'31"). In dieser Gegend, sie nennt sich weiter nördlich Lunigiana und ist ein typisches Sommerziel, kommen zwei kleine Campingplätze infrage:

(032) WOMO-Campingplatz: Camporgiano *Rancone Lodges*

GPS/Kontakt: N 44°09'52" E 10°20'08", Loc. Rancone; www.ranconelodges.com/it. **Öffnungszeit**: Unbekannt.
Ausstattung: Pool, Ristorante.
Beschreibung: Der Campingplatz am Serchio ist Teil einer Ferienanlage mit festen Behausungen in sehr schöner Umgebung. Leider verrät die Internetseite weder Öffnungszeiten noch genaue Preise. **Preis**: Etwa 40 €.
Zufahrt: Der Platz liegt südlich des Serchio und nördlich der SR 445 an der Straße von Camporgiano nach San Romano.

(033) WOMO-Campingplatz: Casola in Lunigiana *Camping La Train*

GPS/Kontakt: N 44°11'57" E 10°10'25", Via Casola 3; https://camping-casola.negocio.site/. **Öffnungszeit**: Unbekannt.
Ausstattung: Ristorante (zeitweise).
Beschreibung: Das ist ein ruhiger Wiesenplatz am Rand eines Ortes mit Lebensmittelgeschäft (1.000 Einwohner) und ländlicher Umgebung.
Preis: 35 €. **Zufahrt**: Der Platz liegt südlich der SR 445.

Sinnvollerweise wird niemand die Tour bis Aulla (ab Castelnuovo etwa 65 Kilometer) zu Ende fahren und dann auf der Autobahn zurück nach Süden brausen, sondern das Tal in die An- oder Heimreise einbauen, wobei die Strecke von Norden nach Süden (also auf der Hinreise) wegen der Blicke auf das Gebirge noch schöner ist.

Es würde mich auch nicht wundern, wenn Sie sich vor allem im Frühling ein wenig in die Apuanischen Alpen verliebt haben und sich nicht sattsehen könnten. Dann durchqueren Sie doch das Gebirge auf der touristisch noch unentdeckten Route von Massa nach Castelnuovo. Sie brauchen für diese Fahrt durch eine wundervolle Gegend, die Sie an mehreren ehemaligen Steinbrüchen vorbeiführt, knapp eineinhalb Stunden.

Wenn wir also nun in unserer Beschreibung umkehren, entspricht das nicht unbedingt dem üblichen realen Urlaubsgeschehen. Bei einer früheren Reise sind wir wegen des damaligen Dauerregens tatsächlich in Castelnuovo umgekehrt und haben etwa auf der Höhe von Barga einen Abstecher in die Apuanischen Alpen zur **Grotta del Vento** gewagt, weil uns in einer 3,5 Kilometer langen Tropfsteinhöhle ein Regentag nichts mehr anhaben konnte. Zumal hier die längste Tropfsteinhöhlen-Tour Europas und eine der spektakulärsten angeboten wird. Leider ist die 14 Kilometer lange Zufahrtsstraße schmal, aber breit genug für Wohnmobile bis 3,50 Meter Höhe. Die Internetseite https://grottadelvento.com/it/come-raggiungerci/ gibt unter *Per chi viene in Camper* den Ratschlag am Vorabend anzureisen und hier oder am Anfang der Zufahrt zu übernachten [**034**: N 44°02'01" E 10°21'30"], was wir noch nicht ausprobiert haben.

In der Höhle selbst werden unterschiedlich lange Führungen angeboten; die kürzeste dauert eine Stunde, die lange Rekord-Tour drei *(Eintritt ab 10 €; April bis Okt. täglich von 10–18 Uhr einstündig zur vollen Stunde außer um 13 Uhr; zweistündig um 11 und 15 und 17 Uhr; dreistündig um 10 und 14 Uhr; vom 7.1.–31.3. und vom 2.11.–24.12. ist nur der kürzeste Rundgang möglich).* Nehmen Sie warme Kleidung mit, die Temperatur in der Unterwelt beträgt konstant 10,7 Grad. Irgendwo habe ich von einem »Rausch von Formen und Farben« gelesen, genauso ist es! Ich selbst bin kein großer Höhlen- und Grottenfan und behaupte trotzdem, dass die Grotta del Vento eine der größeren Sehenswürdigkeiten der Toskana ist.

Im Freien gibt es neben den obligatorischen Nippesläden auch mehrere Lokale. Sie sollten hier dem Hunger widerstehen und auf dem Rückweg seitlich des kleinen Sträßchens zuschlagen. Mehrfach wird Ihnen auf Schildern eine fangfrische und preiswerte *Trotta* angeboten, eine Lachs- oder Regenbogenforelle, die zwar in künstlichen Becken, aber dennoch in frischem Gebirgswasser groß geworden ist.

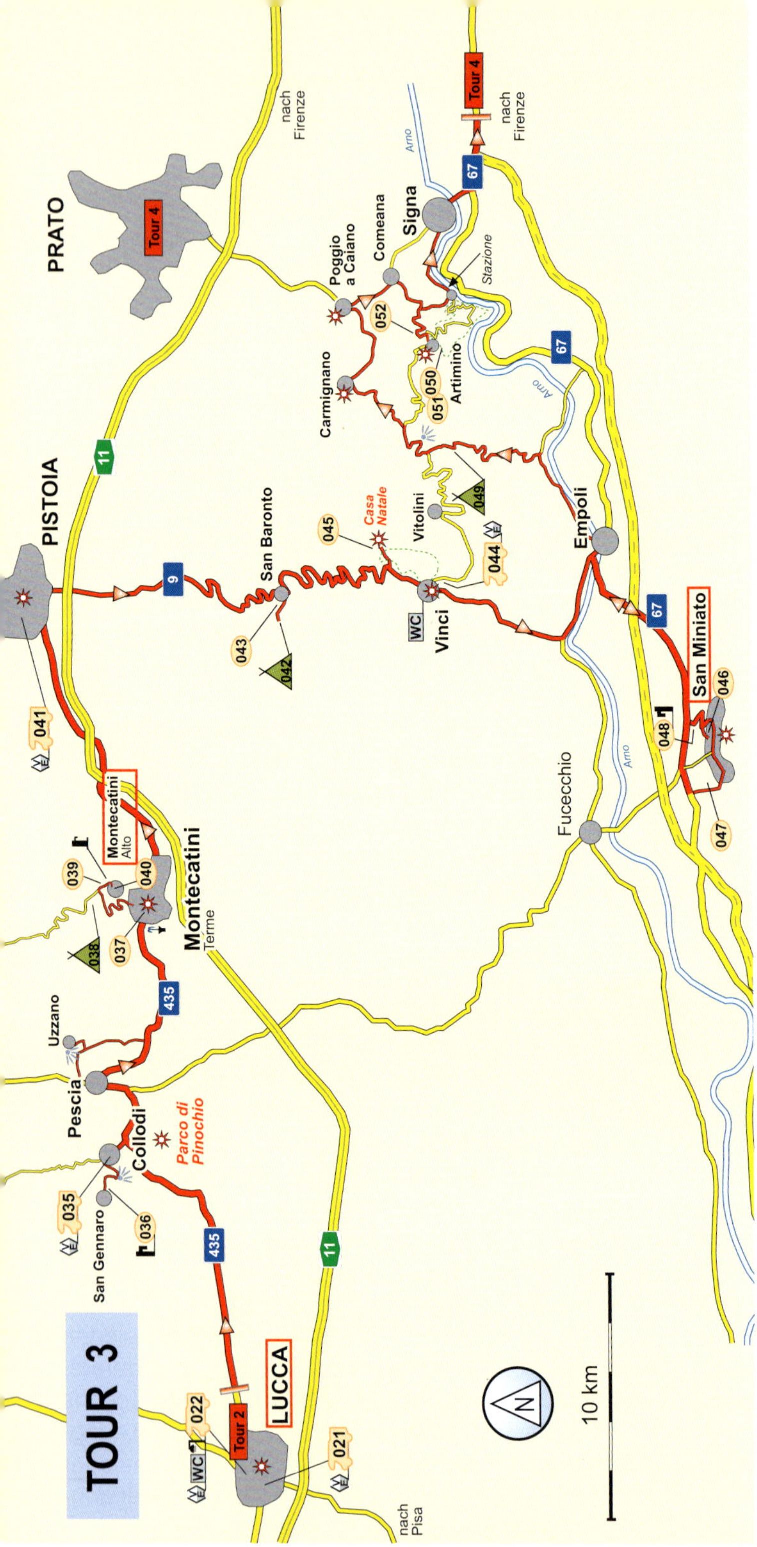
TOUR 3
LUCCA
Tour 2
PISTOIA
PRATO
Tour 4
Montecatini Terme
Montecatini Alto
Pescia
Collodi
Parco di Pinocchio
San Gennaro
Uzzano
San Baronto
Casa Natale
Vitolini
Vinci
Carmignano
Poggio a Caiano
Comeana
Signa
Artimino
Stazione
Empoli
San Miniato
Fucecchio
Arno
nach Firenze
nach Pisa
10 km

Tour 3: Zwischen Florenz und der Küste 200 km

Collodi – Montecatini – Pistoia – Vinci – San Miniato Poggio a Caiano – Artimino

Stellplätze:	in Collodi, in San Gennaro, in Montecatini, in Montecatini Alto, in Pistoia, bei Vinci, in San Miniato, in Artimino
Campingplätze:	In Montecatini Alto, bei San Baronto, bei Carmignano
Besichtigen:	Pinocchio-Park und Garten der Villa Garzoni in Collodi, Montecatini, Pistoia, Vinci, San Miniato, das Bild *Visitazione* in Carmignano, Medici-Villen in Poggio a Caiano und Artimino
Wandern:	Wanderung bei Vinci, nach Artimino
Essen:	Ristorante *Da Delfina* in Artimino

Von der 2. Tour reisen wir aus dem Tal des Serchio auf die weitläufigen Hügel nördlich der Arno-Ebene. Über Bagni di Lucca

kurven wir zunächst auf schmaler Straße durch das urige Dorf Villa Basílica in den kleinen Ort **Collodi** (2.700 Einwohner), der hauptsächlich aus Geschäften und Buden zu bestehen scheint, in denen hölzerne Pinocchio-Puppen aller Größen feilgeboten werden. Denn *Carlo Collodi* war das Pseudonym eines gewissen *Carlo Lorenzini*, der seine Kindheit in Collodi verbracht und sich deshalb den gleichlautenden Künstlernamen gegeben hat, als er sich in den Jahren 1881 bis 1883 die Kindergeschichte *Pinocchios Abenteuer* ausgedacht hat; zuerst als Fortsetzungsepisoden für eine Zeitschrift (um Spielschulden zu begleichen), später als Italiens populärstes Kinderbuch. Diese Publicity verpflichtet, und so entstand der **Parco di Pinocchio**, eine Ansammlung von Plastiken und Gebilden aus dem Leben des Kinderbuchstars. Der Park spricht aber Erwachsene mehr an als Kinder,

Collodi - Parco di Pinocchio

denn die Figuren sind leicht abstrakt und die aus Bronze oder Edelstahl bestehenden Siegerskulpturen eines Wettbewerbes, an dem über 80 Künstler beteiligt waren. Unsere Kinder waren trotz der akustischen Animation etwas enttäuscht. Dafür ist die in Form eines Labyrinths gestaltete Parkanlage schön und schattig. Es gibt vielfältige Spiel- und Klettermöglichkeiten, woran sich über die Jahre nichts verändert hat. Nur der Eintrittspreis ist mehr als inflationär explodiert und inzwischen völlig überteuert *(25 € für Erwachsene und 22 € für Kinder von 5–14 Jahre oder Ältere ab 65 Jahre, Kinder von 3–4 Jahre 20 €; täglich von 10–17 Uhr,).* Im Preis enthalten ist inzwischen nach den im Internet angebotenen Preisen die in der Mitte des 17. Jahrhunderts erbaute, schlossähnliche **Villa Garzoni** mit ihrem in Terrassen angelegten Park, dem angeblich schönsten Barockgarten Italiens. Einzelpreise sind jedenfalls im Internet nicht mehr ersichtlich.

Das Dorf und die **wunderbare Sicht** von dort oben sind aber gratis. Und gäbe es weder Pinocchio- noch Garzoni-Park, wir würden Ihnen allein schon dieses Ausblicks wegen die Reise nach Collodi empfehlen. Für die **Übernachtung** hatten wir uns einst den offiziellen Stellplatz am Pinocchio-Park ausgesucht:

(035) Offizieller WOMO-Stellplatz: Collodi

GPS: N 43°53'52" E 10°39'12", Via B. Pasquinelli.
Max. WOMOs: 7.
Öffnungszeit: Ganzjährig.
Ausstattung: Ver- und Entsorgung und Strom für 5 € nach Freischaltung an der Kasse des Pinocchio-Parkes, Mülleimer.
Beschreibung: Auf dem am Ortsrand gelegenen, gepflasterten Platz kann man zumindest abends auf Klappstühlen sitzen. Gaststätten und Geschäfte nach wenigen Schritten zu erreichen. Laut Aushang ist der Platz für Besucher des Pinocchio-Parkes für eine Verweildauer von zwei Tagen reserviert. Uns ist nicht bekannt, dass das kontrolliert wird.

Zufahrt: Biegen Sie südwestlich von Collodi von der SS 435 zum Ort hin ab und folgen Sie dem Wegweiser ‚P', der Stellplatz liegt nach dem Pkw-Parkplatz gegenüber einer 16 m hohen Pinocchio-Figur, der weltweit größten.

Den schöneren Stellplatz haben wir erst mithilfe eines Lesers entdeckt: Fahren Sie schräg gegenüber dem Pinocchio-Parkplatz bergauf nach **San Gennaro**. Von einem Parkplatz am Ortseingang werden Sie die großartige Aussicht genießen, die allerdings mit dem eindrucksvollen Blick auf Collodi nicht konkurrieren kann, den Sie von der kurzen Zufahrtsstraße haben. Der Übernachtungsplatz von San Gennaro ist leider nicht geräumig, und ein Teil dient zudem den Bewohnern als Parkmöglichkeit. Er darf also nicht ganz zugekeilt werden:

(036) WOMO-Parkplatz: San Gennaro

GPS: N 43°53'56" E 10°38'19", Via Menicucci. **Max. WOMOs**: 2 - bitte nicht mehr! **Ausstattung**: Wasser (beim Friedhof), Mülleimer.
Beschreibung: Das ist eigentlich ein Parkplatz am Rand des Dorfes für dessen Bewohner. Wir haben aber am Abend mehrfach freie Lücken entdeckt. Sie müssen nachsehen und wieder verschwinden, falls Sie ersichtlich unerwünscht sind. Ein Geschäft und eine Gaststätte sind erreichbar. Längere Fahrzeuge stehen, wie auf unserem Foto, oberhalb des Friedhofes. Kürzere können noch ein Stück näher an den Ort heranfahren und parken quer zur Fahrbahn.
Zufahrt: Die Zufahrt nach San Gennaro beginnt etwa 200 m nördlich des Stellplatzes beim Pinocchio-Park in Collodi; wegen der Einbahnstraßenregelung müssen Sie aber vom Stellplatz in Collodi eine Runde drehen, dann Wegweiser bergauf nach *'San Gennaro'*.

Wer im benachbarten **Pescia** (20.000 Einwohner) in einem futuristisch wirkenden Neubau den Blumenmarkt (Mercato dei fiori) besuchen will, muss früh aufstehen, weil die Händler schon zu einer Zeit einpacken, zu der normale Urlauber noch nicht einmal am Frühstückstisch sitzen. Vor allem im Sommer werden von montags bis samstags zwischen 5 und 7 Uhr täglich 1,5 Millionen Blumen verkauft, hauptsächlich Nelken, Gladiolen, Rosen und bis zu 3 Millionen Blütenstängel (für Touristen nicht ohne Weiteres zugänglich, wir haben es nicht getestet und kein einziger Leser hat uns bislang berichtet). Die Spätaufsteher erfreuen sich während eines Stadtbummels an der schönen Altstadt und der Piazza Grande, mehr Straße als Platz, aber sehr harmonisch.

Auf dem Weg nach Osten kann man den Bergdörfern nicht widerstehen und fährt hinauf nach **Uzzano Alto**, zu dem hoch gelegenen alten Ortsteil, um mit Bedauern die Stellplatzfrage an dem Gefälle des Parkplatzes vor dem Dorf scheitern zu sehen.

Montecatini – Tettuccio-Terme

Dass ich früher einmal geschrieben hatte, ich sei in **Montecatini Terme** nicht ausgestiegen, wurde mir mehr als peinlich, als ich dann doch mal das Führerhaus verlassen habe. Die Thermen sind nämlich ausgesprochen sehenswert – auf jeden Fall die **Tettuccio-Terme** mit ihren schönen Jugendstil-Dekorationen. Man bedauert dort beinahe, nicht an Krankheiten der Leber, des Magens oder sonstiger Verdauungsorgane zu leiden. Zu gerne würde man sein Glas unter einen der Hähne halten, je nach Anweisung des Arztes unter *kalt* oder *warm* und am liebsten während der ruhmreichen Zeit der großen Bäder zu Beginn des 20. Jahrhunderts. Was aber nicht gelingen würde, da das prunkvolle Gebäude der Tettuccio-Terme erst 1927 erbaut worden ist, in einem damals schon längst überholten Stil (aber mit Bauteilen des Vorgängergebäudes). Noch heutzutage würde man, litte man an genannten Gebrechlichkeiten, mit

In der Tettuccio-Terme

einer großen Zeitung im Sessel lehnen, daran vorbei den leider nur sehr vereinzelt auftretenden jungen Damen nachschielen und dem Kurorchester lauschen. Auf jeden Fall trüge man gewienerte Schuhe, und an den Beginn des Rentenalters könnte man sich schon fast nicht mehr erinnern. Damit die Gesunden und die Gaffer mit den kaum noch putzbaren Turnschuhen nicht am Ende die Kurschatten auf falsche Gedanken bringen, durfte man als Tourist nur eine Stunde am Tag unter Säulen durch die Hallen wandeln und sich im Café des *Stabilimento Tettuccio*, alleine das lohnt schon das Aussteigen, an niedliche Tische setzen, diese Beschränkung konnte ich zuletzt nicht mehr feststellen *(die Therme war täglich von 11–13 und 16–19 Uhr zur Besichtigung freigegeben, 5 €)*. Versuchen Sie bei N 43°53'12" E 10°46'34" in der Via Mura Pietro Grocco zu parken, notfalls auf einem zu Fuß erreichbaren, aber lauten Parkplatz, auf dem Sie (bis 3,5 t) zur Not auch übernachten können [**037**: N 43°52'57" E 10°45'49", Via Berghinz].

Besser nehmen Sie für die Nacht die Kurven zum höher gelegenen **Montecatini Alto**. Die klotzige Kurklinik am Ortsrand ist offenbar dem Spardruck im Gesundheitswesen zum Opfer gefallen, zumindest steht sie leer. Aber an warmen Abenden macht es richtig Spaß, auf dem kleinen, belebten, mit Tischen und Stühlen fast vollgestellten Dorfplatz zu sitzen. Allerdings können wir nach unserem letzten Test das Ristorante *Casa di Gaia* nicht mehr empfehlen. Stoßweise strömen immer wieder ganze Menschentrupps vorbei. Dann hat nicht etwa in der Kuranstalt die Stunde des Freigangs geschlagen, sondern die **Bergbahn** von Montecatini Terme ist oben angekommen und hat ihre erlebnisfrohen Passagiere entlassen.

Sie könnten sich diesen Gruppen anschließen und Ihr Fahrzeug unten in Montecatini zurücklassen. Besser machen Sie es umgekehrt, denn der Campingplatz oben in Montecatini Alto

Montecatini Alto – rechts die Bergbahn

ist einer der besten in der Toskana, von dem Sie problemlos in das kleine Dorfzentrum von Montecatini Alto spazieren. Meine Stellplatzempfehlungen können nicht ganz mithalten:

(038) WOMO-Campingplatz: Montecatini Alto – *Belsito*

GPS/Kontakt: N 43°54'19" E 10°47'18", Via delle Vigne, Tel. 0572 67373; www.campingbelsito.it/.
Öffnungszeit: 1.4. bis Anfang Oktober.; Mittagsruhe 13–15 Uhr.
Ausstattung: Laden, Zwei Schwimmbecken, Restaurant; etwa 100 m oberhalb des Platzes finden Sie an der Straßengabelung ein weiteres Ristorante, die *Osteria Il Bivio*, die wir jedes Mal brechend voll gesehen haben *(Di. geschlossen)*.
Beschreibung: Der Campingplatz ohne Dauercamper eignet sich für ein längeres Verweilen und liegt sehr schön am Hang. Fragen Sie bei der Ankunft (die holländische Platzleitung spricht deutsch) nach einer Parzelle auf einer der oberen Terrassen. Die Sicht ist hier großartig. Das **Ortszentrum** ist 1 km entfernt; verlassen Sie den Platz nach rechts bergauf, gehen Sie oben links und bei den ersten Häusern und einem Stadttor an einer kleinen Kirche schräg bergauf; nach einer Häusergruppe biegen Sie scharf rechts (!!) ab und stehen nach wenigen Metern auf dem Dorfplatz; 15 Minuten ab dem Campingplatz. **Preise**: 29–44 €.
Zufahrt: Der Platz liegt nördlich des Ortsteils und ist ab Montecatini beschildert.

(039) WOMO-Parkplatz: Montecatini Alto

GPS: N 43°54'03" E 10°47'23".
Max. WOMOs: 8-10.
Ausstattung: Wasser (seitlich des nahen Stadttores), Mülleimer.
Beschreibung: Der Platz liegt schön, außerhalb der Bebauung gegenüber dem Friedhof, aber nicht einsam. Eine Gaststätte finden Sie 150 Meter vorher (siehe beim vorstehenden Campingplatz). In den Ort sind es etwa 600 Meter (siehe ebenfalls beim vorstehenden Campingplatz). Früher war die Freude durch auf der unteren von zwei Terrassen aufgestellte Müllgefäße beeinträchtigt. Diese waren bei unserem letzten Besuch nicht mehr vorhanden, sondern standen an der Straße.
Zufahrt: Von Montecatini Wegweiser *‚Montecatini Alto'* oder *‚Camping Belsito'* bergauf, an der letzten Gabelung rechts, dann nach 200 m links dem *‚P'* folgen.

(040) Wenn Sie am vorgenannten Stellplatz geradeaus weiter und um den Ort auf dessen Südseite fahren, finden Sie eine Balustrade mit Bänken und dem schon gerühmten Fernblick. In der Mitte eines Platzes, um den die Fahrbahnen führen, kann man übernachten, wenn man die Markie-

rungen nicht ganz einhält; an den Rand passen auch zwei größere Fahrzeuge. Nachts ist hier kein Verkehr, aber möglicherweise stört Musik aus einem Lokal.
GPS: N 43°53'36" E 10°47'18", Viale Vittorio Veneto.

In die östlich gelegene Fastgroßstadt **Pistoia** (90.000 Einwohner) fährt man möglichst vormittags und bevor in den Gassen in der Nähe des **Domplatzes** die Marktstände weggeräumt und die Kirchentüren verrammelt werden. Denn in der **Cattedrale di San Zero** dürfen Sie sich im rechten Schiff nicht den Silberaltar entgehen lassen. Von 1287 bis 1456 haben unzählige Künstler, darunter sogar Brunelleschi, der Architekt der Florentiner Domkuppel, an den 628 Figuren gewerkelt, die der Reliquie des heiligen Jakobus einen standesgemäßen Rahmen verleihen *(nur der Silberaltar kostet Eintritt; 8:30–12:30 und 15:30–17.30 Uhr; 3,60 €)*. Seitlich des Doms ist das Touristenbüro untergebracht, wo Sie sich einen kostenlosen Stadtplan holen sollten, ohne den Sie die anderen Sehenswürdigkeiten nur schwer finden.

Pistoia – Cattedrale San Zero

Danach können Sie an den Keramik-Reliefs in der Vorhalle des Doms schon mal Appetit auf die Handschrift des Giovanni della Robbia bekommen. Derselbe Künstler hat nämlich auch das Krankenhaus der Stadt mit farbenprächtigen Terrakotta-Friesen verziert, auf denen die sieben Werke der Barmherzigkeit abgebildet sind. Das **Ospedale del Ceppo** finden Sie,

Pistoia - Relief am Ospedale del Ceppo

wenn Sie, den Dom im Rücken, an der gegenüberliegenden Seite des Domplatzes nach rechts gehen, bei nächster Gelegenheit links und dann geradeaus, bis Sie vor der Klinik stehen *(Piazza Giovanni XXIII)*.

Die größte Sehenswürdigkeit der Stadt ist nach unserem Geschmack aber die **Kanzel** von Giovanni Pisano in der Kirche **Pieve Sant'Andrea** *(am Ospedale schräg links hoch zu einem kleinen Platz, davor links und die nächste Straße rechts – Via Sant'Andrea; 10–13 und 15–18 Uhr; außer Mo., So., nur nachmittags; die Kirchentür wirkt stets verschlossen, ohne es zu sein)*. Giovannis Kanzeln wie auch die seines Vaters Nicola muss man sich alle ansehen, und zwar lang anhaltend und ausreichend beleuchtet. Giovanni schuf später die noch kunstvollere Kanzel für den Dom von Pisa, während sein Vater durch die Kanzeln im Baptisterium von Pisa und im Dom von Siena berühmt geworden ist. Mit Worten lassen sich die Schönheit dieser Kanzeln und ihre wunderbaren Einzelheiten samt der Genialität ihrer Erschaffer kaum beschreiben, wobei viele Reiseführer der Kanzel von Pistoia kaum mehr als einen Nebensatz widmen. Wir waren bei allen Besuchen die einzigen Staunenden.

Eingangsportal von Sant'Andrea

Nachdem ich mehrfach kritisiert worden bin, dass ich Ihnen den offiziellen Stellplatz vorenthalten habe, mögen Sie nun entscheiden, ob Sie dort eine Urlaubsnacht verbringen möchten. Ich wollte es nicht und Leser standen häufig auf der anderen Straßenseite:

(041) Offizieller WOMO-Stellplatz: Pistoia

GPS: N 43°56'38" E 10°54'56", Via della Qiete 32. **Max. WOMOs**: 20.
Öffnungszeit: Ganzjährig. **Ausstattung**: Ver- und Entsorgung.
Beschreibung: Das ist ein reiner Notstellplatz auf Asphalt mit Verkehrsgeräuschen, vielen abgestellten WOMOs und bisweilen merkwürdigem Publikum; 1 km ins Zentrum.
Zufahrt: Der beschilderte Platz liegt nördlich des Zentrums an der nördlichen Umgehungsstraße bei den Sportstätten.

Camping Barco Reale

Von Pistoia nimmt man meistens die Kurven nach Vinci in Angriff. Beim Blick auf die Karte kostet die Fahrt allerdings Überwindung, denn von der Ebene aus traut man dem Monte Albano, den es zu überqueren gilt, mehr als seine 627 Höhenmeter zu. Auf halber Strecke kommen Sie an dem Campingplatz vorbei, von dessen Pool aus Sie den wahrscheinlich schönsten Ausblick aller Schwimmbecken der ganzen Toskana genießen können und diesen vielleicht gerne in Anspruch nehmen, nachdem Sie bemerkt haben, dass der vorerwähnte Stellplatz von Pistoia nicht Ihrem Erholungsbedürfnis entspricht:

(042) WOMO-Campingplatz: San Baronto *Barco Reale*

GPS/Kontakt: N 43°50'32" E 10°54'42", SP 9, Tel. 0573 88332; www.barcoreale.it/. **Öffnungszeit**: Ende April – 30.9.
Ausstattung: Gepflegte Anlage mit mehreren Schwimmbecken (Badekappe erforderlich) und von dort wunderbarem Blick in die Ebene, Laden. Im **Restaurant**, das auch von Einheimischen besucht wird, haben wir die besten Pizzas eines ganzen Urlaubs gegessen. Allerdings sind wir für vorliegende Neuauflage nicht extra deshalb wieder hingefahren, um die aktuelle Qualität der Pizza zu überprüfen.
Beschreibung: Der sehr geräumige und überwiegend schattige Platz bietet Parzellen mit teilweise großartiger Sicht und himmlischer Ruhe. Ein markierter Wanderweg führt am Platz vorbei, in den Ort sind es 1,5 km. Von dort besteht eine gute Busverbindung nach Pistoia.
Preise: 26–52 €, aber die Internetseite verschweigt die Preise; das hat meistens Gründe.
Zufahrt: Der Platz ist an der SP 9 etwa 20 km südlich von Pistoia in San Baronto beschildert.

Für eine Nacht, vornehmlich außerhalb der Öffnungszeiten des Campingplatzes, kommt auch eine freie Alternative infrage:

(043) WOMO-Parkplatz: San Baronto

GPS: N 43°50'24" E 10°55'04", Via Nardini. **Max. WOMOs**: 2-3.
Ausstattung: Keine.
Beschreibung: Sie stehen schön auf Asphalt mit einem Rest von Sicht in

der Nähe von Häusern. Weiter unten an der Durchgangsstraße können Sie einkaufen, es gibt wenigstens eine Gaststätte. Ein Wanderweg führt in der Nähe vorbei. Größere Fahrzeuge können die Markierungen nicht einhalten. Am Abend kann man auch auf Klappstühlen sitzen.

Zufahrt: Der Platz liegt an der Straße von der SP 9 zu vorerwähntem Campingplatz.

Schlagartig sind Sie in einer anderen Welt, in einer Toskana-Landschaft wie aus dem Bildband, da Sie das stark besiedelte Becken mit den Städten Pistoia, Prato und Firenze hinter und unter sich zurücklassen. Wenn man bedenkt, wie sehr sich im Arnotal, jenseits des Gebirges und besonders in der Umgebung vom Empoli, die Industrieansiedlungen fortsetzen, ist es schon erstaunlich, dass Sie hier ein kleines, umgrenztes Gebiet vorfinden, das, jedenfalls dem äußeren Anschein nach,

Blick auf Vinci

eine heile Toskana-Welt verkörpert. Die Hügel, die niedlichen Ortschaften und die einzeln stehenden Gehöfte erinnern stark an das Chianti-Land, jedoch wurden im Bereich des Monte Albano schon früher alte Bauernhäuser zu Wochenendheimen umgebaut. Sie durchqueren nämlich ein Naherholungsgebiet dreier Großstädte, was Ihnen aber an einem Werktag gar nicht bewusst wird. Nur wenn sich gelegentlich eine Aussichtsmöglichkeit hinunter in die Ebene bietet, merken Sie, wie nahe Sie den ineinander gewachsenen Städten sind. An das Chianti-Gebiet erinnert auch der Wein, der sich hier ebenfalls Chianti nennen darf; nur nicht *Chianti classico*, und das Qualitätszeichen des schwarzen Hahns auf der Flasche ist hier ebenfalls verboten. Am Monte Albano kennt man aber noch das kleine Weinanbaugebiet um Carmignano, wohin wir Sie am Ende unserer Tour führen.

Vinci (14.600 Einwohner) verdankt seinen Ruhm dem Zufall, dass in einem abgelegenen Bauernhaus, 2,5 Kilometer nördlich, am 15. April 1452 eine Magd einen Sohn zur Welt brachte, den sie Leonardo nannte. Vielleicht sollte der Knabe vor der Menschheit verborgen bleiben, wahrscheinlich hat die Mutter gerade deswegen abseits der Stadt geboren. Denn Leonardos nicht ehelicher Vater war ein Herr aus den allerbesten Florentiner Kreisen, ein Notar, heißt es. Die ***Casa Natale***, das Geburtshaus, besichtigen wir anlässlich unserer nächsten Wanderung *(täglich 10–18:30 Uhr; 3 €)*. Ob Leonardo hier und in jenem Haus tatsächlich das Licht der Welt erblickt hat, darf bezweifelt werden. Aber Ungläubigkeit ist nicht erwünscht, wenn man sich vorstellen möchte, an der Geburtsstätte eines Universalgenies zu stehen. Also zweifeln wir nicht.

Vinci – Casa Natale

Nach Vinci fährt man nicht wegen des Namens und auch nicht wegen des Geburtshauses. Sondern wegen des **Museo Leonardiano**. Das Museum in zwei Häusern überrascht uns – vom Preis abgesehen – angenehm, weil hier nicht allerlei Dinge quer durch die Lebensgeschichte Leonardos präsentiert werden, was zweifellos auch aufregend wie das Leben dieses Künstlers, jedoch schon wegen der Sprachprobleme schwer verständlich wäre. Stattdessen hat man sich im Wesentlichen darauf beschränkt, etwa einhundert von Leonardo gezeichnete technische Modelle nachzubauen (was den hohen Eintrittspreis erklärt). Über jedem Schaustück hängt eine Abbildung der Handzeichnung Leonardos, damit der Betrachter sich sowohl von dem Erfindungsreichtum des Meisters wie auch von der Detailtreue der modernen Modellbauer überzeugen kann. Besonders alle Arten von Lastenkranen, Getrieben und Übersetzungen zeugen von dem Bedürfnis der Renaissance nach technischer Unterstützung der menschlichen Arbeitskraft. Leonardo, dessen Universaltalent – man denke nur an Mona Lisa – Ausdruck der Renaissance war, hat aber der Menschheit nicht nur Gutes getan, wie man

Zeichnungen und Modelle

Vinci - beim Museo Leonardiano

an den Modellen eines Panzers und anderer Kriegswerkzeuge sehen kann. Man muss auch wissen, dass seine Schöpfungen nicht unbedingt eigene Erfindungen waren. Lediglich die Umsetzung in eine technische Konstruktionszeichnung, vielleicht auch die Verfeinerung einer Idee, stammen von ihm – oder sind nur von ihm der Nachwelt überliefert. Achten Sie darauf, dass Sie nicht schon nach dem Besuch der ersten Räume das Museum verlassen, das nämlich in zwei Bereiche aufgeteilt ist *(10–18:15 Uhr; 11 €; da es keine deutschen Beschreibungen gibt, ist die App museoleonardino sinnvoll)*.

Wenn Sie in Vinci übernachten, sollten Sie auf dem offiziellen Stellplatz unten im Tal parken und in den Ort spazieren. Andernfalls empfehle ich für mittelgroße Fahrzeuge als reinen Parkplatz eine näherliegende Alternative bei N 43°47'02" E 10°55'22:

(044) Offizieller WOMO-Stellplatz: Vinci

GPS: N 43°46'51" E 10°55'42", Via Riparta. **Max. WOMOs**: 10.
Öffnungszeit: Ganzjährig.
Ausstattung: Ver- und Entsorgung, Mülleimer.
Beschreibung: Der nachts stark beleuchtete Platz mit Rasenpflaster liegt am Rand der Bebauung und ist klappstuhlgeeignet. In den Ort mit Ristorante und Geschäften sind es 800 Meter Fußweg. Dort beginnt auch der von mir beschriebene Wanderweg.

Das Halteverbot gilt nicht für Wohnmobile *(‚ecetto...')*, max. 24 Std., mit Parkscheibe. Bisweilen dient das Gelände als Treffpunkt von Jugendlichen. Leser wurden im Sommer von Stechmücken geärgert. Die Bäume sind gegenüber unserem Foto gewachsen.
Zufahrt: Der Platz ist seitlich der Straße von Vinci, Richtung Vitolini und Carmignano beim Sportplatz beschildert.

(045) Der Parkplatz an der **Casa Natale** erlaubt nur noch wenigen kleineren WOMOs bis höchstens 7 Meter Länge eine Nacht auf der oberen Etage, dann allerdings einsam und in schöner Umgebung.
GPS: N 43°47'59" E 10°56'20".

Unsere Wanderung führt durch selten schöne Olivengärten und beginnt in Vinci an der Burg:

Von Vinci zum Geburtshaus von Leonardo

Die Sonne scheint, als wir zunächst mehr oder weniger den Wegweisern und der Straße zur *Casa Natale* folgen, wobei wir zwischendurch den Weg durch Olivenhaine abkürzen oder verschönern. Wir haben gelesen, dass die Ölbäume um Vinci ungewöhnlich silbrig glänzen. In der Tat fällt uns auf, dass die Kulturen hier nicht nur viel Raum einnehmen, sondern auch besonders gepflegt sind. Auf der ganzen Wanderung sehen wir immer wieder Bauern beim Zurückschneiden oder -sägen des knorrigen Holzes. Wir beobachten, wie mit speziellen Maschinen der Boden unter den Bäumen umgepflügt wird und dass bei Neuanpflanzungen an jedes kleine Olivenbäumchen eine Bewässerungsmöglichkeit geführt ist.

Am Parkplatz beim **Geburtshaus** wählen wir den Weg entlang der Straße Richtung ‚Faltugnano' (empfehlenswert ist auch die Wanderung auf der geradeaus führenden Straße über Santa Lucia). Bevor wir die wenigen Häuser von Faltugnano erreicht haben, verlassen wir die Straße auf einem der nach rechts abbiegenden Wege.

Je nach Länge der Wanderung wählt man die Alternativen: Die erste Gelegenheit kommt schon bald, nachdem die Straße in einer Haarnadelkurve den Bach überquert, im Wald leicht bergauf und dann um eine Linkskurve führt. Ziemlich genau in dieser Kurve zweigt nach rechts ein Asphaltsträßchen ab, von dem man wieder mehrere Möglichkeiten nach links oder rechts zum Abbiegen hat. Wir wandern hier auf Sicht, denn den Turm der Burg von Vinci sehen wir ständig unter uns (Foto Seite 64), und wenn einmal ein Weg nicht weiterführt, werden wir uns nicht verirren, sondern einfach umkehren. Wir hätten die Straße nach Faltugnano genauso gut erst weiter oben nach rechts verlassen können.

Am Ende kommen wir nach drei Stunden am Sportplatz (Stellplatz) von Vinci heraus und haben wegen der sich ständig verändernden schönen Blicke auf die Stadt unzählige Fotos geknipst *(auf der Kompass-Karte Nr. 2457 oder der App ist eine etwas größere Runde als markierter Wanderweg eingezeichnet, die wir, als es noch keine Wanderkarte gab, abgekürzt haben; der Rother-Wanderführer bietet eine etwas andere Route an; die Orientierung ist jedenfalls nicht schwer).*

Der Ölbaum

Die Landflucht scheint bei Vinci nicht so ausgeprägt wie in anderen Gebieten, sodass die Tradition der **Ölgewinnung** weniger betroffen ist. Hinzu kommt, dass der kalte Winter 1984/85 mit seinen brutalen Nachtfrösten der Gegend um Vinci weniger anhaben konnte, weshalb hier weniger Ölbäume, die allenfalls Temperaturen bis minus 20 Grad aushalten, erfroren sind.

Wenn man den ganzen Tag den **Olivenbaum** vor Augen hat, beschäftigt man sich automatisch näher mit ihm. Das gebietet schon sein Alter: Bleibt er nämlich von starken Frösten und menschlichen Sägen verschont, kann er leicht mehrere hundert Jahre alt werden. Es dauert viele Jahre, bis ein Baum erstmals Früchte trägt, von denen man schließlich 10 Kilogramm benötigt, um davon 1½ Liter Öl der ersten Qualitätsklasse *(Olio extra vergine di oliva)* zu pressen. In der Toskana werden die Oliven größtenteils zeitiger geerntet als in Sizilien, Spanien oder Griechenland, damit das Öl weniger fettsäurehaltig und geschmacksintensiver wird. Solche Früchte muss man Stück für Stück mit der Hand pflücken, während sie anderswo auf unter den Bäumen ausgebreitete Netze oder Tücher geschüttelt oder mittels spezieller Kämme, die durch die Äste streichen, abgerissen werden. Auch in der Toskana ist nicht jede einzelne Olive handverlesen, jedoch wendet der Erzeuger, der auf sich hält, zunehmend diese Erntemethode an. Der Markt für hochwertige Öle ist groß, und die Preise sind hoch. Unseren Lieblingsproduzenten, bei dem das Öl noch bezahlbar ist, empfehle ich bei Tour 7.

Leider kam es in der Toskana im Jahr 2014 wegen eines **Schädlings** zu erheblichen Ernteausfällen, die sich unseres Wissens zunächst nicht wiederholt haben. Ob ein Zusammenhang mit dem **Bakterium** besteht, das in Süditalien (Apulien) großflächig die Bäume zerstört hat, wissen wir nicht. Dort musste die Regierung über eine Million Olivenbäume fällen lassen, weil nur damit die Ausbreitung der Bazille Xylella, die aus Amerika eingeschleppt worden ist, einzudämmen war. Allerdings hat auch diese Maßnahme, mit der sich der Kahlschlag auf ganze Landstriche erstreckt hat, nicht ausgereicht, weil die Behörden mit zu großem Schlendrian, vor allem zu zögerlich, agiert haben. Und es wird sogar behauptet, mancherorts würden die Grundbesitzer absichtlich ihre Plantagen infizieren, um Bauland für touristische Einrichtungen zu gewinnen.

Von Vinci bietet sich ein Abstecher ins mittelalterliche **San Miniato** an (26.000 Einwohner, im alten Ortsteil wohnen etwa 3.000 Menschen). Die Stadt südlich des Arno und der Schnellstraße nach Pisa ist erstaunlicherweise vom Tourismus nur wenig berührt. In manchen Reiseführern wird sie nicht einmal erwähnt. Bei der Zufahrt müssen Sie aber der Größe Ihres

WOMOs Rechnung tragen, die Altstadt darf am Sonntagnachmittag nicht befahren werden:

(046) WOMO-Parkplatz: San Miniato – Nordhang

GPS: N 43°40'51" E 10°51'02", Via Fonti alle Fate. **Max. WOMOs**: 5.
Ausstattung: Aufzug zu Gaststätten und Geschäften.
Beschreibung: Hier können WOMOs bis etwa 7,20 m Länge vor einem Personenaufzug auf der halben Höhe des Nordhangs an einem Parkplatz über Nacht stehen. Wenn Sie Platz finden, ist das gar nicht schlecht.

Zufahrt: Nähern Sie sich der Stadt von der SS 67, also von Norden, und wählen Sie die östlichste Zufahrt ab Scala (bei der östlichen Ampel und östlich der Shell-Tankstelle) oder die Zufahrt zwischen den beiden Ampeln (Wegweiser ‚*Carabinieri*') und fahren Sie bergauf, bis Sie von einem Parkplatzwegweiser nach rechts zu einem Parkplatz auf die halbe Höhe des Nordhangs geschickt werden.

(047) WOMO-Parkplatz: San Miniato Piazza L. Benvenuti

GPS: N 43°40'45" E 10°50'19", Piazza L. Benvenuti. **Max. WOMOs**: 8.
Ausstattung: Mülleimer.
Beschreibung: Das ist ein im Prinzip klappstuhlgeeigneter Parkplatz auf zwei Ebenen am Rand der Bebauung, eigentlich ein schöner Stellplatz. Das Gelände war aber bei unserer letzten Besichtigung vermüllt, weil hier offenbar abends Paare Verpackungsmaterialien aller (wirklich aller) Arten aus dem Autofenster werfen. Außerdem war die wunderbare Sicht zugewachsen. Im zuletzt angetroffenen Zustand kann man hier nicht mit Freude übernachten; zu Fuß ins Zentrum 1,1 km.

Zufahrt: Theoretisch können auch große Fahrzeuge vom vorgenannten Platz hierher fahren (und umgekehrt); wir empfehlen aber die Zufahrt ab der SS 67 über die westlichste Strecke nach San Miniato: Biegen Sie von der SS 67 einige Meter westlich des Ortsschildes ‚*San Miniato Basso*' in einem auffallend breiten Einmündungsbereich schräg bergauf ab, auf die *Via Catena* (brauner Wegweiser ‚*Sistema Museale*'), der Stellplatz liegt dann 1,9 km nach der Abzweigung links der Straße.

(048) WOMO-Parkplatz: San Miniato – Friedhof

GPS: N 43°41'26" E 10°51'37", SP 40. **Max. WOMOs**: 20.
Ausstattung: Wasser im Friedhof.
Beschreibung: Der Platz liegt außerhalb der Bebauung und ist der vermutlich einzige Parkplatz für große Wohnmobile, um den Ort zu besichtigen; zu Fuß ins Zentrum 950 m bergauf entlang der Straße. Der Rest ergibt sich aus unserem Foto.

Zufahrt: Wählen Sie die Zufahrt wie von Platz Nr. 038. Der Friedhof liegt dann schon bald rechts noch fast im Tal. Die große Parkfläche ist nicht zu übersehen.

Wer nicht nur wegen der berühmten weißen Trüffeln nach San Miniato gereist ist (Trüffelmarkt an mehreren Wochenenden im November), nimmt zu Fuß die beiden lang gezogenen Hauptstraßen in Angriff und steht bald vor dem kleinen Dom (aus dem 12. Jahrhundert) und unterhalb der ehemaligen Burg des deutschen Kaisers Friedrich II. Der Campanile des Doms ist älter und diente, was man ihm noch ansieht, ehemals der Festung, mit deren Bau schon im 10. Jahrhundert begonnen worden ist.

Zum höchsten und schönsten Punkt von San Miniato sind es von hier nur noch wenige Schritte. Wir erklimmen nämlich den ehemaligen **Burgturm** der Kaiserpfalz, der wieder aufgebaut wurde, nachdem er im 2. Weltkrieg zusammen mit Teilen der Stadt von deutschen Truppen zerstört worden war. Diese traurige Tatsache hat mit dem Beinamen der Stadt *al Tedesco* (*die Deutsche*), der übrigens nach dem letzten Krieg abgeschafft wurde, als man sich von den deutschen Besatzern distanzierte, nichts zu tun. Der Titel erinnert vielmehr an den deutschen Staufer-Kaiser Friedrich II., der genau wusste, warum er hier oben strategisch günstig eine mächtige Burg mit einem weiten Einflussbereich bauen ließ. So ist auch der Blick von der **Rocca Federico II**. einzigartig: unten die auf drei lang gezogene Bergrücken gestreckte Stadt und rundum auf Hügellandschaften wie aus dem toskanischen Bildkalender. Der **Blick gilt als einer der schönsten der Toskana** und gehört ins Pflichtprogramm *(4 €; 11–18 Uhr, Mo. geschlossen).*

Wer mit uns schon öfter in Italien unterwegs war, weiß, dass wir uns am Karfreitag gerne in einer mittelalterlichen Stadt aufhalten, in der die Prozession im Fackelschein eine besonders folkloristische Note bekommt. Der Umzug von Assisi (Band 12 der WOMO-Reiseführer) ist konkurrenzlos, aber auch der von San Miniato rangiert im Prozessionsranking weit oben.

In Empoli, einer Stadt unten am Arno, in der Flaschen für den toskanischen Wein hergestellt werden, schwanken wir, ob wir der Hauptstraße im Flusstal ostwärts folgen sollen, oder ob nicht das kleine Sträßchen, das sich nordwestlich von Empoli in die Berge schlängelt, reizvoller ist. Wir entscheiden uns, wie meistens bei solchen Alternativen, für die Nebenstraße und können Ihnen nur empfehlen, dieselbe Wahl zu treffen. Es gibt sogar zwei Strecken, die beide auch von großen WOMOs befahren werden können. Nehmen Sie die Strecke über **Vitolini**, die Ausblicke sind fantastisch. Außerdem können Sie sich auch auf einem herrlich gelegenen Zeltplatz, dem einzigen der Gegend, einquartieren. Leser haben mir *unisono* von guter Luft, aber auch von toten Hosen berichtet:

San Miniato

(049) WOMO-Campingplatz: Capraia e Limite *Village San Giusto*

GPS: N 43°46'59" E 10°59'16", Via Castra 71, Tel. 055 8712304; www.campingsangiusto.com/.
Öffnungszeit: Mitte April bis Anfang Nov.
Ausstattung: Kleiner Laden, kleines Restaurant, kleiner Pool.
Beschreibung: Der Platz liegt 5 km vom nächsten Ort entfernt in der Stille waldiger Umgebung. **Preise**: 28–37 €.
Zufahrt: Biegen Sie von der Straße von Vitolini nach Carmignano, der SP 43, bei der Beschilderung auf das Sträßchen nach Castellina ab.

In früheren Zeiten sind wir schon öfter in **Carmignano** ausund, da wir in dem lebhaften, schön gelegenen Dorf keine Sehenswürdigkeiten entdeckt haben, auch sehr schnell wieder eingestiegen. Erstaunlicherweise verrät uns nicht einmal Michael Müller (siehe unter *Literatur*), welch kleiner Schatz in der Kirche San Michele auf der rechten Seite des Kirchenraumes aufgehängt ist: Die ***Visitazione*** ist eines der schönsten Bilder von Jacopo da Pontormo (um 1514–1516) und war dem amerikanischen Videokünstler Bil Viola im Jahr 1995 Vorlage für seinen berühmten, im Museum of Modern Art von San Francisco präsentierten Film *The Greeting* (Auszug unter https://www.youtube.com/watch?v=-J6YYTTUIGQ). Es müsste mal jemand die Glasscheibe reinigen, hinter der das Bild geschützt wird; bedienen Sie den Beleuchtungsknopf (die Kirche liegt im westlichen Teil von Carmignano etwas unterhalb der Straße von Vinci und Vitolini in unserer Fahrtrichtung rechts am Anfang des Ortes).

Visitazione

Nach zahlreichen Fotopausen parken wir in **Poggio a Caiano**. Das Städtchen am Ufer des Ombrone würde kein Mensch besuchen, hätte sich nicht der Medici-Fürst Lorenzo der Prächtige (siehe beiger Kasten bei Tour 4) in den Jahren zwischen 1480 und 1485 hier ein Landhaus bauen lassen, das auf dem Hügel eines großen Parkes ein klassisches Beispiel

Villa in Poggio a Caiano

für einen wohlproportionierten Profanbau der Renaissance ist, auch wenn die zweiflügelige Treppe erst zum Beginn des 19. Jahrhunderts angefügt worden ist und man bei genauem Hinsehen einen Stilbruch entlarvt *(nur einstündige geführte Besichtigungen 8:30–15 Uhr, und nur nach Reservierung unter 055 877012)*. Das schlossartige Gebäude gehört zum UNESCO-Weltkulturerbe *‚Medici-Villen bei Florenz'*. Wir sind an einem Werktag gegen Mittag die einzigen Besucher, sodass uns die Mitarbeiterin in aller Ruhe durch die prachtvollen Säle führen kann. Ich frage mich nur, ob schon Lorenzo, Il Magnifico (Der Prächtige) an einem der beiden Billardtische gespielt hat und höre später gerüchteweise, Mussolini habe die Villa diesbezüglich bereichert. Dafür sind die beiden prachtvollen Betten echt. Starben in ihnen im Jahr 1587 Lorenzos Nachfahren (aus einer anderen Linie – siehe zu den Medici auch bei der 4. Tour), der Großherzog der Toskana, Francesco I., und einen Tag später seine Gemahlin, Bianca Capella, als Opfer eines heimtückischen Giftmordes?

Mord im Hause Medici?

Wenn ein Großherzog ohne legitimen männlichen Nachkommen plötzlich verstorben und ihm nur einen Tag später die Gemahlin gefolgt ist, war das schon im Jahre 1587 Anlass für Mutmaßungen und Zweifel. Wem konnte man einen Mord zutrauen, bei dem die Gattin als Täterin ausscheiden musste, weil sie ja ebenfalls das Herzogtum verlassen hat? Dem Thronfolger!

Der hieß Ferdinando, war seines Zeichens Kardinal, der Bruder des Hauptopfers und hatte ein Motiv: Ohne den Tod seines Bruders wäre er niemals Großherzog geworden. Ferdinand I., der sein Kardinalsamt aufgab, muss damals ziemlich unter Druck geraten sein, weil man ihn zweier heimtückischer Giftmorde verdächtigte. So ließ er die beiden Leichen obduzieren und Malaria als Todesursache bekannt geben. Die Unterstellungen waren aber trotzdem nicht auszurotten und erhielten im Jahr 2006 neue Nahrung, als Forscher in Francescos Körper eine erhöhte Arsenkonzentration feststellen konnten.

Erst 2010 wurde Ferdinando entlastet, weil die Wissenschaft nämlich inzwischen in der Lage war, mittels Analyse der Skelettreste eindeutig DNA von *Plasmodium falciparum*, dem Erreger der damals häufig tödlich verlaufenden *Malaria tropica*, nachzuweisen. Das Arsen war deshalb im Körper, weil die Ärzte zu dieser Zeit versucht hatten, damit die Malaria zu bekämpfen.

Francescos Thronfolger, Ferdinando I., ließ in **Artimino** (200 Einwohner), ganz in der Nähe von Poggio a Caiano, ein nicht weniger eindrucksvolles Eigenheim erbauen, die heute nach ihm benannte **Villa La Ferdinanda** (ebenfalls Weltkulturerbe) Um zu dem Dorf südwestlich von Poggio a Caiano zu gelangen, muss Ihr WOMO kräftig Schwung holen. Artimino liegt nämlich auf einer Bergkuppe, zu der sich von allen Seiten ein schmales Sträßchen emporschlängelt, und ist kein Ort für die Massen, eher etwas für Genießer, die auf einem einsamen oder auf einem etwas behelfsmäßigen Stellplatz improvisieren. Und ehrlich gesagt ist es auch weniger die Medici-Villa, die uns begeistert, als vielmehr die unvergleichliche Lage und das Restaurant *Da Delfina.* Falls Sie den schönen, einsamen Aussichtsplatz ergattert haben, werden Sie ihn vermutlich gegen Abend nicht mehr räumen. Dann entgeht Ihnen (wenn Sie nicht hinlaufen, was etwa 10 Minuten dauert) aber ein besonders schönes Restaurant. Dasselbe Schicksal erleiden Sie, wenn Sie sich nicht rechtzeitig im ***Da Delfina*** angemeldet haben. Das Lokal war schon früher bei Einheimischen sehr beliebt und ist es geblieben, als der Michelinstern schon nach kurzer Zeit wieder verloschen war. Ohne Reservierung finden Sie nur mit Glück einen Platz *(Tel. 055 8718074; Mo. geschlossen).* Im Sommer lässt *Nonna Delfina*, die Küchenchefin, auf der Terrasse decken, von der Sie bei erlesenen Speisen einen wunderbaren Blick auf die Medici-Villa genießen. Leider hat der Ruhm die Preise in die Höhe getrieben; 50 Euro müssen Sie pro Person auf jeden Fall anlegen.

Artimino – Villa La Ferdinanda

Dort ist dann auch die Gelegenheit gekommen, einen örtlichen Rotwein zu kosten, einen *Villa Medicea Riserva*, der in guten Jahren zur toskanischen Oberklasse zählen kann, in schlechten aber auch mal ziemlich abfällt. Die Flaschen kosten im Lokal kaum mehr als in einer Verkaufsstelle oben im Ort. Gegenüber von La Delfina können Sie gut übernachten:

(050) WOMO-Parkplatz: Artimino

GPS: N 43°46'54" E 11°02'09". **Max. WOMOs**: 4-5.
Ausstattung: Mehrere Gaststätten und Weinverkauf in der Nähe.
Beschreibung: Etwa gegenüber der Gaststätte *Da Delfina* gibt es in natürlichem Gelände einige ebene (und mehrere unebene) Naturplätze, die aber bisweilen belegt sind und einen schönen Blick ermöglichen. Daneben ist schon vor Jahren der Neubau eines Museums stecken geblieben.

Zufahrt: Fahren Sie (in unserer Tourabfolge) von Comeana hoch nach Artimino, dort rechts durch die Allee, Richtung Stadttor. Auf halber Strecke biegen Sie dort aber schräg links ab, Wegweiser ‚*Carmignano*'. Am Ende einer Einbahnstraße stoßen Sie geradeaus auf den mit ‚*P*' beschilderten Parkplatz, rechts liegt das Ristorante.

(051) Ein Stück weiter bergab eignet sich der Parkplatz vor der Kirche für 2 kleinere Fahrzeuge; bitte lassen Sie hier das Auto nicht den ganzen Tag über stehen. Fahren Sie an dem vorstehend genannten Platz bergab und biegen Sie nach etwa 50 m schräg bergauf vor die Kirche ab.
GPS: N 43°46'48" E 11°02'06", Via della Chiesa.

Auf jeden Fall können Sie in sehr schöner Umgebung, ohne Beschränkungen und ohne die Bevölkerung zu stören, **vor dem kleinen Friedhof** stehen, wenn Sie unterhalb des vorgenannten Platzes von der *Via della Chiesa* nach links in die ***Via del Cimitero*** einbiegen und bis in die Nähe des Friedhofes weiterfahren; klappstuhlgeeignet;
GPS: N 43°46'38" E 11°02'10".

Zudem gibt es noch ein Wiesenstück unterhalb der Villa La Ferdinanda, seitlich der Straße von Comeana, nach einem Heiligenbild. Es bietet nur Platz für ein einziges WOMO; wir behalten es als Andenken an die Pionierzeit unserer eigenen Wohnmobilgeschichte nebst Foto im Programm, obgleich von einem echten Stellplatz nicht die Rede sein darf. Mit einigem Geschick sowie mehreren Unterlegbrettern und -keilen gelingt es, das Auto zwischen Olivenbäume zu manövrieren. Ich werde noch bereuen, Ihnen dieses Plätzchen verraten zu haben. Aus den Erfahrungen meines Elsass-Führers, wo ich ähnliche Geheimtipps aus ähnlichen Zeiten preisgegeben habe, weiß ich, dass Sie mich respektlos angrinsen werden, wenn mich

Aus unserer Wohnmobilgeschichte

das Leben bestraft, weil ich irgendwann einmal nach Ihnen angereist bin. So blicken Sie dann statt meiner hinab ins Arnotal: Ihnen zu Füßen liegt die Stadt Signa, und weiter hinten erkennen Sie in der toskanischen Nachmittagssonne die Domkuppel von Florenz. Sie denken an den Trubel, den Verkehrslärm und an die Touristenscharen dort unten, denen Sie in Einsamkeit entrückt sind [**052**: N 43°47'04" E 11°02'40", Via Lazzera].

Keine Frage, die Medici wussten schon, warum sie diese Gegend und den halben Monte Albano zu ihrem privaten Jagdrevier erklärt und sogar begonnen haben, dieses mit einer Mauer zu umschließen. In der **Villa La Ferdinanda** kann man einige der 56 Räume für Hochzeiten und andere Events mieten, aber Villa und Park können nur noch nach Voranmeldung besichtigt werden, obgleich auch dieses Gebäude Teil des Weltkulturerbes ist (siehe oben). Für das früher dort untergebrachte archäologische Museum dümpelt gegenüber von *Da Delfina* ein 2008 begonnener, aber vor Jahren schon stecken gebliebener Neubau. Das **Museo Archeologico** ist inzwischen in einem Seitentrakt des Stadttores untergebracht; Sie erreichen es vom Dorfplatz aus *(9:30–13:30 Uhr; Sa. und So. auch 15–18 Uhr, Mi geschlossen; 4 €).*

Nach Artimino, das wir, wie Sie bemerkt haben, sehr lieben, kann man auch wandern:

Vom ehemaligen Bahnhof von Carmignano nach Artimino

Parken Sie seitlich der **Stazione di Carmignano** (dorthin fahren Sie in Signa nördlich der Bahnunterführung nach Westen und halten sich weiterhin links, bevor Sie am Arno entlangfahren – siehe unsere Karte; N 43°46'36" **E** 11°03'51") und gehen Sie, den **Bahnhof** im Rücken, mit einer verblassten Markierung nach links entlang der Gleise nach Westen. Nach dem Bahnwärterhaus wandern Sie links, am Ende eines Sportplatzes rechts und halb links bergauf: Bei einem Haus, nach Erreichen des Asphaltes und bei einem Bildstock gehen Sie scharf rechts, beim nächsten Bildstock links durch eine Mulde und vor dem danach folgenden alten Gehöft rechts. Wenn Sie vor einer Kette stehen, gehen Sie parallel links und bald danach vor einem Teich links unterhalb dieses Gewässers vorbei. Danach mühen Sie sich steil bergauf, wenden sich nach rechts und bleiben auf dem Bergrücken, an einem Wäldchen leicht links versetzt, im Prinzip aber geradeaus, bis Sie nach einer Stunde unterhalb von Artimino die Straße am Friedhof erreichen.

Auf Asphalt wandern Sie nun hoch nach **Artimino**, besichtigen die Stellplätze, den Ort und vielleicht von außen die **Villa Ferdinanda**.

Artimino – Blick auf La Ferdinanda

Vor der Villa wählen Sie bergab die Straße nach Poggio alla Malva und vertrauen einer Markierung, wenn Sie sich bei der Bushaltestelle nach links in den Wald schlagen. Mit der Markierung geht es nach einigen Hundert Metern abwärts, bis detaillierte Hinweistafeln Sie bei den etruskischen **Necropoli di Prato Rosello** vom rechten Pfad zu den Gräbern führen, deren Beigaben im Museum von Artimino zu sehen waren und es vielleicht irgendwann wieder sein werden (siehe oben).

Der weitere Weg ist dort schwer zu finden. Er verläuft markiert, von oben gesehen, links an den Gräbern vorbei und stößt bald auf die Landstraße, auf der Sie, jetzt wieder ohne Markierung, links (!!) gehen, bis Sie vor Ihrem WOMO stehen. Die reine Gehzeit beträgt weniger als **drei Stunden**; der Weg ist so ähnlich auf allen Rother-Produkten, insbesondere der App, eingezeichnet.

Tour 4: Florenz & Co — 155 km

Florenz – Fiesole – Pratolino – Prato

Stellplätze: in Florenz, in Fiesole, in Pratolino, in Prato

Campingplätze: in Florenz und Fiesole

Besichtigen: Florenz; römisches Theater in Fiesole; Villa Demidoff in Pratolino; Dom und Innenstadt von Prato

Wandern: bei Fiesole

Essen: Ristoranti *Del Fagioli* oder *Osteria dell'Enoteca* in Florenz, *La Reggia degli Etruschi* oder *Perseus Fiesolanao* in Fiesole

Meine Freude an **Florenz** (Firenze) ist erst mit den Jahren gewachsen, nachdem ich mit der Enttäuschung eingerüsteter oder verschlossener Kirchen und nicht zugänglicher Fresken oder Museen besser fertig geworden war. Als ich mir nicht mehr die Hacken wund gelaufen und die Besichtigungstouren zeit-

weise mit dem Fahrrad in Angriff genommen hatte. Vor allem, nachdem ich mich von dem Anspruch gelöst hatte, möglichst viele Kunstwerke an einem Tag oder in einem Urlaub zu »erledigen« – und gleichzeitig dabei noch das Kunstverständnis aufzubringen, das mir die Literatur abverlangt.

Sie sind der durchaus fragwürdigen Meinung, zur Toskana gehöre zwingend auch Florenz. Dann achten Sie darauf, dass Sie nicht zu lange in der Stadt bleiben, und versuchen Sie, sich bei der Kunst zu beschränken, diese aber lustvoll und ohne Pflichtbewusstsein zu konsumieren. Achten Sie darauf, dass Florenz nicht den ganzen Toskana-Urlaub überdeckt. Zu breit ist nämlich die Schattenseite dieser mit 381.000 Einwohnern größten toskanischen Stadt: Knapp fünf Millionen Besucher (im Jahr 2018 lag Florenz allerdings nur noch auf Platz 51 der Weltrangliste der am meisten besuchten Städte) drängen Jahr für Jahr durch das historische Zentrum zwischen Dom und dem Palazzo Vecchio. Außer den Hauptsehenswürdigkeiten hat dieser Teil von Florenz aber wenig zu bieten: nur vereinzelte gewachsene Lokale, kaum richtige Einkaufsläden und nur noch wenige Bewohner. Denn die Mieten kann nur zahlen, wer zur Geschäftswelt der Reichen gehört oder vom Tourismus lebt, was häufig ein und dasselbe ist. Bei jeder neuen Reise schien mir vor Corona, dass die Masse der Touristen nochmals zugenommen hatte. Zuletzt herrschte auch im Mai und im September vor Dom und Uffizien dichtes Gedränge. Die Einfahrt in das historische Zentrum ist verboten. Missetäter werden automatisch fotografiert und in der Heimat abkassiert!

Vorgenannte Auswüchse werden indessen von einem echten Kunstliebhaber kaum wahrgenommen, der hier eine auf der Welt einzigartige Ansammlung von Kunstschätzen der Renaissance antrifft und Wochen damit zubringen kann, diese abzuklappern. In unzähligen Büchern sind die Werke katalogisiert, beschrieben, ans Herz gelegt oder zum absoluten Muss erklärt. Genau da liegt einer der Gründe für mein lange gestörtes Verhältnis zur Stadt: Ständig hat man das Gefühl, ein Banause zu sein, weil man so vieles noch nicht gesehen hat. Nur wer reichlich Zeit hat oder den Mut zur Kunstlücke, übersteht den Florenzaufenthalt ohne schlechte Laune. Wer nur über wenige Urlaubstage verfügt und zugleich Perfektionist ist, mache einen großen Bogen um die Stadt – oder picke sich zwei, drei Highlights gezielt heraus!

Es ist kaum möglich, Ihnen im Rahmen eines Wohnmobilreiseführers den Zugang zur Kunst einer solchen Stadt zu vermitteln. Ich versuche es daher erst gar nicht. Wer sich eingehend informieren möchte, lese zum Beispiel die allerdings veralteten DuMont-Klassiker *Florenz*; oder wenigstens *Toscana* von Klaus Zimmermanns. Wer tiefer einsteigen will, nimmt sich *Florenz* von Mary McCarthy vor. Die meisten unserer Leser werden Florenz nur für ein paar Tage besuchen, Ihnen empfehle ich die aktuelle »Bibel«, eine ausgezeichnete Mischung von Michael Müller im gleichnamigen Verlag unter dem Titel *Toscana*.

Eine subjektiv getönte **Auswahl von Sehenswertem**, das mir besonders gefallen hat, kann ich mir aber doch nicht verkneifen. Bitte beachten Sie die Hinweise zu den Öffnungszeiten und Vorbuchungspflichten im nachfolgenden beigen Kasten sowie Näheres bei den *Tipps* unter *Sehenswürdigkeiten*:

Florenz – Blick vom Piazzale Michelangelo

Öffnungszeiten, Eintrittspreise, Vorbuchungspflichten

Öffnungszeiten und Eintrittspreise der meisten Museen, zu denen auch einige Kirchen gehören, sind auf den Internetseiten *www.polomuseale.firenze.it/* oder *http://museicivicifiorentini.comune.fi.it* oder www.b-ticket.com/b-ticket/ dargestellt. Über diese Seiten können Sie auch online vorbuchen und nachlesen, wo das nötig ist. Mit der Übersetzungsfunktion Ihres Browsers verstehen Sie alle Zeit- und Preisangaben. Die Preise sind in den letzten Jahren drastisch gestiegen, weshalb die Warteschlangen deutlich kürzer geworden sind. Die von mir nachfolgend genannten Zeiten geben die Kassenschließungszeiten an.

Wer über mehrere Tage Kunstwerke ansehen möchte, kommt an der **Firenze Card** nicht vorbei. Für 85 Euro dürfen eine Person und unter 18-jährige Kinder der Familie des Karteninhabers während exakt 72 Stunden die meisten Museen und Kirchen jeweils einmal (!) besuchen und mit öffentlichen Verkehrsmitteln anfahren. Die Uhr tickt mit der ersten Inanspruchnahme (eines Eintritts oder einer Fahrt). Das Beste daran ist die Bevorzugung bei Warteschlangen, denn mit der Firenze Card müssen Sie sich nicht anstellen.

Laden Sie sich schon zu Hause die kostenlose App *(Firenze Card)* mit Beschreibung, Öffnungszeiten und Stadtplan und einer Liste der angeschlossenen Museen, Kirchen und Ausstellungen – sowie der neun Verkaufsstellen der Karte (z. B. bei den Kassen des Palazzo Vecchio, der Uffizien, des Palazzo Pitti) auf Ihr Smartphone (funktioniert auch offline). Am besten erwerben Sie die Firenze Card im Internet unter *www.firenzecard.it/.*

Ohne Vorbuchung oder Firenze Card stehen Sie in der Hochsaison bis zu drei Stunden in Warteschlangen. Investieren Sie also lieber in eine Firenze Card. Allerdings gehen die Schlangen, wie erwähnt, infolge der brutalen Preiserhöhungen zurück (der Preis der Firenze Card beispielsweise ist von 50 Euro über 72 Euro auf 85 Euro gestiegen). Ich halte

es für wahrscheinlich, dass meine Angaben in diesem beigen Kasten auch wieder bis zum Verkauf dieser Buchauflage überholt sein werden.

Wir haben die Vorbuchung für die Uffizien ohne Firenze Card von zu Hause getestet. Das hat wunderbar funktioniert, und wir mussten vor Ort nicht warten.

Noch ein Tipp: Wenn Sie im Internet keine Karten buchen können, ist die Sehenswürdigkeit möglicherweise trotzdem zugänglich. Wir wurden an solchen Tagen schon ohne Warteschlange eingelassen.

Florenz – Dom

Nach dieser Vorrede kommen wir zur Sache: Das architektonisch genialste und beeindruckendste Bauwerk ist zweifelsohne die achteckige **Domkuppel**, für die der Architekt Filippo Brunelleschi 14 Arbeitsjahre geopfert hat. Zu ihr kann man vom Inneren des Doms aus hochklettern. Da sie zweischalig konstruiert ist, wurden schon bei ihrer Erbauung Treppen in den Hohlraum zwischen den beiden Schalen gesetzt, die heute dazu dienen, der staunenden Nachwelt ihre ganze Größe von 42 m im Durchmesser, aber auch von fast 90 m Höhe einen Blick auf die Altstadt zu offenbaren *(die unterschiedlichen Öffnungszeiten müssen Sie selbst unter https://duomo.firenze.it/it/home/ klären, sie sind vom Monat und dem Wochentag abhängig und für die einzelnen Bereiche des Doms unterschiedlich; die Warteschlange für den Campanile ist die längste von allen; 30 €; für alle Bauteile des Domkomplexes, wobei der Dom selbst kostenlos ist).* Beim Anblick der Fassade des Doms, der **Cattedrale di Santa Maria del Fiore**, wie das Bauwerk richtig heißt, habe ich mich zunächst gewundert, weshalb sie neuer wirkt als der Turm, bis ich gelesen

habe, dass sie erst im 19. Jahrhundert an den bis dahin unfertigen Dom geklebt und erst 1887 vollendet worden ist. Der Dom selbst gilt übrigens, bezogen auf das Fassungsvermögen an Menschen, als die viertgrößte Kirche der Christenheit – nach Peterskirche in Rom, Notre-Dame-de-la-Paix in Yamoussoukro (Elfenbeinküste), Kathedrale von Sevilla (möglicherweise auch noch dem Mailänder Dom). Und die Fresken des Jüngsten Gerichts, mit denen das Kuppelgewölbe von Vasari und Zuccari ausgeschmückt wurde, gehören mit 400 Quadratmetern zu den größten Fresken der Welt.

Am **Baptisterium** gegenüber dem Dom betrachte ich mir immer wieder die weltberühmten Bronzetüren, um darauf auch nach Jahren Neues zu entdecken. Die Südtür stammt von dem von mir so hochgeschätzten Andrea Pisano (1330), während dem Auftrag für die anderen Pforten schon damals ein Wettbewerb vorausgegangen war, dessen Teilnehmer klangvolle Namen trugen: Donatello, Brunelleschi, Jacobo della Quercia und Lorenzo Ghiberti. Letzterer setzte sich durch und belohnte das Vertrauen. Sehen Sie selbst! Und versäumen Sie auch nicht – jetzt maße ich mir schon den erhobenen Zeigefinger der Kunstliteraten an – die großartigen Kuppelmosaiken aus dem 13. Jahrhundert *(Zeiten und Preise siehe oben beim Dom)*.

Mehr als das Innere des Doms mag ich die sehr geräumige **Kirche Santa Croce** des Franziskanerbettelordens, die im Laufe der Jahrhunderte von vielen bedeutenden Künstlern ausgestattet wurde. Vor allem die Wandmalereien von Giotto in

Florenz – Santa Croce

den beiden Kapellen rechts des Chores und das sogenannte Basisrelief *Verkündigung* des Bildhauers Donatello (rechts vor der zweitletzten Säule vor dem Querschiff) ziehen mich immer wieder unter das hohe Gebälk dieser Kirche, deren Fassade ebenfalls erst im 19. Jahrhundert angesetzt worden ist. Beim Gang durch das Mittelschiff komme ich an Grabstätten von Michelangelo, Galilei, Ghiberti und Machiavelli, um nur einige zu nennen, vorbei; ferner am Grabmal des in Ravenna beerdigten Dante. An der Stirnwand des linken Querschiffs hängt dann noch das berühmte Holzkreuz von Donatello *(9:30–16:15 Uhr, So. 12:30–16:30 Uhr; 8 €).*

Nun verlasse ich das verkehrsberuhigte, aber trotzdem vor allem von Zweirädern stark befahrene historische Zentrum über den **Ponte Vecchio**, der einzigen Arno-Brücke, die im Jahr 1944 nicht von der deutschen Armee gesprengt worden ist. Die mir aber auch nur von Weitem gefällt, ist sie nämlich die Brücke zum (Touristen-) Geschäft zahlreicher Gold- und Silberschmiede, die hier seit dem Jahre 1593 das Brückenverkaufsmonopol besitzen.

Florenz – Ponte Vecchio

Mein Ziel südlich des Arno ist die **Kirche Santa Maria del Carmine**, der ausdrucksstarken Fresken wegen. Genau genommen finden Sie diese auch gar nicht in der Kirche selbst, die ist nämlich im Jahre 1771 abgebrannt. Unversehrt blieb lediglich die heute abgetrennte **Capella Brancacci**. Ein Reiseführer nennt diese »einen kostbaren Schatz europäischer Malerei«, andere sprechen von »den schönsten Fresken von Florenz«. Beide meinen den von Masolino begonnenen und von Masaccio zwischen 1425 und 1428 weitergeführten, jedoch schließlich auch von Filippino Lippi nicht ganz vollendeten Freskenzyklus aus dem Leben Petri, der als das erste ganz große Werk der Renaissance-Malerei und als deren Meilenstein gilt. Sie wollten schon lange wissen, was eigentlich die Malkunst der Renaissance auszeichnet? Hier haben Sie ein anschauliches Beispiel: Betrachten Sie sich zunächst den älteren *Sündenfall* von Masolino oben am rechten Pfeiler. Die Figuren sind starr und ausdruckslos. Ganz anders als bei der ein paar Jahre später von Masaccio gemalten *Vertreibung aus dem Paradies* am linken Pfeiler oben. Die Gesichter sind individuell und ausdrucksstark, Gefühle sind deutlich zu erkennen, und die Bewegungen der Menschen sind nicht nur schematisch dargestellt, sondern dem Leben entnommen. Seine Eva ist sogar schwanger. Diese großartigen Fresken gehören zu unseren persönlichen **Top Ten** *(werktags 10–16:15 Uhr, sonn- und feiertags von 13–16:15 Uhr; Di. geschlossen; 8 €; Voranmeldung unter Tel. 055 2768224 oder 055 2768558 ist sinnvoll; mit Firenze Card vereinfachter Eintritt; wir waren allerdings zuletzt an einem Samstag Anfang September die einzigen Besucher).*

‚Sündenfall' von Masolino

‚Vertreibung' von Masaccio

Nachdem Sie nun zumindest ahnen, was Renaissance bedeutet, und da Sie obendrein **Masaccio**, den bedeutendsten Vertreter der Frührenaissance, kennengelernt haben, möchten Sie sicher mehr von ihm sehen. Viel hat er übrigens nicht hinterlassen, starb er doch schon mit 27 Jahren. Sie müssen nun den Arno wieder überqueren, um in der Kirche **Santa Maria Novella** das Fresko der *Dreifaltigkeit* (von 1427) zu finden. Das ist nicht schwer, denn etwa vor der Mitte der linken Seitenwand steht oft eine Gruppe von Kunststudenten, die ein auf den ersten Blick eher unauffälliges Wandgemälde bestaunen, das einen bahnbrechenden Einfluss ausgeübt hat. Es ist nämlich nach der mathematischen Zentralperspektive, also perspektivisch richtig, aufgebaut, und alle Figuren sind im gleichen Maßstab gemalt, was damals eine Neuerung war. 70 Jahre jünger (1486 bis 1490) und wegen der zu dieser Zeit schon obligatorischen anschaulichen Einzelheiten besser als Renaissancebild zu erkennen ist das schöne Fresko von Ghirlandajo hinter dem Hauptaltar. Älter wiederum sind die Fresken in der Kapelle des Kreuzgangs, die zu Unrecht wenig beachtet werden *(April bis Sept.: Mo. bis Do. 9–18:15 Uhr, Fr. 11–18.15 Uhr, Sa. eine Stunde kürzer, So. und Fei. 13–16.45 Uhr, Okt. bis März an allen Tagen nur bis 16:45 Uhr; 8 €).*

Cappelle Medicee – Michelangelo ‚Morgenrot'

Von Santa Maria Novella ist es dann nicht mehr weit zur **Basilica di San Lorenzo**, deren Bau 1420 von Brunelleschi begonnen worden ist. Hier gehören die durch einen Sondereingang erreichbaren **Medici-Kapellen** (Cappelle Medicee) zu den großen Attraktionen, besonders die Neue Sakristei, in der Michelangelo ab 1520 neben der Planung auch das berühmte Figurenprogramm zur Würdigung der Grabstätten von zwei Medici geschaffen hat. Die bombastische sogenannte Fürstenkapelle daneben ist neuer.

‚Zug der Heiligen drei Könige' – Ausschnitt

Hier fanden ab dem 17. Jahrhundert die Großherzöge ihre letzte Ruhe *(8:15–18 Uhr, So. bis 13 Uhr, Di. geschlossen; 9 €).*

Auch die wunderbaren Fresken von Benozzo Gozzoli (dessen Meisterwerke Sie auf der 6. Tour und spätestens in meinem Umbrienführer im umbrischen Montefalco erneut kennenlernen werden) im **Palazzo Medici-Riccardi**, direkt neben San Lorenzo, gehören zu den schönsten Wandmalereien der Stadt. Im *Zug der Heiligen Drei Könige* (Foto Seite 86) ist das Leben in Florenz unter den Medici einzigartig abgebildet, mit Persönlichkeiten, die im Jahre 1439 zum Konzil von Florenz herbeigeeilt waren *(9–18 Uhr, mittwochs geschlossen, telefonische Reservierung unter 055 2760340; 7 €).*

Für den zweiten Teil der Stadtbesichtigung gehen wir ebenfalls gerne mit dem Fahrrad auf Tour. Unterhalb der an den Arno führenden Treppe zum Piazzale Michelangelo wenden wir uns nach links und sind in wenigen Minuten am Ponte Vecchio

Palazzo Pitti

und links von diesem am **Palazzo Pitti**, einem heutigen Kunstmuseum (Galleria Palatina mit berühmten Werken von Raffael und Tizian) und der ehemaligen Behausung der Medici, der Großherzöge und des Königs Vittorio Emanuele II. während der Zeit, in der Florenz Italiens Hauptstadt war *(verschiedene Ausstellungen, täglich außer montags von 8:15–17:30 Uhr; 16 €; Vorbuchung wie Uffizien; ebenfalls Teil des UNESCO-Weltkulturerbes).*

Hier findet man auch einen der Eingänge zum **Bobolischen Garten**, einem meiner Florentiner Lieblingsorte *(8:15–16:30 Uhr, April bis Oktober bis 17:30 Uhr, am 1. und letzten Montag des Monats geschlossen; 10 €).* Das Gelände diente ursprünglich

als Steinbruch für den Palazzo Pitti, später und noch zu Medici-Zeiten wurde hier eine der schönsten Parkanlagen Italiens gestaltet. Lohnend ist der Blick auf die Stadt, wenngleich man diesen nicht mehr vom Forte di Belvedere genießen kann.

Berühmter ist der Ausblick von der Terrasse des **Piazzale Michelangelo**. Die Michelangelo-Statuen sind zwar nur Kopien, aber das interessiert hier oben niemanden (das Original des David steht in der Galeria Accademia nördlich von Dom und Palazzo Medici-Riccardi; eine weitere Kopie finden Sie auf der Piazza della Signorina neben den Uffizien; trotz einhelliger Schwärmerei, die rechte Hand ist nach meiner Meinung überproportional groß). Der Blick wendet sich nach vorn über den Arno, seine Brücken und auf die Stadt.

Vom Piazzale Michelangelo sind es nur ein paar Schritte zu einer weiteren, von mir sehr geschätzten Sehenswürdigkeit, der romanischen **Kirche San Miniatio al Monte**, eine der ältesten und im Inneren auch schönsten Florentiner Kirchen am Ende eines hohen Freitreppenaufgangs *(täglich von 9:30–13 und 15–19 Uhr: kostenlos)*. Der Blick vom Kirchenvorplatz ist mindestens so fantastisch wie vom Piazzale Michelangelo.

Florenz – San Miniato al Monte

Sie vermissen in meiner Aufzählung die **Uffizien**, eines der drei bekanntesten Kunstmuseen der Welt? Ich fühle mich dort von der großen Zahl bedeutender Bilder fast erschlagen und habe es nie geschafft, mich nur mit den wesentlichen Gemälden zu begnügen *(8:15–17:30 Uhr, Mo. und am 1. Mai geschlossen; 20 €)*. Eigentlich müsste man sich auf wenige der in 39 Sälen teilweise hinter Panzerglas präsentierten Bilder beschränken und beim nächsten Florenzbesuch einen weiteren Teil nachholen – oder einfach mal nur die schönen Deckengemälde in Ruhe bewundern. Wenn nicht die elend lange Warteschlange und der hohe Eintrittspreis wären, die beide vor Überfüllung in den Bildersälen bewahren! Bei mittlerem Touristenaufkommen stehen Sie bis zu 2 Stunden. Eine Tafel zeigt Ihnen die Wartezeit an. Sie übertreibt meistens, lassen Sie sich nicht abschrecken, vor allem über Mittag nimmt die Schlange bisweilen schlagartig ab! Die Uffizien sind das Beste von Florenz! In der Hochsaison hatten Sie vor Corona jedoch ohne Vorbuchung keine Chance. Die Vorbuchungszeit beträgt bisweilen wenigstens zwei Tage. Sie können vor Ort oder telefonisch buchen *(055 294883; oder im Internet www.b-ticket.com/b-ticket/uffizi/; jeweils 4 € Vorbuchungsgebühr; siehe auch Näheres im obigen beigen Kasten zur Ticketbeschaffung).*

Fast so lohnend finde ich das National-Museum für Bildhauerei, das **Museo del Bargello** unweit des Piazzale Vecchio. Hier gibt es selten Wartezeiten, und man darf eine einmalige Sammlung italienischer Skulpturen von Michelangelo bis Donatello bestaunen *(am 2. und 4. Montag des Monats und am 1. Mai geschlossen; 8:15–13 Uhr, Sa. bis 18 Uhr; 9 €).*

Spätestens hier ist der Zeitpunkt gekommen, an dem man Ihnen in wenigen Worten und historisch verkürzt erklären muss, wer eigentlich die ständig erwähnten **Medici** waren. Ich versuche es:

Wer waren die Medici?

Die **Medici** waren mit zwei kurzen Unterbrechungen von 1434 bis 1737 Alleinherrscher über Florenz und beeinflussten dabei maßgeblich die Geschichte Europas. Ihnen entstammten außerdem sieben Kardinäle, zwei Päpste und zwei Königinnen. Ohne ihre Macht, ihren Reichtum und ihren Kunstsinn, vor allem ohne ihr Mäzenatentum, wäre Florenz heute nicht eine der Kunsthauptstädte der Welt.

Cosimo, *der Alte,* war der erste Medici, der noch unter einer pseudodemokratischen Verfassung, jedoch bereits kraft seines Geldes als Kaufmann und Bankherr das kulturelle und politische Leben in Florenz bestimmte. Schon sein Enkel Lorenzo I., *il Magnifico (der Prächtige)*, zeichnete sich wie ein Feudalherr durch Misswirtschaft, Ausbeutung und brutale Säuberungsaktionen aus, vor allem 1478, nachdem sein Bruder im Dom von Florenz einem Anschlag zum Opfer gefallen war.

Nach einem kurzen Intermezzo eines Gottesstaates unter dem Mönch Savonarola (1494–1512) entwickelte sich die nur noch theoretisch existierende Republik zu einer Monarchie, und die Medici erstarkten zu Herzögen, genauer zu Großherzögen der Toscana, deren letzter, Gian Gastone, im Jahr 1737 den Thron mit einem Platz in der Gruft von San Lorenzo tauschte. Seine Schwester Anna Maria Luisa vermachte die gesamten Kunstschätze der Medici, darunter die Sammlung in den Uffizien, der Stadt Florenz.

Zum Auswendiglernen nachfolgend die wichtigsten Medici, soweit sie Stadtherren waren:

Giovanni di Bicci de' Medici (1360–1428)
Cosimo, *der Alte* (1389–1464)
Piero de' Medici, *der Gichtige* (1416–1469)
Lorenzo I. de' Medici, *der Prächtige* (1449–1492)
....
und nachdem sie sich Großherzöge nennen durften:

Cosimo I. (1519–1574)
Francesco I. (1541–1587)
Ferdinando I. (1549–1609)
Cosimo II. (1590–1621)
....
Gian Gastone (1671–1737)

Mit historischen Betrachtungen und Besichtigungstipps könnte man seitenlang weitermachen. Aber schon für die geschilderten Attraktivitäten hat ein Tag längst nicht gereicht, und Sie erwarten von mir endlich den ultimativen Stellplatztipp.

Mal ehrlich, spielen Sie nicht ab und zu mit dem Gedanken, sich das Geld für die WOMO-Führer zu sparen, um sich stattdessen kostenlos im Internet zu bedienen? An Listen, die Ihnen tausend Stellplätze in Italien versprechen. Oder noch mehr. In Florenz habe ich eine dieser Sammlungen abgearbeitet. Meine Frau wurde dabei immer stiller. Schließlich hat sie gar nichts mehr gesagt. Vermutlich hat sie sich ein Ferienhaus gewünscht. Und ich fürchte, dass auch ich auf der Kippe gestanden hätte, wenn ich die Aktion nicht nach drei Stunden abgebrochen hätte. Herausgekommen ist nichts! Die Koordinaten oder Adressen waren zutreffend, die Plätze hingegen unerträglich oder wirklich unpraktisch. So darf ich etwas unbescheiden darauf hinweisen, dass dieses Buch Ihnen solchen Frust erspart, weil wir ihn ertragen mussten.

In Florenz gibt es eine Hauptempfehlung, einen relativ neu gebauten und teuren Campingplatz, an dem der Name irritiert, da der Platz keineswegs in der Stadt liegt:

(053) WOMO-Campingplatz: Firenze
hu Camping in Town

GPS/Kontakt: N 43°45'56" E 11°18'55", Viale G. Dalla Chiesa, Tel. 055 4698300; https://firenze.huopenair.com/de/.
Öffnungszeit: Ganzjährig.
Ausstattung: Laden, sehr stark auch von außerhalb besuchtes Ristorante mit Spezialbieren (reservieren!), Pool mit attraktivem Riesenplanschbecken.

Beschreibung: Das ist ein noch gut gelegener Platz mit allem Komfort. Der Architekt war sicher kein Wohnmobilist: Alle Parzellen haben nämlich ein künstliches Gefälle; die Bäume sind noch klein, jedoch schon etwas größer als abgebildet. Das Gelände wurde zunehmend mit festen Behausungen bestückt, weshalb das Angebot an freien Plätzen gar nicht so groß ist, und Sie in der Hochsaison bisweilen keinen Einlass finden, falls Sie zu spät kommen. Der Platz ist nicht leise, aber auch nicht unerträglich laut, auch wenn die Veranstaltungen zugenommen haben.

Falls Sie die sterile Gaststätte meiden möchten, kommt eine nahe, wesentlich bessere Pizzeria infrage: *David 2* finden Sie nach 5 Minuten (verlassen Sie den Platz nach links, gehen Sie nach etwa 100 m bei den ersten Häusern im rechten Winkel nach rechts und nach ca. weiteren 100 m nach links in die Querstraße, die Via Arentina*; Do. geschlossen)*.

Das **Stadtzentrum** ist 4 Kilometer entfernt. Es wird vom Campingplatzbetreiber ein **Shuttlebus** angeboten. Nehmen Sie lieber den öffentlichen Bus, der pro Person und Strecke 1,50 € kostet und Sie mitten ins Zentrum befördert, während der Shuttlebus des Campingplatzes Sie schon weit außerhalb absetzt und Sie mindestens noch 10 Minuten laufen müssen. **Tickets** für den öffentlichen Bus bekommen Sie an der Verkaufsstelle auf dem Campingplatz. Kaufen Sie möglichst auch schon ein Ticket für den Rückweg, da die italienische Bus-App nur mit italienischen Telefonnummern funktioniert. Die öffentliche Haltestelle wurde mehrfach verlegt und befindet sich jetzt an der Durchgangsstraße, wenn Sie aus dem Campingplatz herausgehen rechts nach etwa 200 Meter auf der anderen Straßenseite. Das Haltestellenschild war allerdings flexibel aufgestellt, weshalb Sie bei der Rezeption nachfragen sollten. Steigen Sie bei den Haltestellen *Salvemini* oder *Sant'Egidio* aus. Für den Heimweg nehmen Sie die Linie 14 A oder 14 B und steigen östlich seitlich des Bahnhofs bei *McDonald's* oder an der

Piazza di San Marco ein und nach der Vorbeifahrt am Campingplatz wieder aus. Sinnvoll für alle Bewegungen in Florenz ist die App *Moovit*, die Ihnen öffentliche Verkehrsmittel zurück zum Campingplatz nennt.

Vom Platz führt ein **Radweg** entlang dem Arno ins Zentrum (aus dem Platz raus und sofort scharf links); Mieträder gibts am Platz.

Abends sind wir auch mal für etwa 25 € mit dem **Taxi** heimgefahren.

Preise: Bis über 50 € (im August und nach Weihnachten – !! – sind die Preise am höchsten, die genauen Preise werden nicht veröffentlicht.

Zufahrt: Verlassen Sie die Autobahn an der Anschlussstelle *'Firenze-Sud'*, fahren Sie immer geradeaus und nach der Überquerung des Flusses rechts; der Platz liegt dann bald rechts.

Einen **weiteren Platz** – *Internazionale* – finden Sie an der Autobahnausfahrt *'Firenze-Impruneta'*; N 43°43'17" E 11°13'07".

Infrage kommt noch als dritte Möglichkeit der **Campingplatz in Fiesole**, den ich Ihnen gleich vorstelle.

Vier Plätze möchte ich Ihnen nicht vorenthalten. Sie sind aber für uns bestenfalls Notlösungen:

(054) Offizieller WOMO-Stellplatz: Florenz

GPS: N 43°47'42" E 11°14'52", Via Michele Mercati. **Max. WOMOs**: 30.
Öffnungszeit: Ganzjährig.
Ausstattung Ver- und Entsorgung, Mülleimer.
Beschreibung: Man steht auf einem privat betriebenen Parkplatz sehr eng. Von Freitag bis Sonntag ist der Platz wegen einer nahen Diskothek und einem nächtlichen Kommen und Gehen angeblich unerträglich laut. 2,5 km ins Zentrum; Bushaltestelle der Linie 55 gegenüber der Einfahrt.
Preis: Zeitabhängig etwa 19 €/Nacht.
Zufahrt: Verlassen Sie die A 1 Bologna–Florenz an der Abfahrt Firenze-Nord und fahren Sie auf der Viale Alessandro Guidoni in Richtung Careggi; nach der Bahnunterführung biegen Sie rechts in die Via Vittorio Emanuele II. ein, dann wählen Sie die dritte Straße links (Via Celso), danach die zweite rechts, die Via Michele Mercati. Der private Stellplatz liegt im hinteren Teil des Parkplatzgeländes (nicht seitlich, wo die Anwohner parken).

(055) An der Strecke zwischen der Abfahrt *'Firenze-Impruneta'* und dem Piazzale Michelangelo weist die Stadt in der **Via del Gelsomino** einen WOMO-Stellplatz mit Ver- und Entsorgung aus, der nur bis etwa 6,70 m Länge infrage kommt und hier nur aus Gründen der Vollständigkeit erwähnt wird; **GPS** N 43°45'06" E 11°14'39"; 15 €, Bus in der Nähe, 2,8 km zum Dom.

(056) Südlich des Arno und östlich des Zubringers zur Anschlussstelle Firenze-Sud ist in der Nähe eines VW-Händlers und einer Bushaltestelle ein offizielles Gelände eingerichtet, das 16,50 € kostet; **GPS** N 43°45'21" E 11°18'23", **Via Pian di Ripoli** 222, das ist die SP 34; 5,5 km zum Dom.

(057) Auf dem Weg nach Scandicci in der Nähe der Straßenbahn liegt ein weiterer offizieller Platz für 20 € in der **Via di Scandicci** 241 bei **GPS** N 43°45'45" E 11°12'34", 4,5 km vom Dom entfernt.

Zu unserem Erstaunen haben wir im Zentrum von Florenz ein wirklich gutes, bezahlbares **Restaurant** entdeckt. Im ***Del Fagioli*** wird die authentische toskanische Küche geboten, die Sie schon mehrere Urlaube gesucht haben. Zum Beispiel ein perfekter *Bollito misto* und ausgezeichnete Braten. Wer abends nicht Punkt halb acht vor der Tür steht, hat erst in der zweiten Runde, wenn nach neun die Einheimischen speisen, eine Chance. Am besten reservieren Sie beim mittäglichen Stadtrundgang für den Abend *(Tel. 055 244285; Mo. bis Fr., im August geschlossen; maßvolle Preise; Corso Tintori 47r; die Arnobrücke Ponte alle Grazie – unterhalb des Piazzale Michelangelo – im Rücken auf dem Nordufer die zweite Straße rechts)*. In der Nähe des Palazzo Pitti finden Sie in der ***Osteria dell'Enoteca*** eine ausgezeichnete Alternative mit nicht alltäglichem Angebot in gepflegtem Rahmen *(Via Romana 70r, Tel. 055 2286018; Di. geschlossen; mittlere Preise)*.

Eine Übernachtungsalternative ist der Campingplatz von **Fiesole** (15.000 Einwohner). Hier haben Sie von ganz wenigen Parzellen (es müsste mal jemand die Bäume kürzen) und dem Pool einen legendären Blick auf Florenz. Der Platz ist nicht sehr geräumig, wenngleich auch für größere WOMOs geeignet; nach Florenz fährt ein Bus:

(058) WOMO-Campingplatz: Fiesole – *Panoramico*

GPS/Kontakt: N 43°48'24" E 11°18'23", Via Peramonda, Tel. 055 599069; https://campingpanoramicofiesole.com/.

Öffnungszeit: Mitte März bis Anfang November.

Ausstattung: Im Sommer Brotverkauf, Getränke, wenige Lebensmittel und Restaurant, Pool mit sehr schönem Blick, teilweise Renovierungsrückstau – wie häufig in Italien.

Beschreibung: Der Platz liegt reizvoll oberhalb des Ortszentrums, von dem regelmäßig ein Linienbus nach Florenz verkehrt (Fahrtdauer etwa 30 Minuten). Vom Campingplatz zur Bushaltestelle (im Zentrum von Fiesole) gibt es einen Shuttleservice. Zu Fuß in den Ort sind es 1,4 km; gehen Sie an der Campingplatzzufahrt rechts durch die Via Corsica, an deren Ende nicht wieder bergauf, sondern rechts bergab in die Via Colzi und dann links auf der SP 54 ins Zentrum. Sie können hier eine Wanderung starten.

Preise: 30-50 €, auch hier werden im Internet keine Preise veröffentlicht.

Zufahrt: Der Platz ist gut 1 km nördlich von Fiesole beschildert.

Gäbe es in Fiesole außer dem schönen Campingplatz einen besseren Stellplatz, wäre die Kleinstadt einer unserer Lieblingsorte. Inzwischen sind allerdings frühere Verbotszeichen verschwunden:

(059) Offizieller WOMO-Stellplatz: Fiesole

GPS: N 43°48'31" E 11°17'51", Via Bastianini. **Max. WOMOs**: 10.

Öffnungszeit: Ganzjährig. **Ausstattung**: Keine.

Beschreibung: Der weitgehend schattenlose Asphaltplatz liegt nicht schlecht. Zu Fuß erreichen Sie nach 550 m das Zentrum mit Geschäften, Gaststätten, Wanderweg und Bus nach Florenz. Der schönste Platz mit Fernsicht ist relativ kurz und schräg und liegt noch an der Zufahrt (unser Foto; dort ist auch das offizielle Parkplatzzeichen für Wohnmobile).

Fährt man an der Gefällestrecke weiter bergauf, gelangt man zu einem Parkplatzgelände mit ebenen Bereichen, auf dem die Verbotszeichen verschwunden sind (nur für einem Tag, an dem die Kehrmaschine kommt).

Zufahrt: Fahren Sie in Fiesole auf dem großen Platz vor dem Dom rechts des Doms und links des röm. Theaters durch eine Engstelle bergab und an der ersten scharfen Kurve rechts dem blauen ‚P' hinterher; nun fahren Sie bergauf bis zur Beschilderung.

Fiesole – römisches Theater

Fiesole ist wegen seiner Kühle gerade im Sommer ein klassisches Florentiner Ausflugsziel und lohnt sich schon wegen des **römischen Theaters** und dabei weniger wegen dessen archäologischer Bedeutung, seines mittleren, restaurierten Erhaltungszustandes und seiner 2.500 Besucherplätze, als wegen der besonders schönen Lage *(im Sommer 9–18:30 Uhr, im Winter kürzer; inkl. Museum 10 €, es gilt die Firenze Card)*. Unbedingt empfehlenswert ist in Fiesole der Anstieg durch das steile Gässchen seitlich des Doms (Via di San Francesco) zum Park und zum **Aussichtsplatz** (genannt: *Banchine – Bänkchen)*. Der Lohn ist einer der schönsten Blicke der Toskana!

Vom Ristorante daneben kann man genau diese Sicht auf Florenz beim Essen genießen, mit Glück sogar von der Terrasse. Leider bekamen wir keinen Platz und können über die Qualitäten der Küche von ***La Reggia degli Etruschi*** nicht berichten. Die Preise jedenfalls liegen etwas über der Mitte, was bei dieser Lage nicht verwundert *(Tel. 055 59385; kein Ruhetag)*. Wir mussten uns ohne Fernsicht bei ***Perseus Fiesolanao*** unten an der Straße seitlich des großen Platzes trösten lassen. Und das ist der Küche und dem freundlichen Personal überraschend gut gelungen *(Tel. 055 59143; abends immer geöffnet, eher preiswert)*.

Die Lage von Fiesole inspiriert uns zu einer spontanen, kleinen Wanderung, die wegen eines weiteren legendären Blicks auf Florenz in vielen Reiseführern beschrieben wird:

Rundwanderung bei Fiesole

Die Wanderung trägt überall die aufschlussreiche Bezeichnung: *Passeggiata panoramica* und beginnt rot-weiß markiert am oberen Rand des großen Platzes rechts des Reiterdenkmals in der Via G. Verdi im **Zentrum von Fiesole**. Nach etwa 35 Minuten haben wir das Plateau des Monte Ceceri erreicht, wo eine Tafel daran erinnert, dass Leonardo da Vinci hier, oberhalb eines Steinbruchs, einst erfolglose Flugversuche unternommen hat. Wählt man nach dem Plateau mit der Gedenktafel den linken Weg, steht man 40 Minuten später wieder mitten in Fiesole oder noch früher auf dem Campingplatz.

Stattdessen kann man rechts den sich Richtung Maiano zwischen Steinbrüchen hinabschlängelnden Pfad wählen. Halten Sie sich dort zunächst links, dann auf einem breiteren Weg rechts und folgen Sie der Markierung mit der Nr. 7, Richtung Maiano. Bald leitet Sie eine blau/pinke Markierung zum Hotel Villa San Michele. Direkt vor dessen Tor zweigt nach links ein Pfad ab, der Sie nach Fiesole geleitet *(nach Heitzmann/Gabriel im Rother-Verlag; die Kompass-Karte, Firenze-Chianti, Nr. 2458, stellt den Wegverlauf nur teilweise dar;* **2,5 Stunden***)*.

Zu den lohnenswerten, aber wenig besuchten Zielen nördlich von Florenz zählt der **Park der Villa Demidoff** in **Pratolino**, der thematisch gut in unsere Florenztour passt, auch wenn er meistens auf Ihrem Hin- oder Heimweg liegt. Denn es war der Medici-Großherzog Francesco I., der hier in deutlicher Entfernung zu Florenz, das man in der Ebene aber noch sieht, zwischen 1569 und 1581 einen gigantischen Lustpark mit Wasserspielen, Grotten und Schloss errichten ließ, eines der kostspieligsten Luxusanwesen der Medici, um sich in der Abgeschiedenheit an seiner Mätresse Bianca Capello zu erfreuen (sie wurde 1578 seine Ehefrau, nachdem die erste Gemahlin, Johanna von Österreich, im Kindbett verstorben war). Bereits spätere Medici-Generationen vernachlässigten die aufwendige Pflege des Geländes und der Bauten, die nach dem letzten Medici an das Haus Habsburg-Lothringen fielen. Die österreichischen Kaiser renovierten das Areal im englischen Stil, bevor sie das Interesse verloren und im Jahr 1820 die Villa sprengen ließen. Vermutlich wäre heute gar nichts mehr zu sehen, hätte nicht 1872 der russische Prinz Demidoff die Reste gekauft und ein neues Landhaus in den Park gebaut. Aus der Zeit der Medici sind bis jetzt noch ein paar Grotten und Statuen erhalten, darunter der beeindruckend riesige *Apennin*, ein Steinkoloss, der in seinem Innern bestiegen werden kann *(April bis Oktober, leider nur von Freitag bis Sonntag und an Feiertagen von 10–20 Uhr; kostenlos)*. Vor dem Parkgelände kann man gut übernachten. Der Stellplatz ist zugleich der Parkplatz eines **Klettergartens**, der besonders Kinder und Jugendliche anspricht *(Parco avventura - Il Gigante; März, April, Oktober, November nur am Wochenende, Mai bis September täglich; bis zu 20 €)*:

(060) WOMO-Parkplatz: Pratolino

GPS: N 43°51'34" E 11°17'53", Via Fiorentina.
Max. WOMOs: 10.
Ausstattung: Viele Mülleimer.
Beschreibung: Der schattenlose, geschotterte Parkplatz liegt am Rand der Bebauung und ist zumindest gegen Abend klappstuhlgeeignet. Einen *Coop* (180 m) und Gaststätten finden Sie in der Nähe, zudem einen Klettergarten.
Zufahrt: Der Parkplatz liegt südlich des Ortskerns von Pratolino gegenüber dem Eingang zur Villa Demidoff.
Hinweis: Fahren Sie von Fiesole nicht über Caldine nach Norden, sondern über das südwestliche Ponte alla Badia, das Navi leitet Sie sonst womöglich über Feld- und Umwege.

Etwa 16 Kilometer nördlich liegt bei Scarperio e San Piero der geräumige **Campingplatz *Mugello Verde***, mit öffentlichem Pool, schattigen Parzellen und sehr gutem, von Einheimischen besuchtem Ristorante; [**061**: N 43°57'40" E 11°18'35", Via Massorondinaio 39].

Prato (mit 194.000 –registrierten– Einwohnern zweitgrößte Stadt der Toskana) ist vielleicht die touristisch am meisten unterschätzte Stadt in der Toskana. Denn man erwartet zunächst nichts Schönes, wenn man durch die Randgebiete anreist. Heruntergekommen wirkende Kleinindustrie oder Leerstand säumen die Straßen bis mitten ins *Centro*. Hier werden fast ausnahmslos Textilien hergestellt. Prato ist seit dem Mittelalter die Textilstadt Italiens, der vor allem die Lumpenverwertung in den Fünfzigerjahren des 20. Jahrhunderts neuen Aufschwung brachte. Die Stadt wuchs zwischen 1950 und 1975 von 50.000 auf 160.000 Einwohner. Diese Entwicklung spiegelt sich im Straßenbild wieder, vor allem im Zentrum, wo ein geschäftiges Treiben herrscht. Laden neben Laden ohne jeden touristischen Hintergrund, jedenfalls vor Corona. Es gibt in der Toskana nichts Vergleichbares. Zumal inzwischen 25.000 bis 40.000 Chinesen (die genaue Zahl kennt niemand) das Kleingewerbe beherrschen, was schon wegen der chinesischen Schriftzeichen an Nähereien und Modegeschäften nicht zu übersehen ist. »Pronto Moda« nennt sich die Leistung, italienische Mode zu chinesischen Preisen und europäischer Geschwindigkeit zu liefern. Die Chinesen produzieren nämlich in Prato. Die Abnehmer, es sind vornehmlich Händler aus Italien, Deutschland, Spanien und Frankreich, müssen nicht darauf warten, dass Container aus China nach Europa verschifft werden. Und Einfuhrzölle fallen auch nicht an. Aber vor Ort rätselt man über die Lebensgewohnheiten der fleißigen asiatischen Zuwanderer, die mafiösen Strukturen – und weshalb fast keiner von ihnen in Prato verstirbt. Durch die Pandemie hat sich das Stadtbild aber etwas verändert, da viele Geschäfte leer stehen.

In Prato

Richtig lohnend wird der Besuch durch den **Duomo**, die Cattedrale di Santo Stefano. Schon der Domplatz ist schön anzusehen. Von der Außenkanzel an einer Ecke des Doms wird den Gläubigen fünfmal im Jahr (Ostern, 1.5., 15.8., 8.9. und an Weihnachten) das im Dom verwahrte Heiligtum präsentiert: ein Stoffgürtel von Maria höchstpersönlich. Zu auffällig ist der Zufall, dass die Reliquie in der Textilstadt ausgerechnet aus einem Stück Stoff besteht. Gut gefallen mir die Reliefs der Außenkanzel

Prato – Außenkanzel

von Donatello und Michelozzo. Es sind Abgüsse, deren Originale im Dommuseum besichtigt werden können. Das Beste aber sind die großartigen **Fresken von Filippo Lippi** in der Hauptchorkapelle (Cappella Maggiore) hinter dem Altar *(12–17 Uhr, Sonntag 13–17 Uhr, Di. geschlossen; 5 €; die Zeiten haben sich häufig geändert, zumal Bauarbeiten stattfinden; Achtung nur die Fresken im mittleren Chor stammen von Lippi, sie zeigen das Leben des Heiligen Stephan).*

Fresko von Filippo Lippi

Am geeigneten **Parkplatz** wird der Besuch von Prato jedenfalls nicht scheitern. Hier könnte man auch passabel, aber laut am Fluss übernachten [**062**: N 43°53'14" E 11°06'03", Viale Galilei; Parkuhr; kostenlose Ver- und Entsorgung]. Gehen Sie zum Dom auf keinen Fall unten entlang dem Fluss, sondern unterqueren Sie entlang der Straße eine Eisenbahnbrücke und halten Sie sich danach leicht rechts versetzt; der Dom ist nur 600 Meter vom Parkplatz entfernt.

Park- und Stellplatz in Prato

Tour 5: Im Zeichen des schwarzen Hahns 170 km

Greve in Chianti – Castellina – Radda – Badia a Coltibuono – Gaiole – Castello di Brolio

Stellplätze: in und bei Greve, in Panzano, bei Castellina, in Radda, in Volpaia, bei der Badia a Coltibuono, in Gaiole

Campingplätze: bei Figline Valdarno, bei Radda

Besichtigen: Greve, Montefioralle, Taufkirche Pieve di Panzano, Castellina, Radda, Badia a Coltibuono, Castello di Brolio

Wandern:	von Greve zum Sugamepass, von Greve nach Montefioralle, von Radda nach Volpaia, von der Badia a Coltibuono nach Gaiole
Essen:	*Osteria Mangiando Mangiando* oder Pizzeria *La Cantina* in Greve, Ristorante *Il Vescovino* in Panzano, Ristorante *La Bottega* in Volpaia, Restaurant der Badia a Coltibuono

'Siete nel territorio del Gallo Nero' lesen Sie gelegentlich noch auf verblassten Schildern an der Straße, wenn Sie südlich von Florenz auf die SR 222, die *Chiantigiana*, einschwenken. *'Sie sind im Gebiet des schwarzen Hahns'*, dem Emblem des Consorzio del Gallo Nero, was Sie auch auf unzähligen Wegweisern zu Weingütern erkennen, weil es als Gütesiegel italienischen Rotweins gilt – für nicht wenige Flaschen zu Unrecht. Im Jahre 1924, als es in Italien noch kein Weingesetz gab und jede erdenkliche Traubenbrühe als *Chianti* exportiert werden durfte, schlossen sich die meisten Gemeinden der Region des *Chianti Classico*, also des Gebiets zwischen Florenz und Siena, zu einer Vereinigung zusammen, um die Qualität ihrer Weine zu regulieren. Die Gründungsmitglieder dachten dabei wohl an die *Lega Chiantigiana*, ein militärisches Bündnis derselben Region aus dem 13. Jahrhundert.

Greve – Piazza Matteotti

Der Hauptort des *Chianti*, wie der Kenner sagt und dabei durch Wortzusammenhang und Satzbau verdeutlicht, dass er das *Gebiet* und nicht den *Wein* meint, ist heute **Greve in Chianti** (13.800 Einwohner), dessen Infrastruktur jener Bedeutung standhält und für Wohnmobile einen offiziellen

Übernachtungsplatz eingerichtet hat. Zehn Gehminuten vom Zentrum entfernt werden Sie dort in ländlicher Umgebung von Nachbarn empfangen, die im Sommer auf Klappstühlen den Abend begießen – und damit niemanden stören:

(063) Offizieller WOMO-Stellplatz: Greve in Chianti Schwimmbad

GPS: N 43°35'26" E 11°18'49", Via Montebeni.
Max. WOMOs: 20.
Öffnungszeit: Ganzjährig.
Ausstattung: Ver- und Entsorgung, Mülleimer.
Beschreibung: Der wenig schattige Platz liegt am Rand der Bebauung mit schönem Blick auf die Hügel. Sie können entweder auf dem gepflasterten Untergrund oder auf der Wiese daneben auf Klappstühlen sitzen. Geschäfte (nach 500 m, Brot erst nach 950 m in der Ortsmitte) und Gaststätten sind zu Fuß erreichbar. Wanderwege beginnen hier. Das Hallen- und Freibad (Ende Mai bis Mitte Sept., 8 €) grenzt unmittelbar an.

Zufahrt: Biegen Sie im nördlichen Teil von Greve von der SR 222 an einer Ampel bei der Tankstelle beschildert nach Westen ab, überqueren Sie den Bach und fahren Sie danach rechts bis zum Schwimmbad nördlich des Ortes.

Falls der Platz belegt ist, was an Ostern nicht unwahrscheinlich ist, können Sie (mit dem Segen der Obrigkeit) vor dem benachbarten Schwimmbad oder auf einer seitlichen Wiese ebenfalls gut stehen. Im Sommer parken auf dem Stellplatz gelegentlich tagsüber Pkw von Schwimmbadbesuchern.

Sie schlendern bequem zur Ortsmitte, um beruhigt zu registrieren, dass sich seit Ihrem letzten Besuch so gut wie nichts verändert hat. Allem voran die berühmte dreieckige **Piazza Matteotti**, mit Geschäften hinter Arkaden, auch wenn sie immer noch beparkt werden darf (nicht von WOMOs). Dass über die Jahre keine tiefgreifenden Verunstaltungen erfolgt sind, zeichnet die Toskana aus und sichert die Treue des Publikums.

Der Liebhaber italienischen Backwerks kann sich wie vor Jahr und Tag von der Bäckerei an der breiten Stirnseite des Platzes kaum trennen. Touristischer Nippes wird überraschend zurückhaltend feilgeboten, und ein Metzger namens *Falorni* bietet verlockende Produkte an, vor allem aus Wildschweinfleisch. Damit auch niemand die Berühmtheit seines Namens und Ladens übersieht, hat er bei einem unserer Besuche alle Bücher und Zeitschriftenartikel, die ihn jemals erwähnt haben, in einem Korb an gut sichtbarer Stelle eines Schaufensters präsentiert. Danach scheint Herr *Falorni* wirklich sehr prominent zu sein. Nur der beliebte WOMO-Reiseführer fehlte, um seinem Schaufenster den letzten Glanz zu verleihen. Jener verschweigt aber auch nicht die sündhaft hohen Preise der wirklich lecker aussehenden Produkte. Seitlich der Straße vor dem Stellplatz liegt die dazugehörige Fleischfabrik, wo Sie die Tore für große Lkw erkennen. Der dem Besucher des Ladens suggerierte Eindruck, *Falorni* habe jedes verwurstete Wildschwein persönlich gekannt, ist nur eine gute Idee seines Werbeberaters, der in den letzten Jahren so erfolgreich war, dass *Falorni* sich inzwischen auf mehrere Läden ausdehnen konnte, was eine der wenigen Veränderungen am Platz ist, auf dem am Samstagvormittag ein bunter Wochenmarkt aufgebaut wird.

Kaum weniger prominent ist Salvatore Toscano, der zwei Häuser weiter in seiner winzigen, vom Gastraum der ***Osteria Mangiando Mangiando*** kaum abgetrennten Küche die Oberaufsicht führt. Das heißt, er rückt ein wenig das Arrangement auf den Tellern zurecht, gießt feinstes Olivenöl auf die Speisen, oder er zupft am Basilikum und wiegt vielleicht auch ein *Bistecca alla Fiorentina*. Meistens steht er nur mit breitem Grinsen neben zwei überaus fleißigen Köchen und begrüßt seine Gäste, die ihn fast alle kennen. Denn wer einmal dort war, kehrt schon wegen der sensationellen *Lasagna tradizionale* immer wieder zurück *(besonders gerne in der kühleren Jahreszeit, wenn man nicht im Freien sitzen »muss«; Tel. 055 854 6372; Do. geschlossen; mittlere Preise, von uns länger nicht überprüft).* Reichlich belegte und preiswerte Pizza mit (fast zu) dünnem Boden wird Ihnen hingegen in der beliebten **Pizzeria *La Cantina*** serviert *(am Weg zwischen Stell- und Marktplatz; allerdings scheint die Entwicklung mehr zu einem richtigen Ristorante zu tendieren).*

Weinprobe mit Chip

Bei Greve kann man ausgezeichnet wandern. Aber wenn schon beim Frühstück kein Zweifel aufkommt, dass der Regen für den Rest des Tages nicht mehr nachlassen wird, sucht man spätestens am Nachmittag eine außergewöhnliche Zerstreuung – und findet einen Keller, der den Weinliebhaber wie den Technikfreak gleichermaßen unterhält. In der

Enoteca Falorni – *Le Cantine di Greve* kann man über 100 Weine verkosten, ohne Kaufzwang, gekünsteltes Schlürfen und lästiges Gerede beim Einschenken. Der Wein kommt nämlich aus Automaten, dosiert in drei verschiedenen Mengen zur Auswahl, und er wird mit einer Chipkarte oder der hinterlegten Kredit-Karte bezahlt.

Nehmen Sie für den Anfang zu zweit die Karte für 15 Euro (es gibt sie auch für 10 oder 20 € – die aktuellen Preise kenne ich nicht), dazu zwei Gläser und beginnen Sie gleich mit den besseren Provenienzen, zum Beispiel dem *Chianti Classico Riserva*. Sie werden nicht Gefahr laufen, danach noch die einfachen Sorten probieren zu müssen, denn viel schneller als erwartet ist das Guthaben aufgebraucht (der nicht verbrauchte Rest wird nicht zurückerstattet, weshalb ich zur alternativen Hinterlegung der Visakarte rate).

Uns hat das richtig Spaß gemacht – und nicht nur weil der von uns überbrückte Ostersamstag einer jener Regentage war *(Sie finden den Keller seitlich der Durchgangsstraße hinter dem Coop; täglich 11–19 Uhr).*

Greve ist kein Ort mit Sehenswürdigkeiten und doch bei Touristen sehr beliebt, weil es hier so lebhaft ist – und sicher auch wegen der guten Wanderwege:

Von Greve zum Sugamepass

Unsere erste Wanderung beginnt in **Greve in Chianti**, wo wir vom Stellplatz kommend in Höhe des Marktplatzes nach links (also nach Osten) die SR 222 überqueren, ein kurzes Stück nach rechts (Süden) wandern und beim Wegweiser zum Friedhof *(Cimitero)* bergauf den Windungen der Straße folgen. Wir spazieren am Totenacker vorbei und bleiben stets auf der asphaltierten, später nur noch geschotterten Straße, die zunehmend an Höhe gewinnt, an einem Steinbruch und an einer Freifläche (siehe dazu den nachfolgend beschriebenen Stellplatz) vorbeiführt

Zwischen Greve und dem Sugamepass

und wo Sie sich unter keinen Umständen verlaufen können. Sie dürfen also nach Herzenslust die schönen Blicke zurück nach Greve und auf die Hügel des Chianti genießen, ohne auf Markierungen achten zu müssen. Nur einmal sollten Sie aufpassen, weil man leicht übersieht, wenn der Wanderweg bei einer Weide nach links abzweigt. Zuletzt stand dort ein in die andere Richtung, also nach rechts weisender Wegweiser zu einem Gehöft bzw. dem *Agriturismo Cetinelle*. Der Weg biegt genau im rechten Winkel von der Schotterstraße nach links, also nach Norden, ab, und eine Markierung erkennen Sie dort erst, wenn Sie sehr genau hinschauen.

An dieser Abzweigung haben wir den höchsten Punkt der Wanderung erreicht, denn nun fällt der Weg allmählich wieder ab und durchquert bald ein Waldgebiet, ehe er am **Passo del Sugame** auf die SP 16 stößt. Wir kreuzen geradewegs die Straße, um an einem an Sonn- und Feiertagen hoch beliebten Ausflugslokal vorbei zu wandern. Wir bleiben nun auf einem breiten Fahrweg, bis dieser eine scharfe Linkskurve macht und unterhalb von zwei Wohnhäusern vorbeiführt. Jenseits derselben steigen wir unter Beachtung der Markierung durch ein Wäldchen ab, überqueren eine große Wiese und gelangen nach dieser erneut auf einen Schotterweg, auf dem wir uns bergab orientieren, um beim Auftreffen auf den nächsten Weg rechts zu gehen. Es tauchen nun die ersten Wegweiser zum Weinschloss **Uzzano** auf, das wir nicht verfehlen, wenn wir auf dem breiten Landweg weiterhin bergab gehen und uns an Abzweigungen links halten.

Wir spazieren unterhalb des Schlosses vorbei, wundern uns über die hier beginnende, unerwartet breite Asphaltstraße und dass diese plötzlich, wenn wir geradeaus an ein paar Häusern vorbei wandern, wieder in einen unbefestigten Zustand verfällt. Und während wir uns noch wundern, taucht unter uns **Greve in Chianti** auf, das wir nun nicht mehr verfehlen können. Die gesamte, etwa **14 km lange Strecke** ist auf der Kompasskarte Nr. 2458 – *Firenze, Siena, Chianti* als Wanderweg eingezeichnet, demnach auch auf der App, wie auch auf der Karte bei Rother.

Ohne diese Wanderung hätten wir die nachfolgend beschriebene Stellplatzalternative oberhalb von Greve vermutlich nicht entdeckt. Verspricht das Wetter nämlich einen milden Abend, macht es Ihnen nichts aus, völlig einsam in freier Natur zu stehen und wollen Sie den Tag bei prächtiger Aussicht und eventuell mit einem abendlichen Grillen ausklingen lassen, empfehle ich die Plätze weit oberhalb des Friedhofes von Greve. Gute Witterungsverhältnisse vorausgesetzt, können Sie kaum schöner stehen. Es schreiben mir tatsächlich immer wieder Leser, dass sie dieses Angebot mit Freude angenommen haben:

(064) WOMO-Parkplatz: Greve in Chianti
Oberhalb des Friedhofs

GPS: N 43°35'13" E 11°21'21", Via Melazzano. **Max. WOMOs**: 3-4.
Ausstattung: Keine.
Beschreibung: Das Wiesengelände liegt fernab jeglicher Bebauung in freier Landschaft und bietet einen schönen Blick. Selbstverständlich können Sie auf Klappstühlen sitzen. Der Wanderweg führt vorbei, Sie sollten Ihr Fahrzeug dort aber während der Wanderung nicht abstellen.
Zufahrt: Folgen Sie in Greve an der SR 222 dem Wegweiser zum Friedhof *(cimitero)*; Sie kommen auf neuem Asphalt am Friedhof vorbei und fahren etwa 4,1 km bergauf. Der Straßenbelag wird stellenweise schlechter, und am Anfang ist das Sträßchen auch etwas steil, was sich aber nach kurzer Zeit gibt. Nach einem Steinbruch und etwa einen Kilometer vor Erreichen der höchsten Stelle sehen Sie rechts des Fahrwegs grasige, ebene Stellplatzmöglichkeiten. Etwa 500 m weiter oben kommt links der Staubstraße eine weitere Alternative bei Büschen in Frage.

Außerhalb des Wochenendes können Fahrzeuge mit einer Breite bis 2,30 Meter hinauf nach **Montefioralle,** an den Rand eines malerischen Dorfes fahren, das allerdings werktags außerhalb der Saison ein wenig ausgestorben wirkt. Das Bergnest steht in vielen Büchern, weil hier im Jahr 1451 der Seefahrer und Namensvater Amerikas, Amerigo Vespucci, geboren wurde. Ob man dort weiterhin übernachten kann, halte ich für zweifelhaft:

(065) WOMO-Parkplatz: Montefioralle

GPS: N 43°34'51" E 11°18'05". **Max. WOMOs**: höchstens 5.
Ausstattung: Spielplatz.
Beschreibung: Der weitgehend schattenlose, geschotterte Platz liegt reizvoll am Rand des Dorfes, in dem Sie eine Gaststätte an der Zufahrt von Greve und eine sehr schöne oberhalb des Stellplatzes finden; Wasser gibts seitlich der Ampel an der Ostseite des Dorfes. Der Wanderweg führt hier vorbei. Mehr als 7 m WOMO-Länge könnten an manchen Tagen zu viel sein; Breitenbeschränkung auf 2,30 m an der Zufahrt; sonntags tagsüber oft von Pkw belegt.

Hier ist auf jeden Fall Camping verboten. Ich bin nicht sicher, ob nicht sogar das Parken untersagt ist (schreiben Sie mir).

Zufahrt: Folgen Sie dem Wegweiser wie zum obigen Stellplatz von Greve, nach dem Abbiegen von der SR 222 über die Brücke, dann aber geradeaus direkt in die schmale Durchfahrt und am Anfang steil bergauf; die Straße steigt zum Ort hoch; Sie passieren Montefioralle an der linken Stadtmauer (das ist die schmalste Stelle); nach dem Ende der Mauer sehen Sie ein blaues Hinweisschild zu einem Parkplatz nach rechts.

Am besten wandern Sie nach Montefioralle, was sich auf jeden Fall lohnt:

Von Greve in Chianti nach Montefioralle

Wir starten in der Gasse auf der nördlichen Stirnseite des dreieckigen Marktplatzes von **Greve** und folgen seitlich der Bäckerei dem Wegweiser *'Museo San Francesco'*. Bald biegen wir links bergauf ab und wandern am Museum vorbei, bis wir auf eine wenig befahrene Straße stoßen. Hier finden wir vielleicht noch ein verblichenes Wanderzeichen, ein **gelbes Dreieck**, das einst vom Odenwaldklub angebracht worden ist.

In Montefioralle

Es geleitet uns bergauf zur kleinen Ortschaft **Montefioralle**, auf den Wegweisern als *Castello* bezeichnet. Nach einer guten halben Stunde haben wir das Dorf erreicht. Vergeblich suchen wir auch das Castello, das, glaubt man der Literatur, nach einem Brand im Jahre 1325 wiederaufgebaut worden ist.

Wir wandern nach der Ortsdurchquerung links auf der Asphaltstraße weiter bergauf, vorbei an unserem zuletzt erwähnten **Parkplatz**. Bis zur Passhöhe müssen wir nun schwitzen und sind froh über die Ablenkung, als sich bei den letzten Häusern ein kleiner weißer, spitzartiger Hund zu uns gesellt, der zunächst kaum auffällt. Bald wird er aber anhänglich und ist auf Harmonie bedacht. Es gefällt ihm gar nicht, wenn wir nicht nebeneinander laufen, wenn einer von uns fotografiert und ein paar Schritte zurückbleibt. Wie schnell man zum Herrchen wider Willen werden kann! Längst ist die Stelle außer Sicht, an der der Spitz zu uns gestoßen ist, und ich ahne, dass der Hund für den Rest des Tages bei uns bleiben will. Gedanklich fahre ich mit dem Spitz schon durch den Schweizer Zoll, ich denke an Impfpassprobleme und dass ich den Hund verstecke ... Aber dann kommt ein roter Fiat, die Fahrerin schreit das Tier furchtbar an und befördert es höchst unsanft ins Auto. Ein letzter trauriger Hundeblick und ein tief eingeklemmter Schwanz. Vielleicht wäre unser Bettkasten während der wenigen Minuten am Zoll besser gewesen?

An einer reich beschilderten **Wegkreuzung** gehen wir rechts und eine Weile entlang der Straße, die lange nach unserer Erstauflage asphaltiert ist. Mercedes-Benz hat die Kosten übernommen, hier einen Werbefilm gedreht und der Wanderung ein wenig von ihrem Reiz genommen. Sie werden es dennoch nicht bereuen, wenn Sie artig der **Wegweisung A 45** folgen und etwa 2,2 km nördlich der Kreuzung mit den vielen Schildern nach rechts abbiegen.

Der kleine Spitz ist noch nicht vergessen, als bei einem Gehöft ein schwarz-weißer Jagdhundmischling schwanzwedelnd zu uns eilt, an uns hochspringt – und uns folgt. Wir haben keine Wurst im Rucksack, nur ein paar Äpfel und eine Flasche Sprudel. Trotzdem bleibt der Jagdhund bei uns und demonstriert seine Jagdkünste: Immer wieder pirscht er sich an Vögel heran, die ihm aber mühelos entkommen. Als wir nach rechts von der Straße abbiegen, wäre für ihn, so glauben wir, die letzte Gelegenheit, den Heimweg noch alleine zu finden. Wir setzen uns ins Gras, damit er uns nicht mehr nachlaufen kann. Aber anstatt umzukehren, legt sich unser neuer Freund neben uns und ist durch nichts zu bewegen, von unserer Seite zu weichen.

Wir brauchen noch fast zwei Stunden zurück nach Greve. Der Hund hat inzwischen bei frei laufenden Hühnern diverser Bauernhäuser seinen Jagdinstinkt aktiviert. Mit wildem Gegacker rennt das Federvieh davon, gefolgt von wütenden italienischen Schimpftiraden der Hühnerhalter, gerichtet an uns Hundehalter. Wie dumm von uns, keine Hundeleine im Rucksack zu haben!

Nördlich von **Greve** kommen wir beim Stellplatz an und spazieren zunächst in den Ort. Bei einem *Ambulatorio Veterinario* versuchen wir, unseren Begleiter heimlich in die Haustüre zu schieben. Der Plan misslingt, weil der Tierarzt gerade um die Ecke kommt. So nehmen wir den Vierbeiner wieder mit und bestellen uns auf dem großen Marktplatz erst mal einen *Cappuccino*. Sogleich legt sich unser Hund mit seinen Artgenossen an, deren Herrchen ebenfalls *Cappuccini* trinken. Und dann macht er sich, die Vorderpfoten auf den Tischen, über leer gegessene Eisbecher her. Als er schließlich auch noch den Abfallkorb ausräumt, heißt es im Café *unisono* aus deutschen Mündern: »Können Sie nicht auf Ihren Hund aufpassen!«

Es besteht also endgültig Handlungsbedarf. Aber machen Sie mit schlechtem Italienisch jemandem klar, dass Sie einen Hund gefunden haben. Glücklicherweise spricht die Dame im Touristenbüro deutsch, sie entdeckt auch eine kleine Steuermarke am Halsband und glaubt, mit ihr den Besitzer ermitteln zu können. Hilfskräfte werden zusammengetrommelt, ein Strick und das Schreibtischbein sind schließlich die Erlösung. *Hasso* bekommt einen Napf, und zu guter Letzt verspricht man uns, am nächsten Tag das richtige Herrchen zu benachrichtigen, so lange werde man sich um den Hühnerjäger kümmern. Die Frage aber bleibt: Warum sind uns zwei Hunde nachgelaufen?

Es bleibt ferner anzumerken, dass die Hundewanderstrecke **rund 15 km** beträgt, dass der Wanderweg unschwierig und gut zu einem Drittel schattig ist *(auf der Kompass-Karte Nr. 2458, deren App, und bei Rother vollständig als Wanderweg eingezeichnet)*.

Campingplatzliebhaber entscheiden sich in Greve in Chianti für einen Abstecher nach **Figline Valdarno**. Das liegt rund 17 Kilometer weiter östlich, also auf der anderen Seite der Monti del Chianti. Da ***Camping Girasole*** als einer der bedeutenden

Plätze im Innern Italiens gilt, erlaube ich mir, die bekennenden Campingplatzfeinde zu nerven: Man muss mitten durchs Gebirge und braucht von Greve mehr als eine halbe Stunde, um dann allerdings zu einem der bestbesuchten toskanischen Zeltplätze zu gelangen. Wer früh kommt, wird auch im Hochsommer meist eingelassen; außerdem darf man bei Überfüllung auf dem Parkplatz davor nächtigen und kann sich am nächsten Morgen die starke Fluktuation zunutze machen – trotzdem würde ich im Sommer reservieren. Die urlaubsindustrielle Ausrichtung des Platzes ist von den ursprünglichen Zielen der WOMO-Reihe Lichtjahre entfernt – wie auch von einem traditionellen Campingplatz. Es erwartet Sie Club-Atmosphäre in schöner Landschaft mit über 500 Behausungen für Gäste mit nichts als Koffer und Kreditkarte, drei Restaurants, Disco und multipler Animation. Es gibt aber auch wenige schöne und ruhige Ecken, und wer seinen Kindern mal ein paar Tage »richtigen« Urlaub bieten will, von dem sie in der Schule endlich mitreden können, ist hier nicht völlig falsch:

(066) WOMO-Campingplatz: Figline Valdarno
hu Norcenni Girasole Village

GPS/Kontakt: N 43°36'40" E 11°26'58", Tel. 055 915141; https://norcenni.huopenair.com/.
Öffnungszeit: Anfang April bis Anfang Oktober.
Ausstattung: Schwimmbad mit nahezu olympischen Maßen, Hallenbad, Sauna, einiges davon ist in die Jahre gekommen, Supermarkt, 3 Restaurants, Animation, Disco.
Beschreibung: Sehr viele Mietunterkünfte, das klassische Camping steht am Ende der angebotenen Beherbergungsarten; im Übrigen ist im vorstehenden Text alles gesagt.
Preise: 40–55 €, die Internetseite nennt keine Preise.
Zufahrt: Fahren Sie von Greve auf der SP 16 bis fast Figline und folgen Sie 3 km westlich von Figline den Schildern.

So viel zum Abstecher. In Greve setzen wir unsere Fahrt auf der SR 222 fort, der sogenannten *Chiantigiana*. Fast jeder, der von Florenz nach Siena möchte, das sind fast alle, nimmt wenigstens in einer Richtung diese Route. Gemessen daran herrscht überraschend wenig Verkehr, als wir von Greve in Chianti nach Süden zum nächsten Höhepunkt vorstoßen.

Panzano in Chianti (1.480 Einwohner, ein Ortsteil von Greve) ist ein malerisches, hoch gelegenes Dorf mit vielen Handwerksbetrieben, der legendären Metzgerei *Antica Macelleria Cecchini* und noch dezenten Tourismusstrukturen. Aber sonntags, wenn Markt ist, fallen die Besucher über das Dorf her und lassen die Parkplätze knapp werden (und locken die Autoknacker, wie uns Zuschriften zeigen). Besonders erfreulich ist der Terrassenplatz – auf der Südwestseite des Dorfes und in Traumlage:

(067) WOMO-Parkplatz: Panzano in Chianti

GPS: N 43°32'48" E 11°18'38", Via Belvedere. **Max. WOMOs**: 15.
Ausstattung: Keine.

Beschreibung: Das ist ein ungewöhnlich schönes klappstuhlgeeignetes Gelände auf grasigem Schotter mit wunderbarer Sicht und sogar etwas Schatten mit direktem Zugang zum Dorf. Ein Supermarkt liegt an der Zufahrt. Wanderwege sind markiert. Leider stehen ziemlich viele abgestellte Wohnmobile herum.
Zufahrt: Biegen Sie südlich des Ortes von der SR 222 mit dem blauweißen ‚*P*' westwärts ab und fahren Sie durch ein Neubaugebiet, vorbei an einem Supermarkt und weiter zu den Terrassen unterhalb des Dorfes.

Wer sich nicht von der schönen Sicht trennen kann, geht die Treppe hoch ins nicht weit entfernte Ristorante ***Il Vescovino***, wo Sie eher beim Blick in die Ferne als bei dem auf die Preise erstarren, besonders von einer traumhaften Terrasse (*Tel. 055 8560152; Mo. geschlossen; unbedingt frühzeitig reservieren).*

Am zweiten Septemberwochenende steigt in Panzano übrigens ein Weinfest, bei dem trotz relativ hoher Preise die Zahl der heimischen Besucher angeblich die der Touristen deutlich übertrifft.

Die Hauptsehenswürdigkeit des Dorfes liegt etwa 1,8 Kilometer südlich. Leider gibt es keine WOMO-taugliche Zufahrt. Ich habe stets am Rand der SS 222 geparkt und bin 400 Meter geeilt, um die **Kirche Pieve San Leolino a Panzano**, ein romanisches Bauwerk mit Vorhalle aus der Renaissance, zu sehen, welches so anmutig gelegen ist, dass der Blick vom Platz vor der Kapelle lohnender ist als das Gotteshaus selbst *(im Inneren Gemälde aus dem 12. bis 15. Jahrhundert, die zwischenzeitlich mal geklaut waren; 10–12:30 und 15–19 Uhr; am besten wandern Sie hin; siehe Kompasskarte und App).*

Castellina in Chianti

Schon bei **Castellina in Chianti** (2.800 Einwohner) können Sie den nächsten empfehlenswerten Übernachtungsplatz ansteuern, einen Riesen, wo auch mal die Kollegen anzutreffen sind, die einen Kleinwagen aus der Heckgarage rollen:

(068) Offizieller WOMO-Stellplatz: Castellina in Chianti

GPS: N 43°28'23" E 11°17'16", SS 222.
Max. WOMOs: 15.
Öffnungszeit: Ganzjährig.
Ausstattung: Ver- und Entsorgung, Strom, Toilette, Mülleimer.
Beschreibung: Der teilweise schattige Platz liegt außerhalb der Bebauung nahe zur Straße und ist trotz Asphalt klappstuhlgeeignet (grasige Ränder). Gaststätten und Geschäfte sind fußläufig erreichbar (Bäcker gleich am Ortseingang links). Die Entfernung zum Ort beträgt etwa 400 m. Teilweise schöne Sicht.
Preise: 1€/Stunde, 12 €/24 Std., häufige Kontrollen.
Zufahrt: Der Platz liegt östlich von Castellina an der Straße nach Radda.
Hinweis: Das WOMO, aus dessen Garage der Kleinwagen gleitet, muss die Markierungen missachten, die für Fahrzeuge herkömmlicher Größen gedacht sind.

Der 578 Meter hoch gelegene Ort gewinnt Sie mit Geschäften, Weinprobierstuben, einer Burg und einem Tourismusambiente, das man, ist man ehrlich, gar nicht so selten für die richtige Ferienstimmung braucht, solange das Maß stimmt. Nur Großartiges darf man in Castellina nicht erwarten. Das Städtchen ist aber wie geschaffen für die Zeit zwischen Nachmittag und Abend, solange man die markanten Silos einer ehemaligen Futtermittelfabrik nicht im Blickfeld hat.

Am nordwestlichen Ortsrand von Castellina sollten Sie den *Albergo Colombaio* suchen, hier jedoch nicht zum Essen, sondern als Ausgangspunkt für einen kurzen Spaziergang zu einer sehenswerten **Etruskergrabanlage** (mit *‚Tombe Etrusche'* am Weg zum Stellplatz beschildert). Auf einem von Pinien umstandenen Hügel dürfen Sie vier, genau in den Himmelsrichtungen und in einem Durchmesser von 53 Meter ausgerichtete, 2.700 Jahre alte Einzelgräber besichtigen, was Ihnen nur dann Freude machen wird, wenn Sie im Hauptgrab rechts vom Eingang auf den Beleuchtungsknopf gedrückt haben (das war zeitweise auch schon mal geschlossen). Die Grabbeigaben sind in einem kleinen Museum in Castellina und im Archäologischen Museum von Siena zu sehen.

Zehn Kilometer östlich von Castellina folgt das nächste Highlight unserer Reise durch das Chianti, das Städtchen **Radda in Chianti** (1.650 Einwohner), neben Greve wohl der schönste der namhaften Chianti-Orte, vor allem wegen seiner

Radda in Chianti

Lage auf dem Rücken eines 530 Meter hohen Hügels und der kleinen Sehenswürdigkeiten eines niedlichen ***Centro storico*** samt Palazzo Comunale mit schöner Vorhalle und Fresko. Nicht zu vergessen sind die abgebildete Metzgerei und der Blick nach Norden über die Hügel bis nach Volpaia, von dem gleich die Rede sein wird. Leider wurde die schönste Terrasse für WOMOs gesperrt:

(069) Offizieller WOMO-Stellplatz: Radda in Chianti

GPS: N 43°29'10" E 11°22'31".
Max. WOMOs: 8.
Öffnungszeit: Ganzjährig.
Ausstattung: Wasser (eine Etage höher), Toilette (zwei Etagen höher).
Beschreibung: Der Asphaltplatz auf der untersten von drei Etagen südlich des Ortes ist der kümmerliche Rest eines früher besseren Stellplatzes. Sie stehen auf Asphalt, können aber die Klappstühle auspacken, falls dafür überhaupt noch Raum bleibt. Der Ort ist über eine Treppe gut erreichbar. Für sehr große Wohnmobile ungeeignet.
Preis: 12 € pro Tag, was wir als für 24 Std. interpretieren, mindestens 5 €.
Zufahrt: Der Platz ist in Radda an der SR 429 beschildert und liegt am Hang südlich des Ortes.

Radda ist der Ausgangspunkt für unsere dritte Chiantiwanderung. Der Weg ist so gut wie gar nicht schattig, aber ausgesprochen abwechslungsreich, wenngleich häufig auf Asphalt. Es gelang uns allerdings nie, ganz ohne Irrwege nach Hause zu kommen:

Von Radda nach Volpaia

Wir marschieren oberhalb unseres Stellplatzes in **Radda** los, zunächst die SR 429 westwärts bergab. Etwa 800 Meter nach Radda, beim Weiler **Croce**, biegen wir nach rechts ab und folgen der Asphaltstraße bis zu einer Gabelung, wo wir den rechten Weg wählen, der an einem Wäldchen endet. Dort gehen wir rechts und stoßen auf die Straße nach Volpaia. Das ist alles auf der Kompass-App oder -Karte zu sehen.

Hier folgen wir nach rechts der Straße, bis nach links ein Wegweiser zur Kirche S. Maria Novella zeigt (Sie können auch rechts gehen, wo die Markierung Sie bis Volpaia leitet).

Ihm folgen wir bergan, bis unsere Route von der Fahrstraße nach rechts abzweigt: Genau gegenüber der Zufahrt zur kleinen Kirche zeigen

an einem Müllbehälter der rote und der weiße Streifen steil bergab. Der Weg führt nun durch den Wald ein wenig nach Süden und kreuzt bald einen schmalen Bach. Achtung: Wenn Sie unterhalb der Kirche geradewegs bergab rutschen, den Bach nicht auf einer Brücke, sondern ein paar wackeligen Steinen überqueren und dann schnurstracks wieder bergauf klettern, dürfen Sie nicht der Markierung nach links folgen, sondern Sie müssen rechts gehen, Sie sind nämlich kurzzeitig vom rechten Weg abgekommen und nun etwas verwirrt. Danach orientieren wir uns an dem gut auf der Höhe sichtbaren Volpaia.

Volpaia

Über das kleine Nest **Volpaia** lesen Sie im folgenden Text mehr. Am Parkplatz, dem nacherwähnten Stellplatz, führt ein Weg kerzengerade bergab, der bald die Straße kreuzt, am Gehöft *Cantina Vecchia* vorbeiführt bis zum *Podere Terreno* (wer, wie wir, diesen Weg verfehlt, muss die Asphaltstraße bergab wählen und dann beim Wegweiser zum *Podere* abzweigen).

Beim ***Podere Terreno*** dürfen Sie nicht rechts zur Probierstube gehen, sondern Sie müssen geradeaus hinunter ins Tal, was man leicht verfehlt, weil der Pfad am Rand eines Feldes ziemlich zugewachsen ist. Vor dem Bach biegt der Weg nach links ab, bis zu einer Brücke, jenseits derer

Sie rechts gehen. Falls Sie das nicht finden, können Sie auch unterhalb des *Podere* in einer Furt den Fluss überqueren und danach bergauf gehen bis zu einem Zaun und dann an diesem links entlang, bis Sie auf den Weg stoßen. Letzterenfalls muss man allerdings ein wenig querfeldein klettern. Auf jeden Fall gehen Sie dann entweder nach der Brücke oder nachdem Sie querbeet improvisiert haben auf diesem Weg rechts und noch ein Stück bergauf, bis Sie zu einem niedrigen Sattel kommen, von dem Sie die Landstraße Radda - M.S. Michele, die SP 72, erkennen, auf die Sie zulaufen. Die letzten 45 Minuten der Wanderung finden dann auf deren Asphalt statt. Unsere Versuche, das zu vermeiden, führten zwar auch zum Ziel, aber erst nach längeren Irrwegen und mehreren Bachüberquerungen *(auf der Kompass-Karte Nr. 2458, 1:50.000, nur teilweise als Wanderstrecke eingezeichnet; eine Karte ist unbedingt erforderlich; nehmen Sie möglichst die in Radda erhältliche Carta dei sentieri, Monti del Chianti, im Maßstab 1:25.000; am besten orientieren Sie sich mit der Kompass-App, wo der Rückweg ab Volpaia anders geführt ist, wo Sie aber alle zu gehenden Wege erkennen;* **insgesamt etwa 18 Kilometer***)*.

Lieben Sie es stiller als auf dem Stellplatz von Radda, fahren Sie nach **Volpaia**, einem niedlichen Nest, dessen wenige Häuser sich um die Burg und das gleichnamige Weingut, Erzeuger eines berühmten *Chianti-Classico*, gruppieren. Die Gebäude sind außerordentlich gut erhalten, aber der Parkplatz ist oft so sehr belegt, dass für Wohnmobile bisweilen keine Lücke mehr bleibt:

(070) WOMO-Parkplatz: Volpaia

GPS: N43°30'59" E11°22'54".
Max. WOMOs: 2-3.
Ausstattung: Keine.
Beschreibung: Vom Rand des geräumigen, für Fahrzeuge über 7,50 m nicht geeigneten Parkplatzes genießen Sie eine schöne Sicht über das Chianti. Der Platz ist vor allem über Mittag sehr stark von Gästen der drei Restaurants belegt.
Zufahrt: Fahren Sie mithilfe der Karte – notfalls der unsrigen – nach Volpaia; der Parkplatz ist am Ortseingang beschildert.

Grund für die Nacht in Volpaia ist vor allem die vorzügliche Hausmacherküche des **Ristorante *La Bottega***, dessen legerer Gastraum und die wunderbare Terrasse, von der Sie über die Hügel des *Chianti* blicken. Hoffentlich aber nie über Campingstühle vor den WOMOs auf dem direkt angrenzen-

Volpaia

den Parkplatz. *La Bottega,* sie nennt sich *Taverna tipica,* ist dienstags geschlossen; Sie sollten am Nachmittag – am besten vor Ort – für den Abend reservieren; ab 20:30 Uhr stehen die Einheimischen Schlange; Tel. 0577 738001; es gibt in Volpaia ein weiteres sehr gutes, etwas höherpreisiges Ristorante, die ***Osteria Volpaia***, die mittwochs geschlossen ist.

Bei unserer vorvorletzten Recherchetour, Sie würden diese als Ihren vorvorletzten Urlaub bezeichnen, haben wir in der zweiten Augusthälfte eine Hitzewelle erwischt. Tage auf schattenlosen Stellplätzen kamen ebenso wenig infrage wie längere Wanderungen. Als wir in Radda standen, war uns nichts lieber als ein hoch gelegener schattiger Platz, den ich Ihnen bei ähnlichen Bedingungen schon wegen der nächtlichen Abkühlung empfehle. Sie müssen sich aber auf gut 700 Meter Höhe mit einem lichten, eichenwaldigen Gelände anfreunden und einer Clubatmosphäre, in der viele Familien mit Kindern ihre Ferien an einer Poolanlage verbringen. Dass die vorherrschende Sprache – auch der Betreiber – Holländisch ist, wird Sie beim Bestellen der äußerst leckeren Pizzas im Restaurant nicht irritieren, solange wenigstens die *Pizzaioli* Italiener bleiben (und keine Fußballweltmeisterschaft ansteht). Das Unternehmen nennt sich *Glamping Orlando*, wobei die ersten beiden Buchstaben der Institution einen Anstrich von

Camping Orlando

*Gl*amour verschaffen sollen und verraten, dass man keine eigene Ausrüstung braucht:

(071) WOMO-Campingplatz: Cavriglia – *Orlando*

GPS/Kontakt: N 43°32'18" E 11°24'50", Tel. 055 967422; die Internetseite wurde von meiner Firewall zurückgewiesen.
Öffnungszeit: Mitte Mai bis Mitte Oktober.
Ausstattung: Pools, Laden, preiswerte Gaststätte mit hervorragender Pizza.
Beschreibung: Die festen Behausungen, darunter viele Zelte, sind wesentlich zahlreicher als Plätze für Wohnmobile. Wegen des aufgelockerten Waldes ist das nicht störend. Man sitzt aber mit dem Wohnmobil in der Einsamkeit ziemlich fest, falls man nicht wandert oder mit dem Fahrrad fährt, weil Radda 6,5 km entfernt ist. **Preise**: 20–50 €.
Zufahrt: Fahren Sie in Radda ein kurzes Stück nach Osten und folgen Sie dem Wegweiser nach Lucolena bis die Abzweigung zum Platz angezeigt wird.

Von hier ist es nicht mehr weit zum **Monte San Michele**, der mit 893 Metern höchsten Erhebung der Monti del Chianti, wo Ihnen besonders auffällt, dass die geografische Landschaft, die den Namen Chianti trägt, doch stark von dem abweicht, was sich der unerfahrene Tourist darunter vorstellt. Der hat hügelige Weinfelder zwischen Zypressenreihen in anmutiger Umgebung vermutet, dazwischen ein paar Ölbaumkulturen. Stattdessen trifft er auf eine stark bewaldete und eher raue Gegend. Gewiss gibt es auch hier und da die toskanische Bilderbuchlandschaft, und wenn die Sonne scheint, ist sie auch nicht schwer zu finden. Dazwischen fährt man aber lange durch Wälder, die bis Anfang Mai unbelaubt sind, graubraun und duster. Außerdem

muss man sich warm anziehen, denn die Höhenlage verzögert den erwarteten milden Frühling. Ist aber die Natur erwacht und scheint die Sonne, lässt der Kontrast der eher schroffen Wälder die dazwischen liegenden Kulturen mit unzähligen Gehöften be-

sonders lieblich erscheinen. Gerade hier, am Monte S. Michele, erlebt man das Chianti in seiner ursprünglichen, von Kalendern und Postkarten noch nicht verkitschten Form.

Im Chiantigebiet

In steilen Kurven kehren Sie über Cavriglia auf niedrigere Höhen zurück. Auf dem Weg nach Westen dürfen Sie etwa fünf Kilometer nördlich von Gaiole auf keinen Fall den Wegweiser zu **Badia a Coltibuono** übersehen, einem ehemaligen Benediktinerkloster und berühmten Weingut, das wir vor allem wegen seiner anmutigen Lage gerne besuchen. Inmitten von Wäldern und am Rande einer Wiesenlichtung liegen still und ohne den befürchteten Touristenrummel die Gebäude der früheren Abtei, die schon im Jahre 770 gegründet worden ist und damit vor seiner Säkularisation zu Zeiten Napoleons eines der ältesten toskanischen Klöster war. In der Mitte des 20. Jahrhunderts hat man sich ganz dem Weinbau verschrieben und damit an eine alte Tradition angeknüpft, da schon von den Mönchen

Badia a Coltibuono

die ersten Weinberge kultiviert worden waren. Es lag daher nicht fern, dass ein reicher Mailänder Weinliebhaber und dessen Frau, eine Kochbuchautorin, sich ein neues Betätigungsfeld gesucht und die Weine der Badia bis in die Spitzenklasse des Chianti gebracht haben. Man kann jene, wie auch ein hervorragendes Olivenöl in der klassischen, viereckigen Flasche, die hier angeblich erstmals als Markenzeichen hochwertigen Öls verwendet worden ist, an der Zufahrt zur Klosteranlage, im ehemaligen Pförtnerhaus verkosten und kaufen *(Führungen durch Kreuzgang, Keller und Garten zuletzt nur noch auf Bestellung* – für 10 € *ohne Weinprobe; Näheres auch zu unterschiedlichen Weinproben unter www.coltibuono.com/).*

Die Vögel zwitschern, und im Hof des Restaurants neben dem Kloster wird gerade das Mittagessen aufgetischt. Die ruhige Atmosphäre des Ortes springt sofort auf uns über. Wir beschließen, für das Abendessen zu reservieren und den Rest des Tages im Halbschatten des Parkplatzes lesend und beim Federballspiel zu verbringen:

(072) WOMO-Parkplatz: Badia a Coltibuono

GPS: N 43°29'40" E 11°27'02".
Max. WOMOs: 5.
Ausstattung: Keine.
Beschreibung: Der schattige, geschotterte und leicht grasige Parkplatz neben der ehemaligen Abtei liegt in der Nähe von bewohnten Häusern, aber außerhalb einer Ortschaft. Sie können hier auf Klappstühlen sitzen. Das ist ein öffentlicher Parkplatz, aber kein Stellplatz, auf dem man sich tagelang aufhalten kann.
Sie brauchen für die meisten Bereiche Unterlegkeile, denn der Parkplatz ist überwiegend abschüssig. Im unteren Bereich wird er ebener.
Zufahrt: Fahren Sie in Radda nach Osten bis zur beschilderten Badia a Coltibuono und vor der Kirche links auf den Parkplatz.

Sie sollten sich im **Ristorante** für das Essen, das an einem warmen Hochsommerabend im Freien serviert wird, wenigstens eine Stunde vorher anmelden, denn die Tische sind am Abend oft besetzt *(Tel. 0577 749031; kein Ruhetag; Fünfgangmenü mit Wein 63 €, mittleres Preisniveau).* Wir trinken einen hervorragenden, biologisch angebauten *Riserva* aus dem berühmten eigenen Anbau. Der schmeckt so überzeugend, dass wir uns am nächsten Tag damit eindecken wollen. Im schon erwähnten Pförtnerhaus schlagen wir zu einem gegenüber dem Restaurantpreis nur wenig niedrigeren Entgelt zu – und machen später ziemlich lange Gesichter, als wir feststellen, dass man uns für denselben Jahrgang im Weingeschäft von Gaiole etwas weniger abverlangt hätte, an dem die folgende Wanderung vorbei führt, die wir bei der Badia starten *(zuletzt kosteten im Pförtnerhaus der Riserva 26,50 € und der normale Chianti 14,80 €).*

Von der Badia a Coltibuono nach Gaiole

Wir parken bei der **Badia a Coltibuono** und wandern beim Restaurant auf dem **rot-weiß** markierten Weg in den Tannenwald hinein; es geht nach etwa 100 m halb links bergauf. Nach etwa einer halben Stunde zweigt nach links ein markierter Fahrweg ab, auf dem wir bis zur Straße Radda – Badia a Coltibuono bleiben.

Auf der Landstraße gehen wir etwa 600 m rechts bis zum Kilometerstein 2,3. Hier wenden wir uns wieder nach links in den Wald. An dieser Stelle verfranzt man sich leicht, weil es zwei Wege gibt. Nehmen Sie den linken, leicht bergauf führenden! Nach knapp 10 Minuten folgt wieder eine Gabelung, an der Sie sich links halten müssen. Sie marschieren nun bald auf einem breiten Weg abwärts und stoßen auf einen Querweg, wo Sie links gehen, bis Sie zu einem Weinberg kommen. Am linken Rand dieses Wingerts finden Sie vor einem Tor (dahinter eine wilde Hundemeute) einen Pfad, der weiter unten nach links abknickt und an der Autostraße endet. Auf dieser wandern wir das letzte Stück nach **Gaiole**.

Am Anfang dieses Städtchens halten wir uns links und verlassen den Ort auf einem befahrbaren Weg am nordöstlichen Ende, der mit kurzen Unterbrechungen stets bergauf führt, bis wir oben an der Zufahrt zur Badia wieder auf die Straße treffen.

Wenn Sie lieber den ganzen Tag wandern, können Sie bei der Badia, am Anfang der Strecke, wo der Wald beginnt, geradeaus gehen. Nach etwa 1 ½ Stunden treffen Sie dann auf einen markierten Weg, der nach links abzweigt und nach mindestens einer Stunde an der Straße Radda - Badia a Coltibuono endet. Der weitere Streckenverlauf ist dann so wie oben beschrieben.

Alle Möglichkeiten sind vor allem im Hochsommer wegen des Schattens und der Höhenlage zu empfehlen *(auf der schon mehrfach erwähnten Kompass-Karte Nr. 2458 ist bis Gaiole eine andere, längere Route eingezeichnet; man kann sich aber mit der App sehr gut orientieren; noch besser sind die MTB-Karte bei Ape@map oder die Karte des neuen Rother Gold Abos).*

Die große Schleife haben wir noch nicht selbst getestet, sie dürfte über 20 km messen; die kürzere Variante liegt bei **etwa 13 km**.

Wahrscheinlich werden Sie auch das südlich der Badia gelegenen **Gaiole in Chianti** (2.400 Einwohner) besuchen. Ganz nett ist dort der große Marktplatz. Wer aber hier nicht aussteigt, muss nicht den Urlaub wiederholen. Das Ambiente des offiziellen Stellplatzes kommt dieser Umschreibung ebenfalls nahe. Seine Existenz ist jedoch so löblich, dass ich ihn erwähne:

(073) Offizieller WOMO-Stellplatz: Gaiole in Chianti

GPS: N 43°27'53" E 11°26'04", Viale Michelangelo B. **Max. WOMOs**: 5.
Öffnungszeit: Ganzjährig.
Ausstattung: Ver- und Entsorgung (schlechter Zustand), Mülleimer.
Beschreibung: Auf einem größeren, asphaltierten Platz ist ein Bereich für Wohnmobile gekennzeichnet. Das ist nicht lauschig, aber praktisch. Man wird allenfalls an sehr heißen Tagen auf die Idee kommen, hier Klappstühle zu benutzen. Das Ortszentrum mit Gaststätten und Geschäften ist nach 600 Meter zu erreichen. Mehrere abgestellte Wohnmobile stören.
Zufahrt: Der Platz ist südlich des Ortes an der Straße nach Siena beschildert.

Wer in der Nähe die Schilder zum Castello di Spaltenna übersieht, versäumt nichts. Ins Schloss kommt nämlich nur der Gast eines Hotel-Restaurants. Das gilt nicht für das **Castello di Meleto**, 2,7 Kilometer südlich von Gaiole. Reiseführer, bunte Prospekte der Touristenämter und Hinweisschilder locken zu zwei mächtigen Rundtürmen, einer Gartenanlage und, Sie ahnen es, einem Restaurant und einem geräumigen Verkaufsraum für Chianti *(tägliche Schlossführungen, auch in ein kleines Theater).*

Mit dem *Chianti* und der Geschichte des Weins werden wir auch bei unserer nächsten Station konfrontiert. Der Ahnherr des zinnenbekrönten **Castello di Brolio**, etwa 15 Kilometer südlich von Radda, der Baron Bettino Ricasoli – er war später sogar Präsident des Ministerrates im jungen italienischen Königreich – hatte hier 1837 die Zusammensetzung des klassischen Chiantiweins ausgetüftelt. Den verschiedenen roten Trauben hat er 20 Prozent weiße Sorten hinzugesetzt und damit ein Optimum an Geschmack, Haltbarkeit und Transportfähigkeit erzielt. Auch heute wird noch nach dieser Formel gemischt, wenn auch mit reduziertem Weißweinanteil. Aber längst bürgt der schwarze Hahn, das Wappentier unserer 5. Tour, nicht

Castello di Brolio

mehr für Geschmack und Qualität. Und wenn ich daran denke, was ich in deutschen (und italienischen) Supermärkten schon an miserablen Flaschen mit der Gallo-Nero-Banderole gekauft habe, kann ich die Produzenten gut verstehen, die ihren Wein heutzutage lieber ohne den Hahn vermarkten. Auch die Familie Ricasoli, die am Fuß des Castello di Brolio eines der größten Weingüter des Chianti-Gebiets unterhält, vertraut lieber dem guten Namen als dem schwarzen Federvieh. Heutiger Schlossherr ist der ehemalige Werbefotograf Francesco Ricasoli, der in den Neunzigerjahren das bankrotte Unternehmen übernommen und aus ihm eines der besten Weingüter Italiens gemacht hat. Man darf die *Cantina* bei einer englischsprachigen Führung besichtigen, wenn man sich vorher angemeldet hat *(Tel. 0577 7301; www.ricasoli.it; die Gartenanlage und die Burgmauern darf man täglich von 10 bis 18 Uhr besichtigen; mit 5 € trotz des schönen Blicks zu teuer; es werden alle möglichen weiteren Belustigungen mit Weinproben angeboten; Wein und Olivenöl können Sie von 9–19 Uhr erwerben, der edle Riserva kostete zuletzt knapp 30 €; es steht zudem ein Restaurant zur Verfügung, aber der Wohnmobilstellplatz wurde wieder aufgegeben)*.

Das Schloss wurde im letzten Weltkrieg von Deutschen besetzt und später von den Alliierten beschossen, wovon man heute aber nichts mehr sieht.

Sie können nun von hier auf direktem Weg nach Siena weiterfahren oder Sie folgen uns über die Hügel westlich der Schnellstraße von Firenze nach Siena. Beides ist auf der 6. Tour beschrieben.

Tour 6: Hügel, Türme und nach Siena 205 km

Barberino Val d'Elsa – Certaldo – San Gimignano
Colle di Val d'Elsa – Strove – Monteriggioni – Siena

Stellplätze: in Barberino Val d'Elsa, in Certaldo, bei und in San Gimignano, in Colle di Val d'Elsa, in Strove, in Monteriggioni, in Siena

Campingplätze: bei Marcialla, bei San Gimignano, in und bei Siena

Besichtigen:	Barberino Val d'Elsa, Certaldo Alto, San Gimignano, Colle di Val d'Elsa, die Festung Monteriggioni, Siena
Essen:	Pizzeria *Triocco* und Ristorante *Il Campanellino* in Barberino Val d'Elsa, *Osteria La Saletta* in Certaldo, *Le Vecchie Mura* oder *Dulcisinfundo* in San Gimignano, *Casalta* in Strove, *Osteria Babazuf* in Siena
Wandern:	Rundweg bei Certaldo, Rundweg um San Gimignano, von Santa Lucia nach Montauto

Mit etwas Zuversicht und einem Fahrzeug, das (ohne Spiegel) nicht breiter als 2,30 Meter ist, gelangen Sie auch mit dem Wohnmobil von Greve über Montefioralle (siehe 5. Tour) auf abgekürztem und landschaftlich reizvollem Weg nach Westen. Auf zwei kurzen Stücken fehlt der Straßenbelag, was aber kein Problem darstellt. Schwieriger ist schon das Finden einer Parklücke, wenn seitlich der sehenswerten, von Zypressen umstandenen **Badia a Passignano**, einer noch von Mönchen bewohnten Vallombroserabtei aus dem Jahre 1049, zu viele Ausflügler die renommierten Gasthäuser bevölkern. Sie dürfen nicht blindlings dem Navi vertrauen, um auf dieser Strecke über Tavarnelle **Barberino Val d'Elsa** (4.400 Einwohner) zu erreichen.

Barberino Val d'Elsa

Wer sich schmale Straßen nicht zutraut, ein breiteres Gefährt besitzt oder direkt an das Ende unserer 5. Tour anknüpfen möchte, wählt einen südlichen Bogen, um zu bemerken, dass

Barberino Val d'Elsa

in Barberinos mittelalterlichem Ortskern zwar die Wohntürme fehlen, dass jener aber dennoch malerisch auf einem Bergkamm liegt, mit Blick auf eine zauberhafte Hügellandschaft. Der Ort hatte in der Vorauflage sogar Einzug in unsere persönlichen Top Ten gefunden. Aber die Freude wurde gedämpft, seit der ruhige Campingplatz *Semifonte* geschlossen worden ist. Und leider sieht das nach einer endgültigen Aufgabe aus, was sich schon angedeutet hat, nachdem auf diesem Platz keinerlei feste Behausungen installiert worden sind, ohne die Campingplätze heutzutage offenbar keine Zukunft mehr haben. Unsere Empfehlung für einen freien Übernachtungsplatz kann mit dem aufgegebenen Campingplatzgelände bei Weitem nicht mithalten. Vielleicht wird einmal irgendwo ein offizieller Stellplatz eingerichtet, denn in die Landschaft gehört zu den besonders schönen Teilen der Toskana:

(074) WOMO-Parkplatz: Barberino Val d'Elsa

GPS: N 43°32'46" E 11°10'40", Via U. Foscolo. **Max. WOMOs**: 4-5.
Ausstattung: Mülleimer.
Beschreibung: Der schattige, asphaltierte Parkplatz ist am Abend bei günstigen Bedingungen auch mal klappstuhlgeeignet, Gaststätten und Geschäfte erreichen Sie nach spätestens 500 m, Sie genießen eine schöne Sicht; bisweilen ist der attraktive Südwestrand zugeparkt. Ein großer Spielplatz grenzt direkt an.
Sie können auch auf den benachbarten Parkplatz, **eine Etage tiefer**, ausweichen (wo allerdings die Einheimischen ihre WOMOs abstellen) oder auf ein Gelände zwischen beiden Parkplätzen.
Zufahrt: Folgen Sie nördlich des historischen Ortskerns bei einem Spielplatz dem blauen Parkplatzzeichen, nach einem kurzen Stück bergauf, wählen Sie bei einer Autowerkstatt den Parkplatz geradeaus.

Das mit mittelalterlichen Mauern und zwei Toren befestigte Städtchen gehört zur sympathischen Sorte, ohne Urlaubermassen, auf angenehme Art herausgeputzt, in einer Toskana, wie wir sie aus dem Bildband kennen – und mit einem Pissoir im Jugendstil (außerhalb des südlichen Stadttors auf der Ostseite). Besonders lohnend ist die öffentliche Terrasse unterhalb der Kirche, weil Sie lange suchen müssen, um im Sommer bei einer vergleichbar **wundervollen Aussicht** über die Hügellandschaft gleich unter zwei Restaurants auswählen zu können: Zwischen der **Pizzeria *Triocco*** *(Tel. 055 8075120; Mo. geschlossen; es gibt zunehmend auch anderes Essen, preiswert und gut besucht)* und dem **Ristorante *Il Campanellino***, das noch romantischer und deshalb unser Tipp ist, weil die kariert gedeckten Tische einfach auf dem Pflaster hinter der Aussichtsbalustrade stehen. Sie sollten in der Saison vor 18 Uhr reservieren, denn die Traumlage und die Küchenleistungen haben sich herumge-

Ristorante Il Campanellino

sprochen *(Tel. 055 8075770; vermutlich kein Ruhetag; große Portionen, probieren Sie das geschmorte Rindfleisch; mittlere Preise, gute Weinauswahl).*

Als Campingplatzersatz kommt sechs Kilometer weiter nordwestlich ein schön gelegenes Gelände infrage, an dessen Einrichtungen aber ein wenig der Zahn der Zeit nagt:

(075) WOMO-Campingplatz: Marcialla
Panorama del Chianti

GPS/Kontakt: N 43°34'55" E 11°08'19", Certaldo, Via Marcialla 349, Tel. 0571 1669334; www.campingchianti.it/.
Öffnungszeit: April bis Anfang November.
Ausstattung: Pool (12 x 6 m), Weinverkauf.
Beschreibung: Der Blick von den Terrassen über eine großartige Landschaft ist leider ziemlich zugewachsen. Das nächste Dorf ist 950 m entfernt und nicht so attraktiv wie Barberino Val'Elsa. **Preise**: 32–42 €.
Zufahrt: Der Platz liegt nördlich von Marcialla, das zu Certaldo gehört, an der SP 49.

Auf dem weiteren Weg nach Westen gelangen Sie nach Certaldo. Sie durchqueren dabei **einen der schönsten Teile der Toskana** und bedauern unterwegs, nicht mehr bei einer einsamen Kirche, der **Cupola di San Michele Arcangelo**, über Nacht stehen zu dürfen. Der Blick ist aber weiterhin lohnend.

Einfallslose Reiseleiter nennen San Gimignano wegen seiner 15 Wohntürme »Manhattan der Toskana« und bezeichnen **Certaldo** als dessen »kleine Schwester«. Wenn Sie nach Ihrem Urlaub zu Hause von der Toskana erzählen, ohne in San Gimignano gewesen zu sein, würde man Ihnen rundweg jede Toskana-Kenntnis absprechen. Man würde sogar bezweifeln, dass Sie überhaupt dort gewesen sind. Erzählen Sie aber von Certaldo, werden Sie nur bei einem Kenner ein Kopfnicken sehen. Der versteht dann etwas von italienischer Literatur. In Certaldo verstarb nämlich im Jahre 1375 der Dichter Boccaccio,

Certaldo Alto

27 Jahre nachdem er das *Decameron(e)*, eine Sammlung von hundert teils frivolen Erzählungen, zusammengestellt hatte. Der Insider weiß, dass ohnehin in erster Linie nicht die Rede von der umtriebigen Stadt Certaldo ist, sondern von **Certaldo Alto**, jenem mittelalterlichen, fast ausschließlich aus roten Backsteinen erbauten Nest oberhalb der heutigen Neustadt.

Dieses kleine *Centro storico* hat eigentlich nichts Spektakuläres, ein halbstündiger Bummel zwischen den turmähnlichen Ziegelsteinhäusern ist gleichwohl einzigartig. Nur verhalten drängeln Besucherscharen auf dem roten Pflaster; denn das Städtchen ist trotz von der Neustadt heraufgeführter Bergbahn noch nicht Standardziel aller Reiseveranstalter. Besichtigen Sie an der Hauptstraße das im Krieg zerstörte und danach wieder aufgebaute **Boccaccio-Haus**, in dem ein kleines Museum untergebracht ist *(10–13 und 14:30–19 Uhr; 5 €)*. Ob der berühmte Humanist und Dichter des Mittelalters dort wirklich gelebt hat, der neben Dante und Petrarca als einer der Ersten nicht mehr lateinisch, sondern in seinem toskanischen Dialekt, dem heutigen Italienisch, geschrieben hat, ist ebenso unsicher wie sein Todeshaus. Gewiss ist nur, dass er in Certaldo gestorben ist. Weil die Museumsvisite so wenig zeitraubend ist, darf gleich im Anschluss noch eine (wechselnde) Ausstellung im wappenverzierten ehemaligen Rathaus, dem **Palazzo Pretorio** am oberen Ende der Haupt-

In Certaldo Alto

Certaldo Alto – Palazzo Pretorio

straße, nachfolgen *(10–13 und 14:30–19 Uhr; Kombiticket 6 €)*. Von seinem Turm genießen Sie einen besonders schönen Blick auf die toskanischen Hügel.

Erste Wahl für die Nacht ist der offizielle Stellplatz unten im Tal, von dem Sie das alte Certaldo sehen, so nahe, dass Sie hinaufspazieren können (gehen Sie ein Stück auf der Hauptstraße, Richtung Zentrum und dann rechts auf einem gepflasterten Weg bergauf). Vorübergehend hatte ich den Alternativplatz auf der Rückseite der alten Oberstadt gestrichen. Ich veröffentliche ihn erneut, nachdem ich dort in schöner Natur legale Übernachtungsmöglichkeiten für Insider wiederentdeckt habe. Ein Agricampeggio liegt außerdem gut zwei Kilometer vom Zentrum der Neustadt entfernt:

(076) Offizieller WOMO-Stellplatz: Certaldo – Neustadt

GPS: N 43°32'46" E 11°02'45", Piazza dei Macelli. **Max. WOMOs**: 10. **Öffnungszeit**: Ganzjährig. **Ausstattung**: Ver- und Entsorgung, Mülleimer. **Beschreibung**: Der Platz liegt innerhalb des bebauten Zentrums mit Gaststätten und Geschäften am Rand eines Baches. Er wurde neu gepflastert und asphaltiert (ist dadurch aber nicht schöner geworden). Teilweise gibt es Schatten. Für WOMOs sind 4 Plätze ausgewiesen. Mehr sind möglich. Das ist kein Platz für heiße Sommertage. **Zufahrt**: Der Platz liegt beschildert im südlichen Teil der Neustadt von Certaldo, seitlich der SS 429 (die hier als Einbahnstraße nach Norden führt), wo die SP 50, das ist die Straße nach Barberino, einmündet.

(077) WOMO-Parkplatz: Certaldo Alto

GPS: N 43°33'01" E 11°02'48", Via delle Mura. **Max WOMOs**: 3-4. **Ausstattung**: Toilette (im Torbogen oberhalb), Mülleimer. **Beschreibung**: Sie stehen eher einsam, jedenfalls außerhalb der Bebauung am Wanderweg, Gaststätten erreichen Sie nach 200 m, (Leser haben das ausgezeichnete Preis-/Leistungsverhältnis in der **Pizzeria/Ristorante *Da Messer Boccaccio*** gelobt). Der Platz ist abends bedingt klappstuhlgeeignet mit Blick.

Sie parken mit einem Fahrzeug unter etwa 7 m links auf dem kleinen Parkplatz vor dem Verbotszeichen, das Sie hindert, den angrenzenden, regulären Terrassenplatz zu befahren (tagsüber oft zugeparkt). Oder Sie stehen schräg gegenüber vor einem verwahrlosten Privatgrundstück (und scheren sich nicht um das selbst gemalte, verblichene Parkverbotszeichen, wenn Sie hier nur über Nacht bleiben) – unser Foto.
Zufahrt: Fahren Sie unten in Certaldo auf der SS 429 nach Norden (vorbei am vorgenannten Stellplatz), Richtung *'Castelfiorentino'*. Sie werden durch Einbahnstraßen mehrfach um die Ecke geschickt. Es taucht auch ein braunes Schild nach *'Certaldo Alto'* auf. An einer Ampel fahren Sie rechts und noch gut 2 km diesem Schild hinterher, bis Sie nicht mehr weiter dürfen. Unser nachfolgendes Foto ist an dieser Strecke aufgenommen.

(078) WOMO-Campingplatz: Certaldo *Poggio ai Pini*

GPS/Kontakt: N 43°32'42" E 11°03'40", Certaldo, SP 50, Tel. 389 9564156; http://www.poggioaipini.it/de/.
Öffnungszeit: Ganzjährig.
Ausstattung: Verkauf landwirtschaftlicher Produkte und von Getränken. Zeitweise wird gegrillt. Die Ausstattung entspricht der eines Campingplatzes.
Beschreibung: Bei der Mischung zwischen Bauernhofstellplatz und Campingplatz überwiegen die Merkmale des Letztgenannten. Sie urlauben in ländlicher Umgebung unter Bäumen. Entlang der Straße sind es 2 km, durch die schönere Landschaft 2,7 km ins Zentrum von Certaldo.
Preis: 33 €.
Zufahrt: Der Platz liegt nordöstlich an der SP 50, der Straße nach Barberino.

Unsere zuletzt getestete Restaurantempfehlung liegt in der Neustadt, heißt ***Osteria La Saletta***, ist eine Mischung aus *Ristorante, Enoteca* und *Pasticceria* und erfüllt trotzdem alle Aufgaben mit Bravour *(an der SS 429 auf dem Weg vom offiziellen Stellplatz ins Zentrum; Di. Ruhetag; Tel. 0571 668188; mittlere Preise).*

Da die Landschaft bei Certaldo in besonders hohem Maß »toskanisch« anmutet, bieten wir Ihnen hier auch eine Halbtageswanderung an, zu der Sie allerdings ein wenig Improvisationsbereitschaft mitbringen müssen:

Certaldo Alto - Am Horizont San Gimignano

Rundweg bei Certaldo

Wir parken auf dem offiziellen Stellplatz in der **Neustadt von Certaldo**, überqueren die Brücke und wählen bald danach den gepflasterten Fußweg, der seitlich von Gärten hinauf nach **Certaldo Alto** führt. Die kleine Altstadt mit ihren roten Backsteinhäusern verlassen wir etwa in der Mitte der Hauptstraße durch einen Torbogen und überqueren einen (für Wohnmobile gesperrten) Parkplatz, um an dessen Fuß entlang der Zufahrtsstraße nach Nordosten zu wandern (am Anfang liegt hier der oben erwähnte Stellplatz Nr. 077).

Bei der ersten Gabelung gehen wir links bergauf bis zu einem Gaswerk, wo wir nicht die scharfe Linkskurve wählen, sondern geradeaus weiterwandern. Bald treffen wir auf ein Verkehrsschild, bei dem wir rechts in ein **wild zerklüftetes Tal** absteigen. Ernsthafte Streckenalternativen gibt es hier nicht, und bei einer kleinen Hütte müsste, wenn wir die Kompass-Karte richtig deuten, ein markierter Pfad halb rechts bergauf führen. Inzwischen durchkreuzt eine neuere Zaunanlage diese Wegführung, weshalb wir uns links des eingezäunten Grundstücks und entlang des Zauns steil bergauf mühen.

Am Ende des Anstiegs gelangen wir auf einem relativ schmalen Kamm über stark erodierten Hängen zu zwei Privatgärten, wo wir zweimal eine kniehohe, behelfsmäßige Umzäunung übersteigen müssen, um auf einem Zufahrtsweg vor einem **Wohnhaus** anzukommen. Das klingt rechtswidriger als es ist und entpuppt sich in der Praxis als ausgesprochen zielführend: Vor besagtem Haus treffen wir nämlich wieder auf die Markierung, gehen mit dieser rechts um das Haus herum und hinter einer **Kapelle** links ein kleines Stück bergauf.

Spätestens hier sind alle Orientierungsprobleme behoben, weil wir nun problemlos dem Geländeverlauf und der Markierung folgen können, die uns bergab bis fast an die Stelle zurückführt, an der wir bei besagtem Schild ins Tal abgebogen waren. Auf der dortigen Fahrstraße halten wir uns nun aber rechts, spazieren durch eine Zypressenallee an einem **Picknick-Gelände** vorbei, um am nördlichen Ende der Neustadt von Certaldo wieder auf Wohnhäuser zu treffen. Hier halten wir uns links und kommen nach **etwa drei Stunden** wieder an unserem Wohnmobil an. Die Strecke ist im Prinzip vollständig auf den Kompass-Karten Nr. 2458 oder 2457 und der App mit Nr. 5 eingezeichnet, ebenfalls bei Rother. Mich interessiert brennend, welche(r) Leser(in) als Erste(r) herausfindet, wie man die Gartenzaunhürde umgeht.

Sie haben nun den kleinen Bruder kennengelernt, wie bewundernswert muss erst der Große sein! Voller Erwartungen machen Sie sich auf den 13 Kilometer langen Weg nach **San Gimignano** (7. 500 Einwohner, von denen nur ein kleiner Teil im historischen Ortsteil wohnt), dessen Altstadt auf der Liste des UNESCO-Weltkulturerbes steht. Die Fahrt ist wunderschön, wie auf fast allen Nebenstraßen in der Hügel-Toskana. Nur haben Sie von Norden nicht schon von Weitem den viel gelobten Blick auf die Türme der Stadt. Sie werden bei der Weiterfahrt nach Süden anhalten und in gehöriger Entfernung auf die Silhouette der Stadt zurückschauen. Vielleicht auch bei einer der Wanderungen, die ich Ihnen im folgenden Text empfehle.

Bei der Parkplatzsuche dürfen Sie nicht wählerisch sein. Es gibt nämlich nicht ausreichend Möglichkeiten. Zu groß ist der Andrang in einem Städtchen, eigentlich einem Dorf, das an den meisten Sommertagen von jeweils 20.000 Menschen heimgesucht wird. Parken Sie, wo Sie auch übernachten. Ich bevorzuge dazu den vor ein paar Jahren vergrößerten Campingplatz, südöstlich beim Weiler Santa Lucia. Der knapp zwei Kilometer weite Fußweg vom Campingplatz in die Stadt artet ebenfalls zu einer kleinen Wanderung aus, aber wenigstens führt diese durch nur mäßig bergiges Gelände und entschädigt mit einem einmaligen Blick auf die Wohntürme (auch für das Fahrrad geeignet, außerdem fährt halbstündlich ein öffentlicher Bus):

(079) WOMO-Campingplatz: San Gimignano *Boschetto di Piemma*

GPS: N 43°27'12" E 11°03'14", Santa Lucia 38c, Tel. 0577 907134; https://boschettodi-piemma.it/.
Öffnungszeit: Ende März (Ostern?) bis Oktober.
Ausstattung: Kleiner Laden in der öffentlichen Gaststätte, das angrenzende kommunale Schwimmbad kann kostenlos mitbenutzt werden (dort schöne Liegewiese, Juni bis August).
Beschreibung: Es gibt unterschiedliche Arten von Parzellen, einige mit Blick, fast alle sind schattig und relativ klein. Es führen Wanderwege vorbei, so auch die Via Francigena.

Das **Ortszentrum** ist knapp 2 km entfernt..
Der **Bus** kostet 1,20 € und fährt im Sommer alle halbe Stunde bis gegen 23 Uhr. Lassen Sie sich an der Rezeption, am besten vom Busfahrer, unbedingt die Haltestelle und die Abfahrtszeit für die Heimfahrt erklären. Bei unserem Besuch war an den Haltestellen der Anschlag mit den Abfahrtszeiten nicht aktuell und hat fehlerhaft abendliche Heimfahrten nicht ausgewiesen. So sind wir unnötig gelaufen (teilweise beleuchtet, vollständig auf einem Gehweg). **Preise**: Sind im Internet nicht angegeben.

Zufahrt: Der Platz südlich von San Gimignano ist beschildert.

Hinweise: In der Hochsaison nicht zu spät anreisen. Auf den Parzellen neben dem Ristorante stört abends vorübergehend die Lüftung.

Alternativ dürfen Sie etwa 200 Meter vor dem Zeltplatz einen offiziellen Stellplatz wählen, auf einer großen, baumlosen Fläche, auf der es immer Platz geben dürfte – allerdings ebenfalls mit dem Nachteil des Fußweges und leider ohne Strom:

(080) Offizieller WOMO-Stellplatz: San Gimignano *Santa Lucia*

GPS: N 43°27'07" E 11°03'21". **Max. WOMOs**: 30. **Öffnungszeit**: Ganzjährig. **Ausstattung**: Ver- und Entsorgung (kostenlos außerhalb des benachbarten Campingplatzes an der Ecke zum Schwimmbad), Mülleimer. **Beschreibung**: Der weitgehend schattenlose, geschotterte Parkplatz ist klappstuhlgeeignet. Die Straße ist nachts nicht befahren. Das angrenzende öffentliche Schwimmbad kostet ab 3 € (schöne Liegewiese, Juni bis August). Die nahe Gaststätte des Campingplatzes ist öffentlich und kann von außerhalb des Campingplatzes betreten werden.
Bus in den Ort (dazu das Parkplatzticket benutzen und am Stellplatz in einem gesonderten Automaten entwerten). Siehe zum Bus bei vorstehendem Campingplatz. Hier ist allerdings der Fahrpreis in der Parkgebühr enthalten. Unser folgender Wanderweg startet hier.
Preise: 1 €/Stunde, aber 11–15 €/24 Stunden, zahlbar mit Karte, Scheinen oder Münzen.
Zufahrt: Folgen Sie in San Gimignano dem Wegweiser zum Campingplatz, fahren Sie an der Campingplatzzufahrt vorbei auf den mit Wohnmobilsymbol beschilderten Parkplatz.

Am dichtesten beim Zentrum von San Gimignano liegt ein Geheimtipp, den es eingeschränkt immer noch gibt, mit dem man aber behutsam umgehen muss:

(081) WOMO-Parkplatz: San Gimignano – Geheimtipp

GPS: N 43°27'42" E 11°02'02", Via Gramsci. **Max. WOMOs**: 4-5. **Ausstattung**: Spielplatz, Bolzplatz. **Beschreibung**: Der asphaltierte Platz, <u>auf dem jede Art von Campingverhalten verboten ist</u> (ich kenne hier keinen Fall von Bestrafung für Schlafen im WOMO) liegt ideal, nämlich in einer Entfernung von gut 10 Minuten Fußweg ins Zentrum (verlassen Sie den Platz an seinem oberen Ende).

Zufahrt: Fahren Sie südlich von San Gimignano beim dortigen Kreisverkehr auf der SP 47 Richtung *'Volterra, P 1' ('Giubileo' – das ist ein Parkplatz mit einem Verbotsschild)* bergab; nach etwa 150 m biegen Sie beim Wegweiser *'Relais Santa Chiara'* rechts ab; Sie fahren ein kurzes Stück bergauf und biegen noch vor dem *Relais Santa Chiara* nach links <u>bergab</u>

in die Via *Gramsci*; an deren Ende, nach etwa 300 m, sehen Sie links eine Spielplatzwiese mit Holzgeländer. An dessen Seite stehen Sie schön, ein wenig stört man sich daran, dass gelegentlich Autos vorbei brummen. Dort dürfen nur Fahrzeuge bis 6 m Länge stehen.

Besser fahren Sie 100 m um die Ecke, wo Sie eine **großräumige Parkfläche** vor einer Wiese mit Fußballtoren finden, mit angenehmem Blick und hier ohne Längenbeschränkung.

Hinweise: Das Verbotsschild 1 km weiter vorne, am Beginn der Zufahrt, gilt nur für den dortigen großen Parkplatz. An jedem 2. und 4. Dienstag im Monat kommt das Kehrauto, und der Platz ist dann offiziell gesperrt.

San Gimignano – Piazza della Cisterna

Die Fuß- oder Radwege sollten Ihnen nicht den Mut zur Nacht in San Gimignano rauben. Selbst bei einem ausführlichen Rundgang müssen Sie keine großen Strecken zurückzulegen. Erstes Ziel ist stets die **Piazza della Cisterna**, deren

San Gimignano - Domplatz

Proportionen uns jedes Mal aufs Neue fesseln und die Sie an dem markanten Brunnen erkennen. Aber der Eindruck entsteht nicht nur durch die vielfältigen baulichen Formen, sondern ebenso durch die naturbelassenen Baustoffe. Schauen Sie sich die unterschiedlichen Steine an und in den Fassaden die vielen Spuren von zurückliegenden Umbauarbeiten. Nichts ist verputzt – und hauptsächlich deshalb so reizvoll.

So schön und einmalig das mittelalterliche Stadtbild auf der einen Seite ist, wirkt es auf der anderen Seite aber auch wie ein großes Freilichtmuseum – und dort wird bekanntlich nur ausgestellt, was mit der Gegenwart wenig zu tun hat. Man muss sich alles ansehen, aber man ist innerlich gespalten. Zu deprimierend ist das Angebot von Nippes und Souvenirs, die in der Dritten Welt unter schlechten Arbeitsbedingungen hergestellt werden. Man besichtigt, staunt ein wenig, knipst die obligatorischen Selfies und fährt am nächsten Tag weiter. Außerdem genehmigt man sich noch eine Köstlichkeit: Gleich zwei **Eisdielen** an der obersten Seite der Piazza della Cisterna reklamieren für sich Weltmeistertitel in verschiedenen Disziplinen der Speiseeisherstellung. Entsprechend lang sind die Warteschlangen.

Aber kaum jemand scheint die **großen Kunstsehenswürdigkeiten** zur Kenntnis zu nehmen, die mindestens so lohnend sind wie die baulichen Relikte des Mittelalters: Im **Museo Civico** (neben dem Dom) sind ein herrliches, von Benozzo Gozzoli (den kennen Sie aus Florenz) fertiggestelltes Fresko zu sehen und von Filippo Lippi zwei zauberhafte Rundbilder, die alleine das Eintrittsgeld wert sind. Dieses enthält zudem die Erlaubnis zur Besteigung der **Torre Grossa**, des höchsten

San Gimignano

Turms der Stadt. Nach 190 sehr bequemen und nur 10 steilen Stufen unterhalb der Plattform haben Sie einen weiten Überblick, der sich deutlich mehr lohnt, als ich dachte *(10–18:30 Uhr, Nov. bis März bis 16:30 Uhr, 9 €).*

Nicht weniger reizvoll ist der **Dom**, die Collegiata Santa Maria Assunta *(10–19 Uhr, samstags und im Winter bis 17 Uhr, sonntags nur 12:30–19 oder 17 Uhr; 4 €)*. Eines der Hauptwerke sind im rechten Seitenschiff die Fresken aus dem 14. Jahrhundert, auf denen Barna da Siena in zarten Farben das Leben Christi dargestellt hat. Der Meister starb kurz vor der Vollendung nach einem Sturz vom Gerüst. Ein ähnlich schönes Wandgemälde von Ghirlandaio können Sie am Ende des rechten Seitenschiffs in der Capella di Santa Fina bestaunen. Der Dom ist auf beiden Längsseiten und der Rückwand vollständig mit Fresken versehen und absolut sehenswert!

Fast kein Tourist schafft mehr den (nicht weiten) Weg in die **Chiesa di Sant'Agostino** im nördlichen Teil der Stadt *(gehen Sie die Hauptstraße bergab und am Ende beschildert nach rechts und beachten Sie die Mittagspause; die Fresken werden bei Drucklegung restauriert und sind nicht zu sehen*). Wir wurden fast durch die Straßen geschoben, aber in dieser Kirche waren wir die einzigen Besucher, obwohl die wunderbaren 17 **Fresken von Benozzo Gozzoli** (1463–1467) im Chor der Kirche eine der größten Sehenswürdigkeiten der Stadt sind (und sogar der Eintritt nichts kostet – der Beleuchtungsautomat nimmt nur 50-Centstücke, die man dabei haben muss). Auch wenn ich das nicht mit dem Hinweis auf Kunstliteraten belegen kann, sollten Sie mal die Entwicklung der Malerei vergleichen: das Fresko in der linken unteren Ecke (der kleine Augustin

wird zu einem Lehrer in die Schule von Tagaste gebracht) mit dem gegenüberliegenden, letzten Bild des Zyklus (der Heilige Augustin verlässt Rom). Links sind die Figuren und Gesichter noch ausdrucksarm und gotisch, während uns rechts die fantastischen Portraits begeistern. Der Fresken-Zyklus ist ein echter Knaller! Sehen Sie nach, ob die Reparaturarbeiten beendet sind und schreiben Sie mir!

Auch vom **Foltermuseum** (Museo di Criminologia Medioevale) waren Leser begeistert, das ich aus prinzipiellen Gründen stets gemieden habe. Mir war der Horror keine zehn Euro wert und schon gar nicht sieben Euro für unsere Kinder. Wer das Grauen auskosten möchte, geht noch in das **Foltermuseum für Hexen** *(Museo della Tortura e Stregoneria)* und in das **Museum der Todesstrafen** *(Museo della Pena di Morte, im Preis des Foltermuseums enthalten).* Die vielen Besucher müssen unterhalten werden!

Viele zählen auch noch die **Geschlechtertürme**, von denen früher jedes bedeutsame Geschlecht, also jede Sippe, einen eigenen hatte. Als sich Dante hier im Jahre 1300 aufgehalten hat, sollen es 72 Stück gewesen sein, wobei die Familie umso mächtiger war, je höher ihr Turm in den Himmel ragte. Die heutige Anzahl – man glaubt es kaum – ist unter den Reiseführerliteraten umstritten; manche behaupten, es seien 15, andere zählen 13. Es kommt wohl darauf an, welchen der halbhohen Stümpfe man mitzählt, deren Herren im Mittelalter durch das Verkürzen des Turmhauses bestraft worden sind.

Bevor Sie den Rundgang beenden, müssen Sie noch zwei wesentliche Tagesprogrammpunkte erledigen: Zuerst klettern Sie hoch zur **Rocca**, dem beschilderten höchsten Punkt der Stadt seitlich der Kirche. Und dann muss noch das **klassische Foto von San Gimignanos Skyline** aufgenommen werden (siehe Seiten 134/135). Sie gehen deshalb zu Fuß zum Piazzale M. Montemaggio, dem mit Bäumen bestandenen Platz am Südende der Stadt außerhalb des Stadttors. Das Stadttor im Rücken steigen Sie nach etwa 150 Metern links an der Seite des Platzes eine Treppe hinunter, halten sich links und gelangen auf ein kleines Sträßchen. Nach dem Ende der Bebauung müssen Sie nur noch die schönste Perspektive suchen, ehe Sie mithilfe der seitlich einfallenden Vormittagssonne jedem Ansichtskartenfotografen Konkurrenz machen, weshalb Sie eigentlich damit am Morgen die Stadtvisite beginnen sollten.

Trotz der unbestreitbaren Sehenswürdigkeiten kann ich mich alles in allem tagsüber in die Stadt nicht so recht verlieben, mag sie auch noch so gut erhalten und mit Geldern der UNESCO restauriert sein. Am Abend, mehr noch als am frühen Morgen, ist die Touristenhochburg mit Abstand am schönsten. San Gimignano ist ein Ort, durch den sich die Scharen bis jenseits der Unerträglichkeitsgrenze drängeln – aber nur tagsüber. Ein **nächtlicher Streifzug** durch die fast menschenleeren Gassen, wenn auch die penetranten Souvenirshops ihren Schrott eingepackt und die Läden dichtgemacht haben, ist eines der großen Toskana Erlebnisse – und deshalb auch Teil unserer persönlichen **Top Ten**.

Le Vecchie Mura

Sie sollten auch deshalb in San Gimignano übernachten, um an lauen Sommerabenden die Traumterrasse des **Ristorante *Le Vecchie Mura*** zu genießen. Das Lokal öffnet nur abends, jedoch schon um 18 Uhr. Reservieren Sie für die erste Runde, weil Sie bei Helligkeit wesentlich mehr von der wunderbaren Aussicht haben. Die Preise sind keineswegs höher als anderswo, und allein schon wegen des *Filetto al balsamico* gehört das Lokal auch bei schlechtem Wetter zu unseren Lieblingsadressen *(Via Piandornella 15, , biegen Sie nach 80 m innerhalb des südlichen Stadttores bei der Beschilderung von der Hauptstraße talwärts ab; Tel. 0577 940270, Di. geschlossen; Sie müssen, wenigstens am Nachmittag für den Abend reservieren; mittleres Preisniveau)*. Wo isst man am Dienstag? Im **Ristorante *Dulcisinfundo***, zwei Etagen höher, wo dem Blick nur eine niedrige Mauer im Weg ist *(Vicolo degli Innocenti 21, Tel. 0577 941919; bei der Beschilderung von der Hauptstraße abbiegen; Mi. geschlossen; probieren Sie die toskanische Spezialität Peposo, besonders geschmortes Rindfleisch; preiswert)*.

Und wie genießt man San Gimignano ohne Rummel? Vielleicht im Winter, auf jeden Fall abends (siehe oben) und das ganze Jahr über von Ferne. Dafür sollten Sie sich zu einer Halbtageswanderung aufraffen, zu einer Strecke, die schon vielfach publiziert worden ist und auf der Sie die Türme fast ständig im Blick haben, dazu eine anmutige Toskanalandschaft mit geschwungenen Hügeln, Gehöften, ein paar Zypressen und silbrigen Olivenhainen. Nur Schatten gibt es nicht, weshalb Sie sich die gut zwei Stunden besser nicht im Hochsommer vornehmen. Wir waren an Ostern unterwegs, was schon wegen der blühenden Bäume eine fabelhafte Entscheidung war:

Rundweg bei San Gimignano

Wir starten außerhalb des südlichen **Stadttors** von **San Gimignano** und gehen etwa 150 Meter bergab, ehe wir nach links die Treppe nehmen, es ist die schon erwähnte Stiege der Postkartenfotografen. Auf einer Fahrstraße, seitlich derer man stets, jedoch vergeblich auf ein Stellplätzchen wartet, kommen wir nur langsam bergab voran. Immer wieder suchen wir den Standort für das ultimative Foto. Die weiteren Motive auf der restlichen Wanderung sind ähnlich gut. Besonders, wenn Sie am Ende dieses Weges, nachdem dieser auf die Straße nach Poggibonsi gestoßen ist und Sie auf dieser etwa 200 m gewandert und nach einer Kurve auf einem Fahrweg nach links angestiegen sind. Der **Blick** auf das ferne San Gimignano ist gerade von hier überaus reizvoll.

Unangenehm ist dort allerdings die Orientierung. Vor einem verlassenen Gehöft müssen wir ziemlich improvisieren, also querfeldein stiefeln, um zwischen Weinbergen in nördlicher Richtung voranzukommen (inzwischen müssten Sie eine Markierung finden).

Bald stehen wir aber wieder auf einem **Kammweg**, der nach beiden Seiten schöne Ausblicke ermöglicht und uns in das Städtchen zurückbringt, das wir nun von Nordosten erreichen. Was allein schon den ausgedehnten Spaziergang rechtfertigt. Denn das Ensemble der Türme ist aus dieser Richtung weniger bekannt, aber umso eindrucksvoller. Am Ende bummeln wir sogar noch durch Gassen, die von den Touristenströmen sorgsam gemieden werden. Das nehmen Sie uns nicht ab? Dann schauen Sie selbst (*Kompass-Karte Nr. 2457 Pisa, Livorno oder Nr. 2458, Firenze, Siena, Chianti; am besten die Kompass-App; es geht genauso ohne*).

Weil die Landschaft bei San Gimignano zu den schönsten Teilen der Toskana gehört, sind wir noch einem weiteren, kaum seltener publizierten Vorschlag nachgewandert:

Von Santa Lucia nach Montauto

Wir starten auf dem **Campingplatz** oder auf dem davor gelegenen **Stellplatz Nr. 080**, auf dem man während der Wanderung auch gut parken kann und gehen, den Platz im Rücken, nach links, also nach Osten, auf der Straße durch den Weiler **Santa Lucia**, wo wir auf der kleinen Piazza nach rechts abbiegen. Danach halten wir uns links und wandern

links eines Bildstocks geradeaus auf eine Schotterpiste. Dieser Weg fällt erst allmählich und später steil ab und stößt im Tal auf eine Querstraße, auf die wir nach rechts einbiegen. Wir überqueren einen Bach und wählen an den Häusern des **Mulino dei Foci** die an einer Gabelung rechts bergauf führende Straße (Wegweiser *Fortezza de Cortesi*).

Die Straße windet sich nun bergauf, wobei wir die wenigen Häuser der Fortezza rechts liegen lassen, ehe wir beim **Podere Belvedere** auf eine Anhöhe gelangen – mit der obligatorischen Fernsicht auf die Skyline von San Gimignano. Wir wandern weiter geradeaus und nehmen dort, wo die Straße direkt auf die Ferienhausansiedlung **Torracci di Chiusi** zuläuft, den Weg links daran vorbei, zwischen Häusern und Parkplatz (Sie können auch durch die Siedlung spazieren und sich auf deren schönen Terrasse mit Getränken erfrischen). Hinter den Häusern wählen wir bei einem Strommast einen grasigen Pfad nach links, der nochmals leicht ansteigt und ein Wäldchen durchquert (Achtung, Sie dürfen hier nicht mit der Markierung rechts bergab wandern, sonst würden Sie die Wanderung stark verkürzen).

Nach einem neuerlichen Weitblick auf die berühmten Wohntürme entscheiden wir uns vor der **Fattoria il Piano** für die nach rechts bergab führende Straße, die von einer beeindruckenden Zypressenallee gesäumt wird. Wir überqueren den Bach und erreichen jenseits davon, nun wieder bergauf, das Dorf **Montauto**, das seinem Namen keine Ehre macht. Denn wo man am liebsten abends mit dem WOMO parken würde, um sich bei der vielfach erwähnten Fernsicht einen letzten Schluck zu gönnen, ist eine Kette gespannt – und das ist hier auch wirklich gut so.

Wir marschieren geradeaus durch Montauto, halten uns vor der ersten scharfen Kurve links, um erneut abwärts zu wandern. 100 m vor der **Hazienda Vallebula** wird man höflich gebeten, den Weg links um einen kleinen Weinberg zu nehmen. Die Strecke ist dort gut ausgeschildert, man sieht die Häuser immer rechts liegen und gelangt so automatisch auf einen kurzen Waldweg, der am Bach endet. Wir sind in einem regenreichen Frühjahr unterwegs, aber es gelingt uns trotzdem, auf Ästen und Steinen das rauschende Gewässer trockenen Fußes zu überqueren. Ein Wanderstock als Stütze erweist sich auch hier als außerordentlich hilfreich. Am anderen Ufer geht es wieder bergauf, und man kann nun nichts mehr falsch machen, selbst wenn man an der nächsten Gabelung den rechten statt den linken Weg wählt.

Wir haben für diese Wanderung, die wir dem Rother Wanderführer entnommen haben, **3 ¾ Stunden** benötigt. Die Strecke ist sehr gut markiert; Orientierungsprobleme ergaben sich nicht; nach starkem Regen würde ich die Strecke meiden, weil dann der Bach nicht überquerbar sein könnte *(Kompass-Karten Nr.2457 oder Nr. 2458 oder die App). Der Weg ist auf der Rother-App vollständig eingezeichnet.*

Auf welcher Strecke Sie auch von San Gimignano nach Siena weiterfahren, Sie müssen mit dem Lenkrad kräftig zur Sache kommen. Die landschaftlich schönere Route führt südlich von San Gimignano über Castel San Gimignano. Sie werden daher gerne bald wieder anhalten und haben in **Colle di Val d'Elsa** (18.000 Einwohner) dazu die passende Gelegenheit. Wobei touristisch nur **Colle Alta** an der Strecke liegt. So heißt das höher gelegene *Centro storico* einer ansonsten lebhaften Industriestadt (Glasbläsereien und Kristallschleifereien), in der uns die Arkaden am Marktplatz gut gefallen. In der relativ weit ab- und vor allem hochgelegenen Altstadt betrachtet man entlang der Hauptstraße die schönen mittelalterlichen Bauten und Gassen, allen voran die **Via delle Volte**, einen etwa 100 Meter langen, übertunnelten Weg. Wer einen einigermaßen ruhigen Stellplatz sucht, kann in Colle di Val d'Elsa **übernachten**:

(082) WOMO-Parkplatz: Colle di Val d'Elsa

GPS: N43°25'13" E11°06'45".
Max. WOMOs: 6-8.
Ausstattung: Keine.
Beschreibung: Der leicht verunkrautete, gepflasterte Parkplatz liegt schön am Rand einer Wiese direkt neben der Altstadt, ist aber etwas einsam. Er ist klappstuhlgeeignet, aber trotzdem nichts für Hochsommertage. Gaststätten und Geschäfte erreichen Sie nach nur wenigen Schritten im *Centro storico*. Sie bringen das WOMO fast in die Waagerechte, wenn Sie in der untersten Parkplatzreihe mit den Vorderrädern (oder den rechten Rädern) auf den Bordstein fahren.
Zufahrt: Verlassen Sie die SR 68 westlich der Zufahrt zur Altstadt bei einem Straßenknick und mit *'P'* nach Süden zu dem schrägen Parkplatzgelände *Fornace*.

(083) Alternativ können Sie vor der Altstadt seitlich der SS 68 (an der Straße oder hinten links in der Ecke) stehen: **GPS**: N 43°25'21" E 11°06'48"; Via Porta Vecchia.

Auf dem Weg nach Siena würden Sie ohne uns an der Abzweigung zum kleinen Dorf **Strove** vorbeifahren. Das könnte zur falschen Tageszeit ein Fehler sein. Im **Ristorante *Casalta*** haben wir mehrfach hervorragend gespeist, uns aber auch ein wenig wie beim Edelitaliener zu Hause gefühlt. Seitdem mehrere Veröffentlichungen die freundlichen Betreiber und das unbestreitbar ausgezeichnete Essen lobend herausgestellt haben, tafeln hier vorwiegend unsere Landsleute und genießen den leckeren Hauswein *(reservieren, Tel. 0577 301171; Mo. Ruhetag; Terrasse; mittlere Preise, Viergang-Menü 38 €).*

Bei Strove gibt es unerwartet viele markierte Wanderwege, ansonsten kann man nur zwei Dinge tun, essen und schlafen, was ja beides keine unangenehmen Urlaubstätigkeiten sind. Der Schlafplatz ist zugleich der Parkplatz für die Restaurantbesucher. Schon deshalb ist er nicht zu verfehlen. Schräg gegenüber gibt es einen weiteren Parkplatz, der mir aber weniger gefällt. Stören Sie sich nicht an zu vielen Autos, in der Nacht kehrt die ländliche Einsamkeit nach Strove zurück, und am nächsten Morgen werden Sie von den Hähnen geweckt:

(084) WOMO-Parkplatz: Strove

GPS: N 43°22'43" E 11°10'16", SP 74. **Max. WOMOs**: 3-4.
Ausstattung: Spielplatz, Mülleimer.
Beschreibung: Der gepflasterte, schattenlose Platz, der sich nicht für sehr große Fahrzeuge eignet, ist ein Übernachtungsplatz, auf dem man sich tagsüber nicht lange aufhalten möchte. Nachts ist auf der nahen Straße wenig Verkehr.
Zufahrt: Wenn Sie von Colle di Val d'Elsa kommen, finden Sie den Stellplatz links der Straße und seitlich der Zufahrt zum Dorfzentrum.

Der bekanntere, vor allem größere Stellplatz liegt etwa zwei Kilometer weiter bei **Monteriggioni**, in der Nähe einer rundum erhaltenen Stadtmauer mit 14 Türmen, und ist ein Parade-

Monteriggioni

beispiel für verfehlte Stellplatzpolitik und/oder schlechte Beratung. Anstatt das vorhandene, große Gelände aufzubessern, auf dem über Jahrzehnte nachts ausschließlich Wohnmobile standen, hat man 350 Meter weiter einen neuen Stellplatz gebaut, preisgekrönt, mit Toilette und schon wieder ein wenig vernachlässigt. Das am Abend nun verwaiste andere (alte) Gelände muss man bis 24 Uhr verlassen. Ab 9 Uhr morgens (nachdem die Polizei den Frühdienst angetreten hat, um von denjenigen, die den Unsinn nicht einsehen, 150 Euro zu kassieren) darf man auf dem früheren Parkplatz wieder und weiterhin stehen, weil ja genug Parkraum vorhanden ist:

(085) Offizieller WOMO-Stellplatz: Monteriggioni

GPS: N 43°23'09" E 11°13'43". **Max. WOMOs**: 30.
Öffnungszeit: Ganzjährig.
Ausstattung: Ver- und Entsorgung (hinter einer Schranke), Strom, Toilette, warme, aber häufig nicht oder schlecht funktionierende Dusche, Mülleimer.
Beschreibung: Das klappstuhlgeeignete Gelände ist mit Rasenbetonsteinen gepflastert und schattenlos. Die Sicht ist überraschend schön. Sie stehen einsam, aber selten allein. Der Fußweg nach Monteriggioni ist etwa 500 Meter lang. Dort gibt es Gaststätten und einen kleinen Laden.
Preis: 16 €/Tag; Sie müssen für 4 Euro bei der Einfahrt eine Pfandkarte kaufen.
Zufahrt: Der Platz ist an der SR 2 beschildert und liegt neben einer Schule hinter einer absurd aufwendigen Kreisverkehranlage.

Jenseits des schmalen Stadttores, an dem eine Gedenktafel Dantes *Inferno* zitiert, soweit dort Monteriggioni erwähnt wird, erwartet man gespannt mittelalterliche Romantik. Und steht stattdessen auf einem im Sommer von der Hitze durchglühten Platz, um den sich ein paar Häuser gruppieren. Früher nannte ich den Flecken verschlafen, weil er das auch war. Heute hingegen, Monteriggioni ist immer noch sehenswert, profitieren einige Enotecen und ein Café vom einmaligen Erhaltungszustand und dem neu gebauten Stück Wehrgang hinter der Ringmauer *(Di. geschlossen, 9:30–13:30 und 14–19:30 Uhr, im Winter kürzer; 4 € einschließlich Waffenmuseum).*

Wer genau hinschaut, sieht den Mauern noch heute an, wozu sie im 13. Jahrhundert hochgezogen wurden: nicht als Stadtmauer, sondern als militärische Festung – der Sienesen gegen die Florentiner. Daran liegt es auch, dass im Inneren gar nicht viel Raum ist für zahlreiche oder gar großartige Bauten. Der viereckige Platz ist eigentlich das Wesentliche des Dorfes, wenn man einmal von den Souvenirklitschen, einem Antiquitätengeschäft und den drei Lokalen absieht. Am Abend füllt sich der obere (für WOMOs stets verbotene) Parkplatz mit Autos Sieneser Herkunft. Deren Passagiere haben sich meist ein paar Stunden vorher in einem der Lokale angemeldet, von denen wir länger keines mehr getestet haben.

Wer in Monteriggioni oder Strove übernachtet, sollte auch nicht achtlos an der ehemaligen **Zisterzienser-Abtei Santi Salvatore e Cirino** von **Badia a Isola**, dem Dorf zwischen Strove und Monteriggioni, vorbeifahren. Man kann auch auf der berühmten Via Francigena (siehe Tour 2) in etwa 35 Minuten von Monteriggioni mit Markierung zur Klosteranlage spazieren oder diese in eine bei Rother beschriebene Wanderung einbeziehen.

Früher zog es uns spätestens in Monteriggioni stets mit Macht nach **Siena** (53.000 Einwohner). Unser Gasfuß wurde jedoch von Jahr zu Jahr zögerlicher, weil sich die Bedingungen für Wohnmobile immer mehr verschlechtert haben. Aber der Campingplatz ist richtig gut, im Sommer zweifelsfrei wesentlich besser als die freien Alternativen:

(086) WOMO-Campingplatz: Siena – *Colleverde*

GPS/Kontakt: N 43°20'14" E 11°19'50", Strada di Scacciapensieri, Tel: 0577 332545; https://sienacamping.com/.
Öffnungszeit: März bis Anfang November (keine Angaben auf der Internetseite).
Ausstattung: Schwimmbad (Badekappenpflicht), Laden, Gaststätte, Dog-Area (Hundehalter wissen vermutlich, was damit gemeint ist).
Beschreibung: Die natürlichsten Parzellen finden Sie rechts unterhalb des Schwimmbades. Der Platz liegt sehr schön etwa 1,9 km nördlich der Innenstadt. Man kann mit etwas Kondition zu Fuß in die Stadt gehen, außerdem hält der Bus fast vor der Tür.

Wege ins Zentrum: Der **Fußweg** zum Stadtmittelpunkt, zum Campo, dauert etwa 40 Minuten: Verlassen Sie den Campingplatz und gehen Sie nach links, die erste Straße wieder links und auf ihr weiter bis runter ins Tal. Überqueren Sie die Bahngleise und spazieren Sie auf der anderen Seite schräg links den Berg hinauf (Richtung *'Centro'*). Gehen Sie oben bei der ersten Gelegenheit durch die Mauer und auf derselben Straße immer weiter bergauf; wenn es nicht weitergeht, links. Auf dem **Rückweg** wandern Sie nach dem Überqueren der Bahn erst rechts, dann schräg nach links bergauf und gehen nicht dem Wegweiser zum Campingplatz hinterher!
Bequemer ist der **Bus**, dessen Linien sich in der Vergangenheit mehrfach geändert haben. Sie bekommen bei der Campingplatz-Rezeption präzise Infos (einschließlich der Haltestellen für die Rückfahrt), Tickets (1,50 €/ einfache Fahrt) und einen kostenlosen Stadtplan. Sonntags ist der Fahrplan stak ausgedünnt.
Für die abendliche Rückfahrt nach einem Restaurantbesuch empfehlen wir das **Taxi**, zumal der Bus dann nur noch sporadisch verkehrt. Die Fahrt kostete etwa 15 €. Taxis stehen immer auf der *Piazza Matteotti* (den Campo in der Mitte der runden Oberseite verlassen und nach rechts, gegenüber dem Platz der Bankzentrale *Monte dei Paschi* schräg bergauf).

Preise: Etwa 35–45 € (keine Angaben auf der Internetseite).

Zufahrt: Der Campingplatz liegt am Nordrand von Siena; wenn Sie sich auf der Schnellstraße, der *'Tangenziale'*, nähern, verlassen Sie diese bei der Abfahrt *'Siena-Nord'* und folgen Sie erst dem Wegweiser *'Centro'*, bis Sie sehr bald einen Wegweiser zum Zeltplatz finden. Kommen Sie von Norden auf der Landstraße, der *Chiantigiana*, ist die Beschilderung dieselbe wie nach dem Verlassen der Schnellstraße.

Weil der Campingplatz an Ostern abends selten belegt ist, müssen Sie sich mit den Alternativen beschäftigen:

(087) WOMO-Campingplatz: Sovicille – *La Montagnola*

GPS/Kontakt: N 43°16'53" E 11°13'09", Strada della Montagnola, Tel. 0577 314473; https://www.campinglamontagnola.it/it.
Öffnungszeit: Ostern bis Ende Sept. **Ausstattung**: Kleiner Laden.
Beschreibung: Ristorante im Ort nach 0,7 km, nach Siena sind es etwa 10 km. Es fährt ein Bus. Der geschotterte Boden unter dunklen Bäumen entspricht nicht meinem Geschmack. **Preis**: 29 €.
Zufahrt: Biegen Sie am Nordrand von Sovicille von der SS 73 südwestlich von Siena ab, der Platz ist dann beschildert.

(088) WOMO-Campingplatz: Casciano di Murlo *Le Soline*

GPS/Kontakt: N 43°09'20" E 11°19'54", Via delle Soline. **Tel**. 0577 817410; http://www.lesoline.it/. **Öffnungszeit**: Ganzjährig.
Ausstattung: Großes, sehr schön gelegenes Schwimmbad, Laden, Gaststätte.
Beschreibung: Die schönste Alternative im Umkreis von Siena (15 km) ist relativ klein und abgelegen; 0,8 km in den Ort. **Preis**: 33 €.
Zufahrt: Biegen Sie von der SS 223 Siena-Grosseto entsprechend der Beschilderung nach Osten ab, der Platz liegt südlich von Casciano di Murlo.

Bedauerlicherweise haben Sie in Siena keine empfehlenswerte und legale freie Alternative. Siena hat sich über die Jahre ohne äußere Zwänge, die anderswo, beispielsweise in San Gimignano, wegen Platzmangels zu WOMO-Beschränkungen geführt haben, zur wohnmobilunfreundlichen Stadt gemausert. Das Nachtparken ist bei der Fortezza, wo Jahre lang die Reisemobile standen, verboten. Praktisch das ganze Gelände ist gebührenpflichtig und genau genommen selbst tagsüber für Wohnmobile nicht erlaubt, sodass in Siena schon die Parkplatzsuche zum größeren Problem wird, weshalb ich Ihnen auch aus diesem Grund den Campingplatz empfehle.

Legal ist ein ausgeschilderter Parkplatz an der Sporthalle *Palasport*. Außerdem kommt noch ein Gelände weit nördlich der Stadt infrage:

(089) WOMO-Parkplatz: Siena – *Palasport*

GPS: N 43°20'01" E 11°18'59", Strada del tiro a segno.
Max. WOMOs: 30. **Ausstattung**: Mülleimer.
Beschreibung: Der große Parkplatz auf Asphalt war früher ein zum Teil als Stellplatz betriebenes Gelände mit entsprechenden Einrichtungen. Das wurde alles aufgegeben, und der Platz ist kostenlos geworden. Er liegt neben den Bahngleisen, ist relativ laut und unschön, aber noch einigermaßen zentrumsnahe. Wenn keine anderen Wohnmobile dort stehen, ist er etwas unheimlich.

Eine Bushaltestelle liegt im Untergeschoß des nahen Bahnhofs, eine Rolltreppe führt zum Einkaufszentrum gegenüber dem Bahnhof. Man kommt noch gut zu Fuß **ins historische Zentrum**, der Weg ist mit 30 Min. kürzer als vom Campingplatz: Gehen Sie auf die halbrunde Brücke zu und folgen Sie ab dort meiner beim Campingplatz Nr. 086 geschilderten Wegbeschreibung.

Zufahrt: Fahren Sie nördlich der Altstadt wie zum oben erwähnten Campingplatz *Colleverde*, dann aber dem Sportsymbol und *,P 1'* auf den Wegweisern folgen, zur Sporthalle *(,Palasport'),* an der Bahnlinie nordwestlich des Bahnhofes.

(090) WOMO-Parkplatz: Siena – Via della Province

GPS: N 43°20'32" E 11°18'18", Via delle Province / SS 222.
Max. WOMOs: 10.
Ausstattung: Wasser.
Beschreibung: Das ist ein schlichter, kostenloser Parkplatz nahe einem geräuschvollen Kreisverkehr; wegen eines Marktes nicht vor dem 2. und 4. Samstag des Monats. Eine Bushaltestelle (Linie Nr. 4 – jede halbe Stunde) finden Sie oberhalb in der Nähe, ebenso Gaststätten, einen Supermarkt und *McDonald's.*
Zufahrt: Der Platz liegt am nördlichen Stadteingang, etwa 4 km von der Altstadt entfernt direkt unterhalb des Kreisverkehrs, wo die Zufahrt der Schnellstraße von Florenz und die SS 222 zusammentreffen (westlich einer ESSO-Tankstelle, Richtung *,Roma').*

Der offizielle Platz *(Il Faggiolone, P 3)* liegt südwestlich und relativ nahe der Innenstadt, in der Strada di Pescaia, kostet unverschämterweise 20 Euro, auch wenn man nur ein paar Stunden zur Besichtigung des nahem historischen Zentrums bleibt, er bedeutet aber die Höchststrafe: zwischen zwei doppelspurigen Schnellstraßen und in Nachbarschaft von Reisebussen! Kein Wunder, dass ich nachts hier nur selten ein WOMO gesehen habe. Der Respekt gegenüber dem Leser verbietet mir eigentlich die Angabe der Koordinaten; deshalb hinter vorgehaltener Hand und nur wegen der Entsorgungsmöglichkeit [**091**: N 43°18'57" E 11°19'00"]. Siena kann sich den Affront gegenüber den Wohnmobil-Urlaubern leisten, die kommen nämlich trotzdem. Und auch Sie sollten sich nicht vergrämen lassen, denn die Stadt ist der Höhepunkt einer Toskana-Reise, den niemand auslässt. Nur bezüglich Anzahl, Dauer und Intensität der Besichtigungstouren unterscheiden sich die Geister. Wir empfehlen mindestens zwei Nächte: Bei kürzeren Aufenthalten lässt man leicht das grandiose Museo Civico, die Domerweiterung und oft sogar das Innere des Doms aus.

Siena – Basilica di San Domenico

Auch wenn wir unser WOMO nicht mehr an der Fortezza abstellen können, werden wir dennoch weiter dorthin spazieren, weil wir hier eine schöne Aussicht genießen, vor allem, weil wir von hier auf dem Weg zur Altstadt eine der schönsten Eigenschaften Sienas erleben: die einmalige Lage des Doms mit seinem gestreiften Turm oberhalb der den Hang hinabgebauten Häuser, die keine denkbare Farbnuance von braun bis rotbraun vermissen lassen (siehe Seite 145).

Zumeist ist die nicht weit von der Festung erbaute Basilica di San Domenico das Ziel einer ersten Betrachtung. Hier kann es einem in der rechten Seitenkapelle vor der ausgestellten Kopfreliquie der heiligen Katharina selbst bei hohen Temperaturen kalt den Rücken herunterlaufen. Katharina ist übrigens die Nationalheilige Italiens.

Siena - Dom

Jedes Mal streben wir dann sehr schnell dem Domplatz zu, den man wegen seiner exponierten Lage und der vielen Wegweiser nicht verfehlen kann und dem man neuerdings durch die Bezeichnung **L'acropoli di Siena** die ihm gebührende architektonische und kunsthistorische Höhe einräumt. Und damit endlich klarstellt, dass der im reinsten gotischen Stil erbaute Duomo äußerlich wie auch von innen zu den großartigsten Kirchenbauten der Welt zählt und durch die im Jahr 2007 abgeschlossene Reinigung der Fassade noch eindrucksvoller geworden ist. Schließen Sie sich möglichst einer deutschsprachigen Führung an. Häufig sitzen gerade eine Gruppe oder Schulklasse in den Kirchenbänken und lauschen dem Reiseleiter, der hier wirklich viel zu zeigen hat: unten angefangen bei dem zur Schonung zeit- und teilweise abgedeckten einzigartigen Fußboden mit Marmoreinlegearbeiten. Dann hoch unter die Kirchendecke, zu den Köpfen von 172 Päpsten und 36 Kaisern, weiter zu zahlreichen Fresken und zum Chorgestühl, bis hin zu der von Donatello geschaffenen Bronzestatue Johannes des Täufers. Und dann stehen die Reisegruppen natürlich unter der **Kanzel** von Nicola Pisano. Ich halte sie für die schönste der Kanzeln von Vater und Sohn Pisano in Pisa, Pistoia und Siena, für

Dom – Kanzel

eines der weltweit schönsten Werke der Bildhauerei. Nicht mehr zusätzlich kostenpflichtig und ebenfalls eine Top-Sehenswürdigkeit ist die **Liberia Piccolomini**, die Dombibliothek in einem

Liberia Piccolomini

Anbau. Die Fresken gehören zu den schönsten Meisterwerken von Pinturicchio (siehe auch in WOMO-Reiseführer Band 12 bei Spello), der hier zwischen 1502 und 1507 das Leben von Pius II (gestorben 1464) abgebildet hat und über den bei Tour 9 im Zusammenhang mit Pienza noch mehr zu sagen sein wird.

Direkt neben dem Duomo ragen merkwürdige, hohe gotische Bögen auf und rahmen den Domplatz ein. Es sind die Reste von Seiten und Fassade der im 14. Jahrhundert wieder eingestellten **Domerweiterung**. Der alte Dom sollte dabei nur noch als Querschiff dienen! Es ist heute kaum vorstellbar, welche Dimensionen der Neubau eingenommen hätte. Die damals von der Pest geplagten Sienesen mussten aber bald einsehen, dass sie sich technisch wie finanziell übernommen hatten und hinterließen uns deshalb eine heute über 650 Jahre alte gotische Bauruine, deren höchste Aussichtsplattform, das sogenannte **Panorama dal Facciatone**, einen **Weltklasseblick** auf die Altstadt bietet – und einer

Domerweiterung, Panorama dal Facciatone

Siena – Dom – Blick von der Aussichtsterrasse

der Tipps aus unseren **Top Ten** ist, weil ihn die meisten Besucher unterschätzen (siehe Foto in der vorderen Umschlagklappe). Um auf die Terrasse zu gelangen, muss man eine Eintrittskarte für das **Museo del'Opera** (Dom-Museum) lösen und drei Fliegen mit einer Klappe schlagen: Hier sind die Originale der Statuen, deren Kopien heute die Domfassade zieren, aufgestellt. Ich habe nie so recht herausgefunden, mit welchen Mitteln Giovanni Pisano – Sohn von Nicola – es eigentlich gelungen ist, in derart hohem Maß Schlichtheit und Ausdrucksstärke zu verbinden. Prachtstück des Museums aber ist die im Obergeschoss ausgestellte Maestà von Duccio di Buoninsegna, die fast vollständig erhaltene, bemalte ehemalige Altartafel des Doms (1308 bis 1311). Die dritte Attraktion des Museums habe ich schon erwähnt, es ist die Aussichtsterrasse.

Zur *Akropolis von Siena* gehört auch das **Battistero**, obgleich im Keller des Doms auf dessen Rückseite eingebaut und ausgemalt wie eine Kathedrale. Das Baptisterium war als

Unterkonstruktion für die Erweiterung des Domchores erforderlich und beherbergt ein berühmtes Taufbecken von 1429.

Zu allen diesen Sehenswürdigkeiten gibt es ein passendes **Kassengebäude**, ebenfalls freskiert, an der Seite des Domplatzes. *Die Öffnungszeiten aller vorerwähnten Sehenswürdigkeiten liegen vom 1.4. bis 31.10. zwischen 10 und 19 Uhr, Dom an Sonn- und Feiertagen 13:30–18 Uhr, 1.11 bis 31.3. 10:30-17:30 Uhr; So. 13:30 bis 17:30 Uhr; während der sensationelle Fußboden teilweise zugedeckt ist, kostet das Kombiticket für die vorerwähnten Attraktionen 13 €, sonst 15 €.*

Dem Dom gegenüber und beim Kassengebäude liegt das ehemalige **Ospedale di Santa Maria della Scala**, eine der großen, aber unbekannten Sehenswürdigkeiten Sienas. Es wurde bereits im 10. Jahrhundert als Pilgerhospiz erwähnt und diente zusätzlich als Kranken- und Waisenhaus. Fantastische Fresken (u. a. von Vecchietta, Domenico di Bartoli) in den einstigen Krankensälen, Kapellen und der Kirche verherrlichen die karitative Arbeit des Spitals. Bis in die Achtzigerjahre des vorigen Jahrhunderts war das Krankenhaus in Betrieb, und noch heute kann man alte Dienstpläne und Vorlesungsräume bestaunen. In einigen Sälen und unterirdischen Gängen des Gebäudelabyrinths (von insgesamt 40.000 m^2 sind mittlerweile 20.000 m^2 zugänglich) ist das **Museo Archeologigo Nazionale di Siena** untergebracht. Das von außen unscheinbar wirkende Bauwerk birgt mit seinen riesigen Inneren-Ausmaßen eine Stadt in der Stadt *(täglich 10:30–16:30, Sa. und So. bis 18:30 Uhr, 9 €).*

Vom Dom ist es nicht mehr weit zu einem weltberühmten Platz, der zu den schönsten Plätzen Italiens gehört. **Il Campo**, der muschelförmige, leicht ansteigende Platz im Herzen der Stadt, zu dem alle Wege führen, scheint uns magisch anzuziehen und kaum wieder loszulassen. Über ihn und die ihn umrahmenden Gebäude wurde schon so viel geschrieben, dass ich mit eigenen Worten kaum noch etwas hinzufügen kann.

Das gilt auch für den *Palio,* das jährlich zweimal, am 2. Juli und am 16. August, auf Il Campo stattfindende **Pferderennen**, das ich selbst noch nie erlebt habe. Nur dreimal wird der dann mit einer speziellen, festgestampften Erde versehene Platz von zehn Pferden umrundet, je eines für einen Stadtteil,

Il Campo – Blick von der Torre del Mangia

eine *Contrade*, was ungefähr 100 Sekunden dauert und von 40.000 Zuschauern beklatscht und bepfiffen wird. Die begleitende Pflichtlektüre ist nicht das offizielle Buch bzw. die CD-ROM über die 17 Stadtteile (von denen jedes Mal zehn ausgelost werden) mit deren Wappen und Siegeln, sondern der unterhaltsame und den *Palio* erschöpfend erklärende Roman von Fruttero und Lucentini, *Der Palio der toten Reiter.*

Bei der Piazza del Campo ist es gerade andersherum wie im Dom, man muss von Kunst und Kunsthistorie, von Baustilen und Geschichte wenig wissen, niemand muss unsere Aufmerksamkeit auf Sehenswürdigkeiten lenken, und wir können doch vollkommen die Schönheit des Platzes erfassen. Am stimmungsvollsten finden wir übrigens den Abend des Spätsommers, wenn der Platz in der Dunkelheit noch belebt ist.

Sie fragen sich, wie man auf eines der kleinen Balkönchen kommt, auf dem sich in einer Reihe sitzende Urlauber wegen ihres exklusiven Standortes vom Rest der Welt beneiden lassen. Nehmen Sie zum Beispiel in der Via Rinaldini (den Blick auf das Rathaus an der unteren, geraden Seite links) in der kleinen Bar gegenüber einer Pizzeria für dreifünfzig einen *Aperol-Spritz* und gehen Sie einfach über die Treppe in den ersten Stock.

Bei einem unserer Besuche beschert uns das Wetter ein besonderes Ereignis: Während wir auf den roten Ziegelsteinen des Muschelbodens sitzen und dem bunten Treiben zuschauen, ziehen schwarze Wolken eines Gewitters auf. Gerade noch rechtzeitig retten wir uns vor den Wassermassen eines frühsommerlichen Wolkenbruches in einen Torbogen. Schlagartig ist der Platz menschenleer, ganze zehn Minuten lang an einem Nachmittag in den Ferien. Nur drei Gestalten trotzen dem Wetter: Eine Frau mit rosa Regenschirm strebt einsam dem Palazzo Pubblico zu, und zwei Jungen haben sich bis auf die Unterhose ausgezogen, um den Bällen hinterherzurennen, die der Gewittersturm von den Spielzeugbuden am Rande des Platzes zum Herzen der Muschel treibt.

Siena – Il Campo und Torre del Mangia

Aber bald scheint wieder die Sonne. So schnell, wie der Platz sich geleert hat, füllt er sich wieder, und am Aufgang zur 102 Meter hohen (!) **Torre del Mangia**, dem zweithöchsten Turm Italiens (126 Meter hoch ist der turmartige Bau von San Gaudenzio in Novara – WOMO-Reiseführer Band 73), bildet sich wieder eine Menschenschlange. Man hat die Besucher noch hinauf gelassen, als die Blitze schon beängstigend nahe zuckten. Wer gerade an der Reihe war, um auf die Spitze zu klettern, ließ sich davon nicht abhalten. Wahrscheinlich wollte sich niemand den Lohn des Wartens durch ein Gewitter zunichtemachen lassen, denn auf eine halbstündige Herumsteherei im Treppenhaus des 1348 fertiggestellten Turmes muss man schon gefasst sein – in der Hochsaison auch auf mehr. In jedem Falle muss man Eintritt bezahlen und 555 Stufen in dem engen, warmen Gebäude bezwingen (dabei über entsprechende Grundfitness verfügen) und am Ende auch noch eine breite Leiter, an der nicht ganz Schwindelfreie Fracksausen befällt. Man kann diese letzte Herausforderung aber auslassen und auf der zweitobersten Plattform stehen bleiben, ehe man das berühmte Aufsicht-Foto des Muschelplatzes schießt und eine einmalige Sicht auf eine mittelalterliche italienische Stadt genießt *(10–13:45 und 14:30–18:15 Uhr, 1.11. bis 28.2. 10–13 und 13:45–15:15 Uhr; das unerbittliche Gesetz von Angebot und Nachfrage*

ließ den Eintritt auf 10 Euro steigen – 15 Euro in Kombination mit dem Museo Civico). Der Turm ist übrigens benannt nach einem Glöckner, der sein ganzes Geld verprasst hat und deshalb den Spitznamen *Mangiaguadagni* tragen musste, was übersetzt *Geldverfresser* heißt.

Es ist eine kaum entschuldbare Unterlassungssünde, dass ich es erst bei meiner dritten Sienavisite geschafft habe, im Rathaus, dem **Palazzo Pubblico**, neben dem Turm, das **Museo Civico** aufzusuchen. Niemand braucht Angst vor endlosen Museumssälen zu haben, denn Bilder und Fresken präsentieren sich auf einem Stockwerk. Aber was für welche! Sie zählen zu den bedeutendsten Gemälden der Kunstgeschichte. Merken Sie sich den Namen Ambrogio Lorenzetti. Er ist nämlich der Maler des weltberühmten Freskos in der Salla della Pace: *'Die Auswirkungen der guten und der schlechten Regierung auf das Land'*. Mit dem Bild der guten Regierung sollte Mitte des 14. Jahrhunderts die Stadtregierung, der sogenannte *Rat der Neun*, gewürdigt werden, eine schon damals im Ansatz demokratisch gewählte Verwaltung. Vermutlich haben die Ratsherren den Segen ihres Schaffens lieber gesehen als die Auswirkungen der schlechten Regierung (Fresko gegenüber), denn dieses Bild ist nur noch in Fragmenten erhalten. Damit es der im Jahre 1315 gemalten Maestà von Simone Martini (nicht zu verwechseln mit der im Dommuseum) in der zentralen Salla del Mappa nicht genauso geht, wurde sie vor ein paar Jahren restauriert *(10–18:15 Uhr, 1.11. bis 28.2. bis 17:15 Uhr, schlappe 6 Euro, 15 Euro in Kombination mit dem Turm)*.

Mit Siena ist es ähnlich wie mit Florenz. Ich kann Ihnen in diesem Buch nur die Dinge beschreiben, die das oft zitierte »Muss« darstellen. Als weiterführende Lektüre empfehle ich auch hier den Reiseführer von Michael Müller.

Süßes in Siena

Sie wollen aber noch wissen, was zu tun ist, wenn Sie mitten auf dem Campo plötzlich Hunger bekommen und Sie sich nicht in eines der dortigen teuren Cafés oder Restaurants setzen möchten. Ein Geschäft für frische Pizzastücke an der unteren, linken Ecke habe ich schon erwähnt.

Deutlich exklusiver wird es bei der Vertreibung der süßen Variante des Hungers, die uns Mal für Mal in die Arme der *Nanninis* treibt: Dazu verlassen wir wieder die Muschel an ihrer oberen, runden Seite und gehen nach rechts die Einkaufsstraße bergauf. Wir sehen dann bald rechter Hand die *Nannini-Konditorei.* Die Gebäckstücke der *Nanninis* sind legendär (und entsprechend teuer), und das *Panforte*, ein Kuchen aus Mandeln, Nüssen und Zimt, gilt als Spezialität schlechthin. Der Name *Nannini* kommt Ihnen bekannt vor? Vielleicht legen Sie bisweilen die angestaubten Platten Ihrer Großeltern auf und werden dabei ganz wehmütig, weil es zur fetzigen Rockmusik von Gianna Nannini, der weltbekannten Tochter des (ehemaligen) Zuckerbäckers, heute nichts Vergleichbares mehr gibt.

Früher hatten die *Nanninis* auch die Spitzenstellung im Eisverkauf inne, ehe die große Eisdiele aufgegeben worden ist (es gibt noch kleine Verkaufsstellen). Diesbezüglich empfehlen wir Ihnen inzwischen die Filiale von GROM (schräg gegenüber von Nannini, wo ebenfalls Eis ausgegeben wird). Das Eis wird mit natürlichen Aromen und ohne künstliche Farbstoffe hergestellt. Vor allem ist es nicht, wie bei vielen Konkurrenten, mit Emulgatoren und Stabilisatoren zu Eisbergen aufgetürmt, um besonders appetitlich zu wirken. Die Verkäuferinnen entnehmen stattdessen die kalte Süßigkeit den mit Deckel verschlossenen Behältnissen. Ein Genuss! Ein paar Meter weiter schlecken selbst die elegantesten Herren auf dem Vorplatz eines ehrfurchtgebietenden Gebäudes *Stracciatella.* Es sind die Angestellten der insolvenzbedrohten ältesten Bank der Welt, der *Monte dei Paschi di Siena*, die gerade Mittagspause haben.

Gebäude der Monte dei Paschi di Siena

Unsere Tipps gegen den großen Hunger müssen wir in fast jeder neuen Auflage revidieren. Nicht nur in Siena sind die Gastrotipps die am kurzlebigsten, wie übrigens in allen meinen Büchern. Perfekt ist die kleine ***Osteria Babazuf*** *(Via Pantaneto 85, gehen Sie vom Campo mit Blick auf das Rathaus links gerade leicht bergauf und in der dritten Straße seit dem großen Turm rechts, Tel. 0577 222482; Mo. geschlossen, maßvolle Preise).* Im Ristorante *Le Logge*, einem unserer früheren Lieblingslokale, sitzt man immer noch sehr schön am Puls von Siena, aber das Preis-Leistungs-Verhältnis stimmt nicht mehr.

TOUR 7

San Gimignano
Poggibonsi
nach Firenze
Volterra
Balze
Castel S. Gimignano
Colle di Val d' Elsa
nach Siena
Monteriggioni
Strove
Tour 6
Saline di Volterra
nach Cecina
Pomarance
Larderello
Radicondoli
Dreamwoods
15 km
Sasso Pisano
Fumarolen
Monterotondo Marittimo
San Galgano
Monticiano
nach Bagni di Petriolo siehe Seite 182
Farma
Torniella
Massa Marittima
Roccatederighi
Roccastrada
Punto Natura
Lago dell' Accesa
Pesta
Ribolla
Follonica
Aurelia
Sticiano
Montepescali
Tour 14
Vetulonia
nach Grosseto

Tour 7: Etruskisch, hügelig, mittelalterlich 270 km

Volterra – Larderello – Massa Marittima – Roccastrada San Galgano – Radicondoli – Bagni di Petriolo

Stellplätze:	in und bei Volterra, in Sasso Pisano, in Monterotondo Marittimo, in Massa Marittima, am Lago dell'Accesa, in Sticciano, in und bei Roccastrada, bei der Kirchenruine von San Galgano, in Radicondoli
Campingplatz:	in Volterra
Besichtigen:	Volterra, Erdwärmekraftwerk von Larderello, Fumarolen bei Sasso Pisano und Monterotondo Marittimo, Massa Marittima, Ausgrabungsfeld und Kuppelgrab bei Vetulonia, San Galgano, den *Traumwald*, Bagni di Petriolo
Wandern:	bei Sasso Pisano, an der Farma bei Torniella, im *Traumwald*
Essen:	*Osteria Carabaccia*, Ristorante *Il Sacco Fiorentino* oder Pizzeria *Da Nanni* in Volterra, Ristorante *La Tana dei Brilli* in Massa Marittima, Pizzeria *Frantoio* in Sticciano
Karte:	siehe auch vor der 8. Tour (Seite 182)

Im Verlauf der 7. Tour steuern wir unser Wohnmobil nördlich von Siena auf der kurvigen, aber landschaftlich schönen SS 68 westwärts nach Volterra. Von dort fahren wir westlich der Haupttoskanastrecke nach Süden. Viele unserer Leser werden im Gegensatz dazu die im Westen liegenden Städte von der Küste aus anfahren. Man bekommt dann aber nicht so viel von der sehr reizvollen Hügelgegend in der Südwest-Toskana mit.

Volterra, eine der ältesten Städte Italiens, wird gemeinhin in einem Atemzug mit San Gimignano genannt, was allein dadurch erklärlich ist, dass beide Ortschaften nur rund 30 Kilometer voneinander entfernt und jeweils auf Hügelkuppen liegen. Ansonsten sind sie sehr verschieden: Volterra ist nicht nur reines Touristenziel, obgleich kaum ein Toskanareisender die ehemalige Etruskerbastion auslässt. Vor allem erfreut man sich an einer intakten italienischen Kleinstadt mit 10.300 Bewohnern, von denen sogar 4.500 im historischen Zentrum zu Hause sind.

Volterra – Piazza dei Priori

Volterra – im Parco E. Fiumi

Zu Unrecht gilt Volterra vielfach als streng oder gar düster. Zugegeben, die mittelalterlichen Gassen sind eng, dem graugrünen Tuffstein mangelt es am angenehmen Rotbraun anderer Städte, und der **Piazza dei Priori** fehlt die Leichtigkeit der Plätze von Siena oder San Gimignano. Zu steil ragt das älteste, noch erhaltene toskanische Rathaus, der Palazzo dei Priori, an der Südwestseite auf, und 200 Meter Luftlinie entfernt tun die bewaffneten Wachposten hinter den Zinnen der **Fortezza** ihr Übriges. Denn die einst von dem Medici-Herzog Lorenzo dem Prächtigen erbaute Festung gilt heute als eine der sichersten Strafanstalten Italiens.

Aber gerade dort, wo wir den Gefängnismauern besonders nahe sind, im so genannten **Parco E. Fiumi (Parco Archeologico)**, wirkt Volterra geradezu lieblich *(8:30–20 Uhr, keine Hunde).* Auf den geschwungenen Wiesen lagern fast alle Altersgruppen, manche dösen, andere spielen Fußball, und auffällig viele Liebespärchen schmusen im Gras. Eine ausgedehnte Pause im Archäologischen Garten ist auch häufig unser erster Programmpunkt, wenn wir in der 520 Meter hoch gelegenen Stadt angekommen sind. Die Bezeichnung des Parks geht auf die zu besichtigenden **Ausgrabungen** der **etruskischen Akropolis** aus dem 7. Jahrhundert vor Chr. zurück und auf eine interessante römische **Zisterne**, die man geschützt mit einem Bauarbeiterhelm über eine metallene Spindeltreppe betreten kann *(der Eintritt zu den Ausgrabungen und in die Zisterne kostet 8 €, das Ticket gilt auch für das antike Theater; 10:30–17:30 Uhr).*

Bei der Besichtigung der Ausgrabungen wird die historische Bedeutung von Volterra deutlich, das unter dem Namen Velathri schon vor dem 4. vorchristlichen Jahrhundert ein bedeutender Ort der Etrusker war. Diese haben sehenswerte Zeugnisse ihrer

Volterra

hohen Kultur hinterlassen, vor allem Schmuckstücke, Figuren, Vasen und Urnendeckel, die man heute in der Stadt in zweierlei Ausführungen sieht: einmal original im Etruskischen Museum, dann aber auch als meistens recht gute Nachahmung in den zahlreichen Andenken- und Alabasterläden der Stadt. Sogar die Verarbeitung des Alabasters, eines mineralischen Gipses, geht auf die Etrusker zurück. Neben sehr viel Kitsch werden – inzwischen überwiegend aus importiertem Rohstoff – einige wirklich schöne Stücke angeboten, wobei man erstaunlicherweise trotz der Vielzahl der Läden, die oft fast nebeneinanderliegen, auf beträchtliche Preisunterschiede stößt. Beim Rundgang können Sie in kleinen **Alabaster-Werkstätten** zusehen, wie die Künstler aus einem großen Gesteinsblock einen Gegenstand, wenn Sie Glück haben sogar eine Statue, heraus modellieren. Daneben liegt oft als Muster ein schon fertiges Objekt, von dem mit verschiedenen Gerätschaften die Maße und Umrisse auf den Gipsblock übertragen werden, bevor aus diesem unter Einsatz eines kleinen Elektromeißels die Plastik entsteht. Ab und zu muss die staubige Arbeit unterbrochen werden, wenn Kunden ein fertiges Stück, vor allem eines der schönen Döschen, kaufen wollen.

Im **Museo Etrusco Guarnacci**, das wir oben schon erwähnt haben und das Sie fast am östlichen Ende der langen Hauptstraße, der Via Don Minzoni, unterhalb der Festung finden, dürfen Sie die Originale der vielfach ausgestellten Plagiate bewundern. Über 600 etruskische Urnen und Sarkophage sind das Eintrittsgeld wert *(täglich von 9–19 Uhr; 8 €, 14 € für das Kombiticket, das 72 Stunden gilt, dafür auch für andere Museen in Volterra; Familienrabatt).*

Der (vor Ort gut beschilderte) Stadtbummel führt Sie unweigerlich auch zum **Römischen Theater** *(Eintritt und Öffnungszeit siehe oben bei den Ausgrabungen)*, bevor Sie über die Piazza dei Priori an die Westseite der Stadt gelangen, zu einem Höhepunkt des Besuchs in Volterra, dem **Blick** auf Hunderte klei-

Volterra – römisches Theater

ner Hügel, die sogenannte **Volterrana**. Die Nachmittagssonne zeichnet dann meistens schon deutliche Schatten, und klare Luft erlaubt es, am Horizont sogar das Meer zu erkennen. Wenn Ihnen diesiges Wetter keine gute Sicht gewährt, müssen Sie unbedingt allein schon deswegen bei nächster Gelegenheit nach Volterra zurückkehren!

Sie steigen vom **Dom** (sehenswert sind die Kanzel und ein Renaissancegemälde in der zweiten linken Seitenkapelle) und dessen **Baptisterium** (Taufbecken von 1502 an der rechten Wand) hinab zum **Arco Etrusco**, einem von den Etruskern im 4. vorchristlichen Jahrhundert errichteten und von den Römern restaurierten Stadttor. Der Torbogen, dessen verwitterte Löwenköpfe von den Römern stammen, war einst Bestandteil einer sieben Kilometer langen Stadtmauer, deren Verlauf nicht von der Bebauung, sondern von der Lage verschiedener

Volterra – Blick zum Dom

Brunnen bestimmt war. Um einer langen Belagerung standhalten zu können, mussten die Etrusker schon die Wasserstellen durch die Befestigung schützen, was sich offenbar gelohnt hat, konnte sich die Stadt nämlich mehrere Jahre lang bis zum Jahr 260 v. Chr. römischen Angriffen widersetzen.

Sie können in Volterra außerdem in einer kleinen **Pinakothek** die berühmte Kreuzabnahme von Rosso Fiorentino besichtigen *(Öffnungszeit und Preis siehe beim etruskischen Museum)* und im **Palazzo Viti** die Folgen des Reichtums, den Giuseppe Viti im 19. Jahrhundert mit dem Handel von Alabasterkunstwerken erzielt hat *(10–17:30 Uhr, 5 €)*. Auch wenn Sie dafür keine Zeit aufwenden, müssen Sie unbedingt durch den Stadtteil schlendern, in dem das Museo Etrusco Guarnacci untergebracht ist. Die kleine Piazza XX Settembre ist nämlich der schönste Platz von Volterra.

Osteria Carabaccia

Bei dieser Gelegenheit könnten Sie einen Tisch in der authentischen und preiswerten ***Osteria Carabaccia*** reservieren. Neben Antipasto aus Wurst und Käse werden nur jeweils zwei täglich wechselnde Primi und Secondi angeboten. Wenn Sie diesen Reiseführer aufmerksam lesen, werden Sie bemerken, dass wir zahlreiche Küchen getestet haben, und ich habe in den letzten Jahren keine bessere *Tagliatelle al ragu* (hier u.a. mit Hühnerleber nach einem alten Familienrezept) genossen – und zwar weder in der Toskana noch in den anderen von mir beschriebenen italienischen Gebieten *(Piazza XX Settembre, zwischen dem Foltermuseum und dem Museo Etrusco Guarnacci; Tel. 0588 86239; Mo. geschlossen; preiswert)*. Falls Sie keinen Platz bekommen, was sehr leicht möglich ist, da hier auch die Einheimischen speisen, kommt das **Ristorante Il Sacco Fiorentino** in die engere Wahl. Die Preise auf der vielseitigen Karte sind unerwartet maßvoll und die Qualität des Essens ist eindeutig überdurchschnittlich *(Via Giusto Turazza, das ist die Gasse direkt seitlich des Doms; Tel. 0588 88537; Mi. geschlossen)*. Außerdem gibt es in Volterra noch den Klassiker, die **Pizzeria Da Nanni**, deren Produkte aus dem Steinofen die Leser bereits seit der allerersten Auflage aus dem Jahr 1991 begeistern. In dem sehr schlichten Lokal stehen nur einige Holzbänke, viel zu wenige, um den leckeren Pizzas auf knusperdünnem Teig gerecht zu werden *(Via delle Prigioni 40, zwischen Piazza dei Priori und Teatro Romano)*.

Zu allen Lokalen können Sie von den Stellplätzen bequem spazieren:

(092) Offizieller WOMO-Stellplatz: Volterra *La Docciola – P 3*

GPS: N 43°24'11" E 10°51'51", Viale dei Filosofi.
Max. WOMOs: 30.
Öffnungszeit: Ganzjährig.
Ausstattung: Ver- und Entsorgung, Strom, Mülleimer.
Beschreibung: Das geschotterte, teilweise schattige und klappstuhlgeeignete Gelände liegt ideal für die Stadtbesichtigung. Nachts gelegentlich Hundegebell, überwiegend leichtes Gefälle; in der zeitlichen Nähe italienischer Feiertage bisweilen überfüllt.

Sie erreichen das Zentrum nach 10 Minuten Fußweg über eine lange Treppe; dort finden Sie Gaststätten, Geschäfte und eine Bäckerei direkt gegenüber dem Ende dieser Treppe. Der im Prinzip schöne Platz ist und unsere Hauptempfehlung für Volterra.
Preis: 18 €/24 Std.
Zufahrt: Folgen Sie in Volterra den Wegweisern mit dem Wohnmobilsymbol nördlich der Altstadt; Sie gelangen dann unterhalb der Stadt auf eine groß dimensionierte Fläche, von der ein geschotterter Teil nur für Wohnmobile vorgesehen ist.

(093) WOMO-Stellplatz: Volterra – Stadio

GPS: N 43°23'52" E 10°51'42", Via dei Cappuccini. **Max. WOMOs**: 6-8.
Ausstattung: Mülleimer.
Beschreibung: Diese Asphaltfläche am Rand der Bebauung ist ein Notplatz. Das früher vorhandene Wohnmobil-Hinweisschild wurde entfernt. Das Zentrum ist 500 Meter entfernt.
Zufahrt: Parkplatz am Westhang, Richtung Küste; Wegweiser ‚*Stadio*'.

(094) Einen Notplatz auf Asphalt finden Sie östlich der Altstadt hinter der Esso-Tankstelle (an der Abzweigung der Durchgangsstraße zum offiziellen Platz) unterhalb der Straße; **GPS**: N 43°23'59" E 10°52'05"; 12 € in den blau umrahmten Flächen; von 20–8 Uhr kostenlos.

(095) Oder auf dem Weg zum Campingplatz mit Wohnmobilsymbol bei **GPS**: N 43°24'24" E 10°51'16", SP15; höchstens 12 €, nur mäßig schön.

Im Sommer eindeutig die beste Möglichkeit für einen mehrtägigen Aufenthalt ist der Campingplatz *Le Balze*. Erfreulicherweise hat der Betreiber seine schattigen Wiesen nur mit Stricken parzelliert. Nachdem mir Leser immer wieder von einer wunderbaren Sicht auf die Altstadt geschrieben haben, muss ich nach einer Recherche vor Ort diesen Irrtum korrigieren:

Jener Blick ist Ihnen allenfalls von ganz wenigen Bereichen vergönnt oder an frühen Ostertagen, wenn die Bäume noch kein Laub tragen:

(096) WOMO-Campingplatz: Volterra – *Le Balze*

GPS/Kontakt: N 43°24'44" E 10°51'03", Via di Mandringa, 15. Tel. 0588 87880; www.camping-volterra.com/.
Öffnungszeit: Ende März bis Mitte Oktober.
Ausstattung: Schwimmbad (im Sommer), Brotbestellung, Getränke.
Beschreibung: Das ist ein schöner, schattiger Platz ohne Dauercamper und feste Behausungen. Die untersten Bereiche liegen nahe der Straße. Die wenig gepflegten Sanitäranlagen sind reparaturbedürftig, eine Waschmaschine gibt es nicht.
Das Ortszentrum ist nach 1,2 km gut zu erreichen: Verlassen Sie zu Fuß den Platz nach rechts und folgen Sie stur dem Straßenverlauf bergauf, bis Sie nach 20 Minuten im Zentrum am Dom ankommen; es fährt auch ein Bus.
Preise: 30–42 €.
Zufahrt: Der Platz liegt westlich der Altstadt von Volterra und ist mit *‚Balze'* beschildert, und verwirrenderweise auch mit *‚Area Camper-Sosta'*.

Sie müssen bei einem Besuch Volterras auf jeden Fall an den Rand des Campingplatzes spazieren oder fahren, um die **Balze** zu betrachten (der Parkplatz oberhalb war früher ein offizieller Stellplatz und ist heute den Anwohnern und Fahrzeugen des Campingplatzes vorbehalten – wenn Sie dort am Rand vorübergehend parken, wird das toleriert). Hier wurde

Volterra – Balze – vom Campingplatz aus

zu einem touristischen Spektakel, was den Bürgern Volterras schon viel Kummer bereitet hat: Die Bodenerosion hat über Jahrhunderte in den weichen Tuffstein des Berges tiefe Furchen gezogen und dabei spitze Grate ausgewaschen. Dieser Prozess schreitet schnell voran und hat schon manch einen Bewohner zum Verlassen seines Hauses genötigt. Die nahe liegende Kirche wurde schon zweimal neu und näher bei der Stadt wiederaufgebaut. Achten Sie unbedingt auf Ihre Kinder, auch wenn Sie auf dem Campingplatz nächtigen, denn die steilen Abgründe jenseits der etruskischen (!) Mauer sind trotz Geländer und Absperrung gefährlich.

Spaziergang in die Balze bei Volterra

Sie sollten sich Zeit nehmen, um ein kurzes Stück durch die Balze zu spazieren, was auf der nachfolgend beschriebenen Route auch ohne Wanderausrüstung möglich ist:

Volterra – Balze

Um an den Rand der Balze zu gelangen, gehen Sie am zentralen Platz von Volterra, der **Piazza dei Priori**, die Gassen nach Norden abwärts (erst den *Sdrucciolo di Piazza*, dann die *Via Ricciarelli*) und folgen Sie nun stur abwärts dem Straßenverlauf bzw. der Beschilderung *S. Giusto* (nicht *Balze!*), bis Sie an der großen Kirche S. Giusto vorbeispazieren, um kurz danach links durch ein kleines Mauertor die Stadt über eine Treppe zu verlassen.

Wer am (siehe oben) oder auf dem **Campingplatz** parkt, überquert den großen Platz oberhalb des Campingplatzes und wählt die abwärts führende Straße, auf die nach etwa 100 m von links die erwähnte Treppe stößt.

Sie schlendern nun auf der steilen Straße bergab, halten sich in der ersten Kurve rechts und folgen an der nächsten Abzweigung geradeaus und nach etwa 300 m in einer Linkskurve dem Straßenverlauf, bis Sie genug gesehen haben.

Ihr **Rückweg** ist mit dem Hinweg identisch. Im MM-Wanderführer wird ein beschwerlicher, noch steilerer Heimweg beschrieben, der hauptsächlich dem Wunsch geschuldet sein dürfte, einen Rundweg anzubieten, der hier wirklich nicht nötig ist, da die Blicke heimwärts völlig andere sind als auf der Strecke bergab. Der Spaziergang dauert ab dem Campingplatz höchstens **eine Stunde**.

Unsere weitere Tour führt Sie zunächst nach Südwesten, ins Tal bis Saline di Volterra und dann auf der SS 439, einer landschaftlich beeindruckenden Strecke, südwärts.

Wir waren nicht schon bei unseren ersten Toskanareisen bereit, ein toskanisches Industriegebiet kennen zu lernen und haben immer mit sehr gemischten Gefühlen auf unserer Landkarte nach halb links unten geschaut. Massa Marittima liegt doch ziemlich weit ab von den gängigen toskanischen Wegen. Und es scheint so, als seien die Straßen nirgends so kurvenreich. Der Schein trügt leider nicht, und die Gurkerei wird sich im weiteren Tourverlauf wiederholen. Trotzdem werden wir ganz am Ende dieser Tour feststellen: Sie hat sich gelohnt! Zumal auch die Touristenströme um den Südwesten hinter der Küste einen großen Bogen machen.

Nach schier endloser Kurbelei am Lenkrad sehen wir die sich fast apokalyptisch durch die Landschaft windenden Metallschlangen und die Kühltürme von **Larderello** unter uns. Wenn in manchen Reiseführern steht, die Gegend sei hier *reizvoll*, ist dies die positive Zusammenfassung der Begriffe: ein wenig hässlich, ziemlich interessant und weitgehend einmalig. Hier wird nämlich geothermisch Strom erzeugt. Nicht ganz einzigartig ist die Anlage, weil es südöstlich am Monte Amiata einen ähnlichen Komplex gibt, der noch eine Portion unschöner ist. Beide Einrichtungen werden von den deutschen, namentlich bayerischen Geothermieanlagenbetreibern beneidet, weil hier das heiße Wasser nicht mit komplexen Systemen aus mehreren Hundert Meter Tiefe in ein Kraftwerk gepumpt werden muss, sondern oberflächennah aus Bohrungen in Form von Dampf austritt, der durch Pipelines über die so genannten **Colline Metallifere**, das italienische Erzgebirge, zu den Turbinen des Kraftwerks geleitet wird. Dabei hilft man noch ein wenig nach und pumpt Wasser in die Erde, das dann nach einiger Zeit als Dampf wieder nach oben steigt. Beide Anlagen bringen es zusammen auf zwei Prozent der gesamten italienischen Energie, worauf man auch angewiesen ist, seitdem die Italiener der Kernenergie abgeschworen haben.

Der Name der Arbeiterstadt geht zurück auf einen Franzosen namens Larderell, der hier im Jahre 1818 mit der Verarbeitung der Borsäure begonnen hat, die bis in die Fünfzigerjahre gewonnen wurde und deren unangenehmer Geruch uns sofort in die Nase steigt. Angeblich kann man das Kraftwerk besichtigen wie auch das kleine **Museo della Geotermia** *(Mittagspause von 12–13:30 Uhr, kostenlos)*. Uns reicht es, die Anlagen von außen zu betrachten; einen halben Urlaubstag möchten wir in Larderello dann doch nicht verbringen. Interessanter ist ein rauchender Berghang, wo auf einer kurzen Wanderung oder

Fumarolen

auch schon nach wenigen Schritten die schwefligen Dämpfe vor Ihnen aufsteigen und Sie sich in kleinen, brodelnden Löchern die Hände verbrühen können. Außerdem erfahren Sie die korrekte sprachliche Bezeichnung: Es sind **Fumarolen**, die Ihnen westlich von **Sasso Pisano** dieses Naturschauspiel bieten.

Zu Fumarolen von Sasso Pisano oder Monterotondo

Parken Sie auf dem nacherwähnten Stellplatz in **Sasso Pisano** oder oben an der Dorfzufahrtstraße und gehen Sie durch den Ort (Wegweiser *'Fumarole e Putizze'*). Etwa 300 m westlich des Dorfes zweigt bei einem Gewächshaus bergauf ein perfekt markierter Weg ab.

Sie müssen nun nur noch der penetranten **rot-weißen** (und blau-weißen) Markierung folgen, um alle dampfenden Stellen zu sehen und nach **1,5 Stunden** wieder beim WOMO anzukommen *(bei feuchter Witterung teilweise matschig, der Weg ist nicht zu verfehlen, bei einem Zaun links gehen, Sie stoßen dann wieder auf die Markierung; Kompass-Karte Nr. 2462 oder App).*

Der Autor an einer Fumarole

Eine gute, von uns noch nicht getestete **Alternative** ist die Wanderung ab **Monterotondo Marittimo**, die dort im gut beschilderten *Parco Geotermico delle Biancane* (nördlich der Altstadt – siehe bei Platz Nr. 098) beginnt und als Naturlehrpfad ebenfalls an vielen Fumarolen vorbeiführt. Mehrere Leser sind auf diese Weise nach Sasso Pisano – und zurück – gewandert (40 Minuten für die einfache Strecke).

In Sasso Pisano, das bei uns fast noch als Geheimtipp gelten darf, können Sie auch angenehm übernachten, ebenso im Nachbarort. Beide Plätze sind wegen des Weges durch den

Sasso Pisano

Parco Geotermico und wegen des relativ neuen ***Geomuseo delle Biancane - MUBIA*** (siehe bei Platz Nr. 098) interessant. Der Platz in Sasso Pisano ist hochbeliebt, weil nördlich im Wald das **Lavatoio del Cimitero**, ein ehemaliges Waschhaus, zu einem kostenlosen Thermalbad einlädt (Weg in den Wald vom Parkplatz hinter dem offiziellen Bad, etwa 350 m):

(097) Offizieller WOMO-Stellplatz: Sasso Pisano

GPS: N 43°10'02" E 10°51'59", Piazza Martiri di Bologna. **Max. WOMOs**: 10. **Öffnungszeit**: Ganzjährig.
Ausstattung: Ver- und Entsorgung, Strom, Mülleimer.
Beschreibung: Der geschotterte, schattenlose, leicht abschüssige und klappstuhlgeeignete Platz liegt außerhalb der Bebauung mit schönem Blick auf das Dorf und ist bei Italienern sehr beliebt. Mehrere Leser haben von einer bisweilen zu guten Belegung berichtet. Das Dorf mit Geschäften, Gaststätte und Wanderweg ist zu Fuß erreichbar. Der beschilderte Parco Geotermico liegt südlich.
Zufahrt: Das Dorf finden Sie mithilfe unserer Karte am Anfang der Tour; der Platz liegt beschildert unterhalb des Dorfes und der Durchgangsstraße beim Stadion.

(098) Offizieller WOMO-Stellplatz: Monterotondo Marittimo

GPS: N 43°08'54" E 10°51'39"., Via Guido Rossa. **Max. WOMOs**: 8. **Öffnungszeit**: Ganzjährig.
Ausstattung: Ver- und Entsorgung, Strom, Picknickbänke, Mülleimer.
Beschreibung: Der schattige Platz auf Rasengitter liegt abseits des Dorfes und ist deshalb etwas einsam. Klappstühle sind nicht erforderlich, da Picknickbänke aufgestellt sind. Fernsicht bis nach Elba.
Man kann zu Fuß in das Dorf mit Geschäft und Gaststätte spazieren wie auch in den nördlich des Dorfes gelegenen **Parco Geotermico** mit dem ***Geomuseo delle Biancane - MUBIA***. In einer alten Fabrikhalle wird dort mit Multimediapräsentationen die Geologie der Gegend erläutert, die zu den heißen Fumarolen und der Geothermie führt *(bei Drucklegung nur von Fr. bis So. und an Fei.; im Sommer täglich außer Mo., geöffnet; 10–13 und 15–18; 5 €)*. Im Parco Geotermico ist ein **Rundwanderweg** von 40 Minuten angelegt, auf dem man an Fumarolen vorbeispaziert.
Zufahrt: Der Platz liegt östlich des Ortes.

Kurvig geht es weiter bis nach **Massa Marittima** (8.800 Einwohner), wo man einen Übernachtungsplatz mit Blick auf die Küste sucht. Wir gurken deshalb gehörig herum und

Blick auf Massa M. – von der Nähe des Stellplatzes Nr. 099

sind am Ende mit einem Kompromiss ganz zufrieden. Dabei kommen wir auch an offiziellen Plätzen vorbei, von denen einer indiskutabel ist, während uns der andere weniger gefällt als unsere erste Wahl:

(099) WOMO-Parkplatz: Massa Marittima – Denkmal

GPS: N 43°02'57" E 10°53'27", Viale del Parco.
Max. WOMOs: 10.
Ausstattung: Mülleimer, öffentliche Grillstelle.

Beschreibung: Den geräumigen öffentlichen Parkplatz innerhalb der Bebauung haben wir bislang nur wenig belegt gesehen. An seinem Rand kann man richtig gut stehen, zumal man Klappstühle auf gewachsenen Boden in den Schatten unter Bäume tragen kann.
Die Straße endet am pinienbewachsenen öffentlichen Park, den man nicht befahren darf.

Geht man ein paar Schritte weiter zu einem Denkmal, hat man einen einzigartigen Blick auf die Altstadt und den Dom (unser obiges Foto). Läuft man die Straße in die andere Richtung, gelangt man seitlich einer ehemaligen Diskothek zu einer **in die Altstadt hinabführenden Treppe**; genau das Richtige für die Brötchen am nächsten Morgen.

Zufahrt: Biegen Sie südlich des Ortes von der Umgehungsstraße, der SP 151, mit dem Wegweiser zum Bus-Parkplatz rechts ab, fahren Sie dann durch den Tunnel und danach in einer auffallend weitläufigen Straßeneinmündung links, bis links der Parkplatz auftaucht. Auf anderen Wegen werden Sie möglicherweise durch für WOMOs verbotene Straßen gelotst.

(100) Offizieller WOMO-Stellplatz: Massa Marittima

GPS: N 43°02'43" E 10°53'26", Viale Risorgimento. **Max. WOMOs**: 20.
Öffnungszeit: Ganzjährig.
Ausstattung: Ver- und Entsorgung, Mülleimer.

Beschreibung: Der Asphaltplatz in fußläufiger Entfernung zum Zentrum und innerhalb der Bebauung ist im Prinzip klappstuhlgeeignet, wenngleich wenig schattig. Der Platz hat aber bei Weitem nicht die Anmut des vorherigen. Man trifft meistens auf ein paar nicht sehr einladend abgestellte Wohnmobile. Parken Sie wegen des angrenzenden Busbahnhofes möglichst weit hinten.

Zufahrt: Biegen Sie südlich des Ortes von der Umgehungsstraße, der SP151, bergauf zum Ort hin ab; bald werden Sie von einem Wegweiser mit einem Wohnmobilsymbol erneut nach rechts und vor einem Tunnel nach links zum offiziellen Stellplatz geleitet.

Der indiskutable, **weitere,** ebenfalls **ausgeschilderte Platz** liegt fern des Zentrums bei **GPS**: N 43°02'50" E 10°53'56".

Ein liebenswertes **Ristorante** mit gutem, preiswerten Essen ist ***La Tana dei Brilli*** in einer kleinen Gasse seitlich des Domplatzes *(Viccolo Ciambellano 4, Tel. 0566 901274; Do. geschlossen).*

Massa Marittima – Domplatz

Das Schönste am mittelalterlichen Massa, dessen lateinischer Beiname »Marittima« mit der »Maremma« – »am Meer gelegen« – in Zusammenhang steht, ist zweifellos seine Lage in 400 Meter Höhe. Einmalig sind aber auch der **Domplatz** (Piazza Garibaldi) und der überwiegend romanische **Dom** selbst mit sehenswertem Taufbecken aus einem einzigen Travertin-Stein und kunstvollen Figuren. Es gibt in der Toskana wahrlich viele Varianten für die Gestaltung eines städtischen Platzes, Massa liefert eine weitere, vor allem die einer unproportionierten und gerade deswegen sehr erstaunlichen Treppe. Die Treppenanlage vor dem Dom bildet am ersten Wochenende im August die Bühne für das **Festival *Lirica in Piazza*** – ein Hochgenuss für Opernfreunde. Wenn dann noch eine Sternschnuppe hinterm Dom niedergeht und die Musik den einen oder anderen streunenden Straßenköter zum Mitsingen animiert, werden Sie einen unvergesslichen Abend erleben *(Infos unter www.liricainpiazza.it).*

Massa ist eine alte Bergbaustadt. Erst im Jahr 1994 wurde der Bergbau eingestellt, aber schon die Etrusker haben hier Kupfer und Silber abgebaut. Ihr Erbe wurde vor allem im Mittelalter weiterentwickelt, weshalb aus dieser Periode die Anlage und viele Bauten der heutigen Altstadt stammen. Die Città Nuova, weiter oben, ist kaum jünger und wurde gezielt für die vielen zugewanderten Minenarbeiter rechtwinklig angelegt. Die damalige Einwohnerzahl entsprach in etwa der heutigen, was fast eine Großstadt bedeutet hat. Vom 74 m hohen Turm der **Fortezza** hat man einen lohnenden Blick *(10–13 und 15–18 Uhr; 3 €).*

Heute erinnert nur noch das **Bergbaumuseum** *(Museo della Miniera)* an die Tradition, von der bis in die Siebzigerjahre des 20. Jahrhunderts beinahe der ganze Ort leben konnte. Sie dürfen in einem knapp 700 Meter langen Stollen Gerätschaften aus allen Epochen sowie eine Mineraliensammlung bestaunen *(geführte Rundgänge von 40 Minuten um 11, 12, 15, 16 und im Juli/August auch um 17 Uhr; außer Juli/August Mo. geschlossen; 6 €).*

Nach dem Stadtbummel im teilweise steilen Massa Marittima verlockt der acht Kilometer südlich liegenden **Lago dell'Accesa**. Das Wasser des alten Vulkansees ist ausreichend sauber, weil es aus einer eigenen tiefen Quelle gespeist wird. Es gibt keine sonstigen Zuflüsse. Allerdings finden Sie zwischen viel Schilf

Lago dell'Accesa

nur wenige Zugänge und Liegeplätze. Sie können und dürfen aber vergnüglich schwimmen und etwas entfernt übernachten. Die unbefestigte Zufahrt beginnt im Weiler Pesta und sollte von der Besatzung größerer Reisemobile wegen überhängender Zweige sorgfältig betrachtet werden. Kurzzeitig wurde das bescheidene Gewässer über die Grenzen berühmt. Ein hartherziger Tierfreund habe, so war sogar in der deutschen Zeitung zu lesen, im See seinen Alligator ausgesetzt. Die Presseagenturen wurden aber von jemandem geleimt, der seinem heimischen Tümpel Publicity gönnen wollte. Was ihm, wie Sie sehen, gelungen ist. Ganz nebenbei und kostenlos kann man vor oder nach dem Bad die etruskische Ausgrabungsstätte auf dem kleinen Hügel neben dem Parkplatz besichtigen:

(101) WOMO-Parkplatz: Lago dell'Accesa

GPS: N 42°59'22" E 10°54'02". **Max. WOMOs**: 3-4.
Ausstattung: Bademöglichkeit, Tische und Bänke, Mülleimer.
Beschreibung: Das ist ein im Prinzip einsamer Parkplatz nahe der schönen Badestelle, der durch ein Internetforum große Beleibtheit erfahren hat und dem sommerlichen Ansturm (und den fehlenden Toiletten) nicht mehr gewachsen war. Ich habe gehört, das Gelände sei teilweise eingezäunt worden, aber noch nutzbar.
Zufahrt: Biegen Sie am westlichen Ende von Pesta bei einer kleinen Kapelle nach Südwesten ab und fahren Sie 400 m auf einem unbefestigten Weg bis zu einem (möglicherweise nicht mehr zugänglichen) Picknickplatz.

Vetulonia – Tomba della Pietrera

Von unserer Kurve nach Osten lohnt sich ein Abstecher nach **Vetulonia** (400 Einwohner), einer der zwölf bedeutendsten Etruskerstädte, die durch Eisenerz reich geworden war. Außer einem kleinen Museum sind ein beschildertes ortsnahes Ausgrabungsfeld zu sehen und vor allem mehrere Gräber, zu denen man allerdings fahren oder wandern muss. Von einst etwa 1000 Gräbern dürfen nördlich des Ortes (Richtung Grosseto und beschildert abbiegen) weit voneinander liegende Grabstätten aus dem 7. Jahrhundert v. Chr. besichtigt werden. Nach einem Stück Staubstraße können Sie bei dem großen Kuppelgrab, der **Tomba della Pietrera** *(14:30–18:30 Uhr, Mo. und Do. geschlossen, kostenlos)* parken – N 42°52'18" E 10°59'18".

Bei Montepescali, einem auf dem Berg adlerhorstartig thronenden Dorf mit zwei schönen Lokalen, biegen wir nordwärts ab, die weiter südwärts gelegene Großstadt Grosseto werden Sie auf der 14. Tour kennenlernen. Einstweilen wollen wir uns lieber völlig abseits der touristisch ausgetretenen Pfade kleineren Ortschaften zuwenden. Zunächst dem klitzekleinen Nest **Sticciano Alto**, vier Kilometer oberhalb der Durchgangsstraße und ebenfalls auf der Spitze eines Hügels. Die malerischen Gassen des Dorfes werden Sie bereits nach wenigen Schritten erkundet haben. In der einfachen, preiswerten Spaghetteria und **Pizzeria *Frantoio*** werden Sie sich schon deutlich länger aufhalten *(in den Sommermonaten täglich ab 19 Uhr geöffnet, sonst von Donnerstag bis Sonntag, früh kommen und vor Ort reservieren, Tel. 0564 577091).* Am längsten werden Sie nach dem Essen verweilen, eine ganze Nacht nämlich, weil der absolut ruhige Stellplatz in der Nähe dieses netten Lokals goldrichtig liegt, und weil das Kapital des kleinen Wirtshauses seine Terrasse in Traumlage ist, mit Blick über die Maremma bis zum Meer, den Sie nur mit ein paar in der Gegend ansässigen Zweithausbesitzern und dem einen oder anderen Leser dieses Buches teilen. Denn in den meisten anderen Reiseführern kommen weder das Dorf noch die Fernblickterrasse vor:

(102) WOMO-Parkplatz: Sticciano

GPS: N 42°55'23" E 11°08'39". **Max. WOMOs**: 5.
Ausstattung: Mülleimer.
Beschreibung: Das ist der schön gelegene öffentliche Parkplatz am Rand des kleinen Dorfes mit Gaststätte. Wasser finden Sie an der Zufahrt von der SS 73.
Zufahrt: Biegen Sie in Sticciano Scalo von der SS 73 ab und fahren Sie hoch nach Sticciano (Wegweiser).

Hinter Sticciano Scalo fahren Sie durch eine der schönsten Pinienalleen der Toskana auf **Roccastrada** zu, eine lebhafte Kleinstadt (3.000 Einwohner), von deren obersten Terrassen ebenfalls das Meer, die Insel Elba und bei sehr klarer Luft sogar Korsika zu sehen sind. Auch in jener auf einen hohen Bergrü-

Roccastrada

cken geklebten Siedlung begegnen Ihnen nur selten Ausländer, wenn auch die Zahl der deutschen Ferienhausbesitzer etwas zugenommen hat.

Von einer gewissen Lernfähigkeit zeugt das Emailschild an der Kirchentür. Es verbietet die Anbringung von *Avvisi e Manifesti.* Ein ähnliches Verbot im Jahre 1517, in lateinischer oder deutscher Sprache und in Wittenberg, hätte der katholischen Kirche viel Ärger erspart.

Einen Wasserhahn finden Sie in der unteren Ecke des großen Platzes (der mit dem Brunnen) und einen weiteren an der Friedhofsmauer. Böse Zungen lästern über das Kriegerdenkmal auf jenem Platz. Gutgesonnene Menschen hingegen verraten Ihnen, dass Sie vor dem Friedhof, nördlich von Roccastrada, in besonders schöner Lage mit Blick auf die Altstadt übernachten dürfen. Auf einem der unspektakulären und doch landschaftlich schöneren Plätze dieses Buches, der nicht ganz so einsam ist, wie er wirkt, da die nächsten Häuser nur 150 m entfernt sind:

(103) WOMO-Parkplatz: Roccastrada –Friedhof

GPS: N 43°00'56" E 11°10'29, Via del cimitero.
Max. WOMOs: 5.
Ausstattung: Wasser, Mülleimer.
Beschreibung: Der einsame Friedhofsparkplatz auf geschottertem Untergrund ist klappstuhlgeeignet und schön gelegen. Allerdings ist die Sicht etwas zugewachsen. Zeitweise stand auch ein Gitter im Weg.
Dieser Platz wird erstaunlich häufig von Lesern besucht; 15 Minuten zu Fuß in den Ort (gehen Sie bei den ersten Häusern kurz nach dem Stellplatz links durch die Senke).
Zufahrt: Die Zufahrt zweigt nördlich von Roccastrada beim letzten Haus leicht bergab von der SS 73/SP 157 ab und ist mit *,Cimitero'* beschildert.

Im Ort gibt es **Alternativen** für 1 oder 2 Fahrzeuge: entweder an der Durchgangsstraße hinter dem Rathaus (mittwochs ist dort Markt) oder wenn man gegenüber dem Rathaus bergab fährt und dann rechts in die Nähe des Kinos. **Siehe auch beim folgenden Tipp für den** Öleinkauf!

In der Nacht treten wir vorsichtig in den *cimitero* ein und machen Bekanntschaft mit der gespenstigen Stimmung eines italienischen Gottesackers, wo auf fast jedem Grab ein elektrisches Lichtlein flackert. In der Ferne kläffen schaurig ein paar Hunde – und wir beneiden ausnahmsweise einmal die Mitglieder der Toskana-Fraktion, die zur gleichen Zeit auf den Korbstühlen ihrer Terrasse über die anstehende Dachreparatur sinnieren.

Beim Friedhof (genau genommen schon im Ort) beginnt ein abwechslungsreicher, rot-weiß markierter **Wanderweg**, der Sie zu dem Gehöft von Pescine führt (dort bekommt man etwas zu trinken und ein einfaches Mittagsmahl; Kompass-Karte Nr. 2462 oder auf Sicht).

Vermutlich halten Sie schon seit Tagen in Ihrem Bettkasten Platz frei für das ultimative **toskanische Olivenöl**. Schon weil Sie sich den ultimativen toskanischen Wein nicht mehr leisten können. Nehmen Sie im ***Punto Natura*** (Näheres siehe beim folgenden Stellplatztipp) den 5 Liter-Kanister! Wir packen sogar mindestens zwei ein, denn das biologisch angebaute Öl von *Adriano*, er heißt eigentlich *Adriaan*, ist Holländer und sieht auch so aus, ist unübertrefflich und so fruchtig, dass wir uns auch in den Jahren, in denen wir in anderen Olivenanbaugebieten für neue Auflagen recherchieren, über Freunde bei *Adriaan* eindecken. Wir haben nämlich anderswo kein ähnlich aromatisches Öl gefunden (weder in Ligurien, noch in der Provence, obwohl wir Ihnen in den entsprechenden Büchern durchaus gute Öle empfehlen). Ungewöhnlich viele Leserbriefe loben diesen Tipp – und es werden immer mehr. *Adriaan* lässt die WOMOs aus aller Welt bis zu seinem Verkaufsraum vorfahren und wird hoffentlich nie seine Schätze kontingentieren müssen, wenn noch weitere Autoren und Internetforen der Toskana einen letzten Insidertipp abringen, das heißt, ihn bei uns abschreiben konnten. Sie finden auf dem Gelände eine Toilette, eine warme Dusche, ein kleines Schwimmbecken und in prachtvoller Landschaft auch mehrere »Kampierplätze«:

(104) Offizieller WOMO-Stellplatz: Roccastrada *Punto Natura*

GPS/Kontakt: N 42°59'25" E 11°08'31", Tel. 0564 563072 oder: 340 9264 793; https://puntonatura.com/index.html. **Max. WOMOs**: 3-4.
Öffnungszeit: Ganzjährig. **Ausstattung**: Wasser, Toilette, warme Dusche, kleiner Pool, Mülleimer, Grillplatz, Olivenölverkauf.
Beschreibung: Das Gelände eines überaus freundlichen holländischen Olivenölproduzenten sieht aus wie ein niedlicher Campingplatz mit begrenzter Kapazität und weiter Sicht. Das ist einer der Plätze mit den meisten positiven Leserzuschriften zu vorliegendem Buch. Eine Gaststätte finden Sie nach etwa 1 km Richtung Roccastrada. Adriaan erklärt Ihnen alles vor Ort. Wenn Sie sicher gehen wollen, sollten Sie anrufen; Adriaan spricht gut Deutsch. **Preis**: 18 €.
Zufahrt: Der privat betriebene Hof liegt ca. 4,5 km südwestlich von Roccastrada, Richtung Ribolla, an der SP 21 – von Roccastrada aus rechts – und ist wegen einer Beflaggung nicht zu übersehen.

Sehenswert ist auch **Roccatederighi**, ein Dorf, das nordwestlich von Roccastrada ausgesprochen pittoresk und überragt von einer alten Festung auf einer Bergkuppe liegt. Fahren Sie aber möglichst nicht auf den ausgeschilderten Parkplatz, den Sie nur über eine steile Abfahrt erreichen. Den Rückweg von diesem Parkplatz schaffen nicht alle WOMOs (und müssen dann umständlich unten herumfahren – an der ersten Gabelung links über die kurze Brücke).

Nördlich von Roccastrada und etwa drei bis vier Kilometer nördlich des Dorfes **Torniella** überquert die SP 157 die **Farma**, einen kristallklaren Bach, in dem man an dieser Stelle wunderbar baden kann.

Baden in der Farma

Geht man an der vorgenannten Stelle, dem Fahrweg seitlich des Flüsschens **Farma**, noch 10 Minuten weiter flussabwärts, also nach Osten, kommt man an eine **mittelalterliche Wehranlage**, wo das Wasser zum romantischen **Bad** aufgestaut ist.

Wer hier auf den Geschmack gekommen ist, kann nochmals 50 Minuten weiterwandern. Man muss zunächst etwa 5 Minuten zurückgehen, bis man den Fahrweg wieder erreicht hat. Diesen nimmt man nun in der ursprünglichen Richtung, also weiter flussabwärts, und stößt auf eine **rot-weiße Markierung** (nicht zu verwechseln mit der rot-weißen Markierung an der oben genannten Wehranlage, die nach Torniella führt - sonst schreiben Sie mir empörte Briefe!). Nach einer Wanderung von etwa 25 Minuten auf teilweise von Autos befahrenem Schotterweg knickt der rot-weiße Weg nach rechts in einen Waldpfad ein (die etwas überwucherte Abzweigung ist schwer zu finden), dem man 15 Minuten folgen muss. Die letzten 5 Minuten geht es auf unmarkiertem Weg runter zum Fluss, wo Sie dann bei einem kleinen **Wasserfall** (von den Einheimischen *‚Canaloni'* genannt) zwischen gewaltigen Felsbrocken ein unvergessliches Badevergnügen genießen werden (Kompass-Karte Nr. 2462 und App).

In die Fluten der Farma werden wir uns übrigens am Ende unserer Tour, in Bagni di Petriolo, nochmals stürzen. Zuvor steht aber

San Galgano

noch eine zauberhafte und einzigartige Sehenswürdigkeit auf dem Programm. Oder haben Sie schon einmal eine gewaltige gotische Kirchenruine im freien Feld gesehen? Dach und Fenster fehlen, statt der Kirchendecke segeln weiße Wölkchen. Die hohen Wände des Kirchenschiffs zeigen uns aber, dass hier einst ein religiöses Zentrum Mittelitaliens bestanden haben muss. Es waren Zisterziensermönche, die erst das **Kloster San Galgano** gegründet und danach am Anfang des 13. Jahrhunderts mit dem Kirchenbau begonnen haben. Schon

hundert Jahre später begann wegen einer Pestepidemie der Niedergang, und im 16. Jahrhundert musste das Bleidach verkauft werden. Was bis heute übrig geblieben ist, könnte man als Architektur in Reinform bezeichnen. Hätte nämlich das Kirchenschiff noch ein Dach, wäre der Reiz wahrscheinlich geringer, der etwas darunter leidet, dass der Boden gekiest werden musste. Die Ruine gehört trotzdem zu unseren persönlichen **Top Ten**.

Vergessen Sie nicht die Keimzelle des Klosters, eine kleine, runde und sehr alte ehemalige Einsiedelei auf einem nahen Hügel! Der sogenannte **Eremo di Montesiepi** ist die Grabeskirche des Heiligen Galgan Guidotti und mit Fresken von Lorenzetti (siehe bei Siena) ausgemalt. Mittelpunkt der Kapelle aus dem 12. Jahrhundert sind der Stein und das in ihm steckende Schwert des Eremiten. Der entsagte nämlich nach einem ausschweifenden Leben der Kampfeslust und rammte seine Waffe in einen Fels, wo sie sich geschwind zu einem Kreuz verwandelte.

An Sonn- und Feiertagen herrscht rund um die Klosteranlage reger Ausflugsverkehr. San Galgano braucht zur Wirkung aber ein wenig Stille, die hier sonntags nur früh morgens zu finden ist.

Eine Zeit lang wohnten junge Olivetaner-Mönche im Bau auf der rechten Seite der Ruine. Dort stehen heute Lifestyle-Ledersofas der Touristen-Info. So wurden nicht nur die Mönche vertrieben, sondern auch die WOMOs, wenngleich der Stellplatz auf dem Großparkplatz landschaftlich immer noch schöner liegt als die meisten anderen Übernachtungsplätze:

(105) Offizieller WOMO-Stellplatz: San Galgano

GPS: N 43°09'10" E 11°09'05".
Max. WOMOs: 15.
Öffnungszeit: Ganzjährig.
Ausstattung: Toilette (tagsüber bei der Kirche), Mülleimer.
Beschreibung: Der baumlose Großparkplatz liegt einsam in der Landschaft. Hier wurde einmal viel Geld für eine Entsorgungsstation und Stromsäulen ausgegeben, die dann aber nicht mehr unterhalten worden sind und demnach auch nicht mehr funktionieren. Das ist übrigens eine Verschwendung, die uns in Italien häufig auffällt: Es ist Geld für Investitionen vorhanden, aber nicht mehr für die Unterhaltung, wodurch Investitionen schon nach kurzer Zeit wieder sinnlos werden. Wer gerne einsam steht, kann hier gut übernachten und mit allen seinen Freunden auf Klappstühlen und an langen Tafeln den Tag begießen.

Zufahrt: Biegen Sie von SP 73^{Bis} auf die SP 441 ab, die Sie beim Wegweiser nach *San Galgano* wieder verlassen, um dann nach links auf den Parkplatz einzubiegen.

Dreamwoods

Wenn Sie ein Stück unbekannte Toskana erleben möchten, fahren Sie zurück zur SP 73[Bis] und achten später an der SP 541 auf den Wegweiser zu den ***Dreamwoods***. Nach fünf Kilometern gut befahrbarer Staubstraße und genau bei N 43°15'19" E 11°07'39" präsentiert Ihnen Manfred Flucke in seinem ***Traumwald*** ungewöhnliche Kunst: Mit der Hilfe eines Plans und nicht zu leichten Schuhen spazieren Sie durch toskanisches Unterholz zu über 100 einmaligen Kunstwerken, die *Deva Manfredo*, das ist der Künstlername, aus gesammelten Steinen, Ästen, Glas- oder Alabasterabfällen aufgebaut hat und die viel sehenswerter sind, als wir zuvor vermutet haben (auch wenn die dazu angebrachten buddhistischen Weisheiten nicht jeder Lebensanschauung entsprechen). Man muss sich allerdings darauf einlassen, den Weg auf verwirrenden Pfaden zu bizarren Installationen zu erkunden. Gerade die Suche nach den Zielen passt perfekt zu dieser Kunst. Achten Sie auf die Öffnungszeiten: Ende März bis Mitte November dienstags und freitags ab 13 Uhr sowie samstags und sonntags ab 10 Uhr bis Sonnenuntergang *(www.devamanfredo-stoneart.com/; 7 €; Tel. 0333 4330183)*. *Manfredo* zeigt Ihnen auch gerne, wo Sie neben seinem Traumgelände auf einer verschwiegenen Wiese übernachten können, was Liebhaber von einsamen Naturplätzen mit Freude annehmen werden [**106: Koordinaten siehe oben** bei der Zufahrtsbeschreibung; der nahe größere Parkplatz gehört zu einem Meditationszentrum, in dem Herr Flucke früher tätig war, und steht vermutlich nicht zur Verfügung; keine Infrastruktur].

Wer einen richtigen Stellplatz bevorzugt, fährt auf der Schotterstraße noch etwa weitere acht Kilometer nach Westen, um wieder auf Asphalt zu treffen (fahren Sie ab den *Dreamwoods* gleich an der ersten Gabelung rechts, später links und wieder rechts; diese Straße war zeitweise in schlechtem Zustand, weshalb Sie nur in dieser Richtung den Traumwald anfahren sollten; Sie können dann Herrn Flucke nach dem Pistenzustand fragen). Jedenfalls dürfen Sie sich am Fuß von **Radicondoli** (930 Einwohner) davon überzeugen, dass man in der tiefsten toskanischen Provinz versucht, Fremde mit einem offiziellen Stellplatz in einen liebenswerten und verschlafenen Ort zu locken:

(107) Offizieller WOMO-Stellplatz: Radicondoli

GPS: N 43°15'32" E 11°02'36". **Max. WOMOs**: 20.
Öffnungszeit: Ganzjährig.
Ausstattung: Ver- und Entsorgung, Strom – alles kostenlos, Mülleimer.
Beschreibung: Der nur wenig schattige, grasige und klappstuhlgeeignete Naturplatz liegt etwas einsam, aber in sehr schöner Lage unterhalb des malerischen Dorfes.
Zufahrt: Der Platz liegt unterhalb von Radicondoli und ist beschildert.

Falls Sie wirklich unserem Tourverlauf folgen, sollten Sie nun oben herum auf die SP 541 und die SP 73Bis zurückfahren und den weiteren Weg nach Osten über **Monticiano** (1570 Einwohner) wählen, einer sehenswerten Kleinstadt mit vielen Natursteinhäusern und Stadtmauerresten. Die hier beginnende schmale und kurvige Verbindungsstraße zur SS 223 ist auf unserer Landkarte aus gutem Grund mit einem grünen Farbrand als ‚landschaftlich schöne Strecke' ausgewiesen.

Auf der SS 223 eilen wir noch vier Kilometer nach Süden und biegen dann auf einer kleinen Straße ins Tal (!) ab (siehe die Tourenkarte vor der 8. Tour). In Bagni di Petriolo (nicht zu verwechseln mit dem Hotelkomplex nahe der SS 223) drängt sich mal wieder eine philosophische Betrachtung der Wohnmobilreise auf. Besonders der Theorie, dass fast alles schlechter werde, dass die Wiederkehr an schon einmal besuchte Orte häufig die Erwartungen nicht erfülle, weil sich das Umfeld zu seinem Nachteil verändert habe; weshalb die Ferienwohnung – sofern der Nachbar nicht aufgestockt hat – auf Dauer erfreulichere Urlaube biete. Wer Reiseführer schreibt, wird dem nicht widersprechen und sich – häufiger als der Leser denkt – ein Ferienhaus wünschen, in dem sich nach fünf Jahren noch nichts nachteilig verändert hat. Wie oft musste ich in meinen Büchern schon zurückrudern, und wie viel Herzblut ist dabei geflossen? Ich habe manches durch Neuentdeckungen nicht ausgleichen können – trotz aller wohlgesetzten Worte – und musste mir neue Ziele suchen und neue Bücher schreiben.

Daran sind meistens nicht unsere Leser schuld. Sie waren es auch nicht in **Bagni di Petriolo** (N 43°04'48" E 11°17'59"). Schon lange berichtete man mir von einer Spezies Wohnmobilreisender, die mit Hunden, schrottigen Fahrzeugen, offenbar ganzjährig unterwegs, gerade hier häufig anzutreffen waren. Die tagelang blieben und sicher niemals dem (damals) benachbarten Wirt ein Scherflein überließen. Die Kette vor dem großen Parkplatz war eine Konsequenz, die fast jeder von uns wie eine Reißleine gezogen hätte. Sie müssen an der Straße parken (was schon schwer genug ist, meistens muss man ein Stück gehen), bevor Sie sich unter den dicken Strahl setzen, der rund um die Uhr heißes Schwefelwasser in einige natürliche Becken füllt. Ein wenig ist die Badestelle Geheimtipp geblieben. Je kälter die Außentemperaturen sind, umso größer wird das Vergnügen! Zum Abkühlen kann man direkt neben den Schwefelbecken in den Bach Farma steigen, der in einem tiefen Tal unter einem Viadukt auf natürliche Weise etwas gestaut ist und lange Schwimmbewegungen ermöglicht. Die Badegumpen verändern sich allerdings durch Hochwasser von Jahr zu Jahr und waren zuletzt wieder kleiner und unbequemer. Auf jeden Fall müssen Sie nach dem Bad weiterfahren. Sie können auch die benachbarte Badeanstalt beehren (nicht die oben an der SS 223) und dürfen dazu sogar (nicht nachts) den Parkplatz benutzen *(Mo. bis Fr. 9–19 Uhr; 13 €; Sa. und So. 16 €).*

Wir fahren weiter nach Süden (siehe Karte vor der 8. Tour) und nähern uns von unten dem Weinort Montalcino.

Bagni di Petriolo

TOUR 8

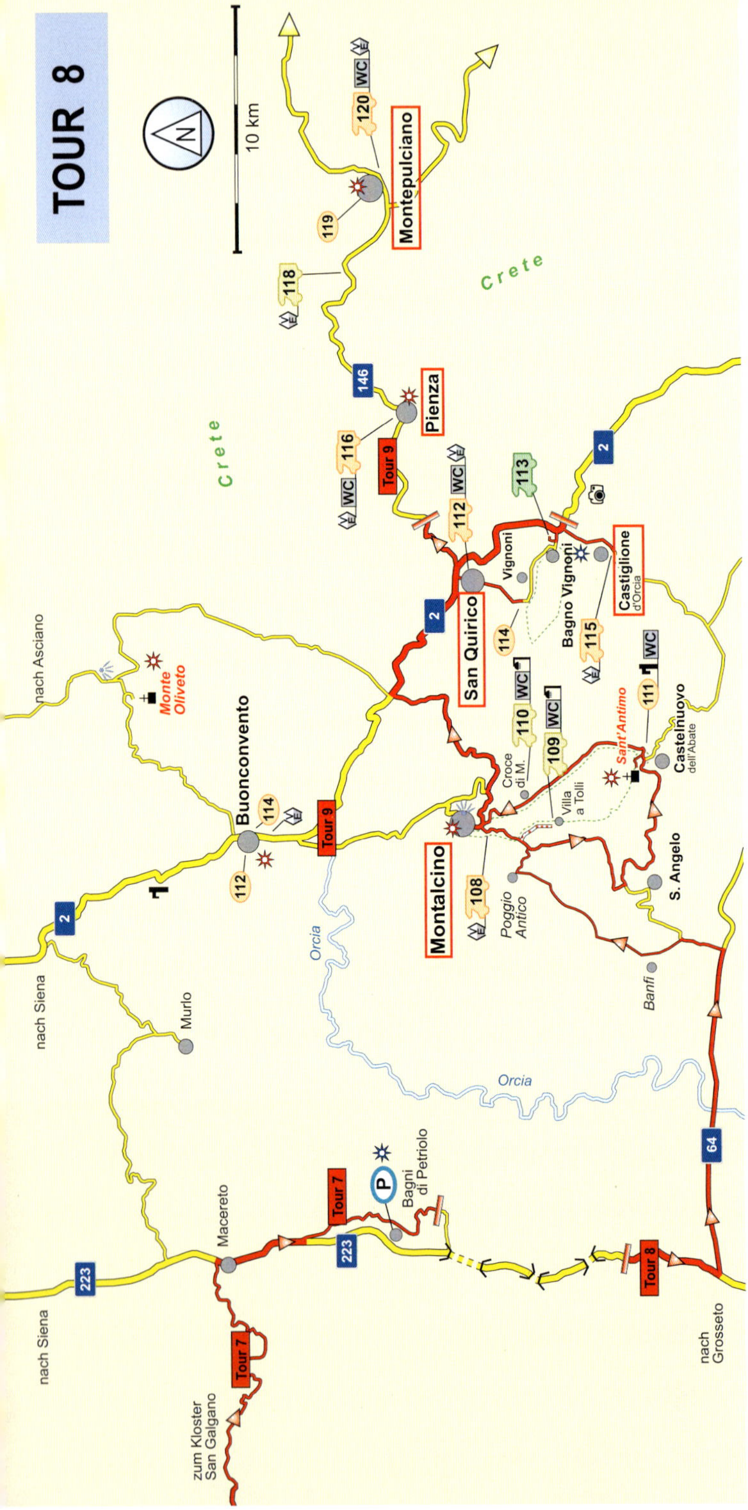

10 km
N
Montepulciano
119
120
118
Crete
146
Pienza
116
Tour 9
Crete
112
113
2
San Quirico
Vignoni
Bagno Vignoni
Castiglione d'Orcia
114
115
110
109
111
Sant'Antimo
Castelnuovo dell'Abate
Monte Oliveto
nach Asciano
Buonconvento
114
112
Tour 9
Montalcino
108
Croce di M.
Villa a Tolli
S. Angelo
Poggio Antico
Banfi
Orcia
Orcia
nach Siena
Murlo
64
Tour 7
P
Bagni di Petriolo
Macereto
223
223
Tour 8
nach Siena
nach Grosseto
Tour 7
zum Kloster San Galgano

Tour 8: Weinland 130 km

Montalcino – Sant'Antimo – San Quirico d'Orcia Bagno Vignoni

Stellplätze:	in und bei Montalcino, beim Kloster Sant'Antimo, bei Villa a Tolli, in San Quirico d'Orcia, bei Bagno Vignoni, bei Vignoni, in Castiglione d'Orcia
Besichtigen:	Montalcino, Kloster Sant'Antimo, Bagno Vignoni
Wandern:	von Montalcino zum Kloster Sant'Antimo, von Bagno Vignoni zum Castello Ripa d'Orcia und nach Vignoni
Essen:	*Osteria di Porta al Cassero* in Montalcino, *Osteria Bassomondo* in Castelnuovo dell'Abate, *Taverna di Ciacco* in San Quirico d'Orcia, *Osteria del Leone* in Bagno Vignoni

Bei unseren ersten Toskanareisen trugen wir, wenn unser Wohnmobil den damals noch spärlich bebauten Osthang des Hügels von **Montalcino** (5.900 Einwohner, 2.500 im historischen Kern) erklomm, zwei Sorgen in unserem Herzen. Von der ersten wurden wir erlöst, sobald wir bei der Fortezza um die Ecke gefahren waren und in Toplage noch ein freies Stellplätzchen ergattern konnten. Das zweite Problem war größer, denn der *Brunello*-Preis stieg auch schon in den Achtzigerjahren von 15.000 auf über 25.000 Lire – die Flasche (das sind 7,50 bzw. 12,50 Euro!). Als ich zuletzt im Sommer 2022 im Laden (und nicht beim Erzeuger) eine Flasche kaufen wollte, sollte ich dafür über 40 Euro bezahlen. Ich tat es nicht.

An der Festung, auf 567 Meter Höhe, darf man schon lange nicht mehr übernachten. Ein Tagparkverbot für WOMOs könnte wie in vielen ähnlichen Orten mit ausuferndem Tagestourismus

Montalcino – Blick von der Festung

die Lösung sein. Stattdessen dürfen Reisemobile gar nicht mehr hierherfahren oder während des Sommers anderswo im Ortszentrum parken. Sie werden von Wegweisern auf einen Stellplatz oberhalb des Städtchens geleitet:

(108) Offizieller WOMO-Stellplatz: Montalcino

GPS: N 43°02'57" E 11°29'15", Via Osticcio. **Max. WOMOs**: 15. **Öffnungszeit**: Ganzjährig. **Ausstattung**: Ver- und Entsorgung, Mülleimer. **Beschreibung**: Der geringfügig schattige, gepflasterte Parkplatz liegt in einem Wohngebiet 1 km oberhalb des Zentrums (zu Fuß in den Ort 20 Minuten). Theoretisch kann man hier die Klappstühle auspacken und am Rand von Gärten sitzen. Diese Frage stellt sich allenfalls im Hochsommer, zumal die Parkbuchten schmal und kurz sind. Wir hatten aber nie das Gefühl, sie könnten nicht ausreichen.
Zufahrt: Sie werden in Montalcino ab der Festung gut beschildert bis hinauf in ein Wohngebiet geleitet. **Preis**: 1,60 €/Std., höchstens 5 €/24 Std.
Hinweis: Fahrzeuge mit langem Hecküberhang Vorsicht beim Verlassen des Platzes!

Verwöhnt von den ehemaligen ortsnahen Stellplatzbedingungen haben wir uns vor der ersten Nacht auf dem neueren, etwas abgelegenen Gelände geweigert, in den Ort zu *gehen* (von *bummeln* kann bei der Steigung auf dem Heimweg ohnehin keine Rede sein). Aber wir haben dazu gelernt und wurden abgehärtet, weil an vielen Orten die Stellplätze an die Peripherie verlagert worden sind. Sie können sich also ohne weiteres von hier zum Shopping in die langgezogene Hauptstraße von Montalcino aufmachen und zum Beispiel dort ein Ledertäschchen erwerben, wo die Einwohner früher Nudeln und Spülmittel kaufen konnten; oder Wein verkosten, wo es früher Haushaltswaren, Eisenwaren, Wurstwaren, Kurzwaren oder Tabakwaren gab. Es gibt in Montalcino fast keine Waren mehr, nur noch Wein.

Montalcino – Rathaus

Sie lassen sich nicht abschrecken, Sie kaufen nur noch *Rosso di Montalcino*, und in Heidelberg, wenden Sie ein, wird auch nur noch Nippes verkauft, wo einst Haushalts- und Spielwaren über die Theke gingen. Wein sei Ihnen lieber als Kurz- oder Wurstwaren. Außerdem sei Montalcino der Abend, wenn die Touristen wieder weg sind, fast so wie früher. Ein Glas *Brunello* in der Fortezza und anschließend ein *Espresso*, womöglich ein weiteres Gläschen *Brunello,* in dem wohl schönsten Café der Toskana, der ***Fiaschetteria, Cantina di Brunello***, wo es so aussieht wie in einem Großstadtcafé zurzeit der Eröffnung im Jahr 1880, gehörten noch immer zu den schönen Erlebnissen Ihres Urlaubes. Und zurück auf den Stellplatz käme endlich Ihr Pedelec mit dem besonders kräftigen Motor zu Ehren.

Montalcino – Cantina di Brunello

Es mehren sich aber die Menschen, die nur noch die Weingüter abklappern. Es muss ja nicht *Brunello* sein. Außerdem ist zu Hause der Wein noch teurer, und vergleichbare französische Rotweine kosten zweimal so viel. Es lohnt sich, direkt zum Erzeuger zu fahren. Wir tun es trotzdem nicht mehr, seitdem die Preise derart gestiegen sind. Ich gebe auch meine früheren Empfehlungen einzelner Weingüter auf, nachdem ich wegen dieser, vielen Wohnmobilreisenden zu teuren Weinen in Leserbriefen immer wieder gerügt worden bin.

Wenn Sie in Montalcino in einem *Ristorante* Wein bestellen, werden Sie sich über den Preis wundern, der kaum höher ist als beim Erzeuger. Sofern Sie in der untouristischen ***Osteria di Porta al Cassero*** sitzen, sind die leckeren regionalen Speisen so günstig, dass Sie sich dazu ruhig einen *Brunello* gönnen

dürfen *(Via della Liberta 9 – gehen Sie auf der Höhe der Festung nicht bergab, sondern geradeaus nach Norden in den Ort; Tel. 0577 847196; Mi. geschlossen).*

Zum Pflichtprogramm in Montalcino gehört ein Besuch der schon erwähnten **Festung**, von deren Türme die Sicht vor allem an klaren Tagen weit in die Crete (Tour 9) reicht und ich mir einbilden kann, sogar Montepulciano zu erahnen. Zum Besteigen der Mauer löst man in einer Enoteca, einer Weinverkaufs- und Probierstube, innerhalb der Burg Eintrittskarten *(9–20 Uhr, im Winter kürzer).* Nur montags ist die ganze Fortezza geschlossen. In der Burg, die im 14. Jahrhundert als Zufluchtsstätte der Bevölkerung (der Adel durfte in einen Turm, das gemeine Fußvolk blieb im Hof) konstruiert worden ist, fand übrigens die Regierung von Siena Schutz, als die Stadt im Jahr 1555 von den Florentinern eingenommen wurde.

Gerade in der warmen Zeit wünscht man sich in der schönen Umgebung von Montalcino eine Nacht in der Natur. Wir sind daher zwei Weingüter mit Stellplätzen angefahren, von denen aus Sie nicht Montalcino besichtigen können:

(109) Offizieller WOMO-Stellplatz: Montalcino/Villa a Tolli
Agriturismo Il Cocco

GPS/Kontakt: N 43°01'25" E 11°29'54", Loc. Villa a Tolli, Tel. 347 0809712; https://ilcocco.it/it/il-cocco.
Max. WOMOs: 11. **Öffnungszeit**: Ganzjährig außer Februar.
Ausstattung: Wasser, Strom, Dusche, Toilette, keine Entsorgung! Ristorante (So. geschl.), Weinverkauf.
Beschreibung: Das schattige, etwas waldige private Gelände auf Naturboden erlaubt jegliches Sitzen außerhalb des Fahrzeuges in schöner Umgebung. Ein Ort für mehrere Tage, wenn man in Montalcino entsorgt. Dorthin sind es aber 5 km, Sie verweilen fern jeder Ortschaft.

Den biologischen Wein haben wir ebenso wenig wie den Platz selbst getestet. Am Tor der Zufahrt sucht man nämlich vergeblich irgendeinen Hinweis auf einen Stellplatz, man sieht auch keine WOMOs. Wir haben uns daher nicht getraut, auf das Privatgrundstück zu fahren, da wir angenommen haben, das löbliche Vorhaben sei gescheitert. Im Internet liest man aber aktuell nur von guten Erfahrungen. Sie können hier loswandern (siehe nachfolgende Wanderung). **Preis**: 20 €, Dusche kostet extra.

Zufahrt: Das Weingut ist an der SP 14 südlich von Montalcino (das ist die westliche, nach Süden führende Straße) beschildert; ab dort 2,1 Kilometer unbefestigter Weg. Der Stellplatz liegt etwa 100 m nach dem Haupthaus am Rand eines Wäldchens.

(110) Auch das **Weingut Croce di Mezzo** liegt fern jeder Ortschaft (nach Montalcino sind es 3,3 km) an der Straße zum Kloster Sant'Antimo, und der kostenlose Stellplatz grenzt fast an die nachts kaum befahrene SP 55; Toilette, Dusche und Pool gegen Gebühr; uns war das zu abgelegen.
GPS/Kontakt: N 43°02'20" E 11°30'11", Loc. La Croce, Tel. 0577 847133; www.lacrociona.it/home-ted.html.

Auf einen kleinen Fußweg müssen Sie auch bei der zehn Kilometer von Montalcino entfernten **Abbazia di Sant'Antimo** gefasst sein, weil Sie mit dem WOMO nicht unmittelbar an die Pforte fahren dürfen. Die Klosterkirche der Zisterzienser aus dem 12. Jahrhundert gehört trotzdem zu den Glanzpunkten der südlichen Toskana. Sehenswert sind die Lage und der schlichte Innenraum, der wegen seiner Höhe von 20 Metern weniger gedrungen und viel heller wirkt, als man es von einer romanischen Kirche erwartet. Auf den Emporen sieht man noch die Reste der dort im 15. Jahrhundert eingebauten Bischofswohnung. Zur Steigerung der Stimmung singt der Kustode ab und an ein Lied. 1979 haben ein paar Mönche die angrenzenden Häuser restauriert und sie wieder ihrem ursprünglichen klösterlichen Zweck zugeführt, nach mehr als 500 Jahren der Zweckentfremdung und des Leerstandes.

Abbazia di Sant'Antimo

Zwar steht das Gotteshaus von 6 bis 21 Uhr den Gläubigen offen, die Zeiten der **Besichtigung** jedoch sind wegen der Gottesdienste eingeschränkt und müssen schon wegen des kleinen Fußweges beachtet werden: 10 bis 18 Uhr, im Winter kürzer; die Zeiten haben sich häufig geändert, weshalb ich einen Blick auf die Internetseite empfehle: www.antimo.it/visita/. Die berühmten gregorianischen Gesänge sind allenfalls noch um 18 Uhr zu hören. Das Schönste an Sant'Antimo ist die Verbindung von Baukunst, Umgebung und etwas Unbeschreiblichem, das diesen Ort von allen anderen unterscheidet, in denen auch schöne Bauten in anmutiger Landschaft stehen. Sind es die knorrigen Olivenbäume, oder ist es die einsame, schlanke Zypresse vor dem kräftigen Turm? Vielleicht sind es die

Bei der Abbazia di Sant'Antimo

aufgereihten Bäume am gegenüberliegenden Hang vor dem Gipfel des Monte Amiata? Wahrscheinlich kommt der Reiz aber von alledem zusammen.

Nicht schlecht ist auch der Blick auf das Kloster aus etwas größerer Entfernung, und wegen der nächtlichen Illumination empfiehlt sich ein Plätzchen in der ersten Reihe, auch wenn die Bäume allmählich immer mehr wachsen:

(111) Offizieller WOMO-Stellplatz: Castelnuovo dell'Abate/Sant'Antimo

GPS: N 42°59'45" E 11°31'12". **Max. WOMOs**: 5. **Öffnungszeit**: Ganzjährig. **Ausstattung**: Wasser (im Friedhof), Toilette im Andenkenladen, Mülleimer. **Beschreibung**: Der geschotterte Parkplatz 750 m vor dem Kloster liegt eigentlich schön, leidet aber unter den auf einem Teil abgestellten Müllgefäßen, vor allem unter den Fahrzeugen, die diese am frühen Freitagmorgen leeren; zu Wanderweg und Gaststätte siehe im folgenden Text.
Zufahrt: Fahren Sie von Montalcino nach Sant'Antimo (wählen Sie nicht die Straße vom Stellplatz in Montalcino nach Süden, sondern fahren Sie über den Kreisverkehr bei der Fortezza); vor dem Dorf Castelnuovo (dazu siehe unten im Text) und an der Abzweigung zum Kloster sehen Sie seitlich der Straße einen Parkplatz.

Direkt oberhalb des Stellplatzes und am Rand des kleinen Dorfes **Castelnuovo dell'Abate** eignet sich die ***Osteria***

Bassomondo zur Einkehr, zumal Sie dort neben ausgezeichnetem, warmem Essen auch ebenso köstliche belegte Brote und eine reichhaltige Käseauswahl bekommen *(Mo. geschlossen; Tel. 0577 835619; preiswert).*

Obwohl wir keinen brauchbaren Rundweg kennen, sind wir zum Kloster gewandert. Wir mussten dabei improvisieren und auf dem zweiten Teil dann doch entlang der Straße marschieren (obwohl der Rückweg auf dem Hinweg sogar etwas kürzer gewesen wäre):

Von Montalcino zur Abbazia di Sant'Antimo

In **Montalcino** starten wir am offiziellen Stellplatz und gehen auf der Straße nach Süden und behalten diese Richtung bei, auch wenn nach links und rechts Straßen abzweigen, bis an einem nach links führenden Fahrweg das Schild *‚Villa a Tolli'* auftaucht, den wir wählen. Wer bis hierhin nicht entlang der mäßig befahrenen Landstraße wandern möchte, kann mithilfe der Kompass-Karte oder App in Montalcino, kurz bevor die Straße vom Stellplatz auf den Kreisverkehr vor dem Ort stößt, nach links in die Via del Poggiolo abbiegen und der Markierung folgen, die kurz vor unserer vorerwähnten Abzweigung nach Villa a Tolli auf die SP 14 stößt; der Weg ist dann schätzungsweise 2 Kilometer länger.

Noch ist die Strecke mit einem Wanderzeichen markiert, das Sie aber gelegentlich im Stich lässt (jedenfalls bei unserer Wanderung vor ein paar Jahren). So müssen Sie darauf achten, dass Sie nicht nach links bergab zu einem einzeln stehenden Gehöft laufen (wo der Fahrweg dann auch endet), sondern dass Sie zunächst die Höhe einigermaßen halten und die gut befahrbare Staubstraße nicht verlassen. Erst nach einiger Zeit und nach unserem Platz Nr. 109 windet sich diese hinab nach **Villa a Tolli**, einem Minidorf mit Brunnen, kleiner Kapelle und viel Romantik.

Villa a Tolli

Danach gehen Sie bei der Gabelung nach links (Wegweiser *‚Fattoria La Magia'*) und weiter bis zu einem Anwesen, dessen Betreten unmissverständlich verboten ist. Genau an der Stelle des Verbotsschildes stiefeln Sie nun nach links abwärts, wobei der Weg zunehmend schlechter wird. Zunächst, am Rande eines Weinberges, ist er noch befahrbar, später kann davon keine Rede mehr sein. Sie können den bergabführenden Weg nun kaum verfehlen, zumal bald die **Kirche von Sant'Antimo** auftaucht. Der Abstieg zum Kloster Sant'Antimo gehört aber zu den **schönsten Wanderpassagen**, die wir in der Toskana kennen. Sie gelangen dann unten im Tal auf einen Querweg, auf dem Sie links gehen. Da Sie die Kirche mehr oder weniger im Blick haben, kann eigentlich nichts mehr schief gehen.

Wandern Sie nun möglichst noch nach **Castelnuovo dell'Abate** (siehe oben im Text).

Für den **Rückweg** von Castelnuovo nach Montalcino können Sie vermutlich den Bus nehmen, an der Haltestelle (unterhalb von Castelnuovo) kommen Sie vorbei. Wir machen keine halben Sachen und bewältigen den Heimweg per pedes, auch wenn wir ständig am Rand der wenig befahrenen Landstraße Castelnuovo-Montalcino auf dem weißen Strich balancieren. Das klingt schlimmer, als es ist, wenn ich Ihnen vom Straßenrand berichte, denn Sie kommen an vielen schönen Gehöften und Weingütern (auch an unserem Stellplatz Nr. 110) vorbei, ehe Sie die 10 km von Castelnuovo nach Montalcino erstaunlich schnell hinter sich gebracht haben.

In einer Linkskurve und bei einer Bushaltestelle können Sie bei N 43°01'37" E 11°30'40" einen Schotterweg nach Villa a Tolli wählen und auf diese Weise abkürzen und vielleicht auf dem Rückweg die Strecke wählen, die ich Ihnen oben für den Hinweg als Alternative gezeigt habe. Diese Variante haben wir nicht selbst ausprobiert.

Die ganze Strecke misst **gute 20 km**. Der erste Teil bis zum Kloster ist markiert und auf der Kompass-Karte Nr. 2463 bzw. der App eingezeichnet. Perfekt ist für den Hinweg die Rother App. Wir haben uns nur einmal oberhalb von Villa a Tolli verlaufen, ansonsten ist die Orientierung einfach.

San Quirico d'Orcia (2.600 Einwohner) ist unser nächstes Ziel. Hier fahren die meisten Touristen gewöhnlich vorbei, schon weil die Umgehungsstraße die Ansiedlung kaum berührt. Auch wir haben den Ort lange unterschätzt. Zu sehen sind die noch gut erhaltenen Reste der Stadtmauer und am nördlichen Ende der Hauptstraße (nicht zu verwechseln mit der Kirche am zentralen Platz) die als **Collegiata** bezeichnete Kirche mit drei sehenswerten Portalen aus dem 12. Jahrhundert und einem Tafelbild links des Altars (Beleuchtungsautomat). Seitlich der Mit-

San Quirico d'Orcia

Blick von San Quirico d'Orcia nach Montalcino

te der Hauptstraße schlendern wir ein wenig durch die *Horti Leonini*, einen bekannten, geometrisch ausgerichteten Park aus dem 16. Jahrhundert.

Der ***Taverna di Ciacco*** sehen Sie unschwer an, dass allein sie ein Grund für eine Nacht in San Quirico d'Orcia ist *(am zentralen Platz, Tel. 0577 897312, Reservierung kurz vorher hat gereicht; Di. Ruhetag; Preise leicht über der Mitte).* Der offizielle Stellplatz bekommt auf diese Weise seine Berechtigung, auch wenn er immer noch nicht zu unseren Lieblingen zählt. Aber wenn man sich so stellt, dass man auf den Spielplatz schaut, statt auf ein Mehrfamilienhaus, gibt es kaum noch Einwände:

(112) Offizieller WOMO-Stellplatz: San Quirico d'Orcia

GPS: N 43°03'21" E 11°36'25", Via del Scuola. **Max. WOMOs**: 10.
Öffnungszeit: Ganzjährig.
Ausstattung: Ver- und Entsorgung, Toilette, Mülleimer, Picknickbank, Spielplatz.
Beschreibung: Der ortsnahe (Gaststätten und Geschäfte) Asphaltplatz ist klappstuhlgeeignet. Es gibt schattige Randbereiche mit einer Picknickbank und grasigem Untergrund. Im Internet werden nächtliche Störungen von Jugendlichen beklagt.
Preise: 5 €/6 Std., 10 €/24 Std. zahlbar auch per App.
Zufahrt: Der Platz liegt im südöstlichen Ortsteil und ist beschildert.

Den Wegweiser, der gut fünf Kilometer südlich von San Quirico von der SS 2 nach **Bagno Vignoni** zeigt, kann man leicht übersehen. Was bedauerlich wäre, denn der kleine Ort überrascht mit einer erstaunlichen Attraktion:

Die wenigen Häuser stehen um ein großes, rechteckiges Badebecken, das sozusagen den Dorfplatz bildet und bei niedrigen Außentemperaturen sogar vor sich hin dampft. Schon die Medici und vor ihnen Etrusker sowie Römer haben hier im kalkhaltigen, warmen Wasser ihren Rheumatismus kuriert. Später,

Bagno Vignoni

unter anderem im Jahre 1983 für den Film *Nostalghia* des Regisseurs Tarkowski, diente das Bassin als Kulisse. Nur heute hat es, außer schön auszusehen, keine Funktion mehr; das Baden ist nämlich (schon seit Jahrzehnten) verboten. Seien wir aber froh, dass das Bassin überhaupt noch da ist, denn wäre es nach dem Willen der gefürchteten »Mailänder Investoren« gegangen, würde hier heute eine gigantische Kurstation nebst Golfplatz stehen. Die Einwohner des kleinen Ortes wussten sich aber erfolgreich zu wehren und den Fall landesweit zu publizieren, sodass bleiben kann, was Jahrhunderte schon da war. Dem langsamen Versiegen der warmen Quellen oder dem veränderten Fluss des Wassers ist man erfolgreich mit neuzeitlicher Pumptechnik begegnet. Aber das große, 2004 eröffnete Hotel *Adler Terme*, weiter vorne, beweist, dass die Baupläne doch nicht ganz zu den Akten gelegt worden sind.

Thermalbad – im Hintergrund Castiglione d'Orcia

Als wir bei unserem Besuch im warmen Wasser baden wollten, genauer im **Thermalbad** des *Hotels Posta Marcucci*, schwand beim Anblick des Preisschildes am Eingang unser Elan. 25 Euro für einen Erwachsenen (ab 14 Uhr, ganztags 33 €) und 25 Prozent Ermäßigung für *Ragazzi* von 3 bis 14 Jahren waren uns einfach zu viel. Später haben wir das Versäumte nachgeholt und dürfen Ihnen anraten, sich ebenfalls den Spaß zu gönnen. Das Schwimmbad in toller Landschaft ist sein Geld wert *(9:30–18 Uhr, Einlass bis 17 Uhr, Fr. und Sa. auch 20–23 Uhr; Badekappen erforderlich, man kann sie vor Ort erwerben; bei Andrang wird das Bad vorübergehend geschlossen).*

Ein geräumiges, kostenloses Badebecken, in das man sich genussvoll setzen kann, das Wasser ist allerdings nicht mehr sehr warm, finden Sie in freier Landschaft direkt unterhalb im sogenannten **Parco dei Mulini**, zu dem man bequem spazieren, aber legal nicht mehr mit dem WOMO fahren kann. Das kostenlose Badebecken in einer Sinterterrasse ist entstanden, als man in neuerer Zeit den Parco dei Mulini restauriert hat, das Ensemble mehrerer Mühlen, die bis zum Beginn des letzten Jahrhunderts durch das warme Wasser angetrieben worden sind. Auf vielen Schautafeln und in einer Mühle ist der Mechanismus anschaulich erklärt.

Bagno Vignoni – Badebecken im Parco dei Mulini

Wenn Sie im teuren Pool Ihre Urlaubskasse auf den Kopf hauen, sollten Sie in Bagno Vignoni nicht auf halber Strecke innehalten, sondern noch ein (nicht überteuertes) Essen in der ***Osteria del Leone*** anhängen, die mit dem besticht, was man bei uns Hausmacherküche nennt. In schlichten, weiß ge-

kalkten Räumen kommen unter anderem fantastische Pasta, Perlhuhn *al vin santo* und Kanincheneintopf auf die Tische *(Tel. 0577 887300; Mo. geschlossen;)*. Dafür ist der Stellplatz kostenlos, zu dem man vom Ortszentrum allerdings etwas weiter gehen muss als früher:

(113) Offizieller WOMO-Stellplatz: Bagno Vignoni

GPS: N 43°01'46" E 11°37'30". **Max. WOMOs**: 25.
Öffnungszeit: Ganzjährig. **Ausstattung**: Mülleimer.
Beschreibung: Sie stehen etwas einsam außerhalb der Bebauung auf gewachsenem Untergrund auf einem klappstuhlgeeigneten Platz. Einzelheiten ergeben sich aus unserem Foto. Bademöglichkeit in warmem Wasser in der Nähe. Zu Fuß sind es in den Ort etwa 700 m auf einem in der Dunkelheit beleuchteten Weg. Unsere Wanderung beginnt hier. Leser haben sich über gelegentlichen Lärm von einem nahen Steinmetzbetrieb beschwert, der uns nicht aufgefallen ist.
Zufahrt: Biegen Sie von der SS 2 ab und biegen Sie sofort wieder ab, wo ein blaues *'P'* nach rechts bergauf zeigt; der Stellplatz liegt hinter den Pkw-Parkplätzen auf zwei Etagen.
Hinweis: Ein Verkehrsschild verbietet WOMOs ab dem Stellplatz die Weiterfahrt in den Ort und auch zum Parco dei Mulini, der prinzipiell mit dem WOMO gut erreichbar wäre (und wo man früher übernachten konnte).

Aus Zuschriften wissen wir, dass erstaunlich viele Leser gerne einsamere Stellen anfahren. Von solchen Plätzen ist in meinen Büchern nur dann die Rede, wenn weitere Attraktionen, meistens eine grandiose Sicht, das Naturerlebnis abrunden. Oberhalb von Bagno Vignoni, genau genommen oberhalb des **Castello di Vignoni**, haben wir eine solche Möglichkeit mit atemberaubender Fernsicht zum Monte Amiata entdeckt, ohne dort bislang selbst übernachtet zu haben:

(114) WOMO-Parkplatz: Vignoni

GPS: N 43 °02'22" E 11°36'06". **Max. WOMOs**: 2-3.

Ausstattung: Keine.

Beschreibung: Der einsame Platz auf grasigem und gewachsenem Untergrund oder Schotter bietet eine wunderbare Sicht und ist klappstuhlgeeignet.

Zufahrt: Folgen Sie nicht dem Navi, das Sie wahrscheinlich über Bagno Vignoni schicken will. Wählen Sie nicht die Strecke über Bagno Vignoni. Die ist verboten und zudem etwas steil und auf einem Stück ausgewaschen.

Suchen Sie stattdessen in San Quirico d'Orcia den Stellplatz Nr. 112. Die Zufahrt zu diesem Stellplatz zweigt von einer innerörtlichen Durchgangsstraße ab, der Via G. Garibaldi. Wählen Sie in San Quirico d'Orcia nicht die Zufahrt zu diesem Stellplatz, sondern bleiben Sie auf der Via Garibaldi (die zunächst Via G. Matteotti heißt). Sie fahren immer geradeaus; die Burgen von Ripa d'Orcia und Vignoni sind nun stellenweise mit einem braunen Wegweiser beschildert. Die Straße führt allmählich aus dem Ort hinaus. Kurz nach den letzten Häusern gabelt sich die Straße; dort fahren Sie links. Die Straße hat nun keinen Belag mehr und steigt leicht an, und wenn Sie fast auf der Kuppe angekommen sind, nehmen Sie an der dortigen Gabelung erneut den linken Weg (Wegweiser *Vignoni* – rechts gehts hier zum *Castello Ripa d'Orcia*, unser Navi war hier kurz desorientiert). Der Platz liegt dann bald rechts der Fahrbahn ohne Belag.

Hinweise: Der nachfolgend beschriebene Wanderweg kommt am Stellplatz vorbei. Sie sollten nicht hier Ihr WOMO parken, sondern in Bagno Vignoni.

Blick auf San Quirico d'Orcia

Erst unlängst ist mir endgültig klar geworden, dass sich die Kalenderfoto-Toskana, die Sie bei der nächsten Tour kennenlernen werden, noch über Bagno Vignoni nach Westen hinaus erstreckt, und dass man hier, wenn man nicht wegen Sommerhitze auf Schatten angewiesen ist, mit sensationellen Fernsichten wandern kann:

Vignoni

Von Bagno Vignoni zum Castello Ripa d'Orcia und nach Vignoni

Wir starten am Stellplatz von **Bagno Vignoni** (Nr. 113) und gehen auf der Ortszufahrtsstraße einige Meter Richtung Zentrum. Bald zweigt nach links ein Weg ab, der im Tal am Badebecken des **Parco dei Mulini** (siehe oben) vorbeikommt. Wir wandern auf diesem Weg seitlich des Flus-

ses Orcia, spazieren in der Nähe eines ehemaligen Steinbruchs an einem verfallenen, hallenartigen Industriegebäude vorbei, schlagen uns danach halb rechts auf einem Pfad durch den Buschwald und stehen, nachdem wir an einem Wiesenrand vorbeigewandert sind, an einer **Furt des Fiume Orcia** (etwa 30 bis 40 Minuten nach dem Start).

Im Sommer kann man den Fluss überqueren und auf der Südseite die Wanderung nach Castiglione d'Orcia fortsetzen (siehe dazu im Rother-Programm). In unserem Osterurlaub kann davon keine Rede sein. Die Orcia ist zu dieser Jahreszeit ein breites, reißendes Gewässer, wir wundern uns nicht, dass die Pfeiler einer ehemaligen Steinbrücke schon vor Jahrzehnten von den Fluten umgerissen wurden und nur noch Reste übrig sind. Danach hat man eine abenteuerliche Hängebrücke über den Fluss gebaut, wo allerdings dann die Hölzer verfault sind, weshalb man den Fluss auf diese Weise nicht mehr überqueren kann (obgleich eine intakte Hängebrücke eine hochinteressante, den Tourismus fördernde Attraktion wäre). Stattdessen hat man in eine Brücke weiter östlich, noch vor dem Parco dei Mulini, investiert, die aber schon nach kurzer Zeit (wegen eines Konstruktionsfehlers?) nicht mehr begangen werden durfte.

Wir überqueren also nicht den Fluss, wählen den Pfad nach rechts bergauf und stoßen, nachdem wir ein Waldgebiet durchwandert haben, auf eine Fahrstraße. Dort gehen wir links zum **Castello Ripa d'Orcia**. Das eigentliche Ziel der Wanderung ist aber eine Enttäuschung, weil die Burg, ein ehemaliges, jedenfalls geschlossenes Hotel, nicht besichtigt werden kann.

Vor dem Castello Ripa d'Orcia

Den Höhepunkt der Wanderung dürfen Sie auch nicht im Innenhof des Schlosses erwarten, sondern am Rand des zweiten Teils der Strecke, wenn Sie vom Castello auf dem Hinweg ein Stück zurückwandern, nun aber nicht mehr nach rechts ins Tal zurückgehen, sondern an einer Gedenkstelle geradeaus die Höhe halten bzw. auf einer auf dem Kamm geführten Fahrstraße immer weiterwandern. Sie können hier nichts falsch machen, wenn Sie, nachdem Sie an drei Häusergruppen vorbeigekommen sind, an einer spitzen Gabelung scharf rechts abbiegen (Wegweiser *Vignoni*).

Wir wandern nun am vorerwähnten Stellplatz vorbei und durch den offenbar nicht mehr dauerhaft bewohnten Weiler **Vignoni**. An einem kleinen Stadttor steigen wir nach rechts auf die nach Bagno Vignoni hinunterführende Straße ab.

Blick auf Vignoni

Die Dauer der Wanderung liegt bei **3 ½ Stunden**, der Weg ist vollständig markiert und auf der Kompass-Karte Nr. 2463, die nicht zwingend erforderlich ist, oder der App bestens abgebildet, genauso auf der Rother App. Wenn Ihnen mehrfach Wanderer entgegenkommen, liegt das daran, dass der Rother-Wanderführer die Strecke in umgekehrter Gehrichtung beschreibt.

Fast während der ganzen Wanderung und auch beinahe bei jedem Schritt in Bagno Vignoni haben Sie oberhalb des gegenüberliegenden Hangs den spitzen Kegel der Rocca von **Castiglione d'Orcia** mit seiner markanten Turmsilhouette im Blick. Es bleibt daher nicht aus, dass Sie sich diesen Ort näher

Castiglione d'Orcia mit der Rocca di Tentennano

ansehen. Vom Turm der **Rocca di Tentennano** haben Sie den erwarteten, einmaligen Blick *(täglich 10:30–13:30 und 14:30–18:30 Uhr; 3 €)*. Castiglione ist ein beschaulicher, touristisch unbeleckter Ort, auf dessen offiziellem Stellplatz man sich nur wünscht, dass der Blick in die eine Richtung, auf die Rückseite des Schulgebäudes, so schön wäre, wie auf der anderen Seite die Sicht ins Tal:

(115) Offizieller WOMO-Stellplatz: Castiglione d'Orcia

GPS: N 43°00'09" E 11°36'57", Viale G. Marconi.
Max. WOMOs: 10.
Öffnungszeit: Ganzjährig.
Ausstattung: Ver- und Entsorgung, Mülleimer.
Beschreibung: Der asphaltierte Platz liegt am Rande der Bebauung. Die grandiose Sicht fordert Klappstühle geradezu heraus. Gaststätten und Geschäfte sind zu Fuß erreichbar, ebenso ein Wanderweg.
Zufahrt: Der Platz liegt im südlichen Ortsteil beschildert hinter der Schule und den Tennisplätzen seitlich der Durchgangsstraße.

Falls Sie Ihre Suche nach Kalendermotiven (siehe bei der nächsten Tour) vervollständigen möchten, sollten Sie auf der SR 2 noch ein paar Kilometer nach Süden fahren, rechts die fotogene Zypressenreihe ablichten und derart eingestimmt bei San Quirico d'Orcia nach Osten abbiegen.

TOUR 9

Tour 9: Zu den Kalendermotiven 100 km

Pienza – Montepulciano – Asciano – Rapolano Terme

Stellplätze:	in Pienza, Monticchiello, in und bei Montepulciano, in Buonconvento, in Chiusure, in Asciano, in und bei Rapolano Terme
Besichtigen:	Pienza, Montepulciano, Monticchiello, Fresken der Abbazia Monte Oliveto Maggiore, Il Bosco della Ragnaia in San Giovanni d'Asso
Wandern:	von Montepulciano nach Monticchiello, Rundgang beim Kloster Monte Oliveto Maggiore
Essen:	Ristorante *La Terrazza della Val d'Orcia* in Pienza, *Osteria dell'Acquacheta,* Ristoranti *L'Altro Cantuccio* oder *La Grotta* in Montepulciano, *Locanda Amordivina* in Asciano

Jeder kennt die typischen Toskanamotive: geschwungene Hügel mit einzelnen Zypressen, bisweilen auch mit langen Reihen oder kleinen Grüppchen. Oder das alleinstehende Gehöft, zwei Zypressen, ein Stück zerfurchter Acker und über allem ein dunkelblauer Himmel. Auf den Kalenderblättern bis April ist

der Boden zumeist grün, und spätestens ab August freut sich der Fotograf über verschiedene Brauntöne vor den unvermeidlichen Friedhofsbäumen. Solche Kalender kennen Sie schon von zu Hause, in der Toskana hängen sie zuhauf. Wenn Sie toskanaunerfahren sind, suchen Sie diese Landschaft schon im Norden, Sie vermissen sie im Chianti, und Sie finden sie, wo Sie gar nicht gesucht hätten, südlich von Siena, in der sogenannten **Crete**.

Kalenderfotos

Die klassischen Toskanafotos sollen auch Ihnen gelingen: Wappnen Sie sich mit viel Geduld. Machen Sie sich klar, dass die Kalender- und Postkartenfotos von Profis aufgenommen worden sind, dass andere Profis in den Druckereien und mit Computern geschönt, wenn nicht sogar gefälscht haben, und dass Sie ohne gute Fotoausrüstung mit Spiegelreflexkamera und entsprechenden Objektiven benachteiligt sind. Auch das beste moderne Smartphone wird daran nichts ändern.

Die stimmungsvollsten Aufnahmen glücken Ihnen, wenn Sie zu einer Tageszeit unterwegs sind, zu der Sie normalerweise im WOMO sitzen oder liegen. Den frühen Morgen will ich Ihnen nicht zumuten, aber am Abend, eine Stunde vor Sonnenuntergang, sollten Sie bei schönem Wetter einmal quer durch die Crete fahren. Auch Nichtfotografen werden dann vom Licht- und Farbenspiel förmlich vom Sitz gerissen!

Die schönsten Motive beginnen südlich von Buonconvento, seitlich der SR 2 und erst recht, wenn Sie in San Quirico d'Orcia nach Osten in Richtung Pienza und Montepulciano auf die SS 146 abgebogen sind. Zwischen der Abzweigung nach Montalcino und San Quirico entdecken Sie südlich der SR 2 die berühmteste aller **Zypressengruppen**. Postkarten- und Kalendermacher schließen sie täglich in ihr Nachtgebet ein. Aber es wurde Ihnen trotz Fußgängertunnel eine fiese Falle

gestellt: Die beidseitigen praktischen Haltebuchten sind inzwischen mit einem durchgezogenen Strich von der Fahrbahn getrennt und dürfen daher nicht befahren werden. Daran hält sich niemand, weshalb die Polizei bisweilen lauert (GPS: N 43°03'49" E 11°33'34").

Das oben abgebildete **alleinstehende Haus** entdecken Sie wegen eines gewachsenen Olivenhains erst nach genauem Hinschauen, wenn Sie in einer Parkbucht direkt westlich der letzten Häuser von San Quirico angehalten und etwa 200 m zum Ort zurückgegangen sind (GPS: N 43°03'54" E 11°36'41"; Blick bei einem Wanderzeichen).

Die weitere Strecke gehört zum Schönsten, was die Toskana zu bieten hat. Sie ist gleichrangig mit der Straße weiter nördlich von Buonconvento über Asciano (SS 451) nach Siena (SS 438). Das Foto, auf das kein Bildband verzichten kann, das (nachfolgende) Toskana-Foto schlechthin, gelingt Ihnen etwa 400 m westlich der letzten Häuser von Pienza, direkt an der SS 146; **Villa Cipressini** (GPS: N 43°05'01" E 11°40'05").

Weitere klassische Motive entdecken Sie nördlich von Asciano an der SS 438, der Straße nach Siena.

Pienza, ein winziges, am Reißbrett geplantes Renaissance-Städtchen steht auf der UNESCO-Liste des Weltkulturerbes. Im Zentrum, auf der **Piazza Pio II.**, kämen Sie nicht auf den Gedanken, dass im Ort nur 2.100 Seelen wohnen. Zu großartig sind die Paläste, der Dom, das Rathaus und der Brunnen. Kein Bauwerk für sich ist wirklich gewaltig, und doch vermitteln sie zusammen den Eindruck, Mittelpunkt einer bedeutenden Stadt

Pienza

zu sein. Hätten wir es nicht gelesen, wäre uns nicht aufgefallen, wie die Raumwirkung vom Baumeister namens Rossellino geschickt erzielt worden ist: Er hat das Quadrat des Domplatzes seitlich abgeschrägt, wodurch der Platz hinten breiter ist und demnach größer wirkt. Die Streifen im Pflaster verstärken diesen Effekt. Und die durch den Ort verlaufende Hauptstraße wurde am Reißbrett leicht gekrümmt entworfen, damit man auf ihr nicht entlang schauen und ihre Kürze bemerken kann.

Als ein gewisser Piccolomini (Sie erinnern sich an die Bibliothek im Dom von Siena) in dieser Ortschaft geboren wurde, hieß sie noch Corsignano. Der Spross des Dorfes wurde aber im Jahre 1458 zum Papst gewählt. Er nannte sich fortan Pius II., beschloss, sein Heimatdorf zur idealen Renaissancestadt umzubauen und ihr seinen Namen zu geben: *Piusstadt*, Pienza. Weit sind die Pläne nicht gediehen: eine Kathedrale, ein Papstpalast und zwei Palazzi kirchlicher Gefolgsleute. Pius starb schon 1464, und im Grunde war das Dorf auch zu klein. Schon der Dom musste weit über den natürlichen Ab-

hang hinaus gebaut werden, sonst hätte es für den Vorplatz nicht mehr gereicht. Jahrzehnte sah man im Duomo seitlich Gipsmarken, mit deren Hilfe überwacht wurde, wie stark sich das Gotteshaus weiter abgesenkt hat, bevor man mit grundlegenden Sanierungsmaßnahmen begonnen hat. Auf dem Weg zum Altar geht man trotzdem fühlbar bergab.

Pienza – Rathaus und Piazza Pio II.

Der danebenliegende, bis 1962 noch von der Familie Piccolomini bewohnte **Palazzo Piccolomini** kann besichtigt werden *(10–6:30 Uhr, Di. geschlossen, 7 €, geführt, aber mit Audioguide, trotzdem lohnend).* Am schönsten finde ich dabei den Blick über die *Hängenden Gärten* zum Monte Amiata.

Die Fremden nehmen inzwischen beängstigend überhand. Eine Million Menschen strömten vor Corona jährlich in den Ort, fast alles Tagestouristen, weshalb ich Ihnen Pienza für

Pienza – Dom und Palazzo

den frühen Abend empfehle. Entsprechend viele Feinkostgeschäfte, neuerdings auch Antiquitätenläden, wurden in den letzten Jahren eröffnet. Die meisten bieten *Pecorino* an, einen Schafskäse, genannt *Cacio*. Angeblich ist er nirgends so gut wie hier und vermutlich auch nirgendwo so teuer.

Auf keinen Fall dürfen Sie einen etwa halbstündigen Spaziergang entlang der **Aussichtsbalustrade** *(Area Passeggiate)* versäumen. Verlassen Sie dazu die Hauptstraße an ihrem westlichen Ende und gehen Sie links des anlagenartigen Platzes auf gleicher Höhe zu den Postkartenmotiven. Auch hierzu ist der Nachmittag schon wegen des Sonnenstandes die beste Tageszeit. Während 32 Jahren habe ich Ihnen das seit der ersten Auflage so ähnlich empfohlen, aber ich hatte bis dahin noch nie selbst in Pienza übernachtet. Das haben wir jetzt nachgeholt, und es hat sich

Spätsommerlicher Blick von der Aussichtsbalustrade in Pienza

gelohnt: Zwar sind die Bedingungen bestenfalls zweitklassig und erst am vorgerückten Nachmittag nutzbar, die Nacht ist aber unerwartet beschaulich:

(116) Offizieller WOMO-Stellplatz: Pienza

GPS: N 43°04'41" E 11°40'51", Via Mario Mencatelli.
Max. WOMOs: 5-7. **Öffnungszeit**: Ganzjährig, aber wegen des Marktes nicht in der Nacht auf Freitag.
Ausstattung: Schlichte Ver- und Entsorgung (Achtung, nur einer von zwei Wasserhähnen seitlich der Toilette bietet Trinkwasser), brauchbare Toilette, Mülleimer.
Beschreibung: Der asphaltierte Platz innerhalb der Bebauung ist tagsüber meistens zugeparkt. Ab dem späten Nachmittag gibt es sogar am Wochenende zunehmend freie Flächen. Große WOMOs finden nur wenige (hier nicht abgebildete) Möglichkeiten und müssen dazu fast ausnahmslos die Markierungen missachten, was toleriert wird. Fahrzeuge über 7,50 m Länge haben es trotzdem ganz schwer. Die Nacht ist unproblematisch. Gaststätten liegen fast vor der Tür. Ein *Coop* ist fußläufig erreichbar.
Preise: 1,70 €/Stunde, 14 € über Nacht, zahlbar auch per App.
Zufahrt: Der Platz ist im östlichen Ortsteil beschildert.

(117) Alternativen für sechs größere Fahrzeuge finden Sie im westlichen Ortsteil an der **Durchgangsstraße** bei N 43°04'48" E 11°40'24" oder gegenüber von ***Coop*** bei N 43°04'45" E 11°40'42".

Der Hammer ist im Sommer ein **Ristorante**, von dessen Freisitz Ihnen ein sensationeller Weitblick über das **Val d'Orcia** bis nach Montalcino geboten wird, der alleine die Nacht in Pienza lohnt. Essen im Weltkulturerbe mit Blick ins Weltnaturerbe. Der Name sagt alles: ***La Terrazza della Val d'Orcia*** öffnet erfreulicherweise abends schon um 19 Uhr, damit Sie auch im Spätsommer noch lange staunen dürfen. Die Qualität ist in Ordnung, und bei diesem Blick darf man sich über ganz leicht überdurchschnittliche Preise nicht wundern *(der Reiz ist der Freisitz, von innen hat man keinen Blick; Via Santa Caterina 1, das ist am Beginn der erwähnten Aussichtsbalustrade; Tel. 0578 1998812; Mo. geschlossen).*

Wer ein Plätzchen in freier Natur sucht, findet abseits der Strecke nach Montepulciano nach Reservierung einen privat betriebenen Stellplatz mit begrenzten Kapazitäten:

(118) Offizieller WOMO-Stellplatz: Montepulciano *La Buca Vecchia*

GPS/Kontakt: N 43°05'56" E 11°44'22", SP 146, Tel. 328 1861780; www.labucavecchia.it/en/. **Max. WOMOs**: 7. **Öffnungszeit**: Ganzjährig.
Ausstattung: Ver- und Entsorgung, Strom, Picknickbänke, Grillplatz, Mülleimer, zeitweise Ristorante, Hofladen.
Beschreibung: Der privat betriebene Stellplatz gehört zu einem bäuerlichen Betrieb, liegt aber etwas abseits desselben und könnte schöner kaum sein. Sie genießen einen weiten Blick in die Landschaft und dürfen Ihre Klappstühle sogar auf einen gepflasterten Bereich stellen, wahlweise aber auch auf gewachsene Erde. Einziger Nachteil: Der nächste Ort, Montepulciano, ist fünf Kilometer entfernt.
Preis: 22 €/24 Std. werden abends kassiert.
Zufahrt: Das Anwesen befindet sich fünf Kilometer westlich von Montepulciano nördlich der SP 146.

Wenn Sie lieber bei einem gewachsenen Ort übernachten, fahren Sie weiter nach **Montepulciano** (15.000 Einwohner). Dort kennen wir zwei Übernachtungsplätze. Der schönere liegt am Westhang der Stadt, oberhalb der Kirche San Biagio, und war ein prächtiger Panoramastellplatz, von dem Sie einen der schönsten Blicke der in diesem Buch beschriebenen Übernachtungsplätze genießen durften, solange die Büsche noch nicht gewachsen waren. Der Hang wird vermutlich in großen Abständen zumindest stellenweise gerodet oder ausgelichtet, weshalb ich unser schönes Foto weiterhin veröffentliche:

Montepulciano – Blick auf die Kirche Madonna di San Biagio

(119) WOMO-Parkplatz: Montepulciano – Hang

GPS: N 43°05'23" E 11°46'40, Via dei Filosofi. **Max. WOMOs**: 4-5.
Ausstattung: Keine.
Beschreibung: Das Gelände liegt am Rand der Bebauung, ganz leicht einsam. Es gibt einen Fußweg in die nahe Oberstadt, von der man weiter in die Unterstadt zu Gaststätten und Geschäften gehen kann.
Die Superaussicht ist nur noch von ganz wenigen Stellen möglich, die ihrerseits abschüssig sind (mehr als normale Keile erforderlich), aber man kann die Campingmöbel hierhin tragen. Bei Regen wird ein Teil des gewachsenen Untergrundes matschig, tagsüber bisweilen von Pkw beansprucht, vor allem bei Festen in Montepulciano.

Zufahrt: Wenn man von Pienza kommt, zweigt von der SS 146 südlich von Montepulciano, also noch vor Erreichen der Stadt, etwa 150 m nach (östlich) einer Tankstelle, bei einer Straßengabelung nach links eine schräg den Hang hinaufführende Straße ab; von dieser biegt man nach ca. 400 m bei der ersten Gelegenheit scharf nach links auf die *Via dei Filosofi* ab; am Beginn dieser Straße, an deren Rand Zypressen auffallen, steht ein missverständliches Verbotsschild, das Ihnen den Weg zwischen 7 und 20 Uhr (nicht umgekehrt, wie Sie es als Wohnmobilist erwarten) verbietet; Sie können es missachten, denn es soll Sie von der Fahrt in die obere Altstadt, nicht aber vom Weg zum Stellplatz abhalten; nach weiteren 250 m zweigt bei der ersten Gelegenheit nach links ein etwas steiler Weg ab, auf dem Sie rechts fahren und der seitlich an einer schmalen Terrasse endet (bitte dort die Durchfahrt für Einheimische freihalten).

Ich wünsche Ihnen einen der wenigen Bereiche mit Sicht (ich hatte schon mehrfach den Eindruck, dass dort jemand einfach zwei Büsche abgesägt hat). Ihnen zu Füßen und von der Abendsonne mild beleuchtet, liegen die Hügel der Crete und der Weltkulturlandschaft Val d'Orcia. Und zu den Hauptsehenswürdigkeiten der Stadt sind es vom Übernachtungsplatz nur ein paar Schritte. In Montepulciano gibt es auch einen offiziellen Stellplatz. Den großen, ausgeschilderten Parkplatz am Nordostrand der Stadt würde ich auch als gut einstufen, er bietet ebenfalls eine schöne Sicht und ist ruhiger, als er aussieht (wenn daneben nicht gerade ein Karussell dudelt oder am Wochenende die Ragazzi lärmen):

(120) Offizieller WOMO-Stellplatz: Montepulciano

GPS: N 43°05'44" E 11°47'16", Piazzale dell Sterro. **Max. WOMOs**: 30.
Öffnungszeit: Ganzjährig.
Ausstattung: Etwas versteckter Wasserhahn, Entleerungsschacht, Toiletten (im Haus des benachbarten Busbahnhofes bis 19 Uhr), Mülleimer.
Beschreibung: Sie stehen unter hohen, alten Pinien am Rand eines asphaltierten Parkplatzes, aber mit Sicht in die Landschaft. Theoretisch kann man hier den ganzen Tag auf Klappstühlen sitzen, was aber erst am Abend eingeschränkt Spaß macht. Hier beginnt der Weg über eine Rolltreppe in die Altstadt. An der Zufahrt zum Parkplatz entdecken Sie einen großen Supermarkt. Sie können mit

dem **Bus** bis zum Domplatz in der Oberstadt fahren. Donnerstags ist Markt, und der Platz ist von 7-15 Uhr gesperrt. Dann dürfen Sie aber kostenlos eine **Etage tiefer** übernachten. Gegen diese unentgeltliche Alternative sprechen nur der fehlende Ausblick und der Umstand, dass – außer an Markttagen – alle anderen WOMOs eine Etage höher stehen.
Preis: Je nach Dauer bis 10 €/24 Std.; es wird kontrolliert.
Zufahrt: Der Platz ist unterhalb der östlich um die Altstadt führenden Straße hinter dem Busbahnhof beschildert.

Für welche Alternative Sie sich entscheiden Sie stehen auf jeden Fall nahe der Stadt und suchen vielleicht ein **Restaurant**. Bedenken Sie aber, dass Sie auf unserem erstgenannten Stellplatz einen unvergleichlichen Sonnenuntergang versäumen könnten, wenn Sie die ***Osteria dell'Acquacheta*** besuchen (Via del Teatro 22, *die Straße führt am großen Platz seitlich des Doms den Osthang hinunter, Tel. 0578 717086; Di. geschlossen, preiswerte, sehr fleischlastige Hausmacherküche, geringe Auswahl).* Etwas höher sind die Preise im ***L'Altro Cantuccio***, wo Sie etwas gepflegter in einem gemütlichen Gastraum auf weit überdurchschnittlichem Niveau bewirtet werden *(Via delle Cantine 1, Tel. 0578 758364; im unteren Teil der steilen Hauptstraße, Do. geschlossen).* Am höchsten ist das Preisniveau im gediegenen, aber gemütlichen **Restaurant *La Grotta***, das anspruchsvollste Montepulcianos *(Tel. 0578 757607; Mi. geschlossen).* Das außerhalb der Stadt bei der Kirche San Biagio gelegene Haus rechtfertigt einen etwas größeren finanziellen Aderlass. Zumal wir von unserem Hangstellplatz zu Fuß dorthin spazieren können (den steilen Weg am Beginn des Stellplatzes abwärts, danach unten auf der Straße rechts).

Montepulciano – Renaissancefassade

Montepulciano

Manch einer kennt den Namen der Stadt nur wegen des *Vino Nobile di Montepulciano*, eines chiantiähnlichen Rotweins, der zweifellos von hoher Qualität sein kann, oft jedoch zu hoch gelobt wird (Näheres beim Stichwort *Wein*).

Vom Hangstellplatz ist es auch nicht weit zur Aussichtsterrasse auf dem **Turm des Rathauses** (*Palazzo Comunale; nur geführte Besichtigung*), von der man einen weiten Blick über die Altstadt und die Crete hat. Gegenüber dem Rathaus steht der nach meinem Geschmack schönste **Renaissancebrunnen** der Toskana, während der **Dom** wegen seiner unvollendeten Fassade von außen völlig uninteressant ist. Im Inneren stört der Stilbruch, weil in einer frühbarocken Umgebung ältere Schätze zu sehen sind; darunter ein Terrakotta-Altar von Andrea della Robbia links neben dem Eingang und ein Triptychon von Taddeo di Bartolo über dem Hauptaltar (von 13–15 Uhr geschlossen). Insgesamt ist die Hauptsehenswürdigkeit der Stadt aber das Ensemble von Renaissancebauten und -palästen innerhalb einer mittelalterlichen Stadtanlage.

Bevor wir Montepulciano endgültig verlassen, fahren wir durch eine lange Zypressenallee zur Kirche **Madonna di San Biagio**, deren Kuppel uns im Schein der Abendsonne oder vor dem Essen im *La Grotta* fasziniert hat. Der Kirchenbau aus dem 16. Jahrhundert, der Spätrenaissance, zählt zu den interessantesten der Toskana, zumal er vor allem wegen seiner Lage außerhalb der eigentlichen Bebauung auffällt.

Wenn Sie in Montepulciano ostwärts fahren, stoßen Sie nach wenigen Kilometern auf unsere 11. Tour.

Jetzt hingegen folgen Sie uns wieder nach Westen, um im acht Kilometer entfernten **Monticchiello**, einem stark restaurierten, von Einheimischen fast vollständig verlassenen Dorf, das aber wunderbar liegt, einen schönen Stellplatz zu finden. Man fragt sich allerdings, wo die Laiendarsteller rekrutiert werden, die in der zweiten Julihälfte ohne Gage als sogenanntes Theater der Armen *(Teatro povero)* Stücke aus ihrem eigenen Leben spielen – als Aktion und Protest gegen die Landflucht:

(121) WOMO-Parkplatz: Monticchiello

GPS: N 43°04'01" E 11°43'32". **Max. WOMOs**: 2-3.
Ausstattung: Toilette im benachbarten Park ca. 100 m bergauf.
Beschreibung: Der öffentliche, geschotterte Parkplatz liegt sehr schön am Rand der Bebauung, ist aber leider häufig von Pkw besetzt, ziemlich schräg und für Fahrzeuge über 7 m nur in ruhigen Zeiten geeignet. Wasser finden Sie an der Westseite der Straße zwischen Kreuzung und Stellplatz, außerdem gute Gaststätte *La Porta* und Wanderweg.
Zufahrt: Verlassen Sie an der Kreuzung im südlichen Ortsteil (etwa 300 m vor dem alten Dorf) die SP 88 und fahren Sie auf das alte Dorf zu; in der letzten Kurve zeigt ein *,P'* nach rechts auf den Parkplatz.

Wenn Sie auf der Staubstraße seitlich dieses Parkplatzes weiterfahren, liegt nach etwa 1 km rechts der Straße ein **weiteres schönes** und einsames Aussichtsplätzchen für zwei Fahrzeuge (Wegweiser *,Nano'*).

Sie vermissen noch ein weiteres klassisches Kalenderfoto, ein Lieblingsmotiv der Werbebranche rund ums Auto? Fahren Sie von Montepulciano nach Monticchiello (auf der Straße, die drei Kilometer östlich von Montepulciano, Richtung Chianchiano Terme, abbiegt). Unterhalb von Monticchiello, bei einer Kreuzung, biegen Sie links Richtung Pienza ab und bei der ersten Abzweigung erneut links in die Via Agogna. Der Aussichtspunkt liegt nach etwa 250 Meter links am Rand eines Feldes *(N 43°03'42" E 11°43'21"; obwohl die Stelle über die Jahre breit gefahren worden ist, sollten Sie große Wohnmobile unbedingt vorher abstellen und zu Fuß den Weg erkunden).*

Und ohne dass Sie es bemerkt haben, hat sogar Ihr WOMO die berühmten Kurven durchfahren.

Pienza und Monticchiello liegen im **Val d'Orcia**, dem Gebiet, aus dem die Kalenderfotos stammen und das so einmalig ist. Das Bild der Landschaft wurde in der Renaissance von Menschenhand bearbeitet, um ein ästhetisches Aussehen zu erhalten. Was bekanntlich gut gelungen ist. Der Auffassung war auch die UNESCO, die das Val d'Orcia im Jahr 2004 in die **Liste der Weltkulturlandschaften** aufgenommen hat. Es genügt daher nicht, nur einmal und auf einer Strecke den schönsten Teil zu durchqueren. Fahren Sie deshalb am besten einmal von San Quirico d'Orcia über Pienza nach Montepulciano und dann von dort auf dem eben beschriebenen Weg über Monticchiello erneut nach Pienza (siehe unsere Tourkarte).

Nichts liegt näher, als in dieser begnadeten Gegend zu wandern. Das empfiehlt sich nicht an heißen Hochsommertagen, ist aber zu anderen Jahreszeiten ein **Höhepunkt in Ihrem Wanderleben** und einer unserer persönlichen **Top Ten**:

Von Montepulciano nach Monticchiello

Starten Sie in Montepulciano an der Kirche **Madonna di San Biagio** westlich von Montepulciano (siehe oben) und suchen Sie bei der Kirche die rot-weiße Markierung (nicht etwa 300 Meter weiter im Norden!). Die Markierung führt Sie nach einer guten halben Stunde von Norden an die SS 146, die Sie überqueren. Nun müssen Sie sich rechts halten und etwa 250 Meter entlang der SS 146 wandern (nicht direkt nach der Überquerung in die Landschaft!), bis links schräg bergauf eine Straße einmündet. Ihr folgen Sie ca. weitere 45 Minuten. An einer Linkskurve verlassen Sie die Markierung und gehen (anders als auf der Wanderkarte markiert!) auf diesem Fahrweg weiter bergab. Sie überqueren unter Bäumen einen Bach, halten sich danach halb rechts und gelangen aufsteigend unterhalb des Sportplatzes auf eine kleine Straße nach **Monticchiello**.

Für den **Heimweg** nehmen Sie unterhalb des alten Ortsteils von Monticchiello, bei unserem Stellplatz (wo man die Wanderung auch gut beginnen kann), die Staubstraße nach links (Osten, Wegweiser *,Nano'*) und bleiben dort unbeirrt – zeitweise auch auf Asphalt, bis Sie kurz vor Montepulciano, das Sie schon lange im Blick haben, wieder auf die SS 146 treffen.

Auf der Kompass-Karte Nr. 2463 und der App ist die Strecke außer einem Stück bei Monticchiello eingezeichnet (wir kürzen etwas ab), auf der Marco-Polo- Karte und der von freytag & berndt sogar der Rückweg über **San Bartolomeo**. Sie wandern so gut wie nie im Schatten und stets auf Sicht. Aber das ist ja auch der Sinn des **fast fünfstündigen** Ausfluges.

In Buonconvento

Unsere Tour führt Sie nun durch den nördlichen Teil der Crete Senesi. Sie fahren am besten von Montepulciano über Monticchiello wieder zurück nach San Quirico d'Orcia und dann auf der SR 2 bis nach **Buonconvento** (3.200 Einwohner). Die Kleinstadt gehört zu den *I Borghi più belli d'Italia (Die schönsten Dörfer Italiens).* Entsprechend sehenswert sind die roten Backsteinhäuser der Altstadt. Wenn Sie keine übertriebenen Erwartungen haben, lohnt sich der vor Ort (eher schlecht) beschriebene Rundgang innerhalb einer gewaltigen Stadtmauer. Auf dem frisch renovierten Parkplatz ist ein Teil für *Camper* reserviert:

(122) Offizieller WOMO-Stellplatz: Buonconvento

GPS: N 43°08'19" E 11°28'49", Via Oscura.
Max. WOMOs: 5.
Öffnungszeit: Ganzjährig.
Ausstattung: Mülleimer.

Beschreibung: Von einem sehr geräumigen, schön gelegenen, gemischten Parkplatz mit grasigem Rand außerhalb der Stadtmauer ist ein Teil für WOMOs reserviert, man kann aber auch auf anderen Stellen parken. Geschäfte und Gaststätten finden Sie nach wenigen Schritten.
Zufahrt: Fahren Sie von der SR 2 nördlich der Stadtmauer nach Westen auf den Platz hinter der Altstadt.

Die beschilderte Station zur **Ver- und Entsorgung** befindet sich am südlichen Ortsende, östlich der Bahnlinie im Viale Feruccio Parri bei N 43°07'51" E 11°29'01".

Abbazia di Monte Oliveto Maggiore

In Buonconvento biegen Sie auf der SS 451 nach Osten zur **Abbazia di Monte Oliveto Maggiore** ab, dem Mutterhaus des sogenannten olivetanischen Ordens. Dort müssen Sie Ihr Fahrzeug außerhalb des Geländes abstellen. Zudem sollten Sie wegen der langen Mittagspause den Zeitpunkt der Fahrt gut planen (oder mit uns wandern – dazu gleich). Der Backsteinbau des Klosters ist gewaltig, und seine Lage am Rande erodierter Hänge wirkt nicht weniger imposant. Aber das ist nichts gegen den **Kreuzgang**. Bei einem Mönch liefert man seine Spende ab, ehe man zu den Kunstschätzen des Klosters eintreten darf: zu einem holzgeschnitzten, mit Intarsien verzierten Chorgestühl und den großartigen **36 Fresken**, auf denen die Maler Signorelli und später vor allem Sodoma zwischen 1497 und 1508 das Leben des heiligen Benedikt nach-

Abbazia di Monte Oliveto Maggiore - Fresko

empfunden haben, bzw. die Episoden, die aufgrund der damaligen Sagen oder der Fantasien der Maler in das Leben dieses Heiligen zu passen schienen. Beginnen Sie – wie beschildert – den Rundgang neben dem Eingang zur Sakristei, damit Sie die Ereignisse chronologisch betrachten (*9:30–12:20 und 14:30–17:40 Uhr, im Winter bis 16:40 Uhr; kostenlos*). Wir halten den Freskenzyklus für eine der **großen Sehenswürdigkeiten** in der Toskana. Die Olivetaner, von denen heute noch etwa 300 in Italien verstreute Mönche leben, haben ihren Schatz gut behütet, vielleicht weil sie besonders glaubensstrenge Benediktiner sind und sich, nebenbei bemerkt, von diesen durch ihre weiße Kleidung unterscheiden.

Meistens parkt man das WOMO seitlich der SS 451 gerade dann, wenn sich die Mönche zu ihrer mehr als zweistündigen Mittagspause zurückziehen. Nichts eignet sich auch mit Kindern zur Überbrückung besser als ein kürzerer Rundgang um einen zerklüfteten Talkessel – mit toskanischen Motiven und fotogenem Blick auf das Kloster (siehe Seite 213). Sie benötigen weder Wanderschuhe noch Karte:

Rundgang beim Kloster Monte Oliveto Maggiore

Wir parken gegenüber der **Klosterzufahrt** seitlich der Straße (der Weg auf die Parkplätze direkt beim Kloster ist für Wohnmobile verboten) und spazieren etwa 400 m auf der SS 451 bergauf, um bei einer deutlichen Linkskurve halb rechts auf einen relativ steilen Pfad, der seitlich mit Holzgeländern gesichert ist, abzubiegen. Auf ihm wird eine Schleife der Landstraße abgekürzt. Wir gelangen so auf die Zufahrt zum Dorf **Chiusure**, die wir noch vor dem eigentlichen Ortskern nach rechts auf einem Fahrweg wieder verlassen.

Blick auf Chiusure

Von diesem Weg bieten sich fantastische Ausblicke auf das Kloster und die zerfurchten Lehmabbrüche davor. An einer Gabelung wählen wir die linke Alternative entlang jüngerer Zypressen, bis nach der Zufahrt zu einem links gelegenen Gehöft ein **Strommast** auftaucht.

Hier müssen wir aufpassen, denn eine verblasste Markierung schickt uns nun spitzwinklig nach rechts auf einem Waldweg hinunter ins Tal, das wir links und unterhalb eines kleinen Staudamms überqueren (nicht schon zu einem breiteren Weg vorher links gehen!), um auf der anderen Talseite einen Weg bergauf zu nehmen. Das ist die einzige Stelle, wo die Orientierung etwas schwierig sein kann. Sie machen nichts falsch, wenn Sie beachten, dass man auf der anderen Talseite links relativ schnell wieder bergauf gehen muss.

Bald sind wir unterhalb des **Klosterkomplexes** angekommen, an dessen linker Seite der Weg vorbei führen müsste. Das war bei unserem Spaziergang wegen umgestürzter Bäume nicht möglich. Wir sind daher, als wir fast die Höhe des Klosters erreicht hatten, nach rechts abgebogen, um unterhalb der ersten Bauten des Klosters herumzugehen. Auch hier kann man sich nicht verlaufen. Wir sind so auf einen Weg im Klosterkomplex gelangt, den wir durch ein Tor verlassen haben, welches zwar verschlossen wirkt, das sich allerdings problemlos öffnen lässt. Auf dem kleinen Klostervorplatz wählt man sinnvollerweise an einer Gabelung den rechten Weg, vorbei am ehemaligen Fischbecken, um sich von außen noch den Wehrturm der Anlage, genannt **La Torre**, anzuschauen, vielleicht aber auch, um sich hier in einem Restaurant zu erfrischen (der Weg ist überwiegend markiert, auf der Kompasskarte Nr. 2463 und auf der App vollständig eingezeichnet und dauert insgesamt **1 ½ Stunden**).

Es wäre auch eine gute Idee, in **Chiusure**, dem Dorf, das unser Spaziergang gestreift hat, zu parken, um von hier zu Fuß zum Kloster zu gehen (siehe den Beginn vorgenannten Spaziergangs in umgekehrter Richtung) oder auch, um in schöner Landschaft am Rande eines Dorfes zu übernachten:

(123) WOMO-Parkplatz: Chiusure

GPS: N 43°10'38" E 11°33'31". **Max. WOMOs**: 3-4.
Ausstattung: Mülleimer, Pizzeria am Platz (eine Mischung aus Laden und Gasthaus).
Beschreibung: Der kleine Bereich auf geschottertem Naturboden ist eine Mischung von Gaststätten- und Dorfparkplatz und zeitweise klappstuhlgeeignet. Eine Toilette finden Sie im nahen Ort. Zum oben beschriebenen Wanderweg sind es etwa 250 m.
Zufahrt: Fahren Sie auf der SS 451 am Kloster bergauf, an der ersten Einmündung rechts und dann an der Gabelung vor Chiusure links. Sodann wählen Sie die erste Abzweigung nach rechts zu den Häusern. Sie gelangen so auf einen angenehmen Platz bei einer Pizzeria, auf dessen anderer Seite die Zufahrt oder der Fußweg ins Dorf führen.
Hinweis: Der Platz ist Ende April wegen des Artischockenfestes nicht nutzbar.

Feinschmecker eilen von hier sechs Kilometer nach Süden, um in **San Giovanni d'Asso** (900 Einwohner) Trüffeln zu speisen. Nur selten dürfte es die weiße, hocharomatische Sorte sein, da diese nur von Ende Oktober bis in den Januar mit speziell abgerichteten Hunden gesucht wird. In den anderen Jahreszeiten muss man sich mit Frühlings- oder Sommertrüffeln

trösten (Leser haben mir frustriert berichtet, sie hätten gar keine bekommen). Unbedingt sehenswert ist **Il Bosco della Ragnaia**, eine ungewöhnliche Gartenanlage des zeitgenössischen amerikanischen Künstlers Sheppard Craige. Sie können direkt davor parken *(die Anlage ist beschildert und war zeitweise geschlossen, feste Öffnungszeiten sind mir nicht bekannt; www.laragnaia.com/IT/)* .

Die weitere Strecke von Chiusure nach Norden gehört zu den schönsten Routen in der Toskana. Lassen Sie sich unbedingt Zeit und steigen Sie auch in **Asciano** (7.000 Einwohner) aus, in einer touristisch noch nicht vereinnahmten Kleinstadt. Vielleicht bleiben Sie sogar über Nacht:

(124) Offizieller WOMO-Stellplatz: Asciano

GPS: N 43°14'11" E 11°33'24, Via delle Fonti.
Max. WOMOs: 10. **Öffnungszeit**: Ganzjährig.
Ausstattung: Ver- und Entsorgung, dort 2 Steckdosen, Mülleimer.
Beschreibung: Der schattenlose Ortsparkplatz auf Schotter liegt eigentlich gut neben der nachts kaum befahrenen Umgehungsstraße und direkt vor der Kleinstadt. Leider gibt es keinen für Wohnmobile abgegrenzten Bereich. Sehr zu empfehlen ist die ***Locanda Amordivina***, (Di. geschlossen); auch wegen des dortigen Grillfeuers ist das eher ein Platz für die Oster- oder Herbstferien.
Zufahrt: Der Parkplatz ist neben der Ortsumfahrung am nördlichen Ortsende nicht zu übersehen.

(125) Einen einsamen, klappstuhlgeeigneten **weiteren Parkplatz** finden Sie nördlich von Asciano, an der SS 438 vor dem Friedhof;
GPS: N 43°14'25" E 11°33'12".

Wahrscheinlich drängt Ihre Frau Sie aber zu einem kurzen Kuraufenthalt? Oder die Kinder wollen in ein Spaßbad. Beides ist möglich. Und auch Sie werden sich vor allem an einem kühlen Tag mit Freude im 38 Grad warmen Schwefelwasser einer der beiden Thermen bei **Rapolano Terme** aalen. Die **Terme Antica Querciolaia** nordöstlich des Zentrums erinnert eher an ein gewöhnliches Freizeitbad *(12 €, am Wochenende 15 €,*

Kinder 9 €, ab 15 Uhr billiger; zum dortigen Stellplatz siehe unten), weshalb unser Tipp die **Terme San Giovanni** südwestlich des Ortes ist. Hier wird sowohl gekurt als auch gebadet, jedenfalls mit Zeitgeist und in wirklich schönem Ambiente – und am Wochenende bisweilen mit zu vielen Gleichgesinnten *(je nach Wochentag 15–17 €, ab 16 oder 19 Uhr; 12–15 €, Kinder- und Familienermäßigung).* Aber auch wenn Sie lediglich einen Übernachtungsplatz suchen, sind Sie goldrichtig. Nur am Schwefelgeruch, den kleine Quellen außerhalb des Badegeländes verströmen (die aber leider keine Badebecken bilden) darf man nicht Anstoß nehmen. Betrachten Sie sich das nette toskanische Refugium. Tagsüber hält man sich zum *Chillen* am Rand eines kleinen Wäldchens vor der Kurstation auf. Die meisten Leser allerdings, die eine solche Einrichtung besuchen, werden dort, neben dem Schwefel, altersbedingt eher *entspannen.* Für die Nacht fahren Sie um die Ecke auf einen Platz hinter der Therme:

(126) WOMO-Parkplatz: Rapolano Terme

GPS: N 43°16'54" E 11°35'29", Via Terme San Giovanni.
Max. WOMOs: 15. **Öffnungszeit**: Ganzjährig.
Ausstattung: Wasser, Mülleimer.
Beschreibung: Der geschotterte, am Wochenende oft überfüllte, leicht schräge und zumindest am Abend klappstuhlgeeignete Parkplatz hinter der Therme gefällt uns schon wegen der schönen Sicht besser als der Großstellplatz unserer Nr. 127. Im Thermengebäude gibt es eine Gaststätte. Zeitweise stören Geräusche von einem Steinbruch.
Zufahrt: Wählen Sie 10 km nordöstlich von Asciano (die Eisenbahnunterführung ist befahrbar) die südlich von Rapolano zur **Terme San Giovanni** führende Zufahrt (beschildert) und fahren Sie rechts hinter das Gebäude des Bades.

(127) Alternativ können Sie auf dem riesigen **offiziellen Stellplatz** nördlich des Ortes bei der **Terme Antica Querciolaia** stehen; Ver- und Entsorgung, Strom, Toilette, Dusche, klappstuhlgeeignet; 12 €/24 Std.; folgen Sie im Ort der Beschilderung *,Terme Antica'*;
GPS: N 43°17'34" E 11°36'28", Via Trieste. **Öffnungszeit**: Ganzjährig.

TOUR 10
N
10 km
FIRENZE
Tour 4
053
67
Pontassieve
Sant'Ellero
Pélago
70
128
Vallombrosa
Reggello
1060 m
P. della Consuma
129
WC
Castello di Romena
131
Stia
130
132
Pratovecchio
Pieve di Romena
70
310
Poppi
133
Camáldoli
134
71
C
Bibbiena
208
La Verna
Chiusi d. Verna
C
Caprese Michelángelo
3
Pieve S. Stefano
Sansepolcro
135
nach Città di Castello
221
Monterchi
138
73
Anghiari
137
136
WC
nach Arezzo
AREZZO
140
139
141
142
71
PRATOMAGNO
1592 m
VALDARNO
Montevarchi
Búcine
C
1
69
Figline Valdarno
066
Girasole-Club
Incisa
1
Fi. / Sud
222
Tour 5
Greve in Chianti
063
Badia a Coltibuono
072
Radda in Chianti
Tour 5
069
WC

Tour 10: Geheimtipps im Nordosten 200 km

Vallombrosa – Stia – Poppi – La Verna – Anghiari Monterchi – Arezzo

Stellplätze:	bei der Abbazia di Vallombrosa, in Stia, bei Romena, in Pratovecchio, in Poppi, in Sansepolcro, in Anghiari, in Monterchi, in Arezzo
Campingplätze:	bei der Abbazia di Vallombrosa, bei der Einsiedelei von Camaldoli, bei Arezzo
Besichtigen:	die Abbazia di Vallombrosa, die Kirche Pieve di Romena, Poppi und Bibbiena, die Klöster Camaldoli und La Verna, Sansepolcro, Anghiari, Monterchi, Arezzo
Essen:	im Ristorante *Canto alla Rana* in Stia, im Ristorante *Da Alighiero* in Anghiari, in der *Antica Fonte* in Arezzo

In unserer Tourenabfolge entsteht nun ein Bruch, weil Sie im Norden einen Neueinstieg in die Toskana erleben. Unsere 10. Tour führt in die wenig bereiste Nordost-Toskana und bietet den passenden Kontrast zum lieblichen Süden, in den wir erst wieder bei der 12. Tour zurückkehren werden. Die Reise in den Nordosten kostet den unkundigen Leser bisweilen etwas Überwindung, weil die Ziele nicht so geläufig klingen. Fahren Sie trotzdem, Sie werden sich wundern!

Am besten machen wir dort weiter, wo wir bei der 4. Tour aufgehört haben. Womöglich kommen Sie sogar direkt von zu Hause (wobei Sie dann die Autobahn bei der Abfahrt *Firenze/Sud* oder bei *Incisa* verlassen sollten). Wahrscheinlich weilen Sie in Florenz und haben die Nase voll von den Touristenmassen, aber auch vom Zwang zum Kunstgenuss. Wenn dann das Wetter sonnig und warm ist, wenn die Bäume belaubt sind und wenn vielleicht der Ginster blüht, sind die Voraussetzungen ideal für eine Fahrt in die Einsamkeit der Nordost-Toskana, für ein Unterfangen, das Sie auf fast 1.200 Höhenmeter bringt und dessen Beginn ganz einfach ist, falls Sie auf dem Campingplatz im Osten von Florenz genächtigt haben (Nr. 053 unserer Aufzählung). Dann stehen Sie schon an der Straße, die Sie den Arno aufwärts nach Pontassieve führt.

Sie lassen Florenz, Pontassieve (beachten Sie die Ziegelsteinbrücke aus dem Jahr 1555) und das bis dorthin recht hässliche Arnotal hinter sich, und gleich nach dem Abbiegen (Sie können unsere Tourstrecke auch auf einem unteren Bogen über Sant'Ellero wählen) steigt die schmale, aber überall gut befahrbare Straße hoch in eine ländliche, allmählich immer einsamere Mittelgebirgswelt. Am Wochenende, wenn halb Florenz hierher ins Grüne flüchtet, werden Sie die Abgeschiedenheit nicht überall spüren und bestimmt nicht alleine den Tag auf der Hangwiese bei der im Jahre 1055 gegründeten **Abbazia di Vallombrosa** vertrödeln oder sich in der Kirche Decken- und Kuppelmalereien eines Antonio Fabbrini, ein Altarbild von Lorenzo Lippi und Reliquien von Märtyrern betrachten. Und schon gar nicht werden Sie als einzige in dem in vielen Klöstern üblichen Kloster-Gemischtwaren-Laden Liköre und Devotionalien erwerben *(6:30–12 und 15–18 Uhr)*. Einen klappstuhlgeeigneten, **offiziellen Stellplatz** finden Sie beim unteren Parkplatz [**128**: N 43°44'03" E 11°33'21"; Ver- und Entsorgung, 8 € am Wochenende].

Der die Anlage umgebende Mischwald verdankt seinen alten Bestand den Mönchen des Vallombroser-Ordens, dessen forstwirtschaftliche Aufgaben erst in der zweiten Hälfte des 19. Jahrhunderts vom Staat übernommen wurden. Seit dem Jahr 1963 leben wieder etwa 12 Ordensbrüder in der Einsamkeit am Pratomagno, jenem Bergrücken, den Sie am Paso della Consuma überqueren (trotz des Verkehrsschildes, das breitere Fahrzeuge als 2,30 m verbietet, ist die Straße bis 2,40 m Breite (ohne Spiegel) problemlos; auf dem direkten Weg von Pontassieve zum Pass gibt es ohnehin keine Breitenbeschränkung).

Am 1.060 Meter hohen **Paso della Consuma**, den Sie ohne Abstecher nach Vallombrosa wesentlich einfacher und schneller über die SS 70 erreichen, schweift ein weiter Blick ins **Casentino**. So heißt das Tal des Arnooberlaufs, was Sie nicht wundern soll, denn der Fluss macht südlich eine große Schleife um den Pratomagno, sodass er hier vor und hinter Ihnen vorbeifließt. Es ist vor allem der landschaftliche Zauber, der diese Tour so lohnend macht, besonders Ende Mai/Anfang Juni, wenn der Ginster die Hänge gelb färbt.

Auf halbem Weg vom Consuma-Pass nach Poppi biegen wir nach Norden ab, um in der wunderbaren Mittelgebirgswelt

In Stia

Sprung in den Arno

der Nordosttoskana zum ersten Mal zu übernachten. Bei schönem Sommerwetter werden daraus vielleicht mehrere Nächte, denn Sie können bei **Stia** im glasklaren, aber selbst im August erfrischend kühlen Wasser des hier noch jungen **Arno** wunderbar baden, an seinem Ufer sensationell essen und sich mit Helm und Seilsicherung zwischen den Bäumen den Hunger anklettern. Den werden Sie nämlich brauchen, um die riesigen Portionen des **Ristorante *Canto alla Rana*** zu schaffen, köstliche *Ravioli* mit Kartoffelfüllung beispielsweise. Ein besseres Preis-/Leistungsverhältnis finden Sie in meinen Reiseführern selten *(das Lokal liegt wenige Schritte unterhalb des nacherwähnten Stellplatzes ein paar Meter abseits des Arno; Tel. 0575 504505, Mo. Ruhetag, keine Kreditkarten, Abendessen ab 20 Uhr; Leser fanden das Lokal geschlossen vor, vermutlich war das nur vorübergehend; ersatzweise empfehle ich L'Ospitale dei Brilli, im Ort am Wasserfall).* Der offizielle Stellplatz zu diesem kleinen Naherholungsgebiet bedarf inzwischen leider einiger Reparaturen:

(129) Offizieller WOMO-Stellplatz: Stia

GPS: N 43°48'15" E 11°42'10", SP 556. **Max. WOMOs**: 8.
Öffnungszeit: Ganzjährig.
Ausstattung: Ver- und Entsorgung (zum Entleeren der Toilette den Rost ein Stück nach hinten ziehen), kostenloser Strom, Toilette (am Fluss bei den Kletterbäumen, aber häufig verschlossen), Mülleimer.

Beschreibung: Der geschotterte, klappstuhlgeeignete Platz liegt am Rand der Bebauung oberhalb eines Abenteuerparks mit Kletterbäumen und Gaststätte. Sie können im nahen, kühlen Fluss bei einer Liegewiese baden. In den Ort führt ein kurzer Fußweg entlang dem Fluss oder neben der Gaststätte.

Der Untergrund ist nach einem Hangrutsch stellenweise beschädigt, was Vandalen animiert hat, die Beleuchtung zu zerstören.
Zufahrt: Der Stellplatz ist in Stia als *'Area Attrezzata'* beschildert.

(130) Knapp 5 Kilometer nördlich von Stia liegt auf etwa 840 m Höhe der von Mitte Mai bis Anfang September geöffnete und in Stia beschilderte **Campingplatz Falterona**, den wir noch nicht selbst besucht, den aber mehrere Leser samt seinem Ristorante hoch gelobt haben;
GPS: N 43°49'47« E 11°42'20«.

Aber auch **Stia** selbst (2.800 Einwohner) ist sehenswert. Wenn man sich nicht vom Stellplatz aus zu Fuß nähert, übersieht man leicht das *Centro storico* mit einem lang gestreckten Platz und einer unscheinbaren Kirche, der man keine Schätze zutraut. Umso überraschender sind das wunderbare Triptychon von Bicci di Lorenzo (1414, rechte Seitenwand kurz nach dem Eingang) und das anmutige Terrakotta-Relief *Madonna mit Kind* von Andrea Della Robbia (um 1500, Kapelle links des Altars; in der Kapelle rechts des Altars finden Sie eine weitere Arbeit von Della Robbia).

Schon nach wenigen Kilometern auf dem Weg nach Süden müssen Sie in **Pratovecchio** die Hauptverkehrsstraße erneut verlassen. Sie fahren am unspektakulären Stellplatz vorbei und halten nach einer sehr kurzen Bergstrecke die Luft an, wenn plötzlich die eigentümliche Arkadenapsis der im Jahre 1152 erbauten romanischen Kirche **Pieve di Romena** vor Ihnen auftaucht. Weniger einladend ist das **Castello di Romena**, trotz seiner makellosen Zypressenallee. WOMOs sind hier

Pieve di Romena

unerwünscht, und besichtigen kann man das Schloss ebenso wenig. Früher war die Gastfreundschaft größer, als Dante im Jahre 1301 während seiner Verbannung bei den Guidi-Grafen Unterschlupf fand, die bis Mitte des 14. Jahrhunderts gegenüber Florenz ihre Unabhängigkeit verteidigen konnten. Der minimale Umweg rentiert sich aber auch wegen des schönen Stellplatzes auf den Terrassen seitlich der Kapelle:

(131) WOMO-Parkplatz: Pieve di Romena

GPS: N 43°46'28" E 11°42'55", SP 73. **Max. WOMOs**: 5.
Ausstattung: Mülleimer.
Beschreibung: Der geschotterte, leicht schattige Parkplatz ist am Abend klappstuhlgeeignet. Die einsame Lage wird durch das direkt angrenzende das Haus der Kustodin der Kirche gemildert.
Zufahrt: Der Platz liegt an der südlichen Verbindungsstraße der SS 70 zur SS 310, südlich des Castello di Romena; Sie können auch auf einer Straße vom Castello hierherfahren.

(132) Einen nicht ganz so ansprechenden, aber **offiziellen Stellplatz** auf Asphalt finden Sie in **Pratovecchio**, im südwestlichen Ortsteil, an der Strecke von Platz Nr. 131 am Ortseingang rechts zum Sportplatz, mit Entsorgung. **GPS**: N 43°47'11" E 11°43'13"; Via Uffenheim.

Poppi – Rathaus

Ins nahe **Poppi** (6.100 Einwohner – *Uno del Borghi più belli d'Italia – Einer der schönsten Orte Italiens*) fährt man, um sich die Burg aus dem 13. Jahrhundert anzusehen, den Stammsitz der Guidi, und dabei besonders den Hof, in der Burgkapelle die Fresken eines Giotto-Schülers und die ehemaligen Wohnräume. Das Kastell wurde vor ein paar Jahren restauriert und beherbergt meistens auch eine Ausstellung; lohnend ist die Sicht vom Turm *(täglich 10–18 Uhr; 7 €)*. Der Blick reicht bis zur erwähnten Burg von Romena, die der von Poppi gleicht. Ausgesprochen reizvoll ist das Städtchen selbst, mit einem Brunnen in der Ortsmitte und schattigen Säulenarkaden, die auf den kleinen Kuppelbau des Oratorio Madonna del Morbo (Seuchenkirche) zulaufen. Der Kauf einer Ansichtskarte wird hier schon fast zum Problem. Der Stellplatz ist an heißen Sommertagen nicht die erste Wahl. Deshalb haben wir uns von *park4night* mit blumigen, in den höchsten Tönen

Poppi – Seuchenkirche

geflöteten Lobpreisungen auf den Campingplatz *La Pineta*, vier Kilometer nördlich, locken lassen. Wir haben aber beim Anblick einer staubigen, düsteren Dauercamperkolonie trotz des Pools schnell gewendet:

(133) Offizieller WOMO-Stellplatz: Poppi

GPS: N 43°43'11" E 11°45'56", Viale dei Pini.
Max. WOMOs: 6-8.
Öffnungszeit: Ganzjährig.
Ausstattung: Ver- und Entsorgung, Strom, Mülleimer.
Beschreibung: Das ist ein großer, mit WOMO-Symbol bezeichneter Asphaltparkplatz, der sich nicht für längere Aufenthalte eignet. Der historische Ortsteil mit Gaststätten liegt direkt darüber, Lebensmittelgeschäfte habe ich dort nicht mehr gesehen, diese finden Sie im modernen Poppi unten am Fluss.
Zufahrt: Fahren Sie auf der westlichen, für Lkw frei gegebenen Straße hoch in den alten Ortsteil von Poppi, vor dem Scheitel des Hügels bei der Schule sehen Sie links den Parkplatz.

Bibbiena (11.000 Einwohner) ist zwar nicht ganz so stimmungsvoll wie Poppi, aber es hat, weil größer, noch mehr den Charme einer italienischen Kleinstadt in der Provinz und besitzt mit den Fresken und Glasfenstern der **Kirche San Ippolito** auch eine bescheidene Sehenswürdigkeit. Am lohnendsten sind die Gassen der Hügelstadt. Nicht zu große Fahrzeuge parken am besten auf dem geräumigen Platz in der Via delle Monacche (N 43°41'35" E 11°49'08").

Wer mit kurvenfesten Angehörigen gesegnet ist, nimmt sich von Bibbiena aus die **Abbazia di Camaldoli** vor, besonders die geschnitzten Regale der alten Apotheke aus dem 15. und 16. Jahrhundert, vielleicht sogar den von den Kamaldulenser-Mönchen hergestellten Lorbeerlikör, den mir ein Leser mit der Umschreibung, er sei scharf und süß zugleich, empfohlen hat *(Mo. bis Sa. 9–12 und 15–18 Uhr)*. Noch sehenswerter sind, fünf Kilometer oberhalb und auf 1.100 Meter Höhe, die Häuschen des **Eremo di Camaldoli**, wo man gerne auch selbst mal einsiedeln möchte, mit eigenem kleinen Garten und in bester Bergluft *(So. geschlossen)*. Letztere können Sie auf dem karg ausgestatteten, aber schön gelegenen **Campingplatz** tief einatmen [**134**: N 43°47'10" E 11°49'09"; Mitte Juni bis Mitte Sept.; die Stellplätze grenzen an die Straße zu den Einsiedlern].

Klösterlich eingestimmt und auf Kurven vorbereitet, können Sie sich nun die bekannteste Abbazia (*Abtei*; eine *Abbadia* ist übrigens dasselbe) der Gegend – und die schlimmsten Spitzkehren – zumuten. Franz von Assisi (Näheres in meinem Rei-

seführer über Umbrien) soll nach dem Jahr 1214 hier oben auf 1.128 Meter Höhe seine Wundmale (Stigmata) abbekommen haben, wo heute im **Kloster La Verna** Franziskaner-Mönche Heerscharen von Gläubigen die Stätten der Franziskusverehrung zeigen: die Stigmatisierungskapelle, die Antoniuskapelle, wo der Heilige Antonius zu Besuch weilte, ferner die Schlucht, in die der Teufel den Heiligen Franz hinabstoßen wollte. Und natürlich im Wandelgang auch den Freskenzyklus über das Leben von Franziskus. Wie auch in Assisi verspüren wir sehr viel Frömmigkeit. So viel, dass es mir irgendwann scheint, als betrachte mancher Pilger die aufgekratzten Stiche meiner nackt in Sandalen steckenden Füße mit ehrfürchtiger Aufmerksamkeit *(6:30 Uhr bis Sonnenuntergang; kostenlos)*. Wohnmobile werden über Nacht nicht mehr geduldet: (N 43°42'27" E 11°56'11").

Unverbesserliche Toskanafans fahren von hier aus nach **Caprese Michelangelo** zum Geburtsort Michelangelos (mit in die Jahre gekommenem Campingplatz), wo es aber wenig zu sehen gibt. Der Normalo reist weiter nach **Sansepolcro** (16.000 Einwohner), um im **Museo Civico** mehrere hochberühmte Bilder von **Piero della Francesca** zu sehen, eines wahrhaft genialen Malers, dessen Werke uns auch in Monterchi und Arezzo begeistern werden. In Sansepolcro hat sich Piero auf der *Auferstehung* selbst gemalt – mit braunem Oberteil inmitten der schlafenden Soldaten *(9:30–13 und 14:30–19 Uhr; 12 €)*. Auch das Geburtshaus existiert noch, zwischen Rathaus und Kirche mit der Hausnummer 71. In der **Kathedrale** hängt an der linken Wand zudem das restaurierte Himmelfahrtsgemälde von Perugino, von dem im Umbrienreiseführer ebenfalls öfter die Rede ist. Sansepolcro gibt sich in der Innenstadt mit einem offiziellen Stellplatz WOMO-freundlich:

(135) Offizieller WOMO-Stellplatz: Sansepolcro

GPS: N 43°34'12" E 12°08'12", Viale Alessandro Volta. **Max. WOMOs**: 15.
Öffnungszeit: Ganzjährig. **Ausstattung**: Ver- und Entsorgung, Mülleimer.
Beschreibung: Der Asphaltplatz vor der Stadtmauer ist ein typischer innerstädtischer Park- und Stellplatz mit einem Hauch von Reiz und grasigen Rändern. Der Platz ist bisweilen von Pkw belegt und wirkt dann leicht chaotisch. Außerdem stehen hier einige der auf kostenlosen Plätzen üblichen Wohnmobile der Anwohner.
Zufahrt: Der Platz liegt gut beschildert südwestlich der Altstadt in der Nähe des Bahnhofs.

Anghiari

Auch **Anghiari** (5.800 Einwohner) darf sich *Uno del Borghi più belli d'Italia* nennen. Die Wirklichkeit an einem steilen Hang steht dem nicht nach. Sie müssen es sich selbst anschauen, auch wenn große Baudenkmäler fehlen. Am besten bleiben Sie über Nacht, im Sommer möglichst auf dem schön gelegenen Gelände eines Bauernhofes, das hier im Gegensatz zu vielen vergleichbaren *Agriturismi* ganz nahe am historischen Zentrum liegt. Leider hat sich das herumgesprochen, weshalb man nicht immer einen Platz bekommt. Der freundliche Besitzer hat uns einen Notplatz seitlich seiner Traktorenüberdachung zur Verfügung gestellt, der fast besser, jedenfalls weitläufiger war als sein eigentliches Campinggelände: Schlimmstenfalls müssen Sie auf den nahen offiziellen Parkplatz ausweichen, der selbst im Sommer trotz seines Asphaltes keine Strafe ist:

(136) Offizieller WOMO-Stellplatz: Anghiari
Agriturismo Val della Pieve

GPS: N 43°32'12" E 12°03'07", Via della Fossa 8.
Max. WOMOs: 10.
Öffnungszeit: Ganzjährig.
Ausstattung: Ver- und Entsorgung, Toilette, warme Dusche, großer Pool, Mülleimer.
Beschreibung: Das campingplatzähnliche Gelände mit sehr schönem Blick liegt nur 800 Meter vom zentralen Platz in der Altstadt entfernt. Selten steht man etwas eng. Ich habe den Eindruck, dass der landwirtschaftliche Betrieb aufgegeben worden ist und man nur Gäste empfängt. **Preise**: 20 €; Pool 5 €.
Zufahrt: Fahren Sie an der südwestlichen Zufahrt von der SS 73 Richtung Anghiari und biegen Sie oberhalb der Altstadt gegenüber einer Parkanlage von der SP 47 nach Westen bergab ab (Achtung auf dem Weg von Sansepolcro – also unterhalb der Altstadt – nicht dem Navi vertrauen, das Sie durch die Altstadt lotst).

(137) Offizieller WOMO-Stellplatz: Anghiari

GPS: N 43°32'20" E 12°03'11", Via del Campo della Fiera.
Max. WOMOs: 10. **Öffnungszeit**: Ganzjährig.

Ausstattung: Ver- und Entsorgung, Mülleimer, Toilette (im Park am Ende des Spielplatzes schräg gegenüber).
Beschreibung: Das ist ein für die reine Übernachtung brauchbarer Asphaltplatz am Rand der Altstadt, wo Sie selbstverständlich Gaststätten und Geschäfte finden, den Bäcker in der hintersten Ecke des Platzes rechts nach 450 m.
Zufahrt: Fahren Sie an der südwestlichen Zufahrt von der SS 73 Richtung Anghiari und später südwestlich oberhalb der Altstadt auf einen Parkplatz links über der SP 47 – ganz in der Nähe des vorgenannten *Agriturismo*.

Von beiden Plätzen spazieren Sie bequem in die Altstadt und freuen sich oberhalb der schnurgeraden, steilen Straße, die schanzenartig auf Sansepolcro zuläuft, dass Sie nicht Ihr Fahrrad ausgepackt haben. Sie wünschen dem bald rechts auftauchenden, wunderbar gelegenen Hauptplatz, dass eines Tages unter dem Garibaldi-Denkmal keine Autos mehr parken und sich selbst, dass Sie noch einen Tisch ergattern, wenn Sie am schmalen Ende dieser *Piazza* halb links leicht abwärtsgegangen sind. Dort stoßen Sie nämlich auf die mit Gastroauszeichnungen reichlich beklebte Tür des **Ristorante *Da Alighiero***, das unter einem ähnlichen Nachteil leidet wie obiger Stellplatz: Es ist überaus beliebt. Zu wirklich anständigen Preisen werden Sie in einem unserer Lieblingslokale in einem malerischen dekorierten Speiseraum perfekt bewirtet, und es schmeckt, als habe die italienische *Mama* traditionelle Familienrezepte zeitgemäß verfeinert. Aber es ist Silvia aus Hagen, die hier seit über 30 Jahren so perfekt kocht, Brot backt und mit ihrem sympathischen Mann Gianni das Ristorante betreibt *(wir bekamen eine halbe Stunde vor dem Abendessen den letzten Tisch, viele spätere Gäste mussten abgewiesen werden; Via Garibaldi 8, Tel. 0575 788040; Di. geschlossen).*

Treten Sie auf dem nächtlichen Heimweg in der Nähe der beiden Stellplätze noch einmal an die Balustrade, um den weiten Blick in die Ebene auf das Lichtermeer von Sansepolcro und die Altstadt von Anghiari nicht zu versäumen. Das Städtchen steht in den Geschichtsbüchern, weil hier im Jahr 1440 die Florentiner in einer Schlacht die Mailänder besiegt haben, was für die Existenz der heutigen Toskana maßgeblich war. Davon erzählt das örtliche **Museum**, in dem auch des historischen Scheiterns gedacht wird: Keinem Geringeren als Leonardo da Vinci war der Großauftrag erteilt worden, die Schlacht auf einem Wandbild im Palazzo Vecchio in Florenz zu verewigen. Aber als man Feuer angezündet hat, um den Trocknungsprozess der Farben im Putz zu beschleunigen, wurde das Bild irreparabel beschädigt. Drei Arbeitsjahre waren umsonst!

Das Kunstwerk im Dorf **Monterchi** hat die Zeit überdauert. Es ist ein einziges Fresko, die ***Madonna del Parto***, mit der Piero della Francesca um 1445 die örtliche Friedhofskapelle ausschmücken durfte. Man hat das Bild erst 1888 wiederentdeckt und schon 1925 auf Leinwand übertragen. Bevor untaugliche Restaurierungsversuche und Pilzbefall das Meisterwerk zunichtemachen konnten, wurde es 1993 überarbeitet und konserviert. So kann die schwangere Maria (Piero war der Erste, der

Madonna del Parto

die Dame in anderen Umständen freskiert hat) heute in alter Leuchtkraft betrachtet werden, was Ihnen einen Kunstgenuss ersten Ranges beschert *(neben Fotos von der Rettungstat; Musei Civici Madonna del Parto 9–13 und 14–19 Uhr, kein Ruhetag; 6,50 €).*

Die schönste, leider auch kleinste Möglichkeit zur Übernachtung finden Sie am Rand eines Baches neben einer Wiese und vor Sträuchern, aus denen im Mai Nachtigallen ein Lied trällern:

(138) WOMO-Parkplatz: Monterchi

GPS: N 43°29'10" E 12°06'33", Via del Mattatoio.
Max. WOMOs: 4.
Ausstattung: Bänke und Tisch, Wasserhahn, Spielplatz, Grillstelle. **Beschreibung**: Der kleine, geschotterte Parkplatz mit Schatten unterhalb des Ortes in der Nähe von Häusern ist eigentlich nur für Pkw erlaubt (das entsprechende Schild steht nur an der Zufahrt von einer Seite), WOMOs werden aber geduldet und sollten unter 8 m lang sein.
Zufahrt: Biegen Sie von der SS 221 nach Monterchi ab und fahren Sie am Fuß des alten Ortskernes nach rechts zu einem kleinen Parkplatz neben einem Spielplatz und Sportgelände. Leser berichten von gelegentlich mit Mopeds und auch mal mit einem Joint nervenden Jugendlichen. In der Nähe der SS 221 finden Sie weitere Möglichkeiten für Großmobile.

Ist man auf den Geschmack gekommen, gehört man schnell zur Fangemeinde der Piero-Süchtigen und hechelt in **Arezzo** (99.000 Einwohner) in die **Basilika San Francesco**, das weltberühmte (ehemalige) Gotteshaus, dem Piero den Beinamen »della Francesca« verdankt. Die **Kreuzlegende** – das ist die Geschichte des Kreuzes, angefangen mit der Pflanzung des Baumes für das Holz – aus der Zeit um 1460 gilt als einer der schönsten Renaissance-Zyklen überhaupt und war lange Zeit auch eines der größten Sorgenkinder der Kunstwelt. Chemische Reaktionen der Maltechnik, Feuchtigkeit und Umwelteinflüsse hatten den grandiosen Fresken schlimm zugesetzt. Aber mit gewaltigem technischem und finanziellem Aufwand hat man die Rettung geschafft (und stellt sie illustrativ zur Schau). Den 10 Bildern in der Kirchen-Apsis, der Cappella Bacci, ist sie bestens bekommen, man kann sie seit vielen Jahren wieder vollständig bestaunen. Aber häufig nur nach vorheriger Buchung der Tickets, denn es werden lediglich 25 Personen gleichzeitig für 30 Minuten eingelassen. Leider wird Ihnen nicht der charmante Inder helfen, der in dem Film *Der Englische Patient* die Krankenschwester Hanna an dem Seil eines Flaschenzuges hochgezogen hat, damit jene sich genau diese Bilder von ganz nah anschauen konnte. Sie müssen sich anmelden, kaum ein Kunstwerk in der Toskana ist lohnender (*unter www.pierodellafrancesca-ticketoffice.it/, wo Sie problemlos mit der Kreditkarte oder PayPal bezahlen können; wir haben zuletzt Ende August am Vortag Karten per Smartphone gebucht, wobei man uns keine Bestätigung geschickt hat; man musste an der Ticketkasse das Smartphone mit der Paypal-Bestätigung vorweisen; wenn man sich auf der Internetseite durchklicken kann, ist die Reservierung offenbar erfolgt; theoretisch oder bei einer Störung, die stattfand, als ich diesen Text überarbeitet habe, kann man stattdessen unter Tel. 0575 352727 oder vor Ort buchen; die Vorbuchungszeit variiert – kaufen Sie so früh wie möglich; Sie werden auch nur zu der gebuchten Zeit vorgelassen, die Kontrolle ist penibel; Mo. bis Fr. 9–19 Uhr, Sa. 9–18 Uhr, So. 13–18 Uhr; 8 €*). Inzwischen wird man nur noch mit Ticket in das Innere der ehemaligen Kirche vorgelassen, weshalb man die Fresken nicht mehr aus der Ferne bestaunen kann.

Teil der Kreuzlegende

Den **Dom** und darin (im linken Seitenschiff rechts der Tür zur Sakristei) Pieros Fresko von der Heiligen Magdalena, ferner die wunderbaren Glasfenster aus dem 15. Jahrhundert können Sie inzwischen auch über Mittag besichtigen *(6:30–19 Uhr)*.

Arezzo – Piazza Grande vor dem Sarazenenturnier

Nicht weit ist es von hier bergab zur **Piazza Grande**, einem asymmetrischen, abschüssigen Platz, der von malerischen Palazzi umstanden ist. Einer der schönsten toskanischen Plätze! Beachten Sie auch die sehenswerte Fassade der Kirche **Santa Maria delle Pieve**, seitlich der Piazza. Diese war Kulisse des bekannten Films *Das Leben ist schön* (an mehreren Stellen sieht man auf Bildern Szenen des Films am Drehort) und hier sowie fast in der gesamten Altstadt werden an jedem ersten Wochenende eines Monats die Stände des berühmtesten **Antiquitätenmarktes** Italiens aufgebaut.

Anfang September wird das Großereignis, zu dem Sammler aus ganz Mittelitalien anreisen, aber vollständig in die Gassen verlagert, weil ein noch größeres Schauspiel ansteht: das ***Sarazenenturnier***, bei dem acht Reiter der vier Stadtteile mit schweren Lanzen gegen hölzerne Puppen, die Sarazenen, kämpfen, die nach schlechten Treffern mit Bleikugeln zurückschlagen. Die schräge Ebene des Platzes ist dann mit riesigen Lehmmengen begradigt, und die Harmonie des Ensembles ist – auch wegen der Tribünen – kaum noch auszumachen (Mitte Juni und Anfang September).

Arezzo – Santa Maria della Pieve

Arezzo ist insgesamt eine sympathische Stadt, die in den letzten Jahrzehnten wegen der dort ansässigen Gold- und Silberverarbeitungsindustrie beträchtlich gewachsen ist. Entsprechend unübersichtlich sind die Vorstädte – und die Parkplatzsuche, bei der Sie zugleich eine gleichfalls zur Übernachtung geeignete Möglichkeit finden werden. Folgen Sie Ihrem Navi auf die Nord-Ost-Seite der Stadt, unterhalb der Stadtmauer und hinter den Dom:

(139) Offizieller WOMO-Stellplatz: Arezzo – Piazza Tarlati

GPS: N 43°28'21" E 11°53'01", Via Guido Tarlati.
Max. WOMOs: 30.
Öffnungszeit: Ganzjährig. **Ausstattung**: Mülleimer.
Beschreibung: Das ist ein Großparkplatz, auf dem offiziell nur die hintere (schönere) Seite für WOMOs frei gegeben ist; man kann unbeanstandet auch auf der anderen stehen. Der Platz leidet (weil er kostenlos ist) unter vielen abgestellten Wohnmobilen, weshalb er auch etwas unsicher wirkt. Besser ist nach unserer Einschätzung der nächstgenannte Stellplatz, der nur wenig weiter von der Innenstadt entfernt ist, die von beiden Plätzen problemlos über eine Rolltreppe *(Scala mobile)* zu Fuß erreicht werden kann. Die Zukunft des Platzes wirkt aber unsicher: An der Seite ist ein Neubaugebiet nähergekommen. Allerdings scheinen die Baumaßnahmen seit längerer Zeit ins Stocken geraten zu sein.
Zufahrt: In erster Linie müssen Sie beachten, dass das Gelände auf der Nordostseite der Altstadt liegt, fast auf der dem Bahnhof gegenüberliegenden Seite; der Platz heißt *Tarlati* und ist rund um die Stadt auch so beschildert – wer von Norden kommt, fährt direkt vor dem Stadttor links und folgt nach etwa 400 m dem Parkplatzschild. Kommen Sie aus Sansepolcro, fahren Sie Richtung *'Centro'* und ab dem Verbotsschild an einer Ampel rechts, bis Sie den braunen Wegweiser *'P-Tarlati'* sehen.

(140) Offizieller WOMO-Stellplatz: Arezzo Piazza Palestrina

GPS: N 43°28'19" E 11°53'18", Via Pierluigi da Palestrina.
Max. WOMOs: 20. **Öffnungszeit**: Ganzjährig.
Ausstattung: Ver- und Entsorgung, Mülleimer.
Beschreibung: Dieser schattenlose, gut besuchte Platz ist meine Empfehlung für Arezzo. Wegen der Gebührenpflicht gibt es keine abgestellten Fahrzeuge, und Sie können auf gepflastertem Untergrund oder neben einem grasigen Bereich auch auf Klappstühlen sitzen.
Preise: 0,80 €/Std.; 8 €/24 Std.
Zufahrt: Fahren Sie auf der Via Guido Tarlati, das ist die Durchgangsstraße seitlich des vorgenannten Stellplatzes, ein paar Meter nach Südosten (Richtung Monterchi; vom vorgenannten Stellplatz beim neuen Kreisverkehr links) und dann in die erste Seitenstraße nach rechts (bei einem Zebrastreifen, die Beschilderung ist schlecht zu sehen).

(141) GPS: N 43°27'14" E 11°52'44", Via Duccio di Buoninsegna.
Es gibt noch einen **weiteren** wenig schönen, schattenlosen und relativ lauten **offiziellen Asphaltplatz** südlich der Innenstadt mit Ver- und Entsorgung und sogar Strom; **Preise**: 0,80 €/Std.; 8 €/24 Std.

(142) Der von März bis Nov. geöffnete **Campingplatz *Le Ginestre*** liegt östlich im Ortsteil Ruscello ein paar Kilometer nördlich der Straße zur Autobahn A 1,9 km vom Zentrum entfernt und wurde von Lesern sehr gelobt; **GPS**: N 43°26'59" E 11°47'24", Tel. 0575 363 566; http://lnx.campingleginestre.it/.

In einer schönen Stadt mit passablen Stellplatzbedingungen erwarten Sie sicher noch kulinarische Empfehlungen: Gehen Sie in die ***Antica Fonte***. Wo die meisten Touristen nicht mehr hinfinden, wird richtig gut traditionell gekocht und auch im Freien aufgetischt *(Via Porta Buia 18, Tel. 0575 28038; kein Ruhetag; sehr preiswert).*

TOUR 11
nach Firenze
nach Arezzo
Tour 10
Val di Chiana
Castiglion Fiorentino
nach Città di Castello
Monte San Savino
146
145 WC
147
Cortona
nach Siena
143
144
Lucignano
Foiano
326
71
Trasimenischer See
Band 12 WOMO-Reiseführer Umbrien und Marken
Sinalunga
118
119
Montepulciano
116 WC
146
120 WC
Tour 9
Chianciano
148
152
Pienza
Monticchiello
121
Lago d.Chiusi
Chiusi
nach Siena
112 WC
Chianciano-Terme
S. Quirico
Lucciolabella
La Foce
153
150
149
Sarteano
nach Montalcino
151
Cetona
478
1148 m
M. Cetona
Bagni S. Filippo
154
Giardino di Spoerri
Seggiano
Pescina
Radicófani
156
155
Castel del Piano
Monte Amiata
1738 m
Abbadia S. Salvatore
478
157 WC
42°52'46"
11°40'06"
Monticello Amiata
Arcidosso
160
Piancastagnaio
158
Aiole
Zancona
42°51'06"
11°41'14"
159
Santa Fiora
Parco Faustico
Tour 12
10 km
nach Bolsena

Tour 11: Von Südosten zum Monte Amiata 240 km

Lucignano – Cortona – See von Chiusi – Radicofani Monte Amiata – Arcidosso – Santa Fiora

Stellplätze:	in Lucignano, in Cortona, am See von Chiusi, in Chiusi, in Sarteano, in Chianciano-Terme, bei La Foce, in Radicofani, in Castel del Piano, in Arcidosso, in Santa Fiora
Campingplätze:	in Sarteano, in Monticello Amiata
Besichtigen:	Lucignano, Cortona, Chiusi, Sarteano, Badestelle von Bagni San Filippo, Radicofani, Giardino di Daniel Spoerri bei Seggiano, Parco Faustico bei Arcidosso, Santa Fiora
Wandern:	bei Cortona
Essen:	Enoteca *Pane e Vino* oder *Osteria del Teatro* in Cortona, Pizzeria *La Locanda dei Tintori* oder *Osteria da Gagliano* in Sarteano

Auf dem Weg nach Cortona gönnen wir uns einen Abstecher auf die Westseite des Valdichiana (Chiana-Tals) und betrachten in der auf einen Hügel gebauten Altstadt von **Monte San Savino** einen bemerkenswerten Palazzo und gegenüber eine Loggia aus dem 16. Jahrhundert mit kunstvollen Pilastern und korinthischen Säulen. Auf einem kostenlosen offiziellen Stellplatz können Sie übernachten [**143**: N 43°19'53" E 11°43'21", Via D. O. Zefferi, Ver- und Entsorgung].

Besser gefällt uns der Stellplatz von **Lucignano** (3.500 Einwohner), zumal das Städtchen zu den reizvollen, aber nicht überlaufenen Zielen gehört. Das liegt weniger an herausragenden Sehenswürdigkeiten. Dazu zählt allenfalls das **Museum** mit einem Freskenzyklus aus dem 15. Jahrhundert und einem

Lucignano – der Stellplatz liegt seitlich der rechten unteren Bildecke

Reliquienschrein aus purem Gold in der Form eines zwei Meter hohen Baums *(Mittagspause 13–15 Uhr, außer von Juni bis Aug. Di. geschlossen; 5 €)*. Die Bekanntheit beruht vielmehr auf der erfolgreichen Verbreitung des Luftbildes, das viele Poster und noch mehr Postkarten ziert. Das Nest auf einer Bergkuppe hat nämlich zwei in Form einer Ellipse nebeneinander verlaufende Gassenzüge und weckt daher in besonderem Maße Erinnerungen an das Mittelalter. Der Stellplatz liegt unterhalb des Dorfes:

(144) Offizieller WOMO-Stellplatz: Lucignano

GPS: N 43°16'35" E 11°44'43", SP 19. **Max. WOMOs**: 40.
Öffnungszeit: Ganzjährig.
Ausstattung: Ver- und Entsorgung, Strom, Mülleimer.
Beschreibung: Das weitgehend schattenlose, großflächige Wiesengelände liegt nett unterhalb des bequem zu Fuß erreichbaren Dorfes (Gaststätten und Geschäfte). Sie dürfen hier nach Belieben auf Klappstühlen lümmeln. Leser haben über Straßengeräusche geklagt, die uns vermutlich wegen der Jahreszeit nicht gestört haben. Andere Leser konnten bei starkem Regen die Wiese nicht befahren. Da der Platz nichts kostet, ist er zeitweise sehr gut besucht.
Zufahrt: Fahren Sie an der nördlichen Zufahrt seitlich der Straße nach Monte S. Savino unterhalb des Ortes mit dem *,P'* auf eine große Wiese, die aussieht wie ein ehemaliges Fußballfeld.

Je nach Tageszeit können Sie Ihren Schlafplatz auch auf der anderen, der östlichen Seite des Valdichiana suchen, geradezu in Sichtweite und schon fast in Umbrien. Das Stellplatzareal von **Cortona** (22.000 Einwohner) liegt auf 650 Meter Höhe und auf einer fantastischen Aussichtsterrasse, von der Sie die Ebene von Chiana überblicken. Die dortigen Übernachtungsplätze gehören zu den schönsten der Toskana, weil Sie auswählen dürfen, ob Sie den stimmungsvollen Platz unter Zypressen an einer steinernen Balustrade oder verwegener, die Etage höher, mit Blick bis zum Trasimenischen See und nach Montepulciano, bevorzugen. Sie stehen auf dem großen Parkplatz der Wall-

Cortona – Blick zum Trasimenischen See und nach Umbrien

fahrtskirche Santa Margherita oder vor der darüber thronenden Festung der Medici, wo Sie sich einen ganzen Tag lang ins Gras auf die Wiese setzen können. Das ist wegen der Sicht (die am Tag unseres Fotos wegen Regen leider schlecht war), unser Haupttipp. Sie müssen dort aber bereit sein, etwas einsam zu stehen:

(145) WOMO-Parkplatz: Cortona Kirche Santa Margherita / Fortezza

GPS: N 43°16'35" E 11°59'36", Via Raimondo Bistacci.
Max. WOMOs: 5.
Ausstattung: Toilette (hinter der Kirche, nachts verschlossen), Wasser an der Mauer rechts vom Eingang der Festung.
Beschreibung: Streng genommen sind es zwei Plätze: einer an der Balustrade bei der Kirche (ohne besondere Sicht) und einer eine Etage höher vor der Festung (mit Sicht). Schauen Sie sich die Fotos an, und Sie wissen fast alles. Man wundert sich, dass es weiterhin möglich ist, sein Wohnmobil derart schön auf den leicht einsamen, geschotterten Parkplatz hinter der Balustrade zu parken. Theoretisch kann man von hier in den Ort spazieren, was aber wenig Sinn macht. Wenn man sich im Cortona aufhalten möchte, ist der folgende Stellplatz der Sinnvollere.

Zufahrt: Fahren Sie in Cortona außerhalb des historischen Zentrums an der Stadtmauer und dem beschilderten *'P'* vorbei, nördlich um die Stadt bergauf; zuletzt Wegweiser *'Santa Margherita'*. Vom ersten Parkplatz, auf dem Sie an der Balustrade stehen können, führt ein Weg auf den höher gelegenen, zweiten Parkplatz mit weniger Platz vor der Festung.

(146) Offizieller WOMO-Stellplatz: Cortona

GPS: N 43°16'23" E 11°59'15", Viale C. Battisti.
Max. WOMOs: 8-10.
Öffnungszeit: Ganzjährig.
Ausstattung: Mülleimer.
Beschreibung: Der Mischparkplatz ist ein reiner Übernachtungsplatz mit schöner Sicht. Hier sollten Sie auch für die Stadtbesichtigung parken. Ins nahe Zentrum (Gaststätten, Geschäfte) gelangt man über zwei Rolltreppen. Auf dem Platz sind tagsüber bisweilen die Parklücken rar, weil auf den für WOMOs reservierten Bereichen Pkw abgestellt sind; besonders am Samstag wegen des Marktes. Abends wird immer etwas frei.
Zufahrt: Wenn Sie von der SS 71 nach Cortona bergauf fahren, kommen Sie noch unterhalb des Zentrums zu dem ausgeschilderten Gelände.

(147) In der Ebene wurde ein wenig attraktiver **offizieller Stellplatz mit Ver und Entsorgung** angelegt, von dem es ins Zentrum allerdings 2,5 km sind. **GPS**: N 43°16'51" E 11°57'52"; nordwestlich und westlich der Straße nach Arezzo, beim beschilderten **Parco Archeologico** seitlich der SP 28.

Hinweis: Wenn Sie sich in dieser Gegend länger aufhalten möchten, könnten Sie an den nahen **Trasimenischen See** weiterfahren (Näheres im WOMO-Reiseführer Band 12 – Umbrien/Marken).

Wenn Sie schon vor der **Kirche Santa Margherita** parken, können Sie den Bau, der erst 1897 geweiht wurde, auch besichtigen, vor allem die Mumie im Sarg hinter dem Altar. Es ist die Heilige Margherita von Cortona (1247–1297). Unbedingt lohnend ist der Blick von den Bastionen der **Festung** *(5 €)* eine Etage höher.

Cortona – Piazza dell Repubblica

In Cortona gehört das **Museo Diocesano** zum absoluten Muss Ihrer Reise *(10:30–13 und 14–18 Uhr, Nov. bis März bis 17 Uhr und nur Fr., Sa., So.; 6 €)*. Es hängen dort nur wenige Bilder, die sind aber vom Feinsten, vor allem die Tafeln von **Fra Angelico** und **Lucca Signorelli**, der in Cortona lebte und starb. Von ihm, einem der größten Renaissance-Maler, war bei Tour 9 schon die Rede, und wer mit dem WOMO-Reiseführer Band 12 und uns nach Umbrien fährt, wird ihn spätestens nach Orvieto nicht mehr vergessen. Seine farbenfrohe *Beweinung Christi* rechtfertigt allein die Reise nach Cortona. Das beinahe benachbarte **Museo dell'Accademia Etrusca** ist nicht ganz so spektakulär und stellt antike Stücke zur Schau, allen voran einen etruskischen Radleuchter *(Museo MAEC – 10–19 Uhr, Nov. bis März bis 17 Uhr und Mo. geschlossen; 10 €)*. Zur Verwaltung des Museums gehört der **Archäologische Park** in der Ebene (siehe oben bei Platz Nr. 147 mit einer bekannten etruskischen Treppenterrasse *(Öffnungszeiten wie das Museum)*.

Cortona ist mit seinen steilen, verwinkelten Gassen und der **Piazza della Repubblica** (wo der Weg zu den beiden Museen beschildert ist) auch ohne die genannten Prunkstücke einen Urlaubstag wert, schon wegen der Rathaustreppe an der Piazza, auf der man dem eigenen Alltag entrückt über dem Treiben sitzt.

Zum Abendessen empfehlen wir die ***Taverna Pane e Vino***, weil Ihnen hier in einem gemütlichen Gewölbe zu kleineren und größeren Gerichten beste Weine auch glasweise ausgeschenkt werden *(Piazza Signorelli 27, am Platz gegenüber dem Theater; Tel. 0557 631010; Mo. geschlossen; preiswert)*. Die erste, leider häufig ausgebuchte Adresse vor Ort ist hingegen die ***Osteria del Teatro*** fast um die Ecke *(Via G. Maffei 2, Tel. 0575 630556; Mi. geschlossen, mittlere Preise)*. Beide Lokale sind wegen ihrer Slow-Food-Küche bekannt. Beide haben wir länger nicht mehr besucht, weil wir nicht mehr in Cortona übernachtet haben.

Wer gerne in weitläufigem Gelände wandert und schon immer mal auf römischem Pflaster absteigen wollte, hat dazu in Cortona eine einmalige Gelegenheit:

Von Cortona zur antiken Strada Basolata

Sinnvollerweise parken Sie auf Platz Nr. 146, weil nämlich der Gang durch die Stadt Teil des Weges ist. Am **zentralen Platz** (*Piazza della Republica*, der Platz mit der breiten Rathaustreppe) steigen Sie halb rechts über eine Treppe in die *Via Santucci*, Sie orientieren sich möglichst geradeaus und gelangen über die *Via Berrettini* und die *Piazza Pescaia* auf den Kreuzweg, der an der **Kirche Santa Margherita bzw.** unserem Stellplatz Nr. 145 endet.

Dort sehen Sie links an einer Mauer eine rot-weiße Markierung, die Sie auf dem Zufahrtssträßchen (an der ersten Gabelung links abwärts und danach geradeaus) zu den Häusern von **Torreone** geleitet. Sie überqueren die Landstraße, gelangen auf den Weg links neben der kleinen Kirche und biegen nach 100 Meter rechts ab, nicht ohne an sich und an uns zu zweifeln, weil die Markierung nämlich geradeaus weiterführt. Vor dem Friedhof halten Sie sich links und wünschen nach weiteren 15 Minuten, die Hunde wären angeleint. Sie sind es nicht, aber sie kläffen nur.

Nun wird die Orientierung etwas schwierig, wobei Sie nicht viel falsch machen können, weil Sie auf Sicht gehen. Steigen Sie geradeaus weiter, bis Sie vor einem orange-gelben Haus rechts und danach links abbiegen, wo am Anfang des Weges auffällige Steine liegen. Sie gelangen so auf einen breiten Schotterweg, der lange bergauf, teilweise durch ein Waldstück, führt und irgendwann auf eine Querstraße stößt (wenn Sie rechts des Tals bergauf wandern und die Richtung einigermaßen halten, kommen Sie zwangsläufig auf diese Querverbindung).

Nun stiefeln Sie links und bleiben auf dem Sträßchen, bis auf einer Art Passhöhe und kurz vor einer Weggabelung links die Markierung auftaucht mit dem Wegweiser ***‚Strada Basolata'*** und Sie über das **antike Pflaster** bergab geleitet. Bei der nächsten Abzweigung wählen Sie Weg 561 und treffen in Torreone auf den Hinweg, genau dort, wo Sie mit der Markierung lieber geradeaus gelaufen wären.

Die Blicke auf Cortona sind fantastisch, im Sommer werden Sie öfters den Schatten vermissen und ohne die Kompasskarte Nr. 2463 oder die App, auf der die Strecke eingezeichnet ist, würde ich mich nicht auf den **vierstündigen Weg** machen; die Rother-Karte auf der App ist etwas irritierend; zum Zeitpunkt unserer Wanderung gab es sie noch nicht, und die Straßen weichen dort von der Kompasskarte teilweise etwas ab.

Lago di Chiusi

Man kann von Cortona gut mit uns nach Umbrien und an den Trasimenischen See weiterfahren (siehe oben). Oder man hält sich an die historischen und politischen Grenzen und steuert in der Toskana einen See an, der allerdings zum Baden nicht infrage kommt. Deshalb haben sich am kleinen **Lago di Chiusi** auch keine Tourismus-Strukturen entwickelt (wenngleich sonntags schon einiges los ist). Erwartungen an übliche Urlaubszerstreuung werden enttäuscht, seitdem man aus Naturschutzgründen nicht mehr an den See fahren darf. Es gibt nicht mal einen Seerundweg. Man muss sich irgendwo zwischen dümpelnden Kähnen ans Ufer setzen, um die anmutige Landschaft und die interessante Tierwelt zu genießen: Blesshühner, schnatternde Gänse, behäbige Schwäne und watschelnde Entenfamilien. Der See ist außerdem in Italien der größte Brutplatz von Reihern, die man unerwartet gut beobachten kann. Auf einem Parkplatz könnte man sogar übernachten, was meistens an einem etwas morbiden Ambiente, vor allem an zahlreichen Stechmücken scheitert [**148**: N 43°02'59" E 11°57'31"; Gaststätte, Bootsvermietung].

Den Campingplatz an der Straße nach Chiusi gibt es nicht mehr. Aber in Chiusi selbst können Sie übernachten:

(149) Offizieller WOMO-Stellplatz: Chiusi

GPS: N 43°00'53" E 11°56'59". **Max. WOMOs**: 3-4.
Öffnungszeit: Ganzjährig. **Ausstattung**: Ver- und Entsorgung.
Beschreibung: Der ortsnahe, schattige Asphaltplatz ist für eine reine Übernachtung geeignet, da die vorbeiführende Straße nachts so gut wie nicht befahren wird. Der begrenzte Parkraum ist bisweilen dadurch weiter eingeschränkt, dass Anwohner hier Wohnmobile abstellen.
Zufahrt: Der Platz liegt südlich des Zentrums an der SP 49, der Straße zum See.

Museo Nazionale Etrusco

Die alte Etrusker-Stadt **Chiusi** (8.500 Einwohner) gehört zu jeder Reise durch die Südtoskana, zumal das **Museo Nazionale Etrusco** hinter einer Säulenfassade die umfangreichste Sammlung etruskischer Kunstschätze in der Toskana beherbergt, die in der Umgebung so zahlreich gefunden wurden, dass das schon 1871 gegründete Museum jahrelang nur einen Teil davon präsentieren konnte *(9–20 Uhr, So. und Fei. bis 13:30 Uhr, 6 € inkl. Besuch der Nekropole Tomba della Pellegrina und der Tomba del Leone).*

Will man weitere Fundorte dieser Kostbarkeiten, die im Umkreis von Chiusi liegenden **Gräber**, besichtigen, fragt man am besten im Museum, denn die Nekropolen sind zwar an der Straße durch Wegweiser beschildert, aber keineswegs sicher geöffnet. In der *Tomba del Colle* und in der *Tomba della Scimmia,* den beiden berühmtesten Gräbern, soll man herrliche Wandmalereien antreffen, was wir aber noch nicht selbst überprüfen konnten, da beide Gräber jahrelang geschlossen waren, bis man eine Konservierungsmethode für die uralten Fresken entwickelt hatte. Die **Tomba della Scimmia** ist seit 2000 wieder zugänglich, aber nur mit Führung, die man im Museum ordert (*dienstags, donnerstags und samstags um 11 und 16 Uhr; 3 €; wegen Corona müssen wir erneut passen*).

Cetona, etwa neun Kilometer südwestlich von Chiusi, gehört zu den *Schönsten Dörfern* und liegt malerisch am Fuß des 1.148 Meter hohen Monte Cetona.

In Sarteano

Mit Zurückhaltung haben wir in **Sarteano** einen der größten Campingplätze der Toskana getestet – mit Kreisverkehr und Grünstreifen. Während die meisten Urlauber dort düstere, rechteckige Parzellen zwischen hohen Hecken und auf gekiestem Boden bevorzugen – für uns eher ein Urlaubsalbtraum – fanden wir die immergrüne und mit Eifer gemähte Wiese, von der man an einigen Stellen schön auf den alten Ort schaut, richtig gut.

(150) WOMO-Campingplatz: Sarteano
Parco delle Piscine

GPS/Kontakt: N 42°59'15" E 11°51'52", Via Campo dei Fiori, Tel. 0578 26971; https://parcodellepiscine.it/.

Öffnungszeit: Anfang April bis Ende Sept.
Ausstattung: Kostenloses, großes Thermalbad, im Sommer drei Becken, luxuriöse Ausstattung (Toiletten wie im Grand Hotel), Restaurants.

Beschreibung: Das ganze Areal ist etwas steril und mit sehr vielen, aber kaum störenden Mobilhomes bestückt. Das Ortszentrum ist nur 200 Meter entfernt. Wirklich empfehlenswert ist auch das große, öffentlich zugängliche Thermalwasserbecken. Daneben stehen noch ein Kinderbecken, groß wie anderswo ein ganzes Schwimmbad, und ein weiterer, den Campingplatzgästen vorbehaltener Pool zur Verfügung (man nennt sich ja auch *Park der Schwimmbecken*). Alle drei Bassins werden nicht mit aufbereitetem Wasser betrieben, sondern ständig von immer frischem, 24 Grad warmem Quellwasser durchströmt. **Preise**: 34–64 €.

Zufahrt: Der Platz ist in Sarteano nicht zu verfehlen und beschildert.
Hinweis: Keine Hunde.

Sarteano ist ein unerwartet ursprüngliches, mittelalterliches Städtchen mit Gassen, Burg und richtigen Einwohnern (4.700 Einwohner). Gut und preiswert essen Sie in der **Pizzeria *La Locanda dei Tintori*** *(beschildert)* oder einfallsreicher in der ***Osteria da Gagliano*** *(am großen Hauptplatz im Centro storico; beide sind Di. geschlossen, die Osteria zudem Mi., beide haben wir schon länger nicht mehr besucht).* Und am Rand einer großen Wiese dürfen Sie sogar frei und offiziell nächtigen:

(151) Offizieller WOMO-Stellplatz: Sarteano

GPS: N 42°59'17" E 11°52'11".
Max. WOMOs: 5.
Ausstattung: Ver- und Entsorgung.
Beschreibung: Hier liegen 200 Meter vom Ortszentrum entfernt (Gaststätten, Geschäfte) zwei Parkplätze nebeneinander: der offizielle, gemischte Parkplatz und ein naturbelassenes Gelände, auf dem auch der eine oder andere Lkw parkt. Beide Flächen gehen in große Wiesen über. Auf dem naturbelassenen Gelände (siehe Foto) kann man sich unter einen Baum an den Rand einer Wiese stellen, mit dem Nachteil, dass es im Sommer staubig werden kann. Der Platz gehört zu der Sorte, die wir bei Hitze nie, an Ostern aber gerne besuchen. Das Thermalbad (siehe beim Campingplatz; Eintritt zwischen 12 € und 14 €) ist gut zu Fuß erreichbar.
Zufahrt: Biegen Sie in Sarteano an einer Kreuzung Richtung *'Radicofani'* und *'Abbadia S. Salvatore'* ab, nach 250 m fahren Sie rechts bis zu einer großen Fläche (beschildert).

Auf dem Weg nach Westen fährt man an **Chianciano Terme** (7.000 Einwohner) meistens achtlos vorbei, weil einen die vielen leer stehenden Hotels und die Anpreisung, hier sei ein Kurort für die Leber nicht zum Anhalten ermutigen. Das schiere Gegenstück zum modernen Kurzentrum, jedoch unspektakulär, ist die schön gelegene **Altstadt Chianciano**, etwa zwei Kilometer weiter nördlich.

Bei Chianciano Terme wurde ein neuer Stellplatz in die Landschaft gebaut, den ich gerne zu Fuß inspiziert und fotografiert hätte. Das wurde mir von einem unfreundlichen Herrn am Eingang verboten, da ich nicht bereit war, dafür den Tagespreis zu bezahlen:

(152) Offizieller WOMO-Stellplatz: Chianciano Terme

GPS: N 43°02'35" E 11°49'07", Via delle Terme. **Max. WOMOs**: 30.
Öffnungszeit: Ganzjährig.
Ausstattung: Ver- und Entsorgung, Toilette, Dusche, Strom, Mülleimer.
Beschreibung: Das Gelände ist geschottert, schattenlos und mehr als 2 km vom historischen Zentrum entfernt, liegt aber näher zum Kurpark und verwaisten Hotels. **Preis**: 15 €.
Zufahrt: Sie finden den beschilderten Platz im südlichen Teil von Chianchiano Terme an der SR 146 südlich einer bei Drucklegung gesperrten Brücke.

Auf dem Weg nach Südwesten kommen Sie an **La Foce** vorbei. So nennt sich eine **Gartenanlage**, die in den Zwanzigerjahren des 20. Jahrhunderts von einer Engländerin im Stil der Renaissance angelegt worden ist *(mittwochs ab 15 Uhr zu besichtigen, Do. und So. auch 11:30 Uhr; 10 €, www.lafoce.com/it/orari-biglietti)*. Ganz in der Nähe wartet eine Stellplatzlösung, die zugleich der Parkplatz des gegenüber liegenden, offenbar empfehlenswerten Ristorante *Dopolavore La Foce* ist. Wir haben beides noch nicht selbst getestet:

(153) WOMO-Parkplatz: La Foce

GPS: N 43°01'40" E 11°46'30", SP 40. **Max. WOMOs**: 5.
Ausstattung: Mülleimer, Gaststätte.
Beschreibung: Der geschotterte, teilweise schattige Platz liegt gegenüber einem Ristorante, aber nicht bei einer Ortschaft. Ein nicht amtliches Schild verbietet Reisebussen das Parken. Ansonsten scheint das Gelände ein öffentlicher Parkplatz zu sein, wofür die zahlreichen Müllgefäße sprechen, die am oberen Rand aufgestellt sind und die, wie Leser mitgeteilt haben, zu einem gewissen Mülltourismus führen.
Zufahrt: An der SP 40 von Chianciano Terme nach Abbadia S. Salvatore zur SS 2 kommt man etwa 5,5 km westlich von Chianciano Terme am Stellplatz gegenüber einem isoliert stehenden Gasthaus vorbei.

Der Blick schweift bis zum Monte Amiata, wenn er nicht schon an einem der am meisten fotografierten Motive in der Toskana hängen bleibt, einer gewundenen Zypressenallee am Hang des kleinen Naturparks der **Crete di Lucciolabella**. Auch hier können Sie unterhalb des vorerwähnten Parkplatzes gut parken (oder dort einen Weg hineingehen), um die von Menschenhand geschaffene Naturschönheit in Ruhe zu fotografieren (N 43°01'29" E 11°46'10"). Wenn man eine Weile den Urlaubern beim Versuch, die Zypressenreihen zu fotografieren, zusieht, wird man leicht ungerecht:

Crete di Lucciolabella

Kalenderfotos – Teil 2

Was waren das noch für Zeiten, als die Älteren von Ihnen während echter Diaschauen bei Schnittchen und Salzbrezeln im Dunkeln saßen und heimlich die Augen schließen durften. Als Sie ab und zu auch mal ein erfreuliches Foto, eine gelungene Farbkomposition oder etwas Spaßiges loben durften. Heutzutage stellt man ein Notebook vor Sie und löscht noch nicht einmal die Deckenbeleuchtung. Der Gastgeber drückt auf ‚*Enter*', und das virtuelle Grauen nimmt seinen Lauf. Wenn Sie großes Glück haben, mutet man Ihnen nur 350 automatisch abgespulte Bilder zu. Bei noch größerem Glück hat sich der Gastgeber etwa bei Bild 53 zum Bier holen verabschiedet und bei Bild 147 wirkt es nicht mehr unhöflich, wenn auch Sie das Zimmer verlassen. Solche Glücksfälle neuzeitlicher Urlaubsnachbetrachtungen sind aber eher selten, meistens müssen Sie durchhalten, Bild für Bild, Pixel für Pixel, alles völlig unbearbeitet, überwiegend schrottig und Hochkantbilder bisweilen sogar liegend.

Überhaupt sollte man jedem Menschen, bevor man ihm erlaubt, seine Fotos anderen zeigen zu dürfen, eine Grundregel einbläuen: Ein Foto wird auch mit dem Smartphone möglichst im Querformat aufgenommen, wo es nur geht – und es geht meistens. Auch unsere Augen liegen nebeneinander, und nur quer füllen die Bilder die Displays der Computer sowie den Darstellungsbereich der Beamer aus.

Aber was sage ich Ihnen? Sie führen Ihre Schnappschüsse nicht mal mehr am Laptop vor. Ihre Lichtbilder dienen nur als Anhang bei WhatsApp. Ich sollte Ihnen vielleicht gar keine Fototipps mehr geben. Diese animieren nur noch die ewig Vorgestrigen, die sich ihre Fotos sogar nach dem Urlaub nochmals selbst betrachten. Denen muss ich keine Ratschläge erteilen. Und die anderen wollen sie nicht hören, weil es ihnen egal ist, wenn sich unter den 782 Toskanafotos kein einziges findet, bei dessen Aufnahme die Grundregeln der Fotografie beachtet worden sind.

Aber für das Selfie, das Sie für WhatsApp benötigen, gibt Ihnen nun sogar Google Maps Hinweise für den besten Standort. Warum also noch einen Reiseführer kaufen?

Sie sollten – nun mit besten fotografischen Vorsätzen – unbedingt den Flecken **Bagni San Filippo** in den weiteren Tourverlauf einbeziehen, nicht weil seine wenigen Häuser oder die (geschlossene) Kuranstalt sehenswert wären, sondern we-

Bagni San Filippo - Fosso Bianco

gen des Waldweges zum **Fosso Bianco** *(Weißer Graben, an der Dorfdurchgangsstraße beschildert; hinter der am Weg liegenden Holzbrücke links bergab gehen; kostenlos).* Der Kenner ahnt, dass sich weiße Kalkablagerungen über Jahrtausende seitlich des Pfades in einer waldigen Schlucht aufgetürmt haben, die einigen der zahlreichen Schwefelquellen des Amiata-Gebiets entstammen. Steigen Sie in warme Becken oder tun Sie es den Einheimischen gleich, die sich das noch wärmere Wasser über den Rücken laufen lassen, das zuvor die Badeanstalt durchflossen hat; ein tolles Naturerlebnis. Leider gibt es keinen Stellplatz, Sie müssen neben der Straße parken, wo das möglich ist und damit rechnen, dass im Sommer sonntagnachmittags auch mal keine Parklücke zu finden ist (Ausbuchtungen an der Zufahrt von der SS 2; die Straße ist nur bis 3,5 t erlaubt; die Ortsdurchfahrt ist von oben nach unten eine Einbahnstraße, nehmen Sie die erste Parklücke; die besten Zeiten sind der frühe Morgen oder der späte Nachmittag). Das kommerzielle Bad ist seit Jahren geschlossen.

Radicofani - Fernblick von der Festung

Der steile Burgkegel von **Radicofani** (Betonung auf der dritten Silbe: *Radicófani*) liegt schon längst im Blick. Jener verdankt zunächst Dante und später dem Dichter Boccaccio seine Publicity: In seinem *Decamerone* lässt

Boccaccio den örtlichen, zum Straßenräuber verarmten Burgherrn *Ghino di Tacco* den Abt von Cluny gefangen nehmen, der in Rom den Papst besucht und sich auf dem Rückweg befunden hat. Der Kirchenmann war offenbar gut genährt und muss auch über ein Magenleiden geklagt haben, denn er wurde vom Räuber auf Diät gesetzt und erst nach einer Abmagerungskur (und Lösegeld) wieder freigelassen. Der Papst dankte *Ghino* diese Hilfe später mit einer Stellung beim »Hospitalorden«. Das »Hospital« des Abtes ist leider nicht mehr zu besichtigen.

Dafür hat man von den Parkplätzen der restaurierten Burg einen großartigen **Fernblick** über die zerfressene und merkwürdig zerfurchte Landschaft der südlichen Crete, der die Erosion übel zugesetzt hat (siehe auch Tour 9). Noch besser ist der Blick vom Turm, und in der bewirtschafteten **Fortezza** darf man für vier Euro außerdem eine interessante archäologische Ausstellung betrachten. Ein paar Meter unterhalb der Stelle, von der die Aussicht von 896 (!) Höhenmetern am prächtigsten ist, dürfen Sie übernachten und können dabei sogar unter mehreren Alternativen, die alle einsam nördlich des Ortes liegen, auswählen:

(154) WOMO-Parkplatz: Radicofani Fortezza / Cimitero

GPS: N 42°54'00" E 11°46'03", 845 m. **Max. WOMOs**: 5-6.
Ausstattung: Wasser (im Friedhof gleich links), Mülleimer.
Beschreibung: Dieser einsame Platz ist mein Tipp, weil Sie bei großartiger Aussicht auf Ihrem Klappstuhl den Tag ausklingen lassen. Man muss in dieser kargen Landschaft und im Umkreis des etwas düsteren Radicofani aber Übung im Umgang mit einsamen Stellplätzen haben, um sich unterhalb der Fortezza im Dunkeln auch wirklich an dieser Weltlage erfreuen zu können. Wer für ein wohliges Gefühl Häuser in der Nähe des WOMOs braucht, sollte sich besser auf den offiziellen Platz stellen (der für richtige Angsthasen aber auch nicht geeignet ist).
Zufahrt: Folgen Sie in Radicofani dem Wegweiser *'Fortezza'*, der Sie bergauf und auf die Rückseite des Ortes schickt, der beste Stellplatz ist der Friedhofsparkplatz, zu dem Sie vor dem Busverbotsschild scharf nach rechts abbiegen. Sie können auch gut auf dieser Etage stehen bleiben, ohne abzubiegen. Man kann von hier nicht noch höher fahren, bzw. man muss dann bald umkehren.

(155) Offizieller WOMO-Stellplatz: Radicofani

GPS: N 42°53'41" E 11°46'29", Piazza Antonio Gramsci, 720 m.
Max. WOMOs: 3-4. **Öffnungszeit**: Ganzjährig.
Ausstattung: Wasser, Mülleimer, Picknickbänke.
Beschreibung: Der schattenlose Platz auf Betonrasensteinen bietet ebenfalls einen schönen Blick. Sie sitzen weniger beschaulich etwas »auf dem

Präsentierteller« und in der Nachbarschaft bewohnter Häuser auf Ihren Klappstühlen; auf markiertem Wanderweg 10 Fußminuten ins Zentrum (und zur Burg).
Zufahrt: Der Platz liegt an der SS 478, vor dem untersten Stadttor deutlich vor dem südlichen Ortseingang direkt an einer Straßeneinmündung.

Blick zum Monte Amiata

Von überall sieht man hinüber zum höchsten Berg der Südtoskana, dem 1.736 Meter hohen **Monte Amiata**, wo es mehrere gut beschilderte Rundwanderwege gibt. Wer nicht zum *Trekking* dorthin möchte, kann sich die Kurvereien auf den Bergstraßen sparen, zumindest, wenn die Luft nicht so klar ist, dass die Fernsicht garantiert ist, die bei gutem Wetter bis zum Meer reicht und die man ohnehin nur vom Gipfel hat. Der Berg ist so stark bewaldet, dass man im Sommer ausschließlich unter dichtem Laub fährt und klammheimlich auch mal über die positiven Folgen des Waldsterbens sinniert. Wir sind mehrfach stundenlang fast alle Straßen abgefahren, Entzücken kam nie auf.

Abbadia San Salvatore – Krypta

Das stellte sich erst ein, als wir in die Krypta der Abbazia **in Abbadia San Salvatore** aus dem 11. Jahrhundert gestiegen sind *(8–19 Uhr; kostenlos)*, in der mich die Säulenreihen sehr beeindruckt haben. Im gleichnamigen, ebenfalls sehenswerten Ort befand sich einst die längst stillgelegte weltgrößte

Quecksilbermine, woran ein **Museum** erinnert, wie auch an den Arbeiteraufstand von 1947, bei dem unter anderem für bessere Arbeitsbedingungen gekämpft worden ist (wegen des giftigen Metalls war die Lebenserwartung kurz; *Museo Minerario, 6 €*).

In der Via XXV Aprile finden Sie eine Entsorgungsstation (N 42°52'46" E 11°40'06"), dort um die Ecke neben Sportplätzen oder in der Via Bolzano beim Einkaufszentrum [**156**: N 42°53'03" E 11°40'25" auch Stellplatzmöglichkeiten]. Genauso wie sieben Kilometer oberhalb des Orts auf einer Lichtung bei Hütten und einem Hotel oder unterhalb des Gipfels, ebenfalls bei Häusern. Mich haben diese letztgenannten Möglichkeiten alle nicht so angemacht, um sie hier ernsthaft zu empfehlen.

Aber es gibt auch echte Lichtblicke, nachdem man auf der Westseite des Monte Amiata wieder unterhalb von 1.000 Metern angelangt ist. Dort liegt der landschaftlich schönere und definitiv lohnende Teil des Amiata-Gebiets.

Il Giardino di Daniel Spoerri

Der Hauptgrund für die Fahrt hierher ist ein Ziel, das Sie auf den meisten Landkarten noch vergeblich suchen und mit dem wir vielleicht auch dem Leser etwas Neues bieten können, der in der Toskana sonst schon alles kennt.

In dem von Daniel Spoerri (geboren 1930) im Jahr 1997 eröffneten Skulpturengarten werden gegenwärtig von 55 Künstlern 113 Installationen gezeigt, die man in dem geräumigen Gelände erlaufen muss: Skurriles, Abstraktes, Gegenständliches, Verrücktes. Aus Bronze, Eisen, Holz, Ton, Stein und anderen Materialien. Wem moderne Skulpturen gefallen, findet in diesem Teil der Welt nichts Interessanteres. Und wer diese Kunst bis dahin nicht gemocht hat, wird sie nach der Begegnung mit dem Werk des Schweizers Daniel Spoerri und seiner Freunde lieben – und vielleicht mehr Fotos knipsen als in Siena, San Gimignano und Volterra zusammen.

Sie finden den Garten südöstlich von Seggiano an der Straße nach Pescina gegenüber dem Sportplatz von Seggiano (siehe unsere Tourenkarte – auf manchen Straßenkarten ist die Lage falsch eingezeichnet!). Beachten Sie die Öffnungszeiten und die Nähe zu unserer 8. Tour *(inzwischen gut beschildert; Ostern bis Ende Oktober 10:30–17:30 Uhr, Mo. geschlossen; 12 €; www.danielspoerri.org)*.

Der Parkplatz des Giardino di Daniel Spoerri eignet sich für eine kleine Rast, aber für die Nacht müssen Sie weiter. Zum Beispiel nach **Castel del Piano** (4.300 Einwohner), wo allerdings der Campingplatz nicht mehr existiert. Die freie Alternative ist jedoch für eine Nacht gut tauglich. Erst elf Kilometer westlich gibt es noch einen schön gelegenen Campingplatz:

(157) Offizieller WOMO-Stellplatz: Castel del Piano

GPS: N 42°53'18" E 11°32'17", Via Po. **Max. WOMOs**: 10.
Öffnungszeit: Ganzjährig. **Ausstattung**: Ver- und Entsorgung, Mülleimer.
Beschreibung: Der große Asphaltplatz liegt noch innerhalb der Bebauung. Im grasigen, schattigen Randbereich kann man abends auf Klappstühlen sitzen. In der Nähe verläuft ein markierter Wanderweg. Leser waren von der Pizza im ***Kruger*** im Ort angetan.
Zufahrt: Der Platz ist südlich des historischen Zentrums von Castel del Piano (und im Abstand von etwa 600 m dazu – mit Gaststätten und Geschäften) an der Durchgangsstraße, der SS 323, beim Sportplatz beschildert.

(158) WOMO-Campingplatz: Monticello Amiata *Camping Lucherino*

GPS/Kontakt: N 42°52'56" E 11°28'35". Tel. 0564 1760178 (der Betreiber ist Deutscher); www.campinglucherino.net/. **Öffnungszeit**: Mitte April bis Anfang Oktober. **Ausstattung**: Pool, Pizzeria, Brötchenservice.
Beschreibung: Der Platz liegt außerordentlich schön. Von einigen Parzellen haben Sie eine weite Aussicht. Für WOMOs stehen nur etwa 10 Plätze zur Verfügung, für große Fahrzeuge nur etwa 5. Sehr einfache Sanitärausstattung. **Preise**: 25–35 €.
Zufahrt: Der Platz liegt südlich des Dorfes.
Wenn Sie keinen Platz bekommen, können Sie 200 Meter vorher schön, aber etwas einsam frei stehen!

Die nahe Kleinstadt **Arcidosso** (4.300 Einwohner) besitzt viel Charme. Sie wird aber von Naturliebhabern mit Kindern regelmäßig nur auf der Durchreise zum Monte Labbro besucht, weil dort im ***Parco Faustico del Monte Amiata*** hinter Gitter, aber doch irgendwie in freier Wildbahn, Hirsche, Dam- und Muffelwild und mit Glück sogar Wölfe beobachten werden können, wenn man den markierten Wegen folgt *(8:30–15:30 Uhr Sa. und So. im Sommer bis 19 Uhr; 3,50 €; N 42°50'16" E 11°31'46")*. Sie können hier parken und wandern, aber nicht übernachten. Dafür wurde in Arcidosso innerhalb der Bebauung eine Fläche offiziell für Wohnmobile ausgewiesen, die allenfalls für Notfälle und keinesfalls für genussreiche Urlaubsabende taugt [**159**: N 42°52'10" E 11°32'24", Via Firenze, hässlich vor einer Halle].

Um vom Parco Faustico in das nahe **Santa Fiora** (2.800 Einwohner) zu gelangen, müssen Sie nicht mehr nach Arcidosso zurückfahren, sondern Sie nehmen die Straße über Aiole. Santa Fiora ist ein Ort, in dem gerne verweilt, wer Freude an unver-

Arcidosso

fälschten mittelalterlichen Provinzstädtchen hat, das nicht ohne Grund zu den *,Schönsten Dörfern'* gehören darf. Eine richtige Sehenswürdigkeit sind die **Terrakottareliefs** von Andrea della Robbia in der Kirche Santa Fiora e Lucilla (gehen Sie in der Mitte des lang gestreckten Hauptplatzes die mittlere Gasse leicht abwärts). Wenn Sie dort noch weiter zu den unteren Gassen des alten Teils gehen, gelangen Sie ins ehemalige jüdische Getto, wo allerdings die Synagoge nicht mehr existiert. Die Hauptattraktion des Städtchens ist ein großes, blaues Fischbecken, genannt **La Peschiera**, im unteren Teil der Altstadt, es sieht von oben am fotogensten aus (halten Sie sich an besagtem Platz rechts). Sie erkennen in der Quelle des Fiora-Flusses sogar aus der Ferne riesige Fische, angeblich Störe. Kein Wunder, denn das Becken wurde im 15. Jahrhundert vom örtlichen Grafen zum Zwecke der Fischzucht angelegt.

Wenn man heute daneben ein wenig mehr touristische Infrastruktur schaffen würde, wäre Santa Fiora ein Geheimtipp, und die große Fläche des ruhig gelegenen Stellplatzes würde sogar gebraucht:

(160) WOMO-Stellplatz: Santa Fiora

GPS: N 42°50'07" E 11°35'03".
Max. WOMOs: 25.
Ausstattung: Ver- und Entsorgung, Strom, Mülleimer.
Beschreibung: Der geschotterte, klappstuhlgeeignete und stellenweise schattige Platz liegt schön, wenngleich 400 Meter vom Dorf mit Gaststätten und Geschäften entfernt und ist etwas einsam.
Zufahrt: Der Platz ist in Santa Fiora gut beschildert.

Schöpfen Sie dort etwas Kraft, denn bis zum Beginn unserer nächsten Tour müssen Sie ziemlich viele Kurven ertragen.

Santa Fiora – La Peschiera

TOUR 12

Tour 12: Tufftour 105 km

Sorano – Pitigliano – Sovana – Saturnia – Scansano

Stellplätze:	in Sorano, in Pitigliano, in Sovana, bei Saturnia, bei Scansano
Besichtigen:	die Felsennester Sorano und Pitigliano, Sovana und die dortigen Etruskergräber, Wasserfälle von Saturnia, römisches Tor und Pflaster in Saturnia
Wandern:	zu den Etruskergräbern bei Sovana
Essen:	Ristoranti *Il Tufo Allegro* in Pitigliano, *Taverna Etrusca* in Sovana, *Osteria Il Cantuccio di Anastasia* in Saturnia

Die gefühlte Entfernung von Santa Fiora, am Ende unserer letzten Tour, nach Sorano ist deutlich größer als die tatsächlichen 33 Kilometer. Fahren Sie auf schmalen Straßen langsam und genießen Sie die einsame Toskana südlich des Monte Amiata. Touristisch geht es nämlich nun steil bergauf in Richtung Küste. Aber erst bestimmen noch die Dörfer und Städte auf Tuffsteinsockeln unseren Tourverlauf. Sie liegen vielleicht auch an Ihrem Weg, wenn Sie mit uns in Band 12 der WOMO-Reiseführer den Bolsena-See umrundet haben, oder wenn Sie Latium bereisen und dabei ebenfalls jenen See kennenlernen.

Sorano

Das erste Kaff auf Tuff ist **Sorano** (3.300 Einwohner). Es ist das unbekannteste, aber typischste, weil man hier noch nicht so sehr auf die Touristen setzt. Inzwischen sind aber selbst im hinteren Teil des *Centro storico* nahezu alle Häuser restauriert und erstaunlicherweise überwiegend bewohnt, obgleich die Einheimischen gegen Ende des letzten Jahrhunderts größtenteils in die Betonklötze der neuen Oberstadt umgezogen (worden) sind. Mit großem Interesse sind wir durch die verwinkelten Gassen bis ins ehemalige jüdische Getto gestreift, wo eine Tafel an die nach Auschwitz verschleppten Menschen erinnert.

Der Übernachtungsplatz ist eher ein Notbehelf, eigentlich gut gelegen, inzwischen sogar mit dem erhofften Blick aufs Dorf, jedoch etwas duster:

(161) WOMO-Parkplatz: Sorano

GPS: N 42°40'51" E 11°42'40", Campo fiera. **Max. WOMOs**: 5.
Ausstattung: Mülleimer.
Beschreibung: Der Asphaltplatz mit schattigen und grasigen Rändern liegt außerhalb der Bebauung, aber nicht einsam. Man kann gut zu Fuß in den historischen Ortsteil spazieren. Dort entdecken Sie Gaststätten. In dem neueren Ortsteil direkt über dem Stellplatz finden Sie Brot und Lebensmittel.
Zufahrt: Der Platz liegt seitlich der letzten Kurve der westlichen Zufahrt nach Sorano, der Strecke nach Sovana (in etwa beim Standort unseres Fotos).

Die beste Tageszeit für Sorano ist wegen des Sonnenstandes der Nachmittag oder der frühe Abend. In **Pitigliano** (3.700 Einwohner) ist hingegen der Vormittag geeigneter, weil man die malerischste Seite der auf einen Tuffsteinfelsen geklebten Stadt von Osten betrachtet und fotografiert – und dazu brauchen die wenigen Menschen, die wirklich noch fotografieren, die Sonne im Rücken (das gilt auch für Selfies). Auch nicht schlecht ist der Blick von Süden, wo bei der Kapelle Madonna di Grazie ein Parkplatz angelegt ist, an dem Sie auch den

Pitigliano

bekannten örtlichen Weißwein verkosten dürfen. Und überall ist sonnenklar, warum Pitigliano zu den *,Borghi più belli d'Italia'* gehören darf.

Parken Sie an diesem Weinstand nicht über Nacht. Viele Menschen testen nämlich bis in den späten Abend die Leistungsfähigkeiten ihrer Smartphones bei Nachtaufnahmen. Auch zur Stadtbesichtigung ist es von hier viel zu weit. Als Ausgangspunkt dafür kommt nur noch der offizielle Stellplatz infrage, nachdem die Verwaltung von mir früher empfohlene Straßenränder als Pkw-Parkplätze beschildert hat:

(162) Offizieller WOMO-Stellplatz: Pitigliano

GPS: N 42°38'14" E 11°40'48", Piazzale Nenni.
Max. WOMOs: 18.
Öffnungszeit: Ganzjährig.
Ausstattung: Ver- und Entsorgung, Mülleimer.
Beschreibung: Der schattenlose Asphaltparkplatz im oberen Teil der Neustadt ist nicht besonders schön, aber sehr praktisch. In das historische Zentrum auf Tuffstein sind es 1.000 m. Einen größeren Supermarkt erreichen Sie schon nach 300 m. Da Sie nicht auf dem ganzen Platz parken dürfen, finden Sie bisweilen keine freie Lücke. Das ist schlecht, weil es kaum Alternativen gibt. Sie sollten früh anreisen.
Preis: 8 bis 20 Uhr: 2,50 €/erste Stunde, 2 € jede weitere, 12 € *Giornaliero* (das heißt *täglich*, lässt aber offen, ob damit 24 Stunden gemeint sind, was ich nicht annehme); zahlbar mit Münzen, Kreditkarte oder *pay by phone*.
Zufahrt: Der Platz liegt beschildert oberhalb der Straße nach Bolsena; erkennbar am Mast mit vielen Antennen.

Die Außenansicht der Stadt und ihres von den Medici erbauten, immer noch benutzten Aquädukts ist mit Abstand das Lohnendste an Pitigliano, dessen *Centro storico* zu unserer Überraschung noch nicht touristisch verdorben ist, aber zunehmend vereinnahmt wird. Sehenswert sind der **Palazzo**

Orsini, wo auch heute noch der Bischof seinen Sitz hat und im Gassengewirr der Altstadt das einstige **jüdische Getto** (mit jüdischer Bäckerei). Ganz in deren Nähe kommen Sie auch am **Ristorante *Il Tufo Allegro*** vorbei, dem besten und urigsten Lokal der Stadt. Die Spezialität sind *Gnudi*, große, gefüllte *Gnocchi (Tel. 0564 616192; Di. geschlossen, unbedingt reservieren, leicht gehobene Preise).*

Sovana

Dem dritten Tuffdorf, **Sovana** (150 Einwohner, gehört zur Gemeinde Sorano), ebenfalls *,Eines der schönsten Dörfer'* greift die Natur zwar nicht mit einer so pittoresken Lage unter die Arme, vielleicht investiert man gerade deshalb mehr in den Tourismus und bindet damit die wenigen Einwohner an den Ort. Das Ergebnis dieser Politik lässt sich trotz einiger Souvenirshops sehen, zumal eine Tourismusstruktur in Maßen für den Urlauber, der auch essen und trinken will, nicht nur Nachteile hat. Meine Ängste, dass der touristische Aufstieg kometenhaft und demnach unerfreulich verläuft, haben sich nicht bestätigt, weshalb ich das kleine Dorf nur empfehlen kann. Vor allem auch für die Übernachtung:

(163) WOMO-Parkplatz: Sovana

GPS: N 42°39'28" E 11°38'35".
Max. WOMOs: 10.
Ausstattung: Toilette (am Fußweg vom Parkplatz ins Dorf und unterhalb des hinteren Platzes), Wasser (u. a. vor der Burg, wo sich Parkplatzzufahrt und Weg zum Dorf gabeln).
Beschreibung: Folgen Sie in Sovana dem ,*P*', Sie fahren dann rechts am Ort vorbei bis

zu einem leicht abschüssigen und überwiegend schattenlosen, jedoch schön gelegenen Parkplatz – hier für sehr kleine WOMOs, wie auch direkt gegenüber (tagsüber 3,50 €).
Wenn es Sie mehr nach freier Natur gelüstet, wenn Ihnen der Parkplatz zu schräg oder zu klein ist, dürfen Sie einfach daran vorbeifahren. Die **schönste Stelle** kommt nach der Bebauung am Ende der Straße (siehe unser Foto); das ist unser klappstuhlgeeigneter Tipp. Zu Fuß sind das Dorf mit Gaststätten, Lebensmittel, Bäckerei und Wanderweg leicht zu erreichen (tagsüber ebenfalls 3,50 €).
Zufahrt: Die Zufahrt ist vorstehend beschrieben.

Altarbaldachin

Im Ort gefällt uns besonders die **Kirche S. Maria**, an der Piazza del Pretorio. Neben einigen Fresken bestaunen wir einen Tausend Jahre alten, marmornen Altarbaldachin. Mit dieser Kirche kann der ehemals bischöfliche Dom am Westende des Dorfes nicht mithalten.

In Sovana wurde der spätere Papst Gregor VII. unter dem Namen Ildebrando (Hildebrand) geboren. Er steht in den Geschichtsbüchern, weil er im Jahr 1077 im Kampf um die Vormachtstellung kirchlicher oder weltlicher Macht den deutschen Kaiser Heinrich IV. vor Canossa büßen ließ. Sein Name musste auch herhalten für das berühmteste, größte und interessanteste Etruskergrab in der Umgebung Sovanas, die **Tomba Ildebranda** aus der Zeit von etwa 200 v. Chr. *(10–18 Uhr, im Winter bis 16 Uhr; 5 €)*. Der kurze Aufstieg zum Hildebrandsgrab beginnt an einem Parkplatz, den man etwa einen Kilometer westlich von Sovana, kurz nach einer kleinen Brücke und gut beschildert, findet. Von den ehemals zwölf Säulen steht nur noch eine, an der man wie auch an der gegenüberliegenden Wand erkennen kann, dass der Grabtempel früher verputzt und bemalt war. Seitlich der tief unten liegenden und für eine Person vorbereiteten Grabkammer wurde im Jahre 1974 ein

Tomba Ildebranda

weiteres, völlig unangetastetes und dreiseitig mit Totenbetten ausgestattetes Gelass entdeckt. Die in der südlichen Toskana und im nördlichen Latium sehr aktiven und wohl auch erfolgreichen *Tombaroli* (Grabräuber) haben es übersehen. Auf jene warten aber eine Menge anderer, noch nicht ausgebuddelter Gräberfelder, inzwischen zum Glück auch saftige Strafen und bei Sovana sogar giftige Vipern. Weitere (kostenfreie) Gräber entdecken Sie – mit Taschenlampe, wenn Sie vor der Tomba Ildebranda nach links dem Wegweiser *‚Pola'* folgen.

Oder bei der nachfolgenden Wanderung, eher einem ausgedehnten Spaziergang: Wir schnüren die Wanderstiefel auf einem der oben erwähnten Parkplätze von Sovana (und nicht bei den Gräbern), von wo wir zunächst durch die Hauptstraße nach rechts bis zum sehenswerten **Dom** laufen. Das Gotteshaus aus der zweiten Hälfte des 12. Jahrhunderts (in den Achtzigerjahren restauriert) steht außerhalb des winzigen Ortes, und ich darf mal wieder darauf hinweisen, dass mehrere toskanische Kathedralen ebenfalls außerhalb der dicht bebauten Altstädte errichtet worden waren. Sovana ist aber im Gegensatz zu anderen Städten über die Jahrhunderte nicht mehr gewachsen, weshalb die Häuser den Dom nicht eingeholt haben. Der verlor im Jahre 1777 dazu seine Funktion, nachdem der Bischof nach Pitigliano umgezogen war. Am besten gefällt uns das alte Portal, wo offensichtlich Überreste eines noch älteren Vorgängerbaus verarbeitet worden sind.

Auch auf der anderen Seite des Dorfes sieht man, dass die Entwicklung stehen geblieben ist. Die mächtige Burg hat seit dem 10. Jahrhundert den Osteingang Sovanas bewacht, aber die Lage der heutigen Ruine weit vor den Häusern beweist, dass die Zeit in Sovana über Jahrhunderte stehen geblieben ist.

Von Sovana zu Etruskergräbern

Der Weg verläuft in Sovana nach Westen auf der Straße am **Dom** (siehe eben) vorbei und auf einem steingepflasterten historischen Steig hinunter zum ehemaligen Haupttor des Ortes. Nachdem wir am rechts liegenden Friedhof vorbeigekommen sind, erkennen wir links drei große, von einem Pfeiler gestützte und in den Tuff gehauene Kammern, die vermutlich auch schon etruskischer Herkunft sind. Wir durchqueren nun auf der Straße einen **Tunnel** und können danach gleich rechts weitere Gelasse, vermutlich Grabkammern, und Kolumbarium-Nischen besichtigen, über deren ursprünglichen Zweck uns nichts bekannt ist. Für den weiteren Wanderweg sollten Sie aber wieder zurück zur Straße klettern und noch ein Stückchen ihrem Verlauf folgen, um dann bald links einen Fußweg über den Bach zu einem der bekanntesten hiesigen Gräber zu wählen, zur **‚Tomba della Sirena'**, die so heißt, weil am Giebel noch eine ‚Sirene', deren Beine in fischförmigen Schwänzen enden, zu erahnen ist.

Wir bleiben nun auf dieser Bachseite und kraxeln am Hang entlang zu zwei **weiteren Gräbern**. Den Weg, der dann auch bald an die sogenannte **‚Cava di San Sebastiano'** stößt, kann man nicht verfehlen. Letztere ist ein tief eingeschnittener, äußerst schmaler Hohlweg, der ebenfalls schon von den Etruskern benutzt worden ist. Nun wird die Orientierung etwas schwieriger, da der durch den Wald führende Pfad endet. Querfeldein schlagen wir uns das kurze Stück hinunter zum Bach durch und finden auch bald eine Stelle, an der wir diesen überspringen können. Sinnvollerweise gehen Sie aber ab dem Hohlweg zur Straße zurück. Zeitweise war zudem der Weg durch die Cava di San Sebastiano aus Sicherheitsgründen gesperrt.

In jedem Falle müssen Sie auf der Straße dann ein kleines Stück nach Westen wandern, bis Sie am Parkplatz der **'Tomba Ildebranda'**, der unübersehbar beschildert ist, ankommen (Näheres siehe oben).

Falls nicht aktuelle Grabungen das verhindern, spazieren Sie nun nach links zu drei weiteren Gräbern, um danach entlang der Straße und durch den Tunnel den Heimweg anzutreten.

Die eigentliche Wanderstrecke würde durch die vom Parkplatz aus nicht zu verfehlende berühmte **Etruskerstraße Cavone**, nach Norden führen. Bis zu 15 m tief ist der Weg in den Tuffstein gehauen, es herrscht im Halbdunkel eine merkwürdige Atmosphäre. Die Feuchtigkeit hat Moose und Farne reich wuchern lassen, wodurch die Zeugnisse aus früheren Jahrhunderten so überwachsen sind, dass wir sie kaum noch bzw. gar nicht mehr erkennen. Nach 100 m an der linken Seitenmauer erahnen Sie bei genauem Hinsehen ein mittelalterliches Marienbild sowie zwei Grabkammern und, etwa in der Mitte des Cavone in rund 3 m Höhe, eine etruskische Inschrift.

Allerdings war der Weg durch den Cavone zumindest vorübergehend aus Sicherheitsgründen gesperrt, weil das Gestein am Rand infolge mehrerer Unwetter mürbe geworden ist. Man kann das Verbot, falls es noch besteht, mühelos missachten, was ich Ihnen natürlich nicht empfehlen

darf und was nach Regenfällen noch risikoreicher wäre. Auf der Kompass-App ist der Weg jedenfalls eingezeichnet.

Falls die Strecke wieder freigegeben wäre, würde der Cavone Sie auf eine Art **Hochebene** bringen von der Sie einen schönen Blick zurück zum Dom von Sovana haben. Spätestens hier sollten auch die ungehorsamen Leser umkehren, sie wären dann etwa **2 Stunden**, ohne den Cavone 1.5 Stunden, auf den Socken. Die Kompasskarte Nr. 2471 ist nicht erforderlich, jedoch eine Taschenlampe. Mithilfe der App sind wir auch schon obenrum in einem östlichen Bogen zurück nach Sovana gestiefelt.

Nach dieser körperlichen Ertüchtigung werden Sie sich vielleicht im **Ristorante *Taverna Etrusca*** belohnen *(Tel. 0564 614113; dienstags nie, im August aber doch; viele positive Zuschriften, ein Leser hat sich massiv über die nach seiner Meinung zu kleinen Portionen beschwert, von uns länger nicht getestet, mittlere Preise).*

Zu den sogenannten **Wasserfällen von Saturnia** sind es nur noch 28 Kilometer westwärts. Es hilft Ihnen heutzutage wenig, wenn Sie nach intensivem Studium von Karte und Literatur bemerken, dass die Natursehenswürdigkeit nicht in Saturnia selbst zu finden ist, auch nicht bei der südlich davon liegenden *,Terme'*, wo ein Hotel hohen Badeeintritt fordert (und Wohnmobile nicht auf seinen Parkplatz lässt), sondern bei den sogenannten ***Cascate del Gorello*** (sie hießen früher *Cascate*

Saturnia – Cascate del Gorello

del Mulino), drei Kilometer südlich von Saturnia. Einen Parkplatz finden Sie dort nämlich nicht mehr (Näheres gleich). Das im Thermalbad mit 37,5 Grad aus der Erde gequollene, letztendlich auf die Vulkantätigkeit des Monte Amiata zurückzuführende Schwefelwasser strömt bis zum nächsten Steilhang, wo es dann mit gewaltiger Gischt zuerst zahlreiche mehr oder weniger tiefe Badebecken füllt, um dann nach einer zweiten Kaskade in einem Bach zu enden. In der Übergangszeit dampft der ganze Hang, besonders beliebt ist dann das Bad bei Vollmond. Vielleicht kommt dann der Pizzaautomat zu einem Großeinsatz. Und allerspätestens dann hat niemand mehr Zweifel, weshalb dieses Naturschauspiel zu unseren persönlichen **Top Ten** gehört. Die beste Zeit ist an nicht zu warmen Tagen der frühe Morgen, wenn noch dichter Dampf über den Becken wabert.

Man kann nicht früh genug aufstehen (die ersten Badenden kommen schon vor 7 Uhr), denn das Vergnügen lockt leider die Massen so sehr an, dass an Sonn- und Feiertagen (besonders an Ostern) die Erträglichkeitsgrenze weit überschritten wird. Auch wenn über die Reinheit des badewasserwarmen Wassers zunehmend Zweifel geäußert werden (nach dem Bad unbedingt duschen und darauf achten, dass Sie kein Wasser schlucken), haben die roten Würmchen, die es auch in anderen Schwefelgewässern gibt, damit nichts zu tun. Der *saturnio chironomus*, so lautet die wissenschaftliche Bezeichnung der Zuckmückenlarven, bürgt angeblich sogar für die Freiheit des Wassers von Schwermetallen. Der leicht faulige Geruch hat erst recht eine andere Ursache, er kommt vom Schwefel. Legen Sie Ihren Schmuck ab, Gold und Silber laufen schwarz an.

Früher lag direkt oberhalb der Stellplatz. Sein Ende war ein Mustertod. Vor dem Exitus zählte ich an einem Ostersonntag mehr als 60 WOMOs, Tür an Tür und auf einem vom Regen der vergangenen Tage aufgeweichten Untergrund. Zwischendrin, berieselt vom Sound der Stromgeneratoren, saß die Besatzung auf Klappstühlen buchstäblich im Dreck, und die Batterien leerer Flaschen ließen erahnen, dass hier auch nachts die Post abgegangen war.

Die Obrigkeit hätte einen Altglascontainer aufstellen können, am besten sogar zwei. Sie hätte hohe Gebühren fordern können, sie hätte das Chaos dennoch nicht in den Griff bekommen. So erhebt ein privater Betreiber die Gebühren nun auf einem campingplatzähnlichen Riesengelände unterhalb des Dorfes, auf halber Strecke und nur 20 Gehminuten oberhalb der warmen Becken. *L'Alveare dei Pinzi* nennt sich die lobenswerte Lösung mit längerer Zukunft und stündlichem Bustransfer zu den *Cascate*. Am sinnvollsten gehen Sie jedoch wenigstens eine Strecke zu Fuß. Der Größe des Stellplatzes nach werden Sie in Begleitung spazieren:

(164) Offizieller WOMO-Stellplatz: Saturnia *L'Alveare dei Pinzi*

GPS/Kontakt: N 42°39'23" E 11°30'14", Strada della Peschiera, Tel. 333 934 4260.
Max. WOMOs: über 100.
Öffnungszeit: Ganzjährig.
Ausstattung: Ver- und Entsorgung, Toilette, warme Dusche (0,50 € per Münze), Spülbecken, Strom (2 €/Tag, wird bei der Abreise auf Nachfrage kassiert), Mülleimer, Kiosk mit Pizzabestellung bis 18 Uhr, Bustransfer zu den *Cascate*.
Beschreibung: Das campingplatzähnliche Gelände liegt in freier Natur, ist aber stets gut besucht (frühzeitig anreisen!) und etwa 1,2 km von den *Cascate del Gorello* entfernt. Zum Fußweg in den Ort siehe im nachfolgenden Text.
Zufahrt: Der Platz ist südlich von Saturnia bestens beschildert; biegen Sie etwa auf der Höhe des Thermenhotels von der Landstraße in die andere Richtung ab.
Preise: 17 €/24 Stunden, bei kürzerem Parken weniger.
Hinweis: Den zweiten offiziellen Stellplatz oben im Ort gibt es schon lange nicht mehr.

Wir haben auch den Fußweg vom Stellplatz *L'Alveare dei Pinzi* hinauf nach Saturnia getestet (nach dem Ausgang vom Platz rechts und sofort wieder links, nahezu geradeaus, dann immer gerade bergauf, am Ende halb rechts). Auf dem erst asphaltierten, später aber steinigen Zugang haben wir im Hellen gut 20 Minuten benötigt, um auf dem sehenswerten antiken Pflaster der Via Clodia durch ein **römisches Stadttor** in Saturnia einzutreffen. Wir haben uns nicht unter die roten Schirme des Edellokals (keine ausgehängte Speisenkarte) am beschaulichen zentralen Platz gesetzt, sondern sind zum nördlichen Ortsende geschlendert, um an einem der zahlreichen Tische

Römische Erbschaften

in der ***Osteria Il Cantuccio di Anastasia*** Platz zu nehmen. Das wäre fast gescheiter. Denn in dem preiswerten Lokal speisen gerne italienische Großfamilien mit großem Hunger. In einer schattigen Laube durften wir aber doch noch erleben, dass die Einheimischen, die für die zweite Schicht anstanden, allen Grund dazu hatten *(es gibt abends auch Pizza; Tel. 0347 7941074; Di., außerhalb der Saison auch Mi. geschlossen; Sie finden das Lokal nach dem nördlichen Ortseingang auf der Westseite hinter den Carabinieri an der Piazza Benvenuto di Giovanni).*

Osteria Al Cantuccio di Anastasia

Heimwärts mussten wir im Dunkeln einen anderen Weg wählen. Wir sind dazu im Ort erst in Verlängerung des zentralen Platzes der beleuchteten Via Mazzini gefolgt, um danach rechts abbiegend entlang der Landstraße nach Hause zu gehen. Das war mit der Taschenlampenfunktion des Smartphones und ausreichender Akkukapazität kein Problem. Trotzdem ist der Heimweg noch verbesserungswürdig (vielleicht veröffentlicht mal jemand etwas im Forum des Verlages zu diesem Thema oder schreibt mir).

Bei allen Bade- und Essfreuden sollten Sie die Kultur nicht vergessen. Nördlich des Dorfes können Sie – beschilderte – **Etruskergräber** erwandern, die hier nicht tief in den Tuff, sondern flach in den härteren Travertin gehauen und dafür mit Steinplatten abgedeckt worden sind. Der Fußmarsch dauert auf einfacher Strecke etwa 20 Minuten.

In der Gegend, wie auch im nahen Latium, kann man sich noch tagelang aufhalten. Das ist unter Umständen die bessere Idee, als zur nahen Küste zu düsen, um sich dort einige Enttäuschungen einzuhandeln. Interessante Etruskergräber gibt es vor allem bei der südlich gelegenen Stadt **Tarquinia**.

Oder Sie karriolen einfach nur durch die nahe Umgebung, über **Montemerano** *(‚Eines der schönsten Dörfer Italiens')*, **Manciano** und **Scansano** und schließen dann wieder nördlich von Grosseto an unsere 8. Tour an. Scansano ist ein malerisch gelegener Flecken, und in Montemerano ergötzen sich die Feinschmecker im hochgelobten, mit zwei Michelinsternen dekorierten und entsprechend teuren **Ristorante *Da Caino***, das wir aber noch nicht selbst getestet haben und was auch an den fehlenden Parkmöglichkeiten scheitern könnte, falls man in der Via Scansanese beim Friedhof nicht stehen darf *(Tel. 0564 602817; Mi. und Do. mittags geschlossen)*. Womöglich sollten Sie vor der Küste noch einen stillen Stellplatz suchen und sich vorher eindecken. Der ***Morellino di Scansano*** ist nämlich ein guter Rotwein zu noch erschwinglichen Preisen. Der kleine **Agricampeggio *Gli Olmi***, westlich von Scansano, bietet sogar Meerblick bis nach Elba: [**165**: N 42°41'23" E 11°19'31"; 15 €, 8 Plätze, Ver- und Entsorgung, Strom, abseits jeder Ansiedlung].

Die Orte wirken von außen netter als bei genauem Hinsehen, da viele Häuser ziemlich stillos verschandelt wurden. Aber wenn Sie die ruhige Süd-Toskana dem Meeresgestade vorziehen, ist das eine Idee, zu der Sie sich womöglich ein paar Tage später am Strand noch nachträglich beglückwünschen werden.

TOUR 13

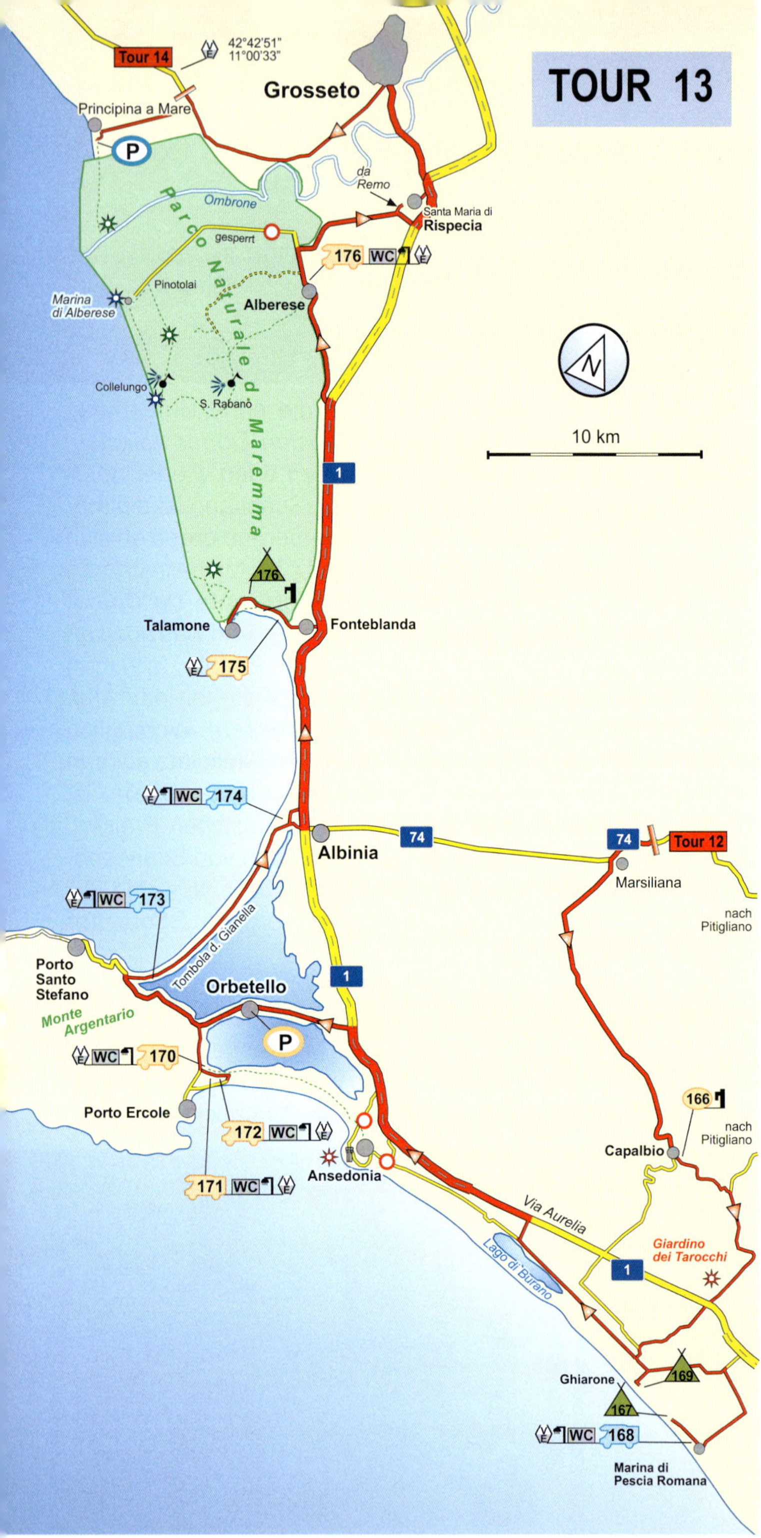
Tour 14
42°42'51"
11°00'33"
Grosseto
Principina a Mare
P
da Remo
Ombrone
Santa Maria di
Rispecia
gesperrt
Parco Naturale d. Maremma
176 WC
Pinotolai
Marina di Alberese
Alberese
Collelungo
S. Rabano
10 km
1
176
Talamone
Fonteblanda
175
174 WC
Albinia
74
74
Tour 12
Marsiliana
nach Pitigliano
173 WC
Porto Santo Stefano
Tombola d. Gianella
Orbetello
1
Monte Argentario
170 WC
P
Porto Ercole
172 WC
166
nach Pitigliano
Capalbio
Ansedonia
171 WC
Via Aurelia
Lago di Burano
Giardino dei Tarocchi
1
Ghiarone
169
167
168 WC
Marina di Pescia Romana

Tour 13: Die südliche Maremmaküste 150 km

Capalbio – Orbetello – Monte Argentario – Talamone Alberese

Stellplätze:	in Capalbio, bei Marina di Pescia, bei Porto Ercole, bei Albinia, bei Talamone, in Alberese
Campingplätze:	bei Marina di Pescia, bei Talamone
Besichtigen:	Giardino dei Tarocchi bei Capalbio
Wandern:	im Naturpark der Maremma, auf dem Tómbolo di Featuring
Essen:	Ristoranti *L'Angolo di Capalbio* in Capalbio und *Da Remo* in Santa Maria di Rispecia

Unsere Toskana-Reise ist im Wesentlichen eine Rundreise, die es mit sich bringt, dass wir den lohnenden Teil der toskanischen Küste, der erst unterhalb von Livorno anfängt, von Süden nach Norden aufrollen. Dabei habe ich als Reiseführerautor die zwiespältige Aufgabe, Sie wahrheitsgemäß zu informieren und trotzdem positiv zu stimmen. Dieser Spagat wird am Meer von Jahr zu Jahr schwieriger.

Blättern Sie am besten erst mal nach hinten in den allgemeinen Teil dieses Buches zu meinen Warnungen unter dem Stichwort *Reisezeit*. Danach sollten Sie sehr sorgfältig überlegen, ob Sie sich wirklich dem Frust der Küste aussetzen. Der bleibt nämlich zumindest zwischen Anfang Juli und dem 25.8. nicht aus, auch wenn ich mich bemühe, Sie an die schönsten Meeresplätze südlich von Livorno zu führen. Nördlich von Livorno, ich erinnere an mein Klagen bei der 1. Tour, sieht es außer bei Viareggio düster aus, woran sich auch in Zukunft nichts mehr ändern wird.

Capalbio – Skulptur von N. de Sainte-Phalle

Fangen wir also ganz unten an und freuen uns, dass wir auf dem Weg zur Küste noch ein wenig im Landesinnern verweilen dürfen. Hinter der Stadtmauer des auf einen Hügel geschachtelten Städtchen **Capalbio** (4.100 Einwohner) entdecken Sie schöne Winkel und einen Rest von Ursprünglichkeit. Nicht ohne Grund haben hier viele römische Linke schon frühzeitig die Landflucht ausgenutzt und in den verwaisenden Gassen Zweitwohnsitze begründet. Vielleicht gehört Capalbio deshalb zu den erlauchten *'Schönsten Dörfern Italiens'*. Wenn heute die Blicke jener Intellektuellen ans Meer an einem gigantischen Kraftwerk jenseits der Grenze zu Latium hängen bleiben, wird vielleicht immer noch der eine oder andere frohlocken, weil das geplante Atomkraftwerk gescheitert ist und der Strom heute mit Gas oder Kohle erzeugt wird.

Der Stellplatz diesseits der Mauer eignet sich für einen Kurzaufenthalt in einem eher kurzen Fahrzeug:

(166) WOMO-Parkplatz: Capalbio

GPS: N 42°27'13" E 11°25'28", SP 75. **Max. WOMOs**: 2-3.

Ausstattung: Wasser an der Außenwand des Friedhofes, Toilette am Friedhof.

Beschreibung: Das ist eigentlich ein schöner, schattiger Stellplatz. Er wäre ideal, wenn die Parkbuchten auf Rasenpflaster länger wären und wenn man das Gefälle durch normale Keile vollständig ausgleichen könnte. So muss man sinnvollerweise noch ein weiteres Brett unterlegen. Das WOMO sollte nicht wesentlich länger als 7 Meter sein.

Der Ort mit Gaststätten und Geschäften ist fußläufig erreichbar. Die Pizzas im beinahe benachbarten **Ristorante *L'Angolo di Capalbio*** lohnen nach Auffassung von Lesern die weiteste Reise und die schrägste Nacht.

Zufahrt: Der Platz liegt an der Straße zum Giardino dei Tarocchi links südlich von Capalbio unterhalb des Friedhofes.

Im Giardino dei Tarocchi

Ort und Stellplatz sind auch ein beliebtes Sprungbrett zum **Giardino dei Tarocchi** (Tarot-Garten) von **Niki de Saint-Phalle**, einer der ganz großen **Toskana-Sehenswürdigkeit** und Bestandteil unserer persönlichen **Top Ten**. Die unter anderem mit ihrem Brunnen in Paris, beim Centre Pompidou, bekannt

gewordene, schon im Jahr 2002 im Alter von 71 Jahren verstorbene Künstlerin hat hier ihren Lebenstraum verwirklicht und zugleich ihr Meisterwerk. In einem einsamen, verwunschenen Olivenhain sind in surrealistischen Darstellungen die Bilder der Tarot-Karten, eines italienischen Kartenspiels, modelliert; einige kleinere aus bunt bemaltem Polyester, die meisten aus Stahlbetonkernen, die mit vielen Spiegeln sowie unglaublich kunstvollen und farbenfrohen Keramikfliesen beklebt sind. Man staunt über einen Rausch von Farben und Formen, der an Gaudi aus Barcelona, der Niki inspiriert hat, und an Hundertwasser erinnert und natürlich auch an weitere Werke von Niki de Saint-Phalle. Man darf alles anfassen und in viele Gebilde sogar hineinklettern. Im gewaltig dimensionierten Brustkasten der *'Kaiserin'* möchte man, wie die Künstlerin selbst während der Bauarbeiten am Garten, am liebsten ein paar Tage wohnen, in verspiegelten Höhlen schlafen und die

komplett funktionierende Küchenzeile sowie das Bad benutzen. In den Spiegeln des Büroturms flirren die Ölbäume und in kleinen Becken tummeln sich knallbunte Figürchen. Wir können uns an Tausenden von Hand bemalten Kacheln nicht satt sehen und verharren gebannt vor der Mechanik der Wasserbrunnen (von Jean Tinguely, dem schon 1991 verstorbenen Lebensgefährten von Niki de Saint-Phalle). Kurz, die weiteste Anfahrt lohnt sich nach Garravicchio, acht Kilometer südöstlich von Capalbio *(von der SS 1 etwa 1,5 Kilometer nach Norden; 1. April bis 15. Oktober:* ***14:30 bis 18:15 Uhr****,* ***also nur nachmittags****, 14 €, Greise ab 65 Jahren 9 €, bis 6 Jahre kostenlos; sinnvoll ist das E-Ticket, da Sie nur damit sicher eingelassen werden und zudem eine lange Warteschlange vermeiden)*. Erstaunlich viele Leser haben hier auch schon erfolgreich übernachtet, was in eher einsamer Umgebung theoretisch möglich ist, wenn man hier schon steht, bevor der Park schließt, sonst wird eine Kette gespannt (keine Klappstühle etc.; Leser haben berichtet, neuerdings gebe es eine ausgewiesenen Bereich für Wohnmobile).

Das erste Ziel am Meer liegt in Sichtweite zum bereits erwähnten Kraftwerk, schon fünf Kilometer in Latium:

(167) WOMO-Campingplatz: Marina di Pescia Romana *Club degli amici Camping Village*

GPS/Kontakt: N 42°22'03" E 11°29'19", Tel. 0766 830250; https://clubdegliamicicampingvillage.com/.
Öffnungszeit: Ende April bis Mitte September; 14 - 16 Uhr geschlossen.
Ausstattung: Laden, Ristorante, Bootsvermietung, Hundestrand und Agility.
Beschreibung: Der sehr große Platz ist nur durch die Pineta vom Sandstrand getrennt (Privat- und Bezahlstrand). Die zahlreichen festen Behausungen sind separiert. Es gibt einen Platzteil mit viel Schatten und einen neueren mit kleinen Bäumen. Vermutlich finden Sie auch in der Hochsaison hier Einlass. **Preise**: 20–45 €, keine Preise auf der Internetseite.
Zufahrt: Der Platz ist an der SS 26, der Hauptstraße nach Westen, nicht zu übersehen.

(168) Offizieller WOMO-Stellplatz: Marina di Pescia Romana – *La Pineta*

GPS/Kontakt: N 42°21'56" E 11°29'37", Tel. 338 9411085; www.camperlapineta.it/. **Max. WOMOs** mindestens 50.
Öffnungszeit: April bis September.
Ausstattung: Ver- und Entsorgung (von außen nicht zugänglich), Strom, Toilette, Dusche, Mülleimer, Spielplatz. Es kommen regelmäßig Fisch- und Obsthändler.

Beschreibung: Dieser empfehlenswerte Stellplatz ist eher ein Campingplatz. Der feinsandige Strand grenzt nach 150 Metern an eine Pineta. Es gibt einen älteren Platzteil mit hohen Pinien und einen neueren ohne Schatten.
Preise: 20–35 €.
Zufahrt: Fahren Sie von der SS 1 (Aurelia) nach Marina di Pescia, der Platz ist dann beschildert.

300 Meter südlich gibt es einen **weiteren**, sehr schlichten Stellplatz *(Il Prato)*, kaum Schatten, etwas weiter zum Strand und mit Markisenverbot, solange man nicht darunter sitzt; dafür aber ab 17 €.

Den in früheren Auflagen empfohlenen **Campingplatz** bei **Chiarone**, auf den letzten Metern der Toskana, erwähne ich trotz des schönen Strandes wegen der zu vielen festen Behausungen nur noch am Rande [**169**: *Camping di Capalbio*, N 42°22'50" E 11°26'51", ab hier kann man zum Tarot-Garten radeln].

Für die Fahrt nach Norden wählen wir die Straße entlang der **Lagune von Burano**, wo ein für Wasservögel, Stachelschweine und anderes Getier abgegrenztes Naturschutzgebiet von September bis Mai begangen werden kann. Im Frühsommer begeistert uns ein Blütenmeer von rotem Mohn und gelben Margeriten.

Antiker Kanal

Weniger erfreulich ist die bald abzweigende Auffahrt nach **Ansedonia**, einer antiken römischen Ansiedlung. Die Zufahrt ist für Wohnmobile aller Klassen verboten, was schlimmer klingt, als es ist. Ich bin in das Dorf hochgeradelt und habe fast nur die Mauern und breiten Garagentore nobler Villen gesehen.

Aber die *Tagliata Etrusca*, ein in den Fels geschnittener Kanal, der in Wirklichkeit von den Römern stammt, um die Versandung des Hafens von Cosa, dem heutigen Ansedonia, zu verhindern, müsste angefahren werden können – denken wir. Es gibt zunächst auch kein Verbotsschild, aber dafür eine Bahnbrücke, unter die nur WOMOs bis 3 Meter Höhe passen (mit Vorsicht geht auch etwas mehr; bis 3,5 t). Dahinter kann man mit Mühe zwar parken und den Kanal betrachten, übernachten darf man allerdings nicht mehr (wird aber noch praktiziert). Wer will, kann im eingezäunten, prächtigen Pinienwald des Schutzgebietes der *Duna Feniglia*, das sich bis zur Halbinsel des Monte Argentario erstreckt, spazieren. Alle diese

Am Tómbolo di Feniglia

Unternehmungen lassen sich aber sinnvoller von der anderen Seite des *Tómbolo (Duna) di Feniglia* angehen, weil dort die Parkmöglichkeiten deutlich besser sind.

Der **Tómbolo di Feniglia** ist wie seine beiden nördlichen Nachbarn ein künstlich aufgeschütteter Damm (*Tómbolo,* Betonung auf der ersten Silbe), um die ehemalige Insel des Monte Argentario mit dem Festland zu verbinden. Das brackige Meer zwischen diesen Dämmen ist alles andere als ein Badegewässer, sodass die dort auf dem Weg nach Porto Ercole angelegten Stellplätze, obgleich landschaftlich gar nicht mal so schlecht, nur eingeschränkt Ferienplätze sind, die man ansteuert, weil an fast allen benachbarten Stränden die Übernachtung im WOMO verboten ist; vielleicht auch, weil man von hier zum Strand wandert, radelt oder sich mit dem Bus hinbringen lässt:

(170) Offizieller WOMO-Stellplatz: Porto Ercole *Le Minere*

GPS: N 42°25'03" E 11°12'15". **Max. WOMOs**:130.
Öffnungszeit: Ostern bis September.
Ausstattung: Ver- und Entsorgung (nicht von außen zugänglich), Strom, Stehtoilette, Dusche, Brotdienst, Mülleimer, Bustransfer zum Strand.
Beschreibung: Der grasige, nur teilweise schattige, privat betriebene Stellplatz erinnert an einen Campingplatz, wenngleich Toilette und Dusche sehr schlicht, ungepflegt und veraltet sind. Ein sehr schöner Strand ist 1,5 km entfernt. Ein markierter Wanderweg (siehe Kompasskarte und App) beginnt nach wenigen Metern. **Preise**: 20–30 €.
Zufahrt: Der Platz liegt zwischen Porto San Stefano und Porto Ercole und ist beschildert. Das ist der nördlichste der drei Plätze am Ufer der Lagune.

(171) Offizieller WOMO-Stellplatz: Porto Ercole *La Sosta di Feniglio*

GPS/Kontakt: N 42°24'56" E 11°12'24", Strada Comunale di Feniglia, www.areasostaciropark.it/. **Max. WOMOs**: 50.
Öffnungszeit: Ostern - September.
Ausstattung: Ver- und Entsorgung (nicht von außen zugänglich), Strom, Stehtoilette, Dusche, Brotdienst, Mülleimer, Bustransfer zum Strand.

Beschreibung: Der grasige, weitgehend schattenlose, privat betriebene Stellplatz erinnert an einen Campingplatz, wenngleich Toilette und Dusche sehr schlicht sind. Der Platz ist im Vergleich zu Nr. 170 ruhiger, aber nicht mit Blick auf die Lagune. Ein sehr schöner Strand ist 1 km entfernt. Dorthin kann man gut radeln (am Stellplatz rechts, nach 200 m links zu einem Parkplatz, am Waldrand nach einer schmalen Durchfahrt rechts, bei den Häusern wieder links und dann irgendwann rechts zum Meer, am besten erst beim zweiten Zuweg). Ein markierter Wanderweg (siehe Kompasskarte und App) führt vorbei. **Preise**: 20–30 €.
Zufahrt: Biegen Sie zwischen Porto San Stefano und Porto Ercole auf den Tómbolo di Feniglia ein, der Platz liegt dann bald vor dem ‚Sosta Camper da Renzo' (Nr. 172).

(172) Offizieller WOMO-Stellplatz: Porto Ercole *Da Renzo*

GPS/Kontakt: N 42°24'55" E 11°12'28", Strada Comunale di Feniglia;
Max. WOMOs: 90.
Öffnungszeit: April - September.
Ausstattung: Ver- und Entsorgung (nicht von außen zugänglich), Strom (niedrige Stromstärke), einfache Dusche, zeitweise Toilette, Mülleimer, Fahrradvermietung, kostenloser Bustransfer zum Strand.
Beschreibung: Der grasige, weitgehend schattenlose (einige Schattendächer), privat betriebene Stellplatz erinnert an einen Campingplatz, liegt aber im Vergleich mit den anderen Plätzen am nächsten am Badestrand. Ein sehr schöner Strand ist 900 Meter entfernt; zum Weg siehe bei Platz Nr. 165. **Preise**: 20–30 €.
Zufahrt: Biegen Sie zwischen Porto S. Stefano und Porto Ercole auf den *Tómbolo di Feniglia* ein, der Platz liegt dann hinter Platz Nr. 171.

Alle drei Stellplätze sind gute Ausgangspunkte für einen Ausflug auf den *Tómbolo di Feniglia* und an den Kanal von Ansedonia auf einem für das Fahrrad idealen Weg durch einen prächtigen **Pinienwald**. Die einfache Strecke beträgt ungefähr vier Kilometer. Sie kommt auch als Wanderweg in Frage. Sie sollten dann allerdings auf einer Strecke den Weg direkt an der Lagune wählen *(siehe Rother Wanderführer und App und meine Zufahrtsbeschreibung vom Stellplatz Nr. 171 zum Meer)*.

Auf der mittleren Landzunge liegt die wenig reizvolle Stadt **Orbetello** (14.000 Einwohner), die ihren einst offiziellen Stellplatz nur noch für Pkw frei gibt. Parken können Sie vermutlich am westlichen Ende des Ortes, kurz vor dem Damm bei N 42°26'11" E 11°12'20", tagsüber auch bei N 42°26'23" E 11°13'16".

Im Hochsommer haben wir noch nicht alle Plätze getestet, so dass es nur auf der Lebenserfahrung beruht, wenn ich am Ufer des stehenden Gewässers Schwärme von Moskitos befürchte und vermute, dass es so ähnlich wie hier in den ersten Jahren des letzten Jahrhunderts gewesen sein muss, als die Maremma – so heißt das Land hinter dem Meer – noch malariaverseucht war. Denn seit dem Aussterben der Etrusker, die ausgezeichnete Wassertechniker waren, funktionierte die Trockenlegung der Sümpfe nicht mehr, und ein ausgedehnter Landstrich wurde über Jahrhunderte nahezu unbewohnbar.

Am **Monte Argentario** erlebt man eine Enttäuschung: Es gibt keine Straße, die den Berg umrundet. Man kann auf der SP 65 nur eine kleine Runde mit dem WOMO drehen. Und Leser halten meine frühere Empfehlung, mit dem Fahrrad die Komplettumrundung zu versuchen, für eine groteske Schnapsidee. In den Jahren 2012 und 2013 wurde das erste Straßenstück auf der Westküste gerne benutzt, um von dort mit dem Fernglas das Wrack der *Costa Concordia* vor dem gegenüberliegenden Hafen von Giglio Porto zu betrachten.

Die Katastrophe der *Costa Concordia*

Als die *Costa Concordia* im Juni 2006 zur ersten Vergnügungsreise in See stach, war sie das größte italienische Kreuzfahrtschiff, 20 Meter länger, fast 8 Meter breiter als die *Titanic* und mit der Bruttoraumzahl (BRZ, das ist die heutige Maßeinheit) von 114.000 mehr als doppelt so groß. Sie war auch deutlich länger in Betrieb, nämlich bis zum 13.1.2012, während die nur 3 km/h langsamere *Titanic* die Indienststellung und den Ruhm, das größte Schiff der Welt zu sein, gerade 13 Tage überdauert hat.

Menschliches Versagen, genaugenommen Hochmut, führten in beiden Fällen zum Untergang. Francesco Schettino heißt der Kapitän, dem vorgeworfen wurde, ohne Grund und trotz eindeutiger Verbote auf der Fahrt nach Norden mit der *Costa Concordia* die Insel Giglio auf der Landseite passiert und dabei obendrein einen zu geringen Abstand eingehalten zu haben. Angeblich war der Fels, der den Rumpf des Schiffes aufgerissen hat, auf den mitgeführten Karten nicht eingezeichnet. Jedenfalls bekam das Riesenschiff sehr schnell Schlagseite, und die mögliche Anweisung an die Passagiere, in den Kabinen auf Kommandos zu warten, wurde für einige zur Todesfalle. 32 Menschen starben, darunter 12 Deutsche. Aber fast 4.200 Menschen (unter ihnen 1.000 Besatzungsmitglieder) überlebten die Rettungsaktion, viele, weil das Schiff nur wenige Meter vor der Insel gestrandet war und sie im 14 Grad kalten Wasser schwimmend das Ufer

erreichen konnten. Bei der Titanic-Katastrophe im Nordatlantik waren im Jahr 1912 von 2.200 Menschen etwa 1.500 ums Leben gekommen.

Die *Costa Concordia* lag fast zwei Jahre vor der Hafeneinfahrt von Giglio, ehe im September 2013 der mit einem elfstöckigen Haus vergleichbare Schiffskörper infolge einer bis dahin einmaligen technischen Meisterleistung aufgerichtet wurde. Das Wrack konnte im folgenden Frühjahr zunächst an das Festland und später weiter nach Genua abgeschleppt werden, wo es zerlegt worden ist.

Francesco Schettino wurde in einem langwierigen Prozess, er begann wegen eines Streiks italienischer Anwälte verspätet, zu einer Gefängnisstrafe von 16 Jahren und einem Monat verurteilt, unter anderem, weil er das Schiff verlassen hatte, obgleich noch über 100 Passagiere an Bord waren. Er hatte sich erfolglos damit verteidigt, er sei in ein Rettungsboot gefallen. Die Ausrede war zu plump, denn das Berufungsgericht hat im Jahr 2016 das Urteil bestätigt.

Bleiben Sie auf dem Monte Argentario am Rand des nördlichen Damms und suchen Sie sich dort unter den Pinien einen Badeplatz. Der Strand ist schön und für Kinder besonders gut geeignet. Tagsüber dürfen Sie hier stehen, für die Nacht kommt nur ein privater Stellplatz in Frage:

(173) Offizieller WOMO-Stellplatz: Tómbolo della Giannella – *Parco Sosta Lanini*

GPS/Kontakt: N 42°25'59" E 11°09'34", SP 36, Tel. 0564 820102; www.lanini.it/. **Max. WOMOs**: 40.
Öffnungszeit: April bis Oktober.
Ausstattung: Ver- und Entsorgung (nicht von außen zugänglich), Strom, Toilette, warme Dusche, Mülleimer, kleiner Laden.
Beschreibung: Der schöne, privat betriebene, etwas enge und einem Campingplatz ähnliche Stellplatz ist parzelliert und schattig. Er ist vom Meer etwa 250 Meter entfernt und durch die Straße getrennt. Einen passablen Strand erreichen Sie erst nach einem kurzen Fußweg nach rechts. Busverbindung zum 5 Kilometer entfernten Orbetello **Preis**: 33 €.
Zufahrt: Der Platz liegt auf dem nördlichen Damm gerade noch auf dem Monte Argentario.

(174) Offizieller WOMO-Stellplatz: Albinia – *Ai Delfini*

GPS/Kontakt: N 42°30'32" E 11°11'47", Strada vicinale Saline, Tel. 0564 870351; www.aidelfini.it/.
Max. WOMOs: 100. **Öffnungszeit**: April bis Ende September
Ausstattung: Ver- und Entsorgung (nicht von außen zugänglich), Strom, Toilette, warme Dusche, , Mülleimer, Gaststätte.
Beschreibung: Der schöne, privat betriebene, einem Campingplatz ähnliche Stellplatz ist nur zu einem kleinen Teil schattig und liegt direkt am Sandstrand.
Preis: 24– 36 €/24 Stunden.
Zufahrt: Der Stellplatz liegt nördlich von Albinia und nördlich des Flusses; verlassen Sie die SS 1 nördlich des Flusses und vor der Straße nach Porto S. Stefano. Wenn das misslingt, Sie von Porto S. Stefano oder von Süden kommen, müssen Sie auf der vierspurigen SS 1 wieder nach Norden fahren, an der ersten Abfahrt umkehren, um so von Norden die SS 1 auf der richtigen Seite verlassen zu können; danach sehen Sie den Stellplatz bald rechts vor Pinien liegen.
Hinweis: Abgegrenzter, schattenloser Teil für Hundehalter.

Seitlich der vierspurigen Via Aurelia sind auf dem nächsten Stück nach Norden nun im Sommer proppenvolle Campingplätze zwischen Straße und Wasser gequetscht. Deutlich besser ist die Situation vor Talamone:

(175) Offizieller WOMO-Stellplatz: Fonteblanda/Talamone
GPS: N 42°33'47" E 11°09'23". **Max. WOMOs**: 70.
Öffnungszeit: Ganzjährig.
Ausstattung: Wasser (an der Einfahrt und der Straße nach Talamone auf der Seite des Meeres), Getränkeautomat, Mülleimer, man kann gegen Gebühr die Toilette in einen Tank entsorgen.
Beschreibung: Der Platz ist klappstuhlgeeignet, wie Sie dem Foto entnehmen. Er liegt direkt am Strand, das Meer ist flach, veralgt und zum Baden nicht geeignet, es gibt außerdem viel Seegras, aber die Bucht ist ein Windsurfer und Kite-Eldorado. Zu Fuß nach Talamone 35 Minuten am Meer entlang, dort weiterer Wanderweg.
Preis: Meistens 15 €/24 Stunden (Kassierer kommt, wenn die Schranke offensteht), zeitweise kostenlos.
Zufahrt: Biegen Sie von der SS 1 nach Talamone ab, der Stellplatz liegt dann etwa dort, wo die Straße auf das Meer stößt.

Talamone

Platz Nr. 175

Da wir am Meer keinen Badestrand brauchen, gehört **Talamone** zu unseren Lieblingsorten. Wir bleiben deshalb gerne auf dem reizvoll gelegenen Campingplatz, von dem der Weg in den Ort etwas kürzer ist als vom Stellplatz, und wo wir zwischen steinalten Olivenbäumen oder ausladenden Pinien den Zikaden lauschen (und abends Stechmücken abwehren). Nur der nahe Strand ist unschön, weil die Bucht durch den Felsklotz von Talamone vom offenen Meer abgeschirmt wird.

Einen besseren, im Sommer aber gut besuchten und kostenpflichtigen Badeplatz finden Sie nördlich des Dorfes am Anfang unserer nachfolgenden Wanderstrecke (siehe Hinweise bei der Campingplatzbeschreibung):

(176) WOMO-Campingplatz: Talamone
International Village Talamone

GPS/Kontakt: N 42°33'55" E 11°08'25", Tel: 0564 870068; https://talamonecampingvillage.com/de/.
Öffnungszeit: Ostern bis September
Ausstattung: Laden, Restaurant, zwei schön gelegene Pools, Fahrradvermietung. Die Ver- und Entsorgung liegt außerhalb und kostet extra. Sie sollten daher schon auf dem Platz mit der Gießkanne Wasser fassen. Toilettenentsorgung in einer ausgewiesenen Toilette. Einige Parzellen grenzen an eine staubige Straße
Beschreibung: Der schattige Platz liegt schön, aber nicht am Strand. Eine niedliche, aber kostenpflichtige **Badebucht** finden Sie rechts von Talamone. Kostenlos können Sie dort auf Felsen liegen oder in zwei kleinen Nachbarbuchten, ebenso wie in einer Kiesbucht links vom Ort (Treppenzugang hinter der Kirche). Im Sommer organisiert der Campingplatz einen Shuttle zu einem Sandstrand.

1,5 km; zu Fuß nach Talamone: am Meeresrand – 25 Minuten – den Platz im Rücken zunächst ein paar Meter links die Straße entlang und bei erster Gelegenheit rechts runter zum Meer; dort weiterer Wanderweg.

Preise: Keine Preise auf der Internetseite.
Zufahrt: Biegen Sie von der SS 1 Richtung Talamone ab; der Platz ist dann beschildert.

Auf jeden Fall lohnt sich vom Stell- oder Campingplatz der Fußweg, besser eine kurze Radtour, hoch in das Dorf **Talamone** (400 Einwohner), das im letzten Krieg stark beschädigt wurde und deshalb von außen schöner aussieht als bei näherer Betrachtung, von dessen Festung Sie aber wunderbar auf den

Oben Stellplatz Nr. 175 - unten Campingplatz Nr. 176

Monte Argentario und die Insel Giglio blicken. Wenn Ihnen im Dorf ein Herr begegnet, der aussieht wie der Fußballtrainer Trapattoni (u.a. Bayern München, VfB Stuttgart, italienische, irische und zugleich mit dieser die vatikanische Nationalmannschaft), ist es Trapattoni höchst selbst, der hier im alten Ortskern ein Ferienhaus besitzt (oder besessen hat). Das erwähnt inzwischen fast jeder, der literarisch Talamone behandelt. Hier soll allerdings noch angefügt werden, dass mir gelegentlich Leser schreiben (oder geschrieben haben), sie hätten Giovanni live gesehen. Und jeder strenggläubige Pfälzer älterer Generation wird die ahnungslose Jugend darüber aufklären, dass die berühmte Wutrede mit den inzwischen fast klassischen Zitaten: »*Schwach, wie eine Flasche leer – Was erlauben Struuuuntz* – oder: *Ich habe fertig*« gehalten werden musste, weil der 1. FC Kaiserslautern am 10. März 1998 auf dem Weg zur Deutschen Meisterschaft den Münchener Bayern enteilt war.

Kostenpflichtige Badebucht bei Talamone

In Talamone ist ein **Aquarium** beschildert, in dem Wassertiere der Lagune von Orbetello zu sehen sein müssten (ist aber inzwischen vermutlich dauerhaft geschlossen). Die Kasse war zugleich eines der Besucherzentren für den **Naturpark der Maremma**, dessen südlicher Teil ab Talamone (anders als die meisten Strecken bei Alberese) ohne Buszufahrt bewandert werden kann. Ich war seit der Schließung nicht mehr dort und weiß nicht, wo man jetzt in Talamone eine Eintrittskarte für den Park kaufen kann. Notfalls würde ich ohne Karte wandern, falls ich sie nicht vorher in Alberese gekauft hätte (es könnte mir mal jemand schreiben oder sich im Forum des Verlages äußern):

Von Talamone in den Naturpark der Maremma

Wir wandern in **Talamone** vor der Mauer unterhalb der Altstadt rechts, gehen an der kleinen **Badebucht** vorbei und folgen dem Wegweiser ***'Aquario'***. Dort konnten wir an der Kasse die für den Park erforderliche Eintrittskarte (ab 9 Uhr geöffnet, 8 €, über 65-Jährige und Kinder die Hälfte; man wird im Park nicht kontrolliert, das Ticket ist dennoch Ehrensache; aber wenn das Aquarium weiter geschlossen ist, muss man ohne Karte wandern, weil man dann Tickets vermutlich nur in Alberese kaufen kann - siehe oben).

Der Weg führt nun durch ein **Neubaugebiet** und ziemlich steil bergauf, bis wir am Rand des Naturparks ankommen, wo wir seitlich eines Tores ins Unterholz spazieren. Die prachtvollen Fernsichten über das Meer werden allmählich seltener, dafür wandern wir durch schattigen Wald.

Bald helfen uns Wegweiser an einer Gabelung: T 1 ist der kurze Weg, T 2 der längere geradeaus (nicht schon dort abbiegen, wo beide Wege von rechts auf unsere Strecke treffen). Etwa eine halbe Stunde nach dieser Stelle zweigt rechts der T 2 erneut ab, wir gehen aber auf dem T 2 noch ein Stück geradeaus bergab weiter zum **Strand von Canelle**, wo wir umkehren, um an der ersten Gabelung dem T 2 nach links zu folgen.

Anders als von mir früher beschrieben und anders als auf älteren Karten eingezeichnet, endet der markierte Weg nicht mehr in der Nähe des Campingplatzes, weil das Besucherzentrum dort aufgelöst worden ist. Der Rückweg verläuft parallel zum Hinweg eine Etage höher und endet ebenfalls an besagtem Eisentor. Kurz davor zeigt ein Wegweiser zu einem lohnenden **Aussichtspunkt**.

Mit dem T 2 sind Sie gut beraten und ab dem Campingplatz insgesamt 4 ¼ Stunden unterwegs. Eine Karte ist nicht erforderlich – jedenfalls keine Wanderkarte! Denken Sie aber an die Eintrittskarte (falls es sie überhaupt noch gibt). Uns begegnet, wie man so leichthin sagt, *'kein Schwein'*. Was aber nicht ganz richtig ist, weil es einmal nahe des Weges deutlich vernehmbar im Unterholz grunzt. Der Weg darf aus

Brandschutzgründen vom 15.6. bis zum 15.9. prinzipiell nicht ohne Führung begangen werden; in feuchten Jahren beginnt die Sperre erst am 20.6.; Hunde sind nicht erlaubt; die landeinwärts führenden Wanderwege der Kompasskarte Nr. 2470 waren teilweise nicht mehr vorhanden. Am besten wandern Sie mit der Kompass-App.

Die bekannteren und auch etwas spektakuläreren Wanderungen in den **Naturpark der *Maremma*** startet man weiter im Norden. Sie müssen aber schon einen kleineren Fußmarsch auf sich nehmen, um das eigentlich nur wegen seiner Strände und der Wanderwege lohnende Reservat zu erkunden: Die Internetseite des Parks *(https://parco-maremma.it/)* und eine Smartphone-App weisen Wanderstrecken und Informationen aus, sie ist aber nicht leicht zu bedienen, und ich habe dort beispielsweise keine Infos über die genauen Zeiten der Sperrung des Parks gefunden:

Von Alberese in den Naturpark der Maremma

Der Ruhetag wurde abgeschafft, so kann man sich seit Jahren die ganze Woche über auf die Socken machen. Bis 13 Uhr (im Frühling und Herbst bis 11 Uhr) sollten Sie aber schon am Informationskiosk von **Alberese** Ihre Euros für die Eintrittskarte abgelegt haben, sonst lohnt sich das Unterfangen nicht mehr.

Ein Bus bringt Sie nach 10 Minuten Fahrt von Alberese ins Naturschutzgebiet. Alles Weitere entnehmen Sie einer mit der Eintrittskarte (ist zugleich das Busticket) ausgehändigten Landkarte. Es gibt mehrere gut ausgeschilderte Wanderwege, von denen der **A 2** (klingt nach Autobahn, ist am Wochenende auch so ähnlich!) der Königsweg ist; mit herrlichen Blicken von zwei Türmen, größtenteils schattig und am Ende, das heißt am Beginn des Rückweges, mit prächtiger Sandbucht. An warmen Tagen müssen Sie unbedingt Badesachen und Lektüre einpacken. Denn der A 2 ist, wie auch der **A 4**, eine richtige **Badewanderung**. Ein Bus bringt Sie von Alberese zur **Haltestelle Pinotolai**.

Wer **nur baden** will, wandert nach der Busankunft auf der Asphaltstraße einfach geradeaus weiter abwärts, bis er nach etwa 30 Minuten Sand unter den Füßen hat.

Besser gehen Sie zum **Torre di Castelmarino** und von dort weiter zum **Torre di Collelungo** (beide sind markiert), von hier noch ein kurzes Stück hinunter an den Strand und entscheiden dann, in welchem Bogen Sie zurückmarschieren möchten. Mit der erwähnten Landkarte über die Wanderwege (noch besser mit der Kompass-App) ist das kein Problem. Achten Sie auf die Buszeiten der Rückfahrt.

Das Risiko, den Bus zu verpassen, umschiffen Sie, wenn Sie über **San Rabano** wandern, von dort sind es nach Alberese 4,9 Kilometer. Die gesamte Wanderung misst so ab Pinotolai etwa 12 Kilometer. Das (also nur die Hinfahrt im Bus) ist mein Tipp, den ich aber so noch nicht selbst ausprobiert habe.

So sehr sich die Wanderungen auch lohnen, sie gehören zu den schönsten in der Toskana, ist die Schwärmerei von wilden Tieren, Vögeln pp. eine Mär. Ein paar Eichelhäher, Eidechsen und mit Glück Sumpfschildkröten sind alles, was uns die Fauna zu bieten hat. Und das erschreckend nahe Grunzen einer Wildsau bei Talamone (siehe vorherige Wanderung) hat uns eher irritiert. Die oft erwähnten Wasservögel sieht man über Winter (!) im Mündungsgebiet des Ombrone, wohin Sie eine Strandwanderung ab Marina di Alberese (A 7) oder ab Principina führt.

Die per Bustransfer erreichbaren Strecken kosten satte 10 €, über 65-Jährige und Kinder bezahlen die Hälfte. Die Wege dürfen aus Brandschutzgründen vom 15.6. bis zum 15. 9. prinzipiell nicht ohne Führung begangen werden; in feuchten Jahren beginnt die Sperre erst am 20.6.; geführte Rundgänge muss man einen Tag vorher anmelden. Hunde sind nicht erlaubt.

In die Nähe der Ombronemündung, an den weitgehend unberührten Strand von **Marina di Alberese**, dürfen Sie leider nicht fahren. Die Strecke ist nämlich für Wohnmobile verboten. Immer wieder habe ich davon gehört, dass hier trotzdem, zumindest tagsüber, WOMOs stehen. Ich beschließe also die ruchlose Tat, die im Versuchsstadium stecken bleibt. Denn schon kurz hinter dem Verbotsschild stehen mir an einer Schrankenanlage Gesetzeshüter gegenüber, mit einem Blick, als hätte ich ihnen das Pausenbrot geklaut. Aber Sie können gut nach Marina di Alberese radeln. Der größtenteils asphaltierte **Radweg** beginnt beim folgenden Stellplatz – mit Abzweigung zur Vogelbeobachtungsstation an der Ombronemündung kurz vor Erreichen des Meers. Ebenso kann man in Alberese (oder im Zentrum von S. Maria di Rispecia) den Bus nehmen. Die ab Alberese etwa acht Kilometer lange Tour zum schönen Sandstrand lohnt sich! Bleiben Sie bis gegen 18 Uhr, denn dann trauen sich mutige Füchse aus der Deckung und

Fuchs in Marina di Alberese

klauen Ihnen, wenn Sie nicht aufpassen, das Vesperbrot. Man kann die Tiere fast streicheln. Bevor Sie sich in einer der zahlreichen, aus Strandgut errichteten Hütten niederlassen, sollten Sie jedoch gerade unter Steinen auf giftige Sandvipern achten, die normalerweise stets vor Menschen flüchten.

Der Startplatz für den Fahrradausflug an den Strand wie auch für die Wanderung in den Naturpark ist in Alberese die Fläche eines neu angelegten Stellplatzes gegenüber dem Besucherzentrum des Naturparks:

(177) Offizieller WOMO-Stellplatz: Alberese

GPS: N 42°40'15" E 11° 06'15". **Max. WOMOs**: 48.
Öffnungszeit: Ganzjährig. **Ausstattung**: Ver- und Entsorgung, Dusche, Toilette, Spülbecken, Strom, Mülleimer.
Beschreibung: Es wurde ein relativ neuer Stellplatz auf Schotter ohne Schatten mit engen Parzellen gebaut, der aber praktisch liegt, um den Park zu besuchen. An den nahen Einkaufsmöglichkeiten, den Gaststätten und den Fahrradvermietungen hat sich nichts geändert.
Preis: Tagestarif 20 €, bis 2 Stunden 6 € inkl. Strom. Für jegliches warmes Wasser brauchen Sie Fünfzigcentstücke.
Zufahrt: Der Stellplatz liegt am nördlichen Ortsrand von Alberese, man kommt daran vorbei.

Zum Abendessen lohnt sich ein ebenfalls 8 km langer Abstecher nach **Santa Maria di Rispecia** (liegt südlich von Grosseto an der Schnellstraße). Bei ***Da Remo*** bekommen Sie nur Fisch, aber in bester Qualität und zu akzeptablen Preisen. Probieren Sie unbedingt die *Antipasti di mare*, eine Auswahl von fünf Vorspeisen-Köstlichkeiten, und dazu den preiswerten weißen Hauswein. Der Familienbetrieb war unsere größte kulinarische Entdeckung einer Reise. Wir sind nach dem Essen mit freundlicher Genehmigung des Betreibers auf dem kleinen, öffentlichen Parkplatz vor dem Gasthaus stehen geblieben. Nachdem der Koch das Altglas entsorgt hatte, haben uns nur noch kurz die (in der Nacht seltener werdenden) vorbeizischenden Züge der sehr nahen Bahnstrecke gestört, und zum Frühstück durften wir die *Cornetti* und den *Cappuccino* in *Remos* Bar testen *(das Lokal ist an der Straße von Alberese vor, also südlich der Bahnunterführung beschildert; N 42°42'17" E 11°07'42"; der Parkplatz wird Ihnen nicht als Stellplatz ohne Restaurantbesuch empfohlen; mittwochs Ruhetag, Tel. 0564 405014; mittlere bis leicht höhere Preise).*

Parkplatz vor Da Remo

TOUR 14
Golfo di Baratti
Populonia
Tour 16
Campiglia M.
Venturina
Calamoresca
Salivoli
PIOMBINO
nach Elba
Tour 15
Carbonifera
Torre Mozza
Aurelia
10 km
nach Massa Maritt.
Follonica
Portiglione
Punta Ala
Le Rocchette
Castiglione della Pescaia
Vetulonia
Buriano
nach Roccastrada
Zypressen- und Pinienallee
Marina di Grosseto
Principina a Mare
GROSSETO
nach Roselle
Tour 13
Ombrone
nach Alberese
Santa Maria di Rispecia

Tour 14: Die nördliche Maremmaküste 190 km

Grosseto – Castiglione della Pescaia – Golf von Baratti

Stellplätze:	in und bei Marina di Grosseto, in Castiglione della Pescaia, in Le Rocchette, bei Follonica, in und bei Piombino, bei Baratti
Campingplätze:	bei Castiglione della Pescaia, bei Punta Ala, am Golf von Baratti, am Strand bei Sant'Albinia
Besichtigen:	Grosseto, Ausgrabungen von Roselle, Archäologischer Park bei Populonia, das Dorf Populonia
Wandern:	durch den Archäologischen Park und nach Populonia
Essen:	*Osteria del mare già Il Votapentole* in Castiglione della Pescaia

Grosseto ist mit seinen 82.000 Einwohnern, wenn man erst die Vorstädte durchquert hat und im kleinen Altstadtzentrum angekommen ist, eine angenehme Stadt, in der wir stets problemlos einen Parkplatz gefunden haben. Es gibt zwar keine bedeutenden Kunstwerke zu sehen, aber auch so gut wie keine Touristen. Das pure Italien! Zentrum der Stadt ist die nette Piazza Dante, mit Arkadengängen und einem gewaltigen Denkmal. Es erinnert an Leopold II., der ab dem Jahr 1828 begonnen hat, die Maremma trockenzulegen, um sie von der Malaria zu befreien, was erst im 20. Jahrhundert nach der Erfindung des Insektizides DDT gelungen ist. Damals erlebte Grosseto seinen Aufschwung, weshalb die Gebäude am Platz auch aus dieser Zeit stammen und nur Imitationen des Mittelalters sind. Aber der Dom ist echt, wenngleich mit im Jahre 1845 gefälschter Fassade, in die nur ein paar ältere Bauteile eingearbeitet wurden. Wirklich alt hingegen ist der Mauerring, der aus dem Ende des 16. Jahrhunderts stammt, und jenseits dessen sich am Donnerstag ein riesengroßer und sehr lebhafter Markt ausbreitet.

Grosseto

Von Grosseto ist es nur ein Katzensprung nach **Roselle**, womit wir nicht das heutige Dorf meinen, sondern die nördlich davon gelegene **römische Ausgrabungsstelle**. Man braucht nicht viel Fantasie, um sich auf den bestens erhaltenen Pflastersteinen 2.000 Jahre alter Straßen in eine römische

Römisches Pflaster bei Roselle

Provinzstadt zurückzuversetzen. Die Archäologen haben anschaulich dargestellt, wie die Römer die Reste der etruskischen Ansiedlung einfach überbaut haben. Und wenn der Blick von der leichten Anhöhe hinunter in die Ebene schweift, weiß man auch, warum sich gerade hier die alten Völker eine Stadt gebaut haben *(9:45–14:30–18 Uhr; Mo. und am 2. So. im Monat geschlossen; 4 €)*. Auf dem Parkplatz kann man gut und eher einsam übernachten [**178**: N 42°49'39" E 11°09'48", Wasser, neues Toilettengebäude].

In **Marina di Grosseto** haben sich von Auflage zu Auflage die Bedingungen für Wohnmobile verändert. Zuletzt wurde in einer Pineta hinter dem Strand wieder ein Campertarif für die Nacht angeschlagen – mit dem Hinweis, man dürfe nicht campieren:

(179) WOMO-Parkplatz: Marina di Grosseto

GPS: N 42°43'45" E 10°58'06", Via della Letizia.
Max. WOMOs: 30.
Ausstattung: Keine; Duschen beim Hotel *Belmare*.

Beschreibung: Sie stehen auf leicht hügeligem Waldboden im Schatten 170 m vom breiten, großenteils aber kostenpflichtigen Strand entfernt. Es gibt mehrere Ristoranti, das Ortszentrum erreichen Sie nach etwa 1,6 km. Aus Rechtsgründen dürfen Sie nur parken, nicht campieren. Abends werden trotzdem Klappstühle rausgestellt. Es gibt Ameisen. Es würde mich nicht wundern, wenn dieser Platz irgendwann wieder gesperrt würde. Berichten Sie mir oder im Forum des Verlages. **Preis**: 12 €.

Zufahrt: Der Stellplatz ist an der westlichen Ortseinfahrt nicht zu übersehen.

(180) Unmittelbar angrenzend finden Sie drei offizielle Parkbuchten am Straßenrand und weitere fünf 850 m weiter östlich bei N 42°43'30" E 10°58'23", Via Elba. Schön sind diese Alternativen nicht.

Besser sind die Bedingungen landeinwärts, jenseits der Pineta und der Küstenstraße. Von den meisten nacherwähnten Plätzen kann man zu Fuß durch eine breite Pineta (was durchaus ein Urlaubserlebnis ist) an einen schönen, breiten Sandstrand gehen. Und ein Gelände hat sich vom Stellplatz fast zum Campingplatz gemausert, auch wenn man das im Namen nicht ausdrückt:

(181) Offizieller WOMO-Stellplatz: Marina di Grosseto *Oasi di Maremma*

GPS/Kontakt: N 42°43'35" E 10°59'29", Via Costiera, Tel. 338 9508714; www.oasidimaremma.it/. **Max. WOMOs**: 50.
Öffnungszeit: April bis etwa 25. September.

Ausstattung: Ver- und Entsorgung kosten 8 € (wie an der öffentlichen Anlage, Richtung Grosseto – siehe Karte vor Tour 13), Strom, Dusche, Toilette.

Beschreibung: Der Platz nennt sich *‚Area Sosta Camper'*, ist aber eher ein Campingplatz, zumal auch Wohnwagen zugelassen sind. Der Fußweg an den Strand von Marina di Grosseto ist aber 1,8 km lang.

Preise: 16–25 € (für bis zu 4 Personen), Strom und Duschen kosten extra.

Zufahrt: Der Platz ist auf der Höhe von Marina di Grosseto an der SP 158, der Küstenstraße, beschildert.

(182) Offizieller WOMO-Stellplatz: Marina di Grosseto *Area di Sosta l'Oasi*

GPS/Kontakt: N 42°44'05" E 10°58'28", Loc. Il Cristo, Tel. 056 436195; www.areasostaoasi.it/.
Max. WOMOs: 50.
Öffnungszeit: Einzelne Tage im April und Mai, täglich Juni bis September.

Ausstattung: Ver- und Entsorgung (nicht von außen zugänglich), Strom, Toilette, Dusche, Mülleimer.

Beschreibung: Der privat betriebene Stellplatz erinnert ebenfalls an einen Campingplatz, ist diesem aber noch nicht ganz so ähnlich wie Platz Nr. 181. Hier stehen Sie unter hohen Pinien. Zum Strand gelangen Sie auf 1 km geradeaus durch die Pineta. Sie kommen dann am nördlichen Rand von Marina di Grosseto, etwa bei Platz Nr. 179. an. Straßenverkehr ist zu hören, aber erträglich. **Preise**: 15–24 €.

Zufahrt: Die Zufahrt zum Platz zweigt von der SP 158 nördlich von Marina di Grosseto landeinwärts ab, südlich von Platz Nr. 183 und südlich der Flussbrücke.

(183) Offizieller WOMO-Stellplatz: Marina di Grosseto *Area Parking Canova*

GPS/Kontakt: N 42°44'21" E 10°57'38", SP 158, Tel. 335 398012; https://areaparkingcanova.com/. **Max. WOMOs**: 35.
Öffnungszeit: 15.6.–15.9.

Ausstattung: Ver- und Entsorgung (nicht von außen zugänglich), Strom, Toilette, Dusche (beides sehr schlicht), Mülleimer.

Beschreibung: Der privat betriebene Stellplatz erinnert von den dreien am wenigsten an einen Campingplatz. Es gibt hier Schatten, aber auch sehr sonnige Bereiche. Dafür sind es zum Meer nur 550 m, nach Marina di Grosseto 4 km. Der Straßenverkehr ist zu hören, aber erträglich. **Preis**: 22 €.

Zufahrt: Die Zufahrt zum Platz zweigt von der SP 158 nördlich von Marina di Grosseto landeinwärts ab, nördlich von Platz Nr. 182 und nördlich der Flussbrücke.

Nördlich von Marina di Grosseto zieht sich eine prachtvolle Pineta bis nach Castiglione. In diesem Waldgürtel finden Sie

Castiglione della Pescaia – südlicher Teil, Richtung Marina di Grosseto

Camping Internazionale Etruria der nicht ideal ist, weil er viele Dauercamper beherbergt und nahe der Straße liegt. Offenbar campieren aber Urlauber auf den Parzellen an der Strandseite.

Schönster Ort der Maremma-Küste ist **Castiglione della Pescaia** (7.200 Einwohner). Hier sind noch richtige Kutter vertäut – angeblich gibt es noch über 10 heimische Fischer, während die Fischverkaufsstände auf dem Uferkai zum Teil heimlich von Kühllastern aus Grosseto beliefert werden. Auch die malerische Kulisse des Ortes gaukelt mit mittelalterlicher Oberstadt etwas mehr Romantik vor, als es sie bei genauem Hinsehen gibt. Es lohnt sich trotzdem, durch steile Gassen zur Festung zu spazieren, um von hier über den Ort und die grandiose Pineta bis zum Monte Argentario zu schauen (siehe obiges Foto). Aber unten, auf der Haupttouristengas-

Castiglione della Pescaia

se, muss man im Sommer solche gutbesuchten Badeorte am Meer schon sehr mögen, um sich hier häufiger aufzuhalten. Castiglione della Pescaia ist einer der beliebtesten Strandorte der Toskana, stellplatzmäßig aber fast ein Totalausfall. Es gibt in Strandnähe gerade mal **fünf Parkbuchten** auf Asphalt [**184**: N 42°45'59" E 10°52'07", Piazza Salebro, kostenlos] und weit außerhalb, 1,6 Kilometer von Strand und Ortszentrum entfernt, eine **offizielle**, schattenlose Staubfläche bei einer Kläranlage [**185**: N 42°46'06" E 10°53'34", Via Andromeda 1, Ver- und Entsorgung und allen Ernstes 15 €].

Die einzige diskutable Bleibe bei Castiglione della Pescaia ist der Campingplatz, auf dem die teilweise etwas engen Parzellen durch Büsche angenehm abgeschirmt sind. Wer ein

paar geruhsame Badetage erleben, auch mal auf seiner Liege dösen oder die Kinder unbeaufsichtigt herumstreunen lassen will, hat in diesem Teil der Toskanaküste nur wenige Alternativen. Wenn Sie in der Hauptsaison einen schönen toskanischen Campingplatz am Meer aufsuchen möchten, sollten Sie rechtzeitig vorher reservieren. Diesen Rat gab ich früher nur ungern, aber heutzutage geht es nicht anders. Auch Ihrem Hund wird es ewig in Erinnerung bleiben, wie ihm am helllichten Tag zwischen all den Urlaubern eine Wildsau mit zwei Frischlingen begegnet ist:

(186) WOMO-Campingplatz: Castiglione della Pescaia *Maremma Sans-Souci*

GPS/Kontakt: N 42°46'25" E 10°50'39", Tel. 0564 933765; www.maremmasanssouci.it/de/.
Öffnungszeit: Palmsonntag bis Ende Oktober.
Ausstattung: Zwei Läden, Restaurant mit Pizzeria (im Sommer nur nach Reservierung), nur eine einzige herkömmliche Toilettenentsorgungsmöglichkeit, Fahrradvermietung, Spielplatz.
Beschreibung: Der schattige, aber teilweise etwas enge Platz in einer Pineta grenzt direkt an den schönen, im Sommer allerdings auch sehr gut besuchten Sandstrand. Der kostenlose Teil ohne Mietliegen (bis zu 30 €/Tag) ist dort erst nach etwa 100 m zu erreichen.

Die Kapazität des Platzes ist geringer geworden, seit mehr und mehr Mietbehausungen in die Büsche gefrickelt worden sind. Trotzdem ist das Gelände geräumig.

In das Ortszentrum sind es 3,3: km. Es fährt bis in den späten Abend ein **Bus** (Haltestelle direkt vor dem Platz, Tickets im Zeitungsladen des Campingplatzes). Die Frequenz ist ausgedünnt. Achtung: Da im Sommer die Ortsdurchfahrt ab 20:30 Uhr gesperrt ist, fahren die späteren Busse heimwärts nur noch ab der Haltestelle *Marconi* bei der *Pasticceria Ciro* (also westlich der Ortsmitte), und Sie müssen sich für die Heimfahrt an die Haltestelle auf der falschen Seite, der Meerseite, stellen. Vielleicht ist das aber bis zu Ihrem Besuch schon alles wieder geändert worden. Fragen Sie sicherheitshalber an der Campingplatzrezeption.

Man kann stattdessen gut **radeln** (biegen Sie am Ende des Radweges in Castiglione bei erster Gelegenheit nach rechts auf die Straße am Strand ab).

Preise: 20–52 €.

Zufahrt: Der Platz ist nördlich von Castiglione an der SP 158 nicht zu verfehlen.

(187) Wenn Sie in der Hochsaison nirgendwo einen freien Platz bekommen, ist ***Camping Le Marze*** in einer schönen Pineta, aber 900 m vom Strand entfernt, eine fast sichere Notlösung.
GPS: N 42°44'51" E 10°57'02", zwischen Marina di Grosseto und Castiglione della Pescaia beschildert.

In Castiglione della Pescaia reiht sich ein Ristorante an das andere, entsprechend schwierig ist die Auswahl. Jahrelang war man auf der sicheren Seite, wenn man dem redlichen Preis-Leistungs-Verhältnis für vorwiegend Fischiges der beliebten ***Osteria del mare già Il Votapentole*** vertraut und rechtzeitig reserviert hat. Aber bei unserem Testessen für diese Auflage waren Brühe und Begleitsoßen des *Bollito misto di mare* nahezu ungewürzt *(Via IV Novembre 15, im hinteren Teil des Zentrums; Tel. 0564 934763, Mo. geschlossen).*

Fährt man in Castiglione della Pescaia weiter nach Norden und biegt man nördlich von *Camping Maremma Sans-Souci* sowie 4,5 Kilometer nordwestlich von Castiglione meerwärts zum Strand von **Le Rocchette** ab, findet man einen privaten Stellplatz. Bis zum Ende der Sackgasse dürfen inzwischen im Hochsommer nur noch die Besitzer einer Sondererlaubnis vordringen, die anderen werden auf einen Parkplatz unter Pinien umgeleitet, eben jenen Stellplatz, den zeitweise ein Verbotsschild verunstaltet. Das verbietet aber nicht die Übernachtung, sondern nur Markisen, Tische und Klappstühle (*‚No Camping'*, aus Rechtsgründen – abends wird sich niemand gestört fühlen, wenn Sie *vor* dem WOMO an Ihrer Limo nippen; bei einer unserer Recherchen hatten viele Urlauber Tische und Stühle ausgepackt und bei der letzten waren nur noch Markisen verboten):

(188) Offizieller WOMO-Stellplatz: Le Rocchette

GPS: N 42°46'47" E 10°47'59".
Max. WOMOs: 20.
Öffnungszeit: Mai bis September.

Ausstattung: Ver- und Entsorgung (5 € extra und nur zu bestimmten Zeiten), kalte Dusche, Mülleimer.

Beschreibung: Das ist ein schön gelegener, klappstuhlgeeigneter Platz unter Pinien. Am Ende der Straße ist ein sehr kleiner öffentlicher Strand; sinnvollerweise folgen Sie direkt am Platz den anderen Urlaubern auf einem Pfad durch den Wald, der Sie nach 200 m an einen öffentlichen Strand führt. In der Nähe finden Sie Gaststätten und 700 m weiter Richtung Castiglione eine Haltestelle zum Bus nach Castiglione bis spät in den Abend (siehe beim Campingplatz Nr. 186).

Preise: 24 €/Tag oder 5 €/Stunde.

Zufahrt: Biegen Sie nordwestlich von Castiglione von der SP 158 nach Le Rocchette ab und fahren Sie knapp 3 km bis zum Stellplatz unter Pinien.

(189) 800 Meter davor ist ***Camping Santapomata***, sofern man Platz bekommt, trotz vieler Dauercamper die vielleicht bessere Alternative, zumal das Gelände direkt an den Strand grenzt;

GPS: N 42°46'37" E 10°48'36", Tel. 0564 941037; www.campingsantapomata.it/. 20–52 €; Anfang April bis Ende Oktober.

Kalenderfotos – eine Zugabe

Ihnen fehlt noch das Foto von der Allee, wie sie toskanischer nicht sein könnte: Zypressen und Pinien wechseln sich ab, und vermutlich gab es noch nie einen Kalender, bei dem diese fotogene Abfolge nicht einen Monat geschmückt hat.

Man findet die Stelle nur selten durch Zufall, weil man von Grosseto stets über Marina di Grosseto nach Norden (oder umgekehrt) fährt, also entlang der Küste. Nehmen Sie stattdessen wenigstens für einen Abstecher die Parallelstrecke landeinwärts (auf der Michelin-Karte als SP 3 bezeichnet), so kommen Sie an den Alleebäumen vorbei: In **Castiglione della Pescaia** fahren Sie auf der Stadtseite vor (nördlich) der Brücke Richtung *‚Grosseto Nord'* oder *‚Siena'* und biegen links (direkt nördlich) der Brücke nach links ab und am Ende der Straße nach rechts. Nun fahren Sie, bis Sie in aller Ruhe anhalten und vom östlichen Parallelweg der Allee (auf der Karte vor dem Knick nach Norden ebenfalls eingezeichnet) die Fotos schießen können (N 42°47'18" E 10°58'30").

In einem früheren Urlaub, es ist schon länger her, standen wir Ende Juli in Castiglione della Pescaia unangemeldet vor dem Campingplatztor – und dem Schild *completo*. So bogen wir 19 Kilometer weiter nördlich nach **Punta Ala** ab. Nicht, um dort die »freie« Offenbarung zu finden. Punta Ala ist eine – zugegeben in schöner Lage – am Reißbrett entworfene Ansiedlung für bessergestellte Hotel- und Appartement-Urlauber und verfügt über einen beachtlichen Freizeithafen. Es gibt mindestens einen Golf-, aber keinen WOMO-Übernachtungsplatz. An den meisten Stellen dürfen WOMOs nicht mal parken. Wir haben es nicht anders erwartet.

Aber sieben Kilometer davor, an einem wirklich schönen Strand, hat man für die vermeintlich weniger Betuchten gesorgt. Relativ gesehen, denn der Campingplatz *Punta Ala Camping Resort* ist einer der teuersten, auf denen ich je war: bis zu 150 € im Sommer für vier Personen mit WOMO – pro Nacht. Dieser Horrorpreis wird allerdings nur von Ende Juli bis etwa 25.8. gefordert, außerhalb dieser Superhochsaison ist es billiger. Der Gegenwert? Einer der großzügigsten Zeltplätze Italiens, in einem lichten Pinienwald mit überwiegend riesigen Parzellen in aus dichtem Buschwerk ausgeholzten

Nischen. Diese grenzen an eine bewaldete Düne, und davor liegt ein breiter, aber gut besuchter Strand. Ich kenne keinen Campingplatz direkt am Mittelmeer, auf dem es im Hochsommer mehr individuellen Freiraum gibt. Der hohe Preis ist der Garant! Auch dafür, dass nicht alles belegt ist:

(190) WOMO-Campingplatz: Punta Ala
PuntAla Camping Resort

GPS/Kontakt: N 42°50'41" E 10°46'49", Tel: 0564 922294; www.campingpuntala.it/.

Öffnungszeit: Ende April bis Ende Oktober.

Ausstattung: Zwei feste Läden (in denen man auch kleinste Beträge mit der Kreditkarte bezahlen muss), zeitweise Fischstand, Restaurant, Fahrradvermietung, Baumkletterpark, Fahrradbahn für Kinder, Spielplätze.

Beschreibung: Der riesige Campingplatz ist durch eine schmale Pineta vom Strand getrennt. Der Platz ist im Prinzip sehr schön und ganz besonders ruhig, wenn man nahe der Pineta steht. Die Sanitäreinrichtungen sind für den hohen Preis teilweise veraltet, aber gepflegt und werden nach und nach erneuert. Der Campingplatz macht nur Freude, wenn man damit umgehen kann, nicht in der Nähe einer Ortschaft zu urlauben (Punta Ala ist 7,6 km entfernt). Es gibt keine Dauercamper, aber diverse Mietunterkünfte, wodurch die Kapazität erheblich gesunken ist und auch in der Hochsaison ein freier Platz nicht mehr so garantiert ist wie früher. Die Internetseite ist nervig und informiert weder über Öffnungszeiten noch (aus gutem Grund) Preise.

Preise: 30–85 €, je nach Zeitpunkt und Parzellenart.

Zufahrt: Biegen Sie von der SP 158 Richtung Punta Ala ab und nach etwa 3,5 km erneut in nördl. Richtung. Der Platz liegt nördlich von Platz Nr. 191.

Eigentlich wollten wir uns preiswerter einmieten, weshalb wir auf dem Weg von der SP 158 nach Punta Ala zunächst den *Camping Baia Verde* ansteuern (der *Camping Punta Ala* liegt an derselben Zufahrtsstraße nördlich von *Baia Verde*). Es ist Freitag Mittag, eigentlich eine gute Zeit für die Ankunft auf einem Campingplatz, nachdem am Morgen die Heimfahrer aufgebrochen, die frischen Urlauber aber noch nicht angekommen sind. Doch unser Optimismus wird jäh gedämpft, als wir merken, dass die Schlange von vielleicht zehn vor dem Schlagbaum wartenden Fahrzeugen auf einem eigens einge-

Bei Platz Nr. 190

richteten Wartegelände erst richtig losgeht und zwischen 30 und 40 Autos beträgt. Bei der Frage nach der Wartezeit werde ich an der Rezeption beschwichtigt: »Höchstens 1½ Tage! – und die Einrichtungen des Campingplatzes dürfen Sie schon kostenlos benutzen«. So fahren wir 500 Meter zu Platz Nr. 190 weiter. *Baia Verde* ist ebenfalls ein schön gelegener Campingplatz, wenn auch nicht so großzügig dimensioniert wie der Nachbar. Aber allemal besser als viele andere Plätze an der Toskana-Küste. Sogar das Warten kann sich für einen längeren Aufenthalt lohnen:

(191) WOMO-Campingplatz: Punta Ala – *Baia Verde*

GPS/Kontakt: N 42°50'31" E 10°46'48", Tel: 0564 921220; www.baiaverde.com/de/. **Öffnungszeit**: Mitte April bis Mitte Oktober.

Ausstattung: Läden, Restaurant, Spielplatz, Fahrradvermietung, Kirche.

Beschreibung: Auch dieser Platz liegt in einem Pinienwald und ist vom Strand nur durch die schmale Pineta getrennt. Angeblich gibt es 1.000 Parzellen einschließlich Mietbehausungen. **Preise**: 25–53 €.

Zufahrt: Wie zum vorgenannten Platz.

Auf dem Weg nach Norden dürfen Sie an **Follonica** vorbeifahren. Trotz gelegentlich in der Literatur angedeuteter Schönheiten ist es mir auch auf der letzten Reise nicht gelungen, Gründe zu finden, mein notorisch schlechtes Urteil zu revidieren. Jedoch sieben Kilometer nördlich davon darf ich mir bei jener Revision erfreut notieren:

(192) Offizieller WOMO-Stellplatz: Torre Mozza

GPS: N 42°56'51" E 10°41'33", Viale Italia. **Max. WOMOs**: 50.
Öffnungszeit: Mai bis Oktober. **Ausstattung**: Mülleimer.

Beschreibung: Sie stehen eng und in der Sonne, aber nur durch ein Pinienwäldchen vom schmalen und gut besuchten Strand getrennt. Stühle und Markisen sind verboten. Keine Infrastruktur. **Preise**: 18–23 €.

Zufahrt: Überqueren Sie ca. 7 km nördlich von Follónica beim Wegweiser *'Torre Mozza'* die Schnellstraße, der Weg endet beim unübersehbaren Stellplatz nördlich eines alten Turms.

Wenn Sie hier auf der Strandstraße noch ein Stück weiter nach Norden bzw. nach Piombino fahren, folgen ein reiner Camping- und **mehrere privat betriebene Stellplätze** in Meernähe, von denen hier noch ein weiter erwähnt werden soll, der einem Campingplatz am ähnlichsten ist. Die Umgebung wird allerdings immer weniger lieblich und industriell:

(193) Offizieller WOMO-Stellplatz: Piombino / Mortelliccio – *Camperoasi*

GPS/Kontakt: N 42°57'15" E 10°40'00", Tel. 0565 20187, www.camperoasi.com/prezzi/. **Max. WOMOs**: 90.
Öffnungszeit: April bis September.
Ausstattung: Ver- und Entsorgung, Strom, warme Dusche (1 Euro für 90 Sekunden), Toilette, Mülleimer.
Beschreibung: Sie stehen in Reih und Glied unter mittelgroßen Bäumen ähnlich wie auf einem Campingplatz. Zum Strand sind es etwa 180 Meter. Einkaufsmöglichkeit im benachbarten Feriendorf.
Preise: 30–40 € (letztere im Juli/August).
Zufahrt: Die Zufahrt zweigt von der Verbindung der SS 1 nach Piombino nach Süden ab; der Platz liegt westlich von Carbonifera.

In der lebhaften Hafenstadt **Piombino** (34.000 Einwohner) ist das mittelalterliche Stadtbild mit Festungsanlage und Stadttoren fast vollständig erhalten, was man von Ferne nicht vermutet. Sie können sogar in der Nähe einer schönen Badebucht, der **Calamoresca**, übernachten, wenn Sie von einem nicht besonders lauschigen Asphaltgelände ein paar Meter laufen und zum Strand und einem (noch nicht getesteten) Ristorante weitere 150 Meter absteigen:

Calamoresca

(194) WOMO-Parkplatz: Piombino – Salivoli

GPS: N 42°56'08" E 10°30'03", Via Salivoli. **Max. WOMOs**: 20.
Ausstattung: Wasser.
Beschreibung: Die eigentlich für Pkw vorgesehenen, aber teilweise für WOMOs ausgeschilderten Parkbuchten sind am Wochenende tagsüber oft belegt und für ein großes WOMO überwiegend zu kurz, abends gibt es aber viel Platz. Der schattenlose Parkplatz liegt oberhalb der Calamoresca. Bisweilen lärmen Jugendliche. Gaststätte, Wanderweg und Strand sind 300 m entfernt. Deshalb stehen hier bisweilen viele andere WOMOs.

Zufahrt: Fahren Sie am Ortseingang von Piombino rechts, Richtung *'Salívoli'*, und halten Sie sich weiter rechts. Sie sehen dann einen Wegweiser zum Strand der *'Calamoresca'*. Die Straße lässt den Hafen von Salívoli links liegen und endet auf einem lang gezogenen Parkplatz.

(195) Einen kostenlosen, schattenlosen **offiziellen** Asphaltplatz mit schönem Blick für 10 Fahrzeuge finden Sie nahe der Innenstadt westlich des Friedhofs bei **GPS**: N 42°55'15" E 10°31'60", Strada Cimitero, wegen des Marktes nicht in der Nacht auf Mittwoch.

Auch direkt am Hafen gibt es eine Stellplatzmöglichkeit, auf der aber nur die beiden vordersten Plätze einen schönen Meerblick ermöglichen:

(196) Offizieller WOMO-Stellplatz: Piombino
Area Sosta Alvin

GPS: N 42°55'33" E 10°32'32", Via Paolo Vanucci. **Max. WOMOs**: 20.
Öffnungszeit: April bis Oktober.
Ausstattung: Ver- und Entsorgung, Toilette in der Nähe.
Beschreibung: Wenn man auf dem schattenlosen Asphaltplatz keine Urlaubstage verbringen möchte, sondern nur eine Nacht nach oder vor der Fähre, steht man gar nicht mal schlecht und relativ ruhig. Gaststätten sind fußläufig erreichbar. Ins Zentrum sind es etwa 1,5 km. **Preis**: 15 €.
Zufahrt: Der offizielle Stellplatz liegt oberhalb des Fährhafens seitlich der Ticketverkaufsstelle.

Hier schiffen wir uns bei der nächsten Tour nach Elba ein und bedauern beim Ablegen der Fähre und dem Blick auf das frühere Hüttenwerk, dass dieses nur noch vor sich hin zu rosten scheint.

Der antike Hafen der Etrusker befand sich hingegen auf der Nordseite des Vorgebirges (Promontorio) bei den wenigen Häusern von **Baratti**. Weil sich dort landschaftliche und kulturelle Reize so sehr paaren, wurde der **Golfo di Baratti** mehr und mehr ein beliebtes Ziel italienischer und ausländischer Wohnmobile. Mancher würde schreiben, jene wurden zur Plage. Man hat zunehmend reglementiert und längst die große Lösung gewählt: sommerliches Sperrgebiet! Man darf mit Fahrzeugen über 2 Meter Breite nur noch zwischen dem 1.10. und dem Tag vor Ostern täglich und zwischen Ostern und dem 31. 5. an Tagen, die keine Feiertage sind oder diesen vorausgehen zwischen 10 und 16:30 Uhr die einzige Straße in die Bucht, zum archäologischen Park und nach Populonia befahren. Die Eigner von Vans und Bussen grinsen, aber ein Ducato-Bus neuester Bauart ist schon ohne Spiegel breiter, ein Sprinter 2,01 m ohne Spiegel und Markise; und überhaupt gilt die Privilegierung schmaler Fahrzeuge nicht für parkende WOMOs. Verstöße werden mit über 70 Euro geahndet. Ein riesiger Acker weit außerhalb dient als Stell- und Parkplatz. Von Juni bis September verkehrt ein Bus. In der übrigen Zeit ist das Fahrrad ein Segen, zu Fuß gerät der Ausflug zur Wanderung. Wenn Sie den Archäologischen Park und Populonia einbeziehen, werden Sie eine schöne **Tageswanderung** erleben:

Der Golf von Baratti

Der große Meerbusen nördlich von Piombino ist wegen seines wunderbaren, von hohen Schirmpinien gesäumten Strandes eine der schönsten Stellen zwischen Carrara und Rom. Schon die Etrusker siedelten auf einem hohen Hügel über der malerischen Sandbucht, im heutigen **Populonia**, das im 4. vorchristlichen Jahrhundert mit 25.000 Einwohnern eine der drei größten Städte Etruriens war.

Und hinter dem Strand liegt ein bedeutendes **Ausgrabungsgelände**. Die etruskischen Gräber wurden dort fast zufällig entdeckt, als man vor und nach dem Ersten Weltkrieg eine antike Schlackenhalde ein zweites Mal ausgebeutet hat. Nachdem den Etruskern im 5. Jahrhundert v. Chr. auf der nahen Insel Elba das Holz ausgegangen war, verlagerten sie – wie später die Römer – ihre Eisenhütten auf das Festland, um mithilfe von Holzkohle Eisen- und Kupfererze aus dem Gestein zu schmelzen. Wegen der primitiven Methoden blieben aber mehr als 50 Prozent des Erzes in der Schlacke zurück. Man konnte nämlich nur Temperaturen zwischen 1350 °C und 1450 °C erzielen, während Eisen erst bei über 1500 °C richtig schmilzt. So wanderte die noch erzhaltige Schlacke auf die Halde, von der schließlich auch die Gräber zugeschüttet worden waren. Damit wurde die etruskische Nekropole erhalten und zudem ein bescheidenes Rohstoffreservoir. Heben Sie die merkwürdig leichten Steine vom Boden auf, Sie können in der Schlacke noch immer das Metall glitzern sehen.

Der in unserer Zeit angelegte **Archäologische Park** (Parchi della Val di Cornia) schließt die Akropolis von Populonia auf der Anhöhe mit ein und ist durch gut beschilderte Rundwege erschlossen, von denen man die Überreste des zurzeit der Etrusker größten Zentrums der Eisenverarbeitung des gesamten Mittelmeerraumes besichtigen kann. Auf der Strecke liegen auch verschiedene Gräber, weshalb sich der Besuch wirklich lohnt, der in der großen Runde aber locker 2 Stunden dauert *(die Gräber und die Schlacke kann man gesondert im unteren Teil ansehen, 9–18 Uhr, Juni-Sept. 19 Uhr, außer im Juli/August montags geschlossen; 10 € für den vorderen Teil, 25 € fürs volle Programm).*

Es kommen mehrere Ausgangspunkt für den Besuch des Golfo di Baratti und des Ausgrabungsgeländes infrage, unter denen der folgende Stellplatz der schlechteste ist:

(197) Offizieller WOMO-Stellplatz: Golf von Baratti
Le Caldanelle

GPS: N 43°00'08" E 10°31'41", SP 23. **Max. WOMOs**: 70.
Ausstattung: Ver- und Entsorgung (schmutzig), Mülleimer.
Öffnungszeit: Ganzjährig.
Beschreibung: Das riesige, baumlosen, aber grasige und klappstuhlgeeignete Gelände liegt außerhalb der Bebauung und ist erstaunlich wenig, nachts so gut wie gar nicht besucht. Dann finden wir es unheimlich. Außerdem besteht erhöhte Aufbruchgefahr.
Man kann hier loswandern, ich würde es nicht. Strand und Lokale sind 1,5 km, das Ausgrabungsgelände 2,5 km entfernt, im Sommer kostenpflichtiger Bus.

Preise: 8–20 Uhr 10–17,50 €/12 Std.; nachts und außer von Juni bis September an vielen Wochentagen kostenlos.

Zufahrt: Der Platz liegt seitlich der Küstenstraße SP 23 etwa in Höhe der Abbiegung nach Populonia und Baratti.

(198) WOMO-Campingplatz: Golf von Baratti
Agricampeggio Podere Etrusco

GPS/Kontakt: N 42 °59'38" E 10°31'20", Piombino, Baratti 2, Tel. 0565 29641; www.podereetrusco.it/. **Öffnungszeit**: Ganzjährig.
Ausstattung: Keine Besonderheiten.
Beschreibung: Die 24 wenig schattigen Plätze sind in der Hochsaison häufig belegt. Strand und Lokale sind 1 km, das Ausgrabungsgelände 1,6 km entfernt. **Preise**: 25–42 €.
Zufahrt: Der Platz ist an der Küstenstraße SP 23 südlich der vorbotenen Zufahrt beschildert.

(199) WOMO-Campingplatz: Sant'Albinia
Agricampeggio L'Oasi Toscana

GPS/Kontakt: N 43°00'54" E 10°31'33", Piombino, Sant'Albinia 11, Tel. 347 1154759; https://www.oasi.toscana.it/.
Öffnungszeit: Ganzjährig.
Ausstattung: Pool (5 €/Tag), Obst, Gemüse und Brotverkauf.

Beschreibung: Die etwa 35 teilweise schattigen Plätze sind in der Hochsaison ebenfalls häufig belegt.
Das Ausgrabungsgelände ist 4,3 km entfernt. Den Strand von Baratti möchten Sie gar nicht aufsuchen, weil der vielleicht schönste Strand der Toskana (ohne jegliche Liegestühle) nur 900 m entfernt ist (siehe Foto); gehen Sie dazu rechts entlang der SP 23 und gegenüber dem ersten Parkplatz nach links in die Düne oder wählen Sie die Alternative, bei der Sie schon schräg gegenüber dem Obststand direkt vor einem Wasserlauf an einem Tor vorbeigehen, was für Fußgänger erlaubt ist.
Preis: 32 € (ab der 5. Person Aufpreis).
Zufahrt: Der Platz ist an der Küstenstraße SP 23 etwa 1,6 km nördlich der verbotenen Zufahrt bei einem Obststand beschildert – biegen Sie nicht schon 150 m vorher ab.

Nachdem Sie im beigen Kasten erste Kenntnisse über die antike Erzverhüttung erworben haben, sind Sie für die Insel Elba und unsere nächste Tour bestens gerüstet.

TOUR 15

N
5 km
Tour 14
nach Piombino
nach Piombino
Cavo
Seregola
Topinetti
Nisporto
Rio nell'Elba
Rio Marina
Bagnaia
Magazzini
PORTOFERRAIO
Capo d'Enfola
Sant'Andrea
Marciana Marina
Zanca
Marciana
Poggio
Procchio
Villa Napoleone
1009 m Monte Capanne
Pomonte
Fetovaia
San Piero in Campo
Marina di Campo
Lacona
Madonna di Montserrato
Terranera
Reale
Porto Azzurro
Ferrato
Capoliveri
Monte Calamita 413 m
Erzgruben
200
201
202
203
204
205
206
207
208
209
210
211
212
213
214
215
216
217
218
219
220
221
222
223
224
25
26
31
WC
P

Tour 15: Reif für die Insel – Elba 165 km

**Capoliveri – Porto Azzurro – Rio Marina – Cavo
Golf von Lacona – Marina di Campo – Marciana Marina
Portoferraio**

Stellplätze:	bei Magazzini, in Capoliveri, an der Spiaggia di Ferrato, in Rio nell'Elba, bei Rio Marina, bei Cavo, bei Marciana, in Marciana Marina, in Procchio, in und bei Portoferraio
Campingplätze:	bei Porto Azzurro, in der Bucht von Lacona, bei Énfola
Besichtigen:	Villa Romana an der Punta delle Grotte, Bucht von Terranera und Laghetto di Terranera, Museo dei Minerali e del'Arte Mineraria in Rio Marina, Villa Napoleone, Portoferraio
Essen:	Ristorante *Summertime* in Capoliveri, *Osteria dei Quattro Gatti* oder *Osteria Cecconi* in Porto Azzurro, Ristorante *Da Ledo* in Lacona, Pizzeria *La Scaletta* in Marciana Marina, *Osteria Ferraja* in Portoferraio
Wandern:	von Capoliveri zum Monte Calamita; bei Porto Azzurro, von Marciana Marina nach Sant'Andrea, am Capo d'Enfola

Manchmal dauert es etwas länger, um mit Vorurteilen aufzuräumen – in unserem Fall 18 Jahre. So viel Zeit musste seit der Erstauflage verrinnen, ehe **Elba** im Jahr 2009 Aufnahme in den Toskana-Führer des WOMO-Verlages gefunden hat. Und ich musste damals gestehen, dass ich Ihnen schon in der Vergangenheit kurze Fährausflüge verschwiegen hatte, trotz derer ich der Meinung war, die Insel eigne sich nicht für die Wohnmobil-Reise.

Der Durchbruch geschah aber dann an Ostern. Ich habe Ihnen in meinen Büchern schon viele Tipps für die Frühjahrsreise geliefert, aber eines der tauglichsten Ziele war mir als solches unbekannt, bis wir an einem Gründonnerstag nach Elba übergesetzt sind. Wir sind danach auch zu anderen Zeiten wiedergekommen, Elba hat uns jedes Mal überzeugt, wenn auch nicht mit seinem Stellplatzangebot.

Ein Stellplatzparadies dürfen Sie nämlich nicht erwarten. Auch auf Elba sind im Laufe der Jahre einige schöne Küstenstellplätze weggefallen, und genau genommen gibt es kaum noch Stellplätze. Außerdem ist die Insel im Juli/August weiterhin rappelvoll.

Allgemeine Hinweise zu Elba

Fährverbindungen: Einziger Fährhafen auf dem Festland ist Piombino, wo die Zufahrt zum Hafen gut beschildert ist. Von hier laufen fast stündlich wenigstens zwei Fähren nach Portoferraio aus und mehrfach täg-

Fähre vor Piombino

lich Schiffe nach Rio Marina und (im Sommer) Cavo. Die Überfahrt nach Portoferraio dauert **eine Stunde**. Wer an einem Wochentag außerhalb der Hochsaison übersetzen möchte, bekommt ohne Buchung sofort ein Schiff. Während der Hauptreisezeiten, dazu gehören besonders die Tage **kurz vor und kurz nach Ostern** und die Zeit zwischen dem **10. Juli und 25. August**, sollten Sie **unbedingt vorbuchen**. Angeblich bekommen Sie in diesen Perioden auf Anhieb häufig kein Schiff. Am ersten Wochenende nach dem 15. August und um den 25. August werden Sie, vor allem für die Fahrt zurück zum Festland ohne rechtzeitige Reservierung mit Sicherheit keinen freien Platz ergattern.

Als wir 2008 zum ersten Mal ernsthaft recherchiert haben, gab es zwei Schifffahrtslinien. 2012 waren es drei und im Sommer 2022 sogar vier. Wahrscheinlich ist es somit noch einfacher geworden, auch in Stoßzeiten auf Anhieb einen freien Platz zu ergattern. Ob die Insel damit noch voller geworden ist, wissen wir nicht.

Es gab zuletzt die privaten *Mobylines, Blu Navy* und *Corsica Ferries* sowie die ehemals staatliche *Toremar*. Die Schiffe von *Moby* sind nach unserem Eindruck am komfortabelsten und größten, was bei hohem Seegang ein deutlicher Vorteil ist. Wir sind meistens mit *Moby* übergesetzt, einmal mit *Blu Navy*, was nicht so empfehlenswert war, weil dort kaum Platz auf den Außendecks zum Schauen war. Zuletzt konnte man mit demselben Ticket sowohl bei *Moby* als auch bei *Toremar* an Bord gehen (weil inzwischen beide Linien zusammengehören). Die Preisstruktur der einzelnen Linien ist nur mühsam zu durchschauen. *Moby* und *Toremar* jedenfalls werden auf derselben Internetseite gebucht und kosten dasselbe.

Wir haben aber unter www.moby-lines.de die Ticketbuchung getestet, die bei der Bezahlung mittels Kreditkarte anstandslos funktioniert hat. Wir durften die Tickets selbst ausdrucken (mehrfach, falls wir sie unterwegs verlegt hätten) und waren sowohl bei der Hin- als auch bei der Rückfahrt etwa eine Stunde zu früh am Hafen. An der Einfahrtklappe des Schiffes stand derselbe Typ, der im ganzen Mittelmeerraum übel gelaunt alle Ladevorgänge an allen Autofähren dirigiert. Aber er hat uns jedes Mal ohne eine Sekunde der Kontrolle auf die falsche, nämlich zu frühe

Fähre vor Portoferraio

Fähre eingewiesen. Statt unseres ausgedruckten Tickets hätten wir ihm auch die Allgemeinen Geschäftsbedingungen von IKEA unter die Nase halten können (bei weniger seriösen Autos wurde allerdings mit einem Strichcode-Lesegerät die Bezahlung überprüft).

Je nach Fahrzeit gibt es erhebliche Preisunterschiede. Beispielsweise lagen Anfang September montags gegen Mittag die Preise nur noch bei 60 Prozent der Kosten einer früheren Überfahrt vom selben Tag. Im Internet können Sie unter *www.toremar.it* die Preisstruktur in einer übersichtlichen Tabelle ablesen. Zwei Personen bezahlen mit einem 6,50 m langen Wohnmobil zur teuersten Zeit für die einfache Strecke nach Portoferraio etwa 180 Euro. Zur günstigen Zeit bezahlen sie etwa 100 Euro. Die Passagen nach Cavo sind etwas billiger, aber sehr viel seltener.

Bei der Direktbuchung vor Ort lohnt sich ein Preisvergleich. Lassen Sie sich dort beim Buchen nicht drängeln – das nächste Schiff startet meistens eine halbe Stunde später.

In der Nebensaison kann man vor Ort ein Ticket kaufen, ohne sich auf eine bestimmte Zeit festlegen zu müssen.

Auch ungeübte Chauffeure gelangen schadenfrei auf das Schiff und wieder an Land; die Gasflamme des Kühlschranks muss an Bord gelöscht werden. Keiner tut es, und niemand kontrolliert es. Aber die Handbremse sollten Sie auf jeden Fall gut anziehen.

Kurz gesagt, die Überfahrt ist völlig problemlos, wenn man ein Ticket besitzt.

Wir haben auch eine Passage bei Sturm gewagt. Der Aufenthalt auf den Außendecks war durch penetrante Lautsprecherdurchsagen streng verboten – fast kein Passagier hat sich daran gehalten, obgleich das Schaukeln beachtlich war. Die Fahrzeit scheint jedoch für die klassische Seekrankheit zu kurz, wenngleich wir erstaunt waren, wie tief auf einem derart großen Schiff die Wellentäler sein können.

Das **Preisniveau** auf Elba liegt eindeutig über dem des Festlandes, ohne allerdings zu explodieren.

Wir kennen auf Elba keinen einzigen kostenlosen offiziellen **Stellplatz**. Genaugenommen darf man auf ganz Elba außerhalb der vorgesehenen Terrains nicht wild campieren (keine Klappstühle). Sie besuchen also kein Paradies für freie Stellplätze.

Dafür nennen wir Ihnen ein paar **besonders schöne Campingplätze**. Wir haben noch nicht Anfang August um Einlass auf einen Campingplatz am Meer gefleht. Angeblich helfen da nicht einmal Tränen, obgleich es auf Elba für italienische Verhältnisse erstaunlich viele und große Plätze gibt. Ich vermute, dass Sie beispielsweise montags am frühen Nachmittag zu allen Zeiten freie Plätze finden. Aber ich würde, wenn ich zwischen dem 10.7. und 25.8. verreisen müsste und nach Elba wollte, die Fähre und einen Campingplatz vorbuchen, wobei Letzteres während dieser Tage übrigens für alle Strandplätze am nördlichen Mittelmeer gilt.

Wir werden nun die Insel einmal ganz umrunden, sie mehrfach durchqueren und Sie bitten zu bedenken, dass ich mit einer einzigen Elba-Tour in diesem Reiseführer nur Ihr Interesse wecken und Sie zu ausgesuchten Stellen führen kann. Beachten Sie hier in besonderem Maße, dass meine Beschreibungen nicht zwingend für alle Jahreszeiten zutreffen. Besonders von Mitte Juli bis Mitte August erleben Sie die Insel möglicherweise anders.

Portoferraio

Schon die Überfahrt nach Portoferraio ist ein Erlebnis. Kurz genug, um auch bei stärkerem Seegang nicht unter der Seekrankheit zu leiden, aber selbst bei nur einer Stunde reiner Fahrzeit nimmt man Abschied, wenn die rostigen Hafenanlagen von Piombino durch die Entfernung schrumpfen. Erwartungsvoll begrüßt man das näher kommende Ziel, das sich perfekt präsentiert: Zuerst gleitet die Fähre an dem bewaldeten, fast unbewohnten Zacken des nordöstlichen Inselteils vorbei, wobei man zurecht erahnt, sogar in Elba könne man durch nahezu unberührte Landschaften wandern. Das Eiland wirkt bei der ersten Annäherung fast ein wenig abweisend, um aber dann in Hafennähe seine ganzen Reize auszuspielen. Die Heranfahrt an Portoferraio ist eine Bilderbuchankunft, und selbst erfahrene Inselhüpfer stehen staunend an der Reling, bevor die Fähre an der Kaimauer festmacht.

Wenn Sie aufmerksam nach links geschaut haben, ist Ihnen vielleicht in der Rada di Portoferraio eine Häusergruppe am Meer aufgefallen. Die kleine Ansiedlung Magazzini könnte Ihre erste Station sein. Denn ein erstes Ziel brauchen Sie auf jeden Fall, wenn Sie vorsichtig Ihr Wohnmobil aus dem Schiffsrumpf rollen lassen. Ehe Sie sich versehen, nähern Sie sich außerhalb des Hafengebietes dem ersten großen Kreisverkehr und sollten wissen, dass Sie nun zunächst dem Wegweiser *‚Porto Azzurro'* folgen. Bald biegen Sie aber nach links ab, Richtung Bagnaia, weil Sie auf der Westseite des Nordzipfels ein Stück nach Norden vorstoßen.

Vielleicht werden Sie unterwegs anhalten, um auf der Anhöhe bei der **Punta delle Grotte** auszusteigen und einen kleinen Besichtigungsspaziergang zur **Villa Romana** zu unternehmen, den Fundamenten einer römischen Haus- und Badeanlage mit schön aufgeschichteten Mauerteilen und einem exzellenten Blick auf Portoferraio.

Wenn Sie ein paar Kilometer weiter Richtung Bagnaia nach links abgebogen sind, finden Sie einen erstaunlichen

Parkplatz hinter dem schmalen Strand von **Magazzini**, wo der gesetzestreue Leser zur Sicherheit noch einmal die überschaubare Fläche abschreitet und auch dabei immer noch kein Verbotsschild (nur ein Hinweisschild auf die Kehrmaschine) entdeckt. Ob das nicht nötig ist, weil am schmalen Strand so viel Seegras angeschwemmt wird? Vielleicht sind die Bedingungen im Hochsommer ohnehin unerträglich. Außerhalb der Hauptsaison jedenfalls finden Sie hier ein brauchbares Plätzchen in der Nähe eines angeblich guten, von uns noch nicht getesteten Restaurants. Da es solche Stellen am nördlichen Mittelmeer normalerweise nicht mehr gibt (aber 2016 noch gab), werden Sie nach meiner düsteren Prognose auch hier nicht mehr lange den ein- und auslaufenden Fähren zuwinken können:

(200) WOMO-Parkplatz: Magazzini

GPS: N 42°47'57" E 10°21'27".
Max. WOMOs: 3-4.
Ausstattung: Wasser, Mülleimer.
Beschreibung: Das ist ein asphaltierter, schattenloser Parkplatz ohne Verbotsschild, der direkt in der Nähe einer Gaststätte außerhalb der Bebauung am Kiesstrand liegt (zumindest zeitweise viel Seegras). Im Sommer ist er wegen einer Segelschule und starker Pkw-Benutzung möglicherweise ungeeignet. Nicht für Fahrzeuge über 7 Meter. Die letzten Meter der Zufahrt sind eng, weshalb Sie möglicherweise einen Mitfahrer die Situation erkunden lassen sollten, bevor Sie genötigt werden, rückwärts zurückzufahren.
Zufahrt: Biegen Sie an der Straße von Portoferraio nach Bagnaia (SP 28) noch südlich des Hotels *Villa Ottone* beim Schild *'Magazzini'* zum Meer ab.

Sie müssen auf Elba deutlich häufiger als im Landesinneren des Festlandes darauf gefasst sein, unsere Tipps aus den verschiedensten Gründen nicht realisieren zu können und werden vielleicht schon kurz nach Ihrer Ankunft und schräg gegenüber der Zufahrt nach Magazzini von der SP 28 mit dem Campingplatz *Rosselba le Palme* liebäugeln. Schauen Sie weg, denn es reicht, dass wir für Sie genauer nachgesehen haben: nicht direkt am Strand, unendlich viele Mietbehausungen, nicht anders als auf zahlreichen vergleichbaren Animationsplätzen auf dem Festland.

Dann fahren Sie schon besser weiter nach **Bagnaia**, das zu den schöneren Orten der Insel zählt. Einen Stell- oder Campingplatz werden Sie allerdings nicht finden (außerhalb der Saison kann man vorher oberhalb des Ortes seitlich der Straße gut parken und notfalls sogar – schräg – übernachten). Inzwischen kann man mit dem WOMO problemlos bis **Nisporto** weiterfahren, einem abgelegenen Badeort mit wenig Infrastruktur und einem kleinen, im Juni noch fast unbewohnten Campingplatz unter dichten Pinien sowie direkt am Strand, wo wir nur ein wenig enttäuscht waren, dass man das Meer nicht sieht:

(201) WOMO-Campingplatz: Nisporto – *Sole e Mare*
GPS/Kontakt: N 42°49'33" E 10°22'50", Tel: 0565 1930550; www.soleemare.it/ **Öffnungszeit**: Anfang April bis Mitte Oktober.
Ausstattung: Laden, Restaurant, Fahrradvermietung.
Beschreibung: Das schattige Gelände liegt hinter einem Feinkiesstrand 100 m vom Ort entfernt. Es gibt einige feste Behausungen, aber keine Dauercamper. **Preise**: 26–54 €.
Zufahrt: Der Platz ist an allen Zufahrtsstrecken beschildert.

Capoliveri

Die Fahrt an den Nordostzipfel der Insel steht allerdings gewöhnlich nicht als Erstes auf Ihrem Zettel. Sie fahren vielmehr dahin, wohin alle fahren. Und Sie reiben sich in **Capoliveri** erneut die Augen, weil Sie am Fuß eines der Haupttouristenorte Elbas einen Stellplatz entdecken, der an Ostern eine richtig gute Anlaufstation sein kann, im Sommer hingegen zu schattenlos und großparkplatzartig ist:

(202) WOMO-Parkplatz: Capoliveri – Sportplatz
GPS: N 42°44'55" E 10°22'56", SP 31. **Max. WOMOs**: 20.
Ausstattung: Keine.
Beschreibung: Das ist ein Gelände mehrerer schattenloser Parkplätze: zweier kleiner Parkplätze vor dem Friedhof, eines großen Asphaltparkplatzes danach und, solange es diesen noch gibt, eines naturbelassenen Platzes eine Etage hinter letztgenanntem. Alles liegt in fußläufiger Entfernung zum Ortszentrum mit Gaststätten, Geschäften und Toilette (weiter oben am Beginn der Straße zum Ort) und mit schönem Blick zum Meer von dem oberen Asphaltparkplatz. Dort können Sie die Markierungen nicht einhalten, was nicht beanstandet wird. Ich befürchte, dass der Platz im Sommer bis in den Abend zugeparkt ist.
Auf dem unteren Platz sind die Verkehrsgeräusche deutlich niedriger, und man hat trotzdem noch Sicht. **Preis**: Zeitweise 2 €.
Zufahrt: Fahren Sie auf der SP 31 unterhalb um den Ort, es ist die Straße, auf der Sie unweigerlich vorbeikommen, Wegweiser '*Centro*'. In einer weiten Kurve sehen Sie auf der Meerseite der Straße einen großen asphaltierten Parkplatz.
Hinweis: Do. ist Markt, und der größte Platz ist vormittags nicht nutzbar.

Freunde einsamer Plätze finden weiter südlich eine gute Gelegenheit, ihren Mut auf die Probe zu stellen:

(203) WOMO-Parkplatz: Capoliveri – Calamita

GPS: N 42°43'02" E 10°23'42", Strada di Calamita.
Max. WOMOs: 10.
Ausstattung: Keine.
Beschreibung: Der geschotterte Platz liegt sehr einsam am Rand der nicht mehr asphaltierten Straße. Bei stärkerem Verkehr, den es abends normalerweise nicht gibt, wird es demnach staubig. Es ist der Besucherparkplatz eines zum Museum ausgebauten ehemaligen Bergwerks. Nachts ist hier niemand unterwegs, und Sie können auf Klappstühlen sitzen, was aber verboten ist. Nach wenigen Metern zweigt rechts ein 2 km langer Fußweg zum Strand ab. Bei den bald folgenden Gasthäusern endet übrigens die Staubstraße an einer Schranke.
Zufahrt: Fahren Sie in Capoliveri am vorgenannten Platz vorbei und immer bergauf bis zu einem kleinen Kreisverkehr bei der *Polizia Municipale* und folgen Sie dort dem braunen Wegweiser *‚Miniera di Calamita'.* Nach etwa 1,5 km geht der Asphalt in Schotter über; dann sind es noch weitere 4 km, bis rechts der Straße das Museum eines ehemaligen Bergwerkes auftaucht, vor dessen Tor Sie ohne Sicht stehen können (was wir im Gegensatz zu Lesern noch nicht aktiv ausprobiert haben).

(204) GPS: N 42°44'04" E 10°22'49".
Max. WOMOs: 2.
Theoretisch können Sie schon 4 km vorher, kurz vor dem Ende des Asphaltbelages seitlich der Straße ähnlich einsam stehen und einen wunderbaren Blick auf die Küste und nach Korsika genießen. Sie stehen hier aber auf dem Präsentierteller! Unser Tipp: Erleben Sie hier den Sonnenuntergang (ohne Staub) und fahren Sie danach auf den Platz ohne Blick (Nr. 203) weiter.

Capoliveri (3.000 Einwohner) ist eine von insgesamt acht Gemeinden auf Elba und eigentlich ein Bergdorf, was nicht heißt, Sie könnten hier die Eingeborenen noch mit Glasperlen beglücken. Bergdörfer in touristisch hoch erschlossenen Gebieten sind an trüben Sommernachmittagen meist ein Albtraum. Am Gründonnerstag hingegen tat uns der Wirt des **Restau-**

Capoliveri

rants *Summertime* leid, weil er nur wegen uns seinen Koch bei Laune und den Heizstrahler in Betrieb halten musste *(Via Roma 56, Tel. 0565-935180, im Sommer für den Abend unbedingt reservieren, überdurchschnittliche Preise, sehr gute Fischküche).*

In Ermangelung ernsthafter Sehenswürdigkeiten erwähnt jeder, der sich über Capoliveri auslässt, die **Chiesa San Michele**, eine Kirche aus dem 13. Jahrhundert, weil dort ein Papst eine Messe gelesen hat, als er auf der Reise von Avignon nach Rom vor einem Sturm Schutz suchen musste. Das schreibe ich hier hauptsächlich, um beiläufig einflechten zu können, dass Sie in einem meiner Reiseführer über die Provence zu dieser Episode der Kirchengeschichte Näheres erfahren.

Capoliveri ist eines der Dörfer, in denen Sie malerische Haus- und Straßenansichten fotografieren und es am Ende insgeheim als Urlaubserlebnis verbuchen, wenn Sie in einem der Cafés am zentralen Platz einen freien Tisch ergattern, weil Capoliveri einer der Urlaubsorte ist, in denen die Stimmung steigt, wenn die freien Stühle knapp werden.

Soweit, dass Sie mangels freiem Plastikstuhl das **Museo del Mare** besuchen müssen, wird es allerdings nicht kommen. Hier werden hauptsächlich die Luxusgüter eines im Jahr 1841 gesunkenen Schiffes gezeigt, die überwiegend erst 2005 aus 103 Meter Tiefe geborgen werden konnten *(Mai und Oktober 10–12:30 und 17–19 Uhr, Juli bis 10.9. bis 23:30 Uhr; 3 €).*

Beim vorherigen Stellplatz Nr. 203 habe ich Sie schon zum **Bergbaumuseum** der ***Miniere di Capoliveri*** (*Museo della Vecchia Officina)* geführt, wo man für 18 Euro eine ehemalige Magnetitmine oder für 2,50 € auch nur Mineralien oder alte Gerätschaften betrachten kann. Wir waren noch nicht dort, haben aber im Internet viel Lob gelesen *(komplizierte Zeiten von Juni bis Sept.* täglich 10–*17 Uhr, April, Mai, Okt. nur am Wochenende; Einzelheiten unter www.infoelba.net/allegati/musei/ginevro-museo_orari-prezzi.pdf).*

Wenn Sie uns auf der nachfolgenden **Wanderung** begleiten, die in der Nähe ehemaliger Bergwerke vorbeiführt, werden Sie aber ahnen, weshalb dieses Museum eingerichtet worden ist (siehe beim Wandertext auch zum Rohstoff Magnetit):

Von Capoliveri zum Monte Calamita

Wir parken auf Platz Nr. 202 und gehen bergauf in den Ort. Gegenüber der *Polizia Municipale* von **Capoliveri** beginnen wir in der *Via Blankenagel* mit dem Wegweiser *‚Panoramica'* den Anstieg. Zunächst biegen wir links ab und nach etwa 500 m an einer Kreuzung rechts. Nun windet sich eine steile, teilweise betonierte Straße bergauf und ermöglicht uns schöne Ausblicke zurück nach Porto Azzurro. Der Weg wird dann flacher und führt an einer Info-Tafel vorbei zu einer sternförmigen Kreu-

zung, wo wir erst geradeaus und am folgenden **Monte Calamita** links des abgezäunten Militärgeländes vorbeigehen.

Wir wandern stur weiter geradeaus, überqueren einen eher flachen Bergrücken und bestaunen einen Mimosenwald (dieses Vergnügen ist Ihnen an Ostern nur vergönnt, wenn die Feiertage besonders früh liegen oder der Winter extrem hart und lang war). Ohne kenntnisreiche Hilfe würde man sich nicht trauen, die Bezeichnung ***Monte Calamita*** wörtlich zu übersetzen. Man dächte eher an einen regionalen Bezug oder die bildhafte Beschreibung des Bergrückens mit einer unbekannten italienischen Vokabel. Stattdessen dürfen Sie aber die einfachste mögliche Übersetzung vornehmen, fast wie bei Pizza: Es ist der Berg des Unheils, weil das Gestein **Magnetit** enthält, ein besonders eisenhaltiges Mineral, das in den Zeiten, als unsere Ahnen auf dem Meer noch ohne GPS den rechten Kurs finden mussten, manche Kompassnadel verwirrt und das eine oder andere Schiff an die Felsen der Halbinsel getrieben hat.

Mimosen

Unser Weg wendet sich jenseits des Bergrückens abwärts. An der zweiten Abzweigung gehen wir rechts, nach einem kurzen Stück erneut, um dann allerdings darauf zu achten, dass wir gleich danach den Weg nach links, leicht abwärts wählen. Unter uns sehen wir bald die Westküste der Halbinsel und gelangen über einen abfallenden, sich am Hang entlang ziehenden Weg auf eine breite Schotterstraße, die ich oben schon als Zufahrt zu einsamen Stellplätzen empfohlen habe und die, wenn Sie auf ihr links gehen würden, an den ehemaligen **Erzgruben von Calamita**, dem vorbezeichneten Museum, vorbeikommen. Die Halden dieser aufgegebenen Bergwerke können wir auf unserer Wanderstrecke noch gut erkennen.

Auf der Schotterstraße wandern wir nach rechts, also nach Norden, um nach knapp **drei Stunden** reiner Gehzeit wieder am Ausgangspunkt in Capoliveri einzulaufen. Wie bei den meisten Wanderungen auf Elba genießen wir die ständigen Blicke zum Meer. Wir können praktisch nichts falsch machen, da wir fast vollständig auf Sicht wandern. Die Kompasskarte Nr. 650 ist trotzdem empfehlenswert, besonders die App.

An der Ostseite der Halbinsel von Calamita finden Sie zwei ausgezeichnete private Urlaubsmöglichkeiten im Pinienwald und oberhalb einer schönen Sandbucht, der **Spiaggia di Ferrato**:

(205) Offizieller WOMO-Stellplatz: Capoliveri Spiaggia di Ferrato – *Camperpark Ferrato*

GPS/Kontakt: N 42°44'41" E 10°24'31". Tel. 0565 968527; www.areasostaferrato.it/. **Max. WOMOs**: 25.
Öffnungszeit: April bis Oktober.
Ausstattung: Ver- und Entsorgung (nicht von außen zugänglich), Strom, Toilette, warme Dusche, Getränkeverkauf, Brot, Snacks.
Beschreibung: Das ist eine Mischung aus Stell- und Campingplatz, eher Letzteres. Das sehr schöne Gelände ist terrassiert und liegt oberhalb von zwei Badebuchten (Sandstrand nach 100 m). Gaststätten sind in der Nähe. Nach Capoliveri sind es 4 km, zeitweise gibt es einen Bus-Shuttle; decken Sie sich mit Proviant ein! Man kann Lebensmittel bestellen. Parzellen mit Meerblick müssen reserviert werden.
Preise: 22–33 € für bis zu 4 Personen.
Zufahrt: Fahren Sie in Capoliveri in der letzten Kurve unterhalb der Kreuzung der *Polizia municipale* (beim neuen Rathaus) nach Osten (Wegweiser zunächst *Capo Perla* oder *Calagrande*). Bleiben Sie auf der Hauptstraße. Später gabeln sich die Wege. Sie wählen den Weg mit dem weißen Wegweiser *Spiaggia di Ferrato* und können ab jetzt nichts mehr falsch machen.
Hinweis: Der Platz ist für Dickschiffe ungeeignet und im Hochsommer häufig belegt; deshalb ein Ausweichtipp:

(206) WOMO-Campingplatz: Capoliveri Spiaggia di Ferrato – *Agricampeggio Bioelba*

GPS/Kontakt: N 42°44'41" E 10°24'36". Tel. 0565 968367; https://bioelba.it/de/campingplatz/. **Öffnungszeit**: 1.4.–10.9.
Ausstattung: Ver- und Entsorgung (nicht von außen zugänglich und nicht von uns überprüft), Strom, Toilette, warme Dusche, Getränkeverkauf.
Beschreibung: Das ist ein kleiner Campingplatz mit nur 8 Parzellen benachbart zum vorherigen Gelände, demnach ebenfalls oberhalb von zwei Badebuchten (Sandstrand nach 100 m). **Preise**: 31–45 €.
Zufahrt: Siehe beim vorherigen Platz.

Von Capoliveri hat man **Porto Azzurro** (3.200 Einwohner) als Gegenstück eines Bergdorfes ständig im Blick. Und meist wird die kleine Hafenstadt ihrem Namen gerecht, der allein schon ein Urlaubsgefühl aufkommen lässt. Besonders bei den Älteren unter uns, die, wenn sie Porto Azzurro hören, nur an

Porto Azzurro

eines denken, den italienischen Sommerhit der meistverkauften Single des Jahres 1968 (für die Jugend: www.youtube.com/watch?v=-P-MIP9cHXI).

Das war nicht immer so! Zwar schon lange vor Adriano Celentano, aber erst im Jahre 1947 hat der Ort, der heute als einer der schönsten Häfen Elbas gilt (wo aber keine Autofähre mehr anlegt), diesen bildhaften Namen angenommen. Davor hieß er Porto Longone – nach der ihn überragenden Festung aus spanischer Zeit. Dort wurden schon im 19. Jahrhundert Strafgefangene eingekerkert, schwere Jungs mit langen Strafen. Und jeder von uns kennt das Phänomen, wenn Ortsnamen zum Synonym eines berüchtigten Zuchthauses oder einer psychiatrischen Klinik werden. 1947 war man dieses Image leid und verpasste der Kleinstadt einen schönen Namen – das Gefängnis ist immer noch in Betrieb, aber nur noch für relativ ungefährliche Delinquenten.

Die Entwicklung des Namens ist im Rahmen eines Reiseführers das Bedeutendste an diesem Badeort, dem weitläufige Strände fehlen, wo Sie aber am Hafen Espresso und Bittergetränke genau in dem Flair zu sich nehmen, wie Sie es in einem zunehmend turbulenten Hafenstädtchen am italienischen Mittelmeer erwarten. Auch hier wären zu viele unbesetzte Stühle ein Fehler. Ein Wohnmobilstellplatz wird von offizieller Seite allerdings nicht mehr für erforderlich gehalten. Den hat man nämlich ersatzlos umbeschildert: Wo einst nur Wohnmobile parken durften, sind es nun Personenkraftwagen. Für eine einigermaßen erfreuliche Nacht bleiben nur die beiden Campingplätze. **Parken** können Sie auf **P 4** bei einem Sportgelände, etwa 800 m nördlich des Hafens (N 42°46'13" E 10°23'26", Via Cariglio).

Weiter möglich ist die Nacht unter einer **Riesenpinie** an der ruhigen Straße zur Kirche Madonna di Monserrato. Biegen Sie westlich von Porto Azzurro von der SP 26 beim Wegweiser *'Madonna di Monserrato'* nach links (Norden) ab; Sie können nach etwa 900 Meter die etwas einsame Pinie nicht verfehlen: [**207**: N 42°46'47" E 10°23'52", Camping ist nicht erlaubt; wenn die Polizei vorbeifährt, während Sie draußen sitzen, werden Sie möglicherweise weggeschickt].

Wenn Sie außerhalb der Saison, beispielsweise an Ostern, auf Elba einen Campingplatz suchen, werden Sie wahrscheinlich ein anderes Terrain bevorzugen als im Hochsommer. Zum

Porto Azzurro – Barbarossa-Bucht

einen möchten Sie nahe einer Ortschaft stehen, die Sie zu Fuß erreichen können. Und zum anderen wollen Sie nicht auf einem weitläufigen, teilweise verwaisten und deswegen auch ein wenig trostlosen Gelände campieren, sondern direkt am Strand und in Gesellschaft. Es gibt dafür nach unseren Beobachtungen keine bessere Gelegenheit als die beiden Campingplätze nördlich von Porto Azzurro:

(208) WOMO-Campingplätze: Porto Azzurro *Da Mario* oder *Arrighi*

GPS/Kontakt: *(Da Mario)* N 42°46'13" E 10°24'22". Tel: 0565 958032 *(da Mario)* und 0565 95568; www.damario.it/de/ oder www.campingarrighi.it/.

Öffnungszeit: April (oder Ostern) bis Ende Oktober.

Ausstattung: Gaststätten/ Pizzerien (bei *da Mario* getestet und immer noch gut und preiswert, auch von Einheimischen besucht), kleiner Laden, kostenlose Fahrräder bei *Arrighi*.

Beschreibung: Beide Campingplätze liegen nebeneinander in der Barbarossa-Bucht direkt an einem breiten Feinkiesstrand; ich vermute, dass Sie hier im Hochsommer nur schwer Platz bekommen. *Arrighi* ist aufgeräumter als *da Mario*, wo wir zuletzt einige Saisondauercamper sahen, wo es uns trotzdem weiterhin gefallen hat. Beide Plätze waren schon Mitte Juni gut besucht.

Das **Ortszentrum** ist 2 km entfernt, zu Fuß aber nur 15 Minuten: Auf einem **sehr schönen Fußweg**, der an der rechten Seite der Strandbucht beginnt, kann man zwischen Festung und Meer nach Porto Azzurro spazieren. Sie müssen auf der Höhe der Festung nach links relativ steil absteigen, um am Hafen anzukommen; die ehemals aufwendige und teure Beleuchtung ist auf diesem Weg ganz oder überwiegend zerstört.

Wesentlich kürzer (erwähnte 15 Minuten) und nachts beleuchtet ist der **direkte Weg**: Gehen Sie seitlich der Zufahrt von *Camping da Mario* die steile Straße bergauf und auf der Höhe bei den Antennen noch steiler bergab. Heimwärts steigen Sie am nördlichen (rechten) Ende des großen Platzes vor dem Hafen die steile Via Solferino bergauf und wählen oben auf der Kuppe (bei den Antennen) den Fahrweg halb rechts, der zunächst die Höhe hält und anfangs nur geschottert ist. **Preise**: 25–52 €.

Zufahrt: Nördlich von Porto Azzurro an der SP 26, der Strecke nach Rio nell'Elba, sind die Campingplätze und die Barbarossa-Bucht beschildert.

Von den Campingplätzen ist es gar kein Problem, zu Fuß zu einem **Ristorante** in der Stadt zu spazieren (vom Campingplatz siehe die dortigen Wegbeschreibungen). Sie haben unter schätzungsweise mehr als vierzig Adressen die Auswahl. Wir haben zwei für Sie ausgesucht: In der ***Osteria dei Quattro Gatti*** werden Ihnen perfekt zubereitete Fischgerichte in lockerer Atmosphäre serviert *(Sie können auch ohne Fisch speisen, Piazza Mercato 4 – gehen Sie vom Hafen aus gesehen auf der rechten Seite des Platzes landeinwärts und an der ersten Gabelung links, dann nochmals schräg links bis zum Ende des kleinen Platzes; Tel. 0565 95240; Mo. geschlossen; ganz leicht höhere Preise).* Rustikaler, aber sehr lecker, ausgefallen und ebenfalls pizzafrei ist die Küche in der ***Osteria Cecconi***, wo die mit Papierdecken belegten Holztische am Abend hoch begehrt sind, obwohl die Portionsgröße vielleicht nicht für jeden ganz großen Kohldampf ausreicht, was auch der preiswerte Wein nicht wettmacht *(Tel. 0565 95092; reservieren Sie kurz vor Essensbeginn vor Ort; die Tische stehen auf der Gasse Via Ricasoli – gehen Sie vom Hafen aus gesehen auf der rechten Seite des Platzes landeinwärts und an der ersten Gabelung links, Mi. geschlossen).*

Osteria Cecconi

Der beschriebene Parkplatz von Porto Azzurro ist der Ausgangspunkt einer Wanderung, die in der von uns beschriebenen Variante nur einen ausgedehnten Spaziergang hergibt. Da ich Ihnen noch einen zweiten Bummel schildere, können Sie beide zu einer Halbtagestour verbinden und meistens bei den Campingplätzen starten:

Von Porto Azzurro zur Kirche Madonna di Monserrato

Gehen Sie vom oben beschriebenen **Parkplatz in der Via Cariglio** Richtung Zentrum und auf der SP 26 nach links aus dem Ort heraus. Sie müssen zunächst ein Stück entlang der Straße wandern, um beim Wegweiser *‚Madonna di Monserrato'* nach links auf eine weitere, nun fast nicht mehr befahrene Asphaltstraße abzubiegen, auf der Sie knapp 2 km ins Tal hinein vordringen. Unterwegs kommen Sie an unserem alternativen Stellplatz unter einer riesigen Schirmpinie vorbei.

Bald gerät die niedliche **Wallfahrtskirche Madonna di Monserrato** in den Blick, zu der Sie von der Straße auf einem kurzen Weg aufsteigen. Es ist die schöne, zumindest an Wochentagen stille Lage, die den Spaziergang hierher lohnt und weniger die kleine Kirche selbst (im Sommer 9:30-12 und 15:30-19 Uhr). Die Kapelle wurde im Jahre 1606 vom Gouverneur von Porto Longone gebaut, das damals von den Spaniern besetzt war. Daher stammt die Gleichnamigkeit mit dem Bergkloster bei Barcelona.

Madonna di Monserrato

Wer sich im wilden, steilen Gelände zurechtfindet, wird am Fuß der Kapelle mithilfe des dortigen Wanderzeichens gerne zum Monte Mar di Capanna aufsteigen, dessen Gipfelkreuz Ihnen sicher schon länger aufgefallen ist. Wir haben das noch nicht getestet, sondern sind auf dem Hinweg zurück zur SP 26 gegangen, um dort schräg gegenüber die Zufahrt zur **Barbarossa-Bucht** (und den oben genannten Campingplätzen) zu wählen.

Bei den Campingplätzen gehen Sie zum Strand und dort nach rechts auf einen bewaldeten Hügel, um bei herrlichen Blicken zwischen Meer und Festung nach **Porto Azzurro** zu wandern. Etwa auf Höhe der Festung müssen Sie nach links hinunter zum Meer absteigen.

An der rechten, nordöstlichen Ecke des Hafens zweigt eine steile Straße ab, die wieder an der SP 26 endet, wenn Sie an einem Parkplatz auf der Höhe bei Antennen geradeaus bergab (nicht halb rechts) gehen. Abgesehen von dem Stück entlang der SP 26 erleben Sie einen schönen Querschnitt von Berglandschaft, Strand, Meer und Hafenstädtchen.

Abstieg zur Reale-Bucht

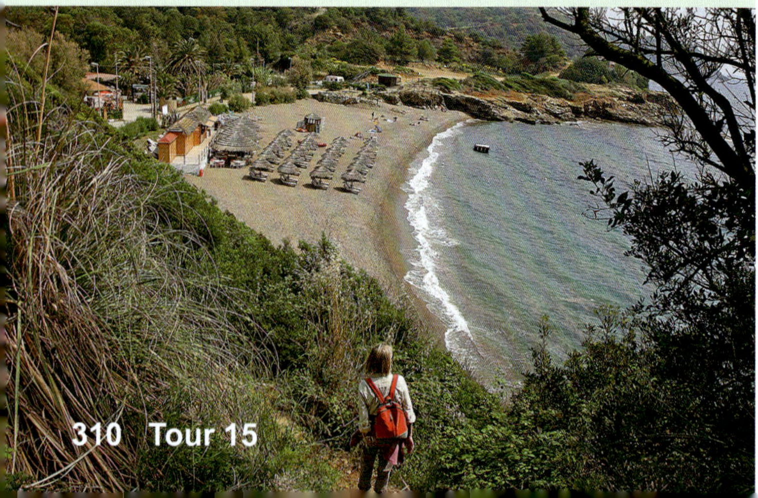

Wenn Sie bei den Campingplätzen in der **Barbarossa-Bucht** nicht rechts Richtung Porto Azzurro gehen, sondern nach links am Meer entlang, werden Sie ebenfalls einen schmalen Pfad finden, der auf der Wanderkarte eingezeichnet ist. Sie gelangen so in die nördliche **Reale-Bucht** (Sie wandern dazu nach dem Ende der Barbarossa-Bucht links und wenn Sie auf eine Gabelung zulaufen, halb rechts bis zu einem schmalen, etwas steinig bergab führenden Pfad). Von der Reale-Bucht gelangen Sie direkt zur Bucht von Terranera (dazu gleich mehr). Diese Gehrichtung sollten Sie bei einer **Halbtagestour** wählen: Barbarossa-Bucht – Reale Bucht – Terranera – Madonna di Monserrato – Porto Azzurro – Barbarossa-Bucht. Alles ist auf der Kompasskarte und der App eingezeichnet.

Der normale Tourist fährt mit dem Auto, um sich zu Fuß auf eine kleine **Besichtigungstour mit Bade- und Naturzugabe** zu begeben: Gut 600 Meter nordöstlich der Abzweigung zur Kapelle Madonna di Monserrato bzw. zur Barbarossa-Bucht zweigt von der SP 26 nach rechts eine Straße zur **Reale-Bucht** ab (Wegweiser *,Camping Reale'*). In sehr stillen Zeiten wird es Ihnen gelingen, mit dem Wohnmobil bis fast zum Strand vorzufahren. Meist sind die wenigen Plätze aber besetzt, sodass Sie Ihr Wohnmobil am Rand der Zufahrt an den Straßenrand quetschen müssen (was im Hochsommer auch mal misslingt).

In die Bucht von Terranera

Am Strand wenden Sie sich nach links, gehen am Campingplatz vorbei und jenseits auf einem Weg ein kleines Stück bergauf. Dort stoßen Sie an einem Zaun auf verrostete Schilder, die Ihnen das Betreten des Geländes verbieten, in Wirklichkeit aber eine Alibi-Funktion besitzen, die also dafür da sind, dass die ehemaligen Bergwerksbetreiber oder der Staat nicht haften, falls Ihnen etwas zustößt. Das klingt gefährlich, ist es aber nicht. Trotzdem sollten Sie auf Ihre Kinder achten. Sie bemerken schnell, dass Sie nicht die Einzigen sind, die die Verbotsschilder missachtet (Sie wären vermutlich die Einzigen, die sie befolgen).

Wenn Sie nun weiter lesen und erst recht, wenn Sie weiter gehen, akzeptieren Sie, dass auch WOMO-Verlag und Autor nicht haften, falls Sie sich hinter dem Zaun links bergab begeben, eine Fußballfeld große Fläche durchwandern und dann an einem **Strand mit schwarzem Sand** (nicht ohne Grund heißt die Bucht *Terranera*) ankommen. Die verrosteten Verladeeinrichtungen erinnern an die Bergbauvergangenheit

Bucht von Terranera

Elbas, die Ihnen bestens erklärlich wird, wenn Sie sich die am Strand herumliegenden rostigen Steine anschauen, die Sie von Weitem beinahe für reines Metall halten würden. Fast jeder nimmt ein paar solcher eisenerzhaltigen Steine mit – und ist später enttäuscht, weil sie gar nicht magnetisch sind. Es handelt sich nämlich um das Mineral Hämatit, bei dem sich erst durch Erhitzen ein schwacher Magnetismus erzeugen lässt (es ist verboten, Mineralien zu sammeln).

An der **Bucht von Terranera** haben wir aber erst die Hälfte des Naturschauspiels gesehen, weil es hinter dem Strand einen – nun wirklich und hermetisch abgezäunten – See gibt, der durch eine Landzunge vom Meer abgetrennt ist. Das grüne Wasser dieses Sees kommt besonders gut zur Geltung, wenn Sie am Strand und See vorbei wandern, dann links, also nördlich am See, landeinwärts gehen, um Höhe zu gewinnen. Etwa 400 m nach dem Strand haben Sie den schönsten Blick auf den **Laghetto di Terranera**.

Laghetto di Terranera

Mithilfe der Wanderkarte könnten Sie hier weiter spazieren und den Weg unserer **Halbtagestour** finden: Umrunden Sie oberhalb den grünen See zu etwa 180° und gehen Sie dann nicht nach links zurück, sondern nach einer Doppelkurve rechts und beim Auftreffen auf die Asphaltstraße links bergab. Im Tal stoßen Sie auf die SP 26, halten sich links und beim Wegweiser zur Madonna di Monserrato rechts. Der Rest ist bekannt (siehe oben).

Die Wanderkarte ist für beide Sparziergänge nicht erforderlich (für die Halbtagestour schon eher). Wenn Sie auf Elba allerdings mehr unternehmen als diese beiden Strecken, sollten Sie sich die Kompasskarte 650 unbedingt kaufen, besser noch die App.

Einen interessanten Eindruck macht übrigens auch *Camping Reale*, der Platz, an dem Sie vorbeispaziert sind, auf dem aber viele Dauerbehausungen stehen.

Ausgangspunkt unserer eben geschilderten Aktivitäten war die Straße nach **Rio nell'Elba** (1.100 Einwohner), das als das schönste Bergdorf auf Elba gilt und diese Bezeichnung auch verdient. Rio nell'Elba hat nach der Einstellung des Erzabbaus einen dramatischen Bevölkerungsrückgang erlitten. Ende des 18. Jahrhunderts lebten hier 5.000 Menschen, was der Einwohnerzahl einer Stadt entsprochen hat. Heute sind die Alten in der Überzahl, und selbst im Sommer scheinen die Uhren langsamer zu ticken. Beachten Sie das schöne **ehemalige Waschhaus** an der Straße nach Nisporto. Daneben gibt es nicht viel zu sehen. Nach Rio nell'Elba fährt man wegen der Lage, und man kann am Fuß des Dorfes übernachten, allerdings nicht mit der erhofften Fernsicht und auch nicht auf einem Traumplatz:

Rio nell'Elba

(209) WOMO-Parkplatz: Rio nell'Elba

GPS: N 42°48'46" E 10°24'04", SP 33. **Max. WOMOs**: höchstens 5.
Ausstattung: Wasser an der Treppe.
Beschreibung: Das ist ein asphaltierter, leicht abschüssiger Parkplatz, kaum mehr als ein ausgeweiteter Straßenrand, auf dem man aber erstaunlich gut übernachten kann. Gaststätte, Geschäfte und Toilette finden Sie in der Nähe.
Zufahrt: Biegen Sie von der SP 26 Richtung Rio nell'Elba ab, fahren Sie auf den Ort zu und halten Sie sich an einer Straßengabelung unterhalb des Ortes rechts auf der Umfahrungsstraße; Sie kommen dann gleich nach besagter Gabelung in einer scharfen, aber weiten Rechtskurve an eine platzartige Ausweitung.
Hinweis: Das Verbotsschild untersagt nicht das Übernachten im WOMO, sondern das Entleeren des Abwassertanks über einer vergitterten Wasserrinne.

(210) GPS: N 42°48'56" E 10°24'03". Alternativ stehen Sie mit einem kleinen Fahrzeug 200 m weiter, Richtung Nisporto, auf einem Miniparkplatz links der Straße oder noch ein paar Meter weiter auf der anderen Straßenseite vor dem Friedhof.

Diese wirklich bescheidenen Plätze haben an Bedeutung gewonnen, seit im benachbarten **Rio Marina** (2.100 Einwohner und bildet gemeinsam mit Rio nell'Elba die Gemeinde Rio), historisch der Hafen von Rio nell'Elba, Nachtparkverbot von 23 bis 8 Uhr gilt. Tagsüber kann man sich hier aber gut aufhalten:

WOMO-Parkplatz: Rio Marina

GPS: N 42°49'11" E 10°25'44", SP 26. **Ausstattung**:Keine.
Beschreibung: Leider gilt im ganzen Ort Nachtparkverbot. Nach Zuschriften wird das möglicherweise über Winter und vielleicht an Ostern nicht kontrolliert. Geschäfte und Gaststätten finden Sie im nahen Ort.
Zufahrt: Nördlich von Rio Marina und seitlich der SP 26 können Sie den links der Straße nach Cavo liegenden geräumigen, aber schattenlosen Platz nicht übersehen.

Tagsüber können Sie hier parken und mit einem Blick auf Meer und Hafen zusehen, wie die Autofähre nach Piombino einläuft und nach kurzer Zeit wieder ablegt.

Rio Marina

Rio Marina ist Mineralienfreunden ein fester Begriff, weil im Gebäude der ehemaligen Bergbaudirektion das sehenswerte **Museo dei Minerali e del'Arte Mineraria** untergebracht ist. Sie können hier etwa 1.000 Mineralien-Exemplare bewundern, die aus verschiedenen Teilen Elbas zusammengetragen wurden. Außerdem erfahren Sie hier alles über den früheren elbanischen Bergbau. Eine wesentliche Attraktion sind die Führungen in den **Parco Minerario**, ein Bergbau-Freilichtmuseum in der Nähe des Parkplatzes, wo noch Überreste der Industriegeschichte gezeigt werden. Sie besichtigen ein Bergarbeiterdorf und werden zu einer Steinhalde vorgelassen, wo Sie unter Aufsicht und zeitlich begrenzt selbst Mineralien suchen dürfen *(das Museum ist im Ort nicht zu verfehlen; 9–12:30 und 15:30–19 Uhr; 7 €; es gibt auch geführte Rundgänge durch das Gelände, außerdem können Sie mit einem Bähnchen fahren; die meiste Zeit des Jahres nur nach Voranmeldung im Museum, www.infoelba.net/insel-elba/sehenswuerdigkeiten/museen/mineralienmuseum-rio-marina/).* Es ist verboten, Mineralien ohne Genehmigung zu sammeln!

In die weiter nördlich gelegene **Topinetti-Bucht** darf man nicht einmal mehr fahren. In der **Seregola-Bucht** kann man noch schön baden. Aber auch hier gilt Nachtparkverbot. Ich erwähne sie wegen des guten Strandes:

WOMO-Parkplatz: Seregola-Bucht

GPS: N 42°50'40" E 10°26'24" (an der Abzweigung), SP 26.
Max. WOMOs: 30. **Ausstattung**: Direkt am Badestrand, Gaststätte.
Beschreibung: Die klappstuhlgeeignete Bucht auf Naturboden liegt einsam und wird, wie Zuschriften und Internetpostings zeigen, auch verbotswidrig und scheinbar ohne Folgen beschlafen (die Polizei müsste zwischen 23 und 8 Uhr einschreiten). Es gilt also Nachtparkverbot!
Zufahrt: Die Zufahrt ist nördlich von Rio Marina an der SP 26 beschildert. Der Platz liegt auf zwei Ebenen.

Auch in **Cavo**, dem nördlichsten Badeort auf Elba, wo eine Fähre anlegt, gilt Nachtparkverbot (da der Ort zu Rio Marina gehört), außer auf einem privaten Stellplatz südlich des Ortes:

(211) Offizieller WOMO-Stellplatz: Cavo – *Area Acinelli*
GPS/Kontakt: N 42°51'16" E 10°25'23", Tel. 333 4708729; www.areacampercavo.it/. **Max. WOMOs**: 27.
Öffnungszeit: 1.5. bis 15.9. **Ausstattung**: Ver- und Entsorgung, Dusche, Strom (alles heruntergekommen).
Beschreibung: Das ist ein campingplatzähnliches, teilweise schattiges Privatgelände, etwa 500 Meter vom Strand entfernt. **Preise**: 25–33 €.
Zufahrt: Südlich von Cavo und kurz vor dem Ortsbeginn zweigt in einer relativ scharfen Rechtskurve nach links (landeinwärts) ein Feldweg ab, Sie fahren am Friedhof vorbei und stoßen dann hinter einer Bootswerft automatisch auf den Platz.

Bergbau auf Elba

Schon die Etrusker gruben im 7. Jahrhundert v. Chr. auf Elba nach Eisen und belieferten damit den gesamten Mittelmeerraum. Die Nachfrage war so groß, dass die antiken Hochöfen rund um die Uhr in Betrieb gehalten werden mussten. Bekanntlich wurde das Erz überwiegend auf das Festland verschifft, um es bei Populonia im ersten industriellen Zentrum zu verhütten (Tour 16). In Europa begann die sogenannte Eisenzeit in der Periode, als die Etrusker in Elba bzw. in Piombino mit der Verhüttung anfingen.

In der Antike wurde das Eisen in Lehmöfen mit Holzkohle und unter Verwendung eines Blasebalges bei Temperaturen von knapp 1.300 °C geschmolzen. Schon der Grieche Aristoteles berichtete von den weithin sichtbaren, hohen Flammen über Elba. Die Etrusker, wie auch später die Römer, konnten aber mit dieser Methode, im sogenannten *Rennofen*, nur eine Temperatur von etwa 1.300 °C erzielen, was insoweit ein Problem war, als die Schmelztemperatur des Eisens bei 1.539 °C liegt. Aus diesem Grund konnte man das Gestein zu höchstens 50 Prozent ausbeuten, und das Ergebnis des Schmelzprozesses war eine mit Schlacke durchsetzte Eisenmasse (das sogenannte *Renneisen*), aus dem die Schlacke durch Schmieden mühsam herausgeklopft werden musste. Erst im hohen Mittelalter gelang es, in Hochöfen flüssiges Roheisen zu erzeugen. Es liegt unter anderem an den unzureichenden Methoden, dass Sie heute auf Elba wie auch in Populonia häufig erzhaltige Schlacke finden, merkwürdig leichte und rostige Klumpen. Die Römer waren übrigens nicht in der Lage, den hohen technischen Verarbeitungsstand der Etrusker aufrecht zu erhalten, weshalb sie noch schlechter ausgebeutete Schlacke zurückließen.

In späterer Zeit wurde die Verhüttung vollständig auf das Festland verlagert (*Portoferraio* heißt *Eisenhafen*), wo Sie in Piombino heute nur noch Relikte der ehemaligen Eisenwerke vorfinden.

Verladeanlage in der Seregola-Bucht

Das Zentrum des Eisenbergbaus lag auf der nordöstlichen Halbinsel von Elba, wo an mehreren Stellen die verrotteten Verladestationen einfach dem Zahn der Zeit überlassen worden sind, nachdem man den Erzabbau 1981 aufgegeben hatte.

Die Erzvorräte sind nicht etwa ausgebeutet, sondern noch ausreichend vorhanden, die Vorkommen werden sogar auf ca. 16 Mio. Tonnen geschätzt. Nur lohnt sich der Abbau zurzeit nicht. Das vorherrschende Mineral ist der Hämatit, ein Eisenoxyd (siehe auch oben bei der Wanderung).

Lacona – Camping Stella Mare

Wenn Sie nordwestlich von Capoliveri an die **Südküste** der Insel abbiegen, gelangen Sie bald an den **Golf von Lacona**, an einen der längsten Sandstrände der Insel und zugleich an den Bereich mit der größten Campingplatzdichte. Der Strand ist noch Ende August sehr stark besucht und im Hochsommer eindeutig überfüllt. Dennoch liegt hier einer unserer Lieblingscampingplätze, mit dem der nahe Stellplatz nicht mithalten kann:

(212) WOMO-Campingplatz: Lacona – *Stella Mare*

GPS/Kontakt: N 42°45'27" E 10°18'48", Via del Moletto, Tel: 0565 964007; bei einer Reservierung sollten Sie mit Meerblick erbitten, sonst bekommen Sie einen schlechteren Platz; https://www.stellamare.it/.
Öffnungszeit: Mai bis Ende Oktober.
Ausstattung: Laden, Pool.
Beschreibung: Das ist ein Platz in ungewöhnlich schöner Lage, auf dem man am äußersten Rand hoch über dem Meer Parzellen findet, von denen der Blick zwischen Kakteen weit über das Meer und

an klaren Tagen bis nach Korsika reicht. Auf einer langen Treppe gelangt man an eine malerische Badebucht (Kiesstrand) mit kristallklarem Wasser. Genauso kann man sich aber auch an den allerdings sehr stark besuchten, im Hochsommer sogar überfüllten Sandstrand auf der anderen Seite legen. Weitere Läden und Restaurants finden Sie im 500 m entfernten Ort.
Preise: 31-61 €, je nach Zeitpunkt und Platzart.
Zufahrt: Der Platz ist am östlichen Ende der Bucht von Lacona beschildert.

(213) Offizieller WOMO-Stellplatz: Lacona *Parco delle Dune*

GPS/Kontakt: N 42°45'40" E 10°18'29", Tel. 338 1089127.
Max. WOMOs: Etwa 80. **Öffnungszeit**: April bis Oktober.
Ausstattung: Ver- und Entsorgung (nicht von außen zugänglich), Toilette, Dusche, Strom, Mülleimer.
Beschreibung: Sie stehen auf teilweise schattigem Gelände mit grasigem Naturboden etwa 150 Meter vom Strand entfernt und in der Nähe von Gaststätten und Geschäften. Hier bekommen Sie wahrscheinlich auch in der Hochsaison ohne Reservierung noch einen Platz. Allerdings dürfen Sie Ihre Campingmöbel nicht aufgebaut außerhalb des Fahrzeuges stehen lassen, wenn Sie diese nicht benutzen. Sie müssen dann auch die Markise einrollen.
Preise: 25–35 €.
Zufahrt: Das Gelände ist in Lacona an der Durchgangsstraße nicht zu übersehen.

Die meisten Restaurants von Lacona sind nicht zu empfehlen, aber auf der Terrasse des **Ristorante *Da Ledo*** werden Sie einen wunderbaren, stimmungsvollen Abend verbringen, wenn Sie rechtzeitig in der ersten Reihe und damit unmittelbar am Wasser reserviert haben *(am besten schon am Vorabend, zumindest um die Mittagszeit)*, um zuzusehen, wie allmählich die Nacht über die Bucht hereinbricht und auf den Campingplätzen ringsum die Lichter angehen. Auch das Essen ist überdurchschnittlich, wenngleich, wie häufig auf Elba, nicht billig *(es gibt auch Pizza; kein Ruhetag).*

In **Marina di Campo**, dem nächsten Badeort weiter westlich, würde man gerne sein WOMO in Strand- und Stadtnähe parken, was aber vermutlich nicht einmal im Winter gelingen dürfte. Die Stadt Campo nell'Elba, wie die Gemeinde eigentlich heißt, ist der älteste und mit 4.500 Einwohnern größte Ferienort der Insel, und der Sandstrand ist mit 1.500 Meter der längste. Dort kommen zwei große **Campingplätze** östlich des Ortes direkt am Meer oder nahe dem Strand infrage *(International La Foce, Tel. 0565 976456 oder Ville degli Ulivi, Tel. 0565 976098)*. Es gibt auch einen Stellplatz in Strandnähe, der aber wesentlich weniger schön ist als die Campingplätze:

(214) Offizieller WOMO-Stellplatz: Marina di Campo
Camper Elba

GPS/Kontakt: N 42°45'07" E 10°14'28". Viale degli Etruschi 625, Tel. 0346 6486742. **Max. WOMOs**: 40.
Öffnungszeit: Mitte Mai bis Ende September.
Ausstattung: Sehr schlichte Ver- und Entsorgung (nicht von außen zugänglich), Strom.
Beschreibung: Der baumlose, ortsnahe Platz auf gewachsenem Untergrund und Schotter liegt etwa 250 Meter vom gut besuchten Sandstrand entfernt. In das Ortszentrum sind es 1,4 km. Man steht eng und im Vergleich zum nahen Campingplatz eindeutig zu teuer. **Preise**: 20–30 €.
Zufahrt: Der Platz liegt unweit von *Camping degli Ulivi* im nordöstlichen Ortsteil Campo nell'Elba.

Wir sind auch auf der **Westseite** um die ganze Insel gefahren, was sich landschaftlich auf jeden Fall lohnt, stellplatzmäßig aber nicht. Wir haben für normale Wohnmobilgrößen keine einzige ernsthaft empfehlenswerte und legale Möglichkeit entdeckt.

Unser nächster Etappenort liegt daher erst beim Bergdorf **Marciana** auf der Nordseite der Insel. Aber die dort bergauf fahrende **Seilbahn auf den Monte Capanne** haben wir noch vor uns. In anderen Reiseführern wird sie Kabinenbahn genannt, was auf eine wörtliche Übersetzung der italienischen Bezeichnung *Cabinovia* zurückgeht. In Wirklichkeit sind es Drahtkäfige, in denen man stehend innerhalb von 15 Minuten 660 Meter überwindet. Der Spaß in der 2005 renovierten Bahn kostet mit Rückfahrkarte 18 Euro *(wahrscheinlich nur Juni bis Mitte Oktober 10–17 Uhr – letzte Rückfahrt 18 Uhr; siehe https://www.infoelba.net/insel-elba/sehenswuerdigkeiten/panoramen/monte-capanne/seilbahn/)*. Deutsche Vergnügungsparks mit Achterbahnen und Free-Fall-Tower sind teurer, aber der Nervenkitzel ist dort nur geringfügig größer.

Seilbahn zum Monte Capanne

Das ahnen wir nur, denn bei unseren Besuchen sind wir einmal in der Nebelsuppe unterhalb von Poggio umgekehrt. Außerdem lag auf dem 1.019 m hohen Gipfel noch Schnee und die Bahn fuhr noch nicht. Beim zweiten Mal war es uns ebenfalls zu diesig. Immerhin konnten wir dabei den Parkplatz als gerne besuchten Stellplatz einordnen:

(215) WOMO-Parkplatz: Marciana Seilbahnstation

GPS: N 42°47'10" E 10°10'03". **Max. WOMOs**: 15.
Ausstattung: Keine.
Beschreibung: Von dem baumlosen Asphaltplatz in der Nachbarschaft von Häusern, auf dem man gegen Abend trotzdem die Klappstühle auspacken darf, kann man Gaststätten und Geschäfte im Bergdorf Marciana fußläufig erreichen. Wanderweg (ab Marciana oder mit der Seilbahn auf den Monte Capanne) sind markiert. Der Platz ist tagsüber rappelvoll und hat leichtes Gefälle.
Zufahrt: Der Parkplatz der Seilbahn liegt an der SP 34 östlich von Marciana an der Straße nach Poggio.

An der SP 34 von Poggio nach Marciana fahren Sie in einer scharfen Kurve an der **Fonte di Napoleone** vorbei, und ich habe Gelegenheit, endlich mal wieder in die Klamottenkiste des WOMO-Verlages zu greifen, der Ihnen in vielen Büchern über Jahrzehnte »Trinkwasserbrunnen an der Tourenstrecke« versprochen hat. Hier erhalten Sie sogar Mineralwasser, und zwar kostenlos, wenn auch häufig nur nach etwas Anstehen. Napoleon hatte sich das Wasser in seine Behausung nach Portoferraio bringen lassen und trank es angeblich täglich.

Der Blick von Poggio ist wunderbar, in 1A-Lage könnte man auf der Terrasse eines schönen Restaurants sitzen, bloß der örtliche Parkplatz, wir haben nur einen entdeckt, kommt für die meisten Wohnmobile heutiger Größe nicht infrage.

Großzügiger sind die Bedingungen in **Marciana Marina** (1.900 Einwohner). Zumindest an Ostern und im Frühsommer

Marciana Marina

fanden wir in dem malerischen Badeort zwei Alternativen, keine ist perfekt – im Gegensatz zu der hier gestarteten spektakulären Wanderung:

(216) WOMO-Stellplatz: Marciana Marina

GPS: N 42°48'23" E 10°11'34", Viale Aldo Moro. **Max. WOMOs**: 5-6.
Ausstattung: Keine.
Beschreibung: Das ist ein Straßenrand am Ende der Bebauung mit Gaststätten und Geschäften. Die Straße ist eine Sackgasse. Zu einem Strand mit großen Kieselsteinen und dem Wanderweg sind es 350 bis 500 m. Die Straße war vor Drucklegung gesperrt, und ich weiß nicht, ob das ein Dauerzustand ist. In der Nähe der angegebenen Koordinaten finden Sie aber auch eine größere Fläche, auf der das Parkverbotsschild (möglicherweise planwidrig) gefehlt hat.
Zufahrt: Sie fahren auf der Durchgangsstraße durch Marciana Marina, beachten die abknickende Hauptstraße und biegen auf der dritten oder vierten Straße danach nach rechts ab, danach erneut rechts, um auf eine Straße einzufahren, die kerzengerade vom Meer landeinwärts führt; Sie können sich gut an den Rand dieser Straße vor ein Wiesengelände stellen, möglicherweise auch auf einen Platz gegenüber.

(217) Wenn Sie auf dem Viale Aldo Moro (siehe vorherigen Platz) am Friedhof vorbei Richtung Meer fahren und vor dem Verbotsschild rechts abbiegen (wenn die vorgenannte Sperrung weiter besteht, müssen Sie einen anderen Weg suchen), gelangen Sie auf den **wahrscheinlich besten Parkplatz** in der **Via N. Bonanno**; **GPS**: N 42°48'26" E 10°11'42"; nicht für sehr große Fahrzeuge und vermutlich mit irgendeinem Haken. Aber wir haben hier gut und nahe zum Strand übernachtet. Mi. Parkverbot von 8–10 Uhr.

Sehenswürdigkeiten suchen Sie in Marciana Marina vergeblich. Der Ort selbst ist wegen einer Mischung aus alt und neu und einem kleinen Hafen reizvoll. Zumindest außerhalb der Hauptsaison verbringt man hier mit Freude eine Nacht und sitzt davor in der **Pizzeria *La Scaletta***, auch wenn man fast jeden Abend um den Tisch kämpfen muss, aber vermutlich stets belohnt wird, nachdem man etwas angestanden hat. In unserem schon mehrfach erwähnten Osterurlaub sahen wir in Marciana Marina außer uns nur ein einziges weiteres Wohnmobil, aber in der Pizzeria bekamen wir gerade noch den letzten Platz *(Tel. 0565-997971; in einer Parallelstraße hinter der Uferpromenade, dort beschildert)*. Die Pizzeria wird in fast allen Elba-Büchern erwähnt, genauso wie die Wanderung nach Sant'Andrea. Nur über deren Wegstrecke ist man sich nicht ganz einig:

Von Marciana Marina nach Sant'Andrea

Wir wählen am Anfang die Streckenalternative mit der schönsten Sicht und gehen am westlichen **Ende der Hafenpromenade** seitlich des Kieselstrandes über die Brücke und sofort danach (!) rechts. Dort beginnt ein Pfad, der sich schräg bergauf am Hang entlang zieht und auf dem wir so lange weiter ansteigen, bis er an die Straße stößt. Wenn man dort ein Eisentor umgehen muss, versteht man, weshalb die Konkurrenz Ihnen einen anderen, aber weniger schönen Wanderungsbeginn empfiehlt. Sie begehen nichts Unrechtes und werden auch an dem Törchen vorbeikommen, um danach auf der Asphaltstraße ein längeres Stück nach rechts zu wandern. Sie spazieren an Häusern vorbei und ca. 250 m danach links (zunächst nicht nach rechts den Asphalt verlassen), bis Sie in einem Wäldchen auf die **rot-weiße Markierung** stoßen und dort nach rechts abbiegen (an dieser Stelle werden Sie auf dem Rückweg mit der rot-weißen Markierung nach links, also aus der Gehrichtung des Rückweges geradeaus, marschieren).

Sie bleiben nun auf dem markierten Weg, der ab und zu mit *,La Cala'* und *,S. Andrea'* beschildert ist. Sie können hier nichts falsch machen, solange Sie nicht bis ans Meer absteigen, es sei denn, Sie wollten sich unterwegs abkühlen. Sie wandern unterhalb des Hotels *Andreina* vorbei und gewinnen bald danach wieder Höhe, um bei den Häusern von **Conca** erneut auf die Asphaltstraße zu stoßen. Auf ihr wenden Sie sich nach rechts, Sie stiefeln an einer Kapelle vorbei und bemerken nach den ersten Häusern einen Betonweg, der Sie mit dem Schild *,S. Andrea'* auf einigen Stufen abwärts schickt. Sie müssen einfach dem Pfad folgen und gelangen nach einiger Zeit beim *Albergo Oleandro* wieder in die Zivilisation. Dort nehmen Sie einen nach rechts hinabführenden Treppenweg, der am **Strand von Contoncello** endet, in einer Bucht mit bizarren Felsformationen. Bei niedrigem Wasserstand können Sie nun auf den Steinplatten am Meeresrand entlang bis nach S. Andrea balancieren. Oft ist das Meer zu aufgewühlt, weshalb Sie über Land gehen müssen. Dazu wandern Sie von der Bucht auf dem Zufahrtsweg landeinwärts, bis Sie am Ende dieses Zufahrtsweges auf eine quer verlaufende Straße treffen. Dort gehen Sie rechts und gleich danach vor einer Hauswand sofort wieder rechts, um sich nach insgesamt zwei Stunden am **Hafen von S. Andrea** direkt am Strand zu erfrischen.

Der **Rückweg** dauert, wer hätte das gedacht,

genauso lange, er kommt Ihnen aber, da Sie nun den kurzweiligen Küstenverlauf von der anderen Seite sehen, fast wie Neuland vor. Ab der oben schon erwähnten Gabelung bei der rot-weißen Markierung ist er dann ja auch neu. Und wenn es am Ende steil bergab geht, werden Sie uns beipflichten, dass unsere Hinwegvariante die erste Wahl ist.

Die Kompasskarte (oder App) beruhigt, wir hätten die **gut vierstündige Wanderung** auch ohne sie geschafft.

In **Procchio** gibt es einen offiziellen (privaten) Stellplatz und fast daneben einen Großparkplatz hinter dem Strand, auf dem merkwürdigerweise die Schrankenanlage verschwunden ist:

(218) Offizieller WOMO-Stellplatz: Procchio – *La Perla*

GPS/Kontakt: N 42°47'20" E 10°14'56", Via Campo all'Aia.
Tel. 339 1725879; www.elbaincamper.it/. **Max. WOMOs**: 40.
Öffnungszeit: Ostern bis September.
Ausstattung: Ver- und Entsorgung (nicht von außen zugänglich), Strom, Toilette, Dusche, Pool, Gaststätte.
Beschreibung: Der teilweise schattige Stellplatz ähnelt einem Campingplatz und ist 80 Meter vom Sandstrand entfernt. Es gibt dorthin einen direkten Zugang, und im Preis sind ein Sonnenschirm und zwei Liegestühle enthalten. In der Nähe finden Sie mehrere Lokale.
Zufahrt: Der Platz liegt im östlichen Teil von Procchio und ist an der SP 24 in einer Kurve an der Steigung beschildert.

(219) WOMO-Parkplatz: Procchio Öffentlicher Parkplatz

GPS: N 42°47'25" E 10°14'56", Via Campo all'Aia. **Max. WOMOs**: 10.
Ausstattung: Gaststätte, nur durch eine schmale Straße vom Sandstrand getrennt.
Beschreibung: Fahren Sie noch ein kurzes Stück an Platz Nr. 218 vorbei, liegt rechts ein großer, baumloser öffentlicher Parkplatz. Früher gab es hier eine klappbare Teppichstange, diese fehlt seit Jahren. Vermutlich kann man hier am späteren Abend sogar draußen sitzen. Restaurants und Pizzerien in der Nähe. Das ist ein Gelände, auf dem man sich jedenfalls im Sommer über Verbote und deren Vollzug niemals wundern würde, zumal manche Nutzer die Toilette des angrenzenden kostenpflichtigen Stellplatzes nutzen.
Preise: 8–20 Uhr entweder 0,50 €/Stunde oder vom 1.6. bis 15.9. 1 €/Stunde. Vom 1.10. bis 30.4. kostenlos.
Zufahrt: Wie vorstehend beschrieben.

Wir fahren weiter in Richtung Portoferraio, um auf halber Strecke endlich eine der beiden Behausungen Napoleons zu betrachten, die **Villa San Martino**, genannt **Villa Napoleone**. Man kann sich heute kaum noch vorstellen, dass Napoleon hier in weniger als einem Jahr einen Landsitz errichten ließ. Meist wird verschwiegen, dass das Gebäude zuvor schon ein Bauernhof war, den der entmachtete Kaiser im Jahr 1814 einfach umbauen ließ. Erwarten Sie kein Schloss und kein echtes Mobiliar. Das haben die Erben des Kaisers versilbert. Und das prachtvollere Gebäude davor, die Galerie Demidoff, wurde erst lange nach ihm, im Jahr 1859, eröffnet. Zu ihren Exponaten zählten ursprünglich Stücke aus Napoleons Besitz *(Villa und Galerie: 9–13 Uhr, Mi. und Fr. 13:30–17:30 Uhr, Mo. geschlossen, 5 €).*

Bevor Sie in Portoferraio Ihre Elba-Rundreise beenden, sollten Sie unbedingt noch den nördlichsten Zipfel kennenlernen, die **Halbinsel Enfola**.

Hier liegen drei schöne Campingplätze, denen der Nachteil anhaftet, dass man nicht eben mal zu Fuß in eine Ortschaft spazieren kann (aber mit dem Fahrrad, wenn man sich die wenigen Steigungen zutraut oder elektrisch pedaliert):

(220) WOMO-Campingplatz: Halbinsel Enfola
Camping Acquaviva

GPS/Kontakt: N 42°49'18" E 10°17'14", Tel: 0565 919103; www.campingacquaviva.it/. **Öffnungszeit**: Ende April bis Ende Oktober.
Ausstattung: Laden, Restaurant.
Beschreibung: Der familiäre, teilweise schattige Platz war lange einer unserer Lieblingsplätze auf Elba und liegt direkt an einer zunehmend schmaleren Sandbucht. Von einigen Parzellen genießen Sie einen Traumblick aufs Meer. Zeitweise gibt es viel Seegras. Die Sanitäranlagen sind veraltet.
Preise: 34–57 €.
Zufahrt: Fahren Sie nördlich von Portoferraio Richtung Énfola; der Platz ist nach knapp 5 km rechts beschildert.

(221) WOMO-Campingplatz: Halbinsel Enfola
Camping La Sorgente

GPS/Kontakt: N 42°49'18" E 10°16'49", Tel: 0565 917139; www.campinglasorgente.it/. **Öffnungszeit**: 1.4.–31.10.
Ausstattung: Laden, Snack.
Beschreibung: Das kleine, schattige Gelände ist eines der schönsten auf Elba und grenzt an zwei Buchten, die man aber vom Platz aus nicht sieht; die größere Sansonebucht ist eine der malerischsten auf Elba – siehe unser Foto. Sie können zum Essen auf den benachbarten Campingplatz spa-

zieren, es gibt einen Weg fast am Strand entlang, oder auf der Straße 1,8 km zum Capo d'Enfola laufen oder radeln (mäßige Steigung auf dem Heimweg).
Preise: 32–57 €.
Zufahrt: Fahren Sie nördlich von Portoferraio Richtung Énfola; der Platz ist nach 5,5 km rechts beschildert.

(222) WOMO-Campingplatz: Halbinsel Enfola
Camping Enfola

GPS/Kontakt: N 42°49'29" E 10° 16'14", Tel: 0565 939001; www.campingenfola.com/. **Öffnungszeit**: Ende April bis Anfang Oktober.
Ausstattung: Laden.
Beschreibung: Das überwiegend schattige Gelände liegt außerordentlich schön über einer Kiesbucht und einem Ristorante und bei einem Wanderweg. Er steht aber fast voller Mobilheime, was trotz der reizvollen Lage sehr stört. Für große Wohnmobile sind die verbliebenen Parzellen zu klein, und insgesamt bekommt man wegen der geringen Kapazität schlecht einen Platz.
Preise: 32–59 €.
Zufahrt: Fahren Sie nördlich von Portoferraio 6 km Richtung Enfola bis zum Platz.

Von allen drei Plätzen können Sie zum Capo d'Enfola **spazieren**. Der Weg auf dem Kap erklärt sich selbst, wenn Sie immer geradeaus gehen bzw. in Kurven aufsteigen und auf der Rückseite des Berges den Pfad suchen, der zum Hinweg zurückführt (von *Camping Enfola* bis zum Kap eine gute Stunde Gehzeit). Am Strand, vor einer ehemaligen Thunfischfabrik, kann man sich im **Ristorante *Emanuel*** stimmungsvoll im Schatten

erfrischen oder auch richtig essen, allerdings nicht ganz so gut, wie gelegentlich zu lesen ist.

Villa dei Mulini

Jede Reisebeschreibung über **Portoferraio** (12.000 Einwohner), den von hier sechs Kilometer entfernten Hauptort der Insel, kulminiert im reinsten

Wortsinn in der **Villa dei Mulini** zwischen den beiden Festungen oberhalb der Stadt. Die Behausung eines abgesetzten Kaisers stellt man sich jedoch anders vor, zumindest breiter, wobei hier außerdem zu bedenken ist, dass Napoleon selbst nur im Erdgeschoss gehaust hat, während im Obergeschoss seine Lieblingsschwester Paolina Borghese wohnte. Die heutige Möblierung samt dem kaiserlichen Bett passt nicht ganz dazu. Das Gebäude in der Nachbarschaft von Wind-

Portoferraio

mühlen diente dem Offizierskorps und wurde nach Napoleons Ankunft eilig hergerichtet. Angeblich zog der prominente Gast schon nach zwei Wochen ein und hielt sich am liebsten in dem schönen Garten auf, weil er von hier weit über das Meer blicken konnte. Wegen der Lage hatte Napoleon sich für dieses Haus entschieden *(8:30–18 Uhr, an Sonn- und Feiertagen ab 13 Uhr, dienstags geschlossen; 5 €)*.

Napoleon auf Elba

Mit keiner Person wird Elba so häufig in Verbindung gebracht wie mit Napoleon, obgleich dieser auf Korsika geboren wurde und nur vom 3. Mai 1814 bis zum 26. Februar 1815, also nicht einmal ein Jahr, auf Elba zugebracht hat. Wie meist bei geschichtlichen Kurzfassungen muss man stark vergröbern, um diese Episode zu schildern:

Napoleon hatte als französischer Kaiser im Jahre 1812 den Russland-Feldzug verloren, und die Siegermächte Österreich, Preußen und Russland übten erheblichen Druck auf Frankreich aus, den Kaiser abzusetzen. Der dankte vorher ab und wäre auf die Azoren verbannt worden, wenn nicht der russische Zar Alexander I. bei den Großen Europas ein Wort für seinen Kollegen eingelegt hätte. So durfte der Monarch unter formeller Beibehaltung seines Titels als Kaiser das neu gegründete Fürstentum Elba regieren. Fast wäre Napoleon gar nicht bis zur Insel gelangt, denn auf dem Weg von Paris an den südfranzösischen Hafen konnte er mehreren Mordanschlägen nur in Verkleidung entgehen.

Am Ziel bezog Napoleon zunächst in Portoferraio die Villa dei Mulini als Stadtwohnung und machte sich schon nach kurzer Zeit daran, die Insel durch Straßenbau und andere Maßnahmen auf Vordermann zu bringen. Wahrscheinlich würden Sie heute prunkvollere und vor allem größere Napoleonische Behausungen vorfinden, wenn das dem Ex-Kaiser versprochene Geld bei ihm angekommen und wenn nicht schon bald das Gerücht in Umlauf geraten wäre, der Wiener Kongress plane die Verbannung des Korsen nach Sankt Helena. So verließ Napoleon kurz entschlossen am 26. Februar 1815 die Insel, um an der Côte d'Azur mit einer Armee von 1.000 Mann, die ihm auch während der Zeit auf Elba geblieben war, wieder französisches Festland zu betreten. Auf der berühmten Route Napoléon zog er nach Paris, übernahm dort die Macht und eine Armee von 125.000 Soldaten, die er sofort wieder einsetzte. Aber schon am 18. Juni 1815 bezog Napoleon bei Waterloo eine der sprichwörtlichsten militärischen Niederlagen und wurde nach Sankt Helena verbannt, wo er am 5. Mai 1821 im Alter von 51 Jahren starb.

Wenn man zur Villa dei Mulini aufgestiegen ist, kann man sich auch die beiden **Festungen** anschauen: die westliche

Forte Falcone, und die östliche Forte Stella, mit denen die Medici nach der Eroberung von 1548 die Insel uneinnehmbar befestigt hatten. Beide Bollwerke sind nur teilweise zu besichtigen. Der kleine Platz vor dem Leuchtturm, auf dem meist ein Mütterchen die Möwen füttert, ist dennoch eine der schönen Stellen in Portoferraio. Von hier führt ein Treppenweg durch die Altstadt an den **Darsena-Hafen**, vorbei an der Markthalle und dem Duomo, zum auf jeden Fall malerischsten Teil von Portoferraio. Manches Wohnmobil verirrt sich auf der Parkplatzsuche an den Rand des Hafenbeckens und sucht verzweifelt die Wendemöglichkeit (nicht durch den Torbogen in die Altstadt fahren, am Ende des Hafens können Sie wenden, Parkplätze gibt es natürlich nicht). Am meisten bestaunt man die pompösen Segeljachten.

Die **Pinacoteca Foresiana**, kurz unterhalb der Villa dei Mulini, besitzt überwiegend Gemälde aus dem 18. und 19. Jahrhundert. Der Vollständigkeit halber erwähne ich auch die Miserecordia Kirche gegenüber der Pinacoteca, auf der ande-

Portoferraio – Torre del Martello

ren Seite des Treppenweges, wo unter anderem eine Totenmaske Napoleons aus Bronze ausgestellt ist. Sehenswert ist schließlich das **Archäologische Museum**, ganz am Ende des Hafens. Und beim **Torre del Martello** (Hammerturm), von dem die Medici die Hafeneinfahrt überwachen ließen, sind sogar Ausgrabungen der römischen Villa Linguella zu sehen. *(Museum: 9:30–13 und 15:30–18:30 Uhr; 5 €; die Villa ist kostenlos, es gelten dieselben Zeiten).*

In der Vorauflage angedeutete Parkmöglichkeiten an der **Spiaggia Sottobomba** haben sich nicht bewährt. Wir haben die Übernachtungsfrage in einer Weise gelöst, von der wir sonst stets abraten: Wir haben uns in die Rolle der Leser begeben, die allen Warnungen zum Trotz am frühen Morgen die Fähre nehmen (obgleich sie dann häufig teurer ist) und die Nacht davor in Hafennähe schlafen. Während keiner unserer Nächte in der Woche nach Ostern hatten wir gleich viele mobile Nachbarn, aber auch kein Platz war annähernd ähnlich hässlich und laut. Wegen der geschlossenen Fenster sind wir am nächsten Morgen erstaunlicherweise ausgeschlafen erwacht. Erwarten Sie keinen Traumplatz und im Sommer tagsüber auch keine freie Lücke:

(223) WOMO-Parkplatz: Portoferraio

GPS: N 42°48'46" E 10°19'16", Via Zanbelli/Viale Elba.
Max. WOMOs: 10.
Ausstattung: Keine.
Beschreibung: Siehe vorstehenden Text. Der Parkplatz ist relativ laut und liegt mitten in der Stadt am Fährhafen. Viele Gaststätten sind zu Fuß erreichbar, einen Lebensmittelladen finden Sie nur mit größter Mühe und nach längerer Wegstrecke Richtung alter Hafen. Wegen des Marktes in der Nacht auf Freitag vermutlich auch am Rand nicht nutzbar.
Zufahrt: Fahren Sie von Westen kommend in Portoferraio auf den Hafen zu; wo rechts die Zufahrt zur Fähre abgeht, fahren Sie links geradeaus weiter, um bei der nächsten Ampel nach rechts auf die *Viale Elba* abzubiegen; rechts davon sehen Sie nun ein großes Parkplatzgelände; die *Viale Elba* ist eine Straße, die ebenfalls auf das Hafengelände zuführt.

(224) Ruhiger, aber abseits der Stadt stehen Sie südöstlich des Hafens unterhalb der Straße nach Magazzini. Das naturbelassene Gelände direkt am Wasser liegt eigentlich schön mit Blick auf die Hafeneinfahrt. Leider kann man eher nicht baden, und möglicherweise stört zeitweise abendliche Musik; 3,6 km in die Altstadt.
GPS: N 42°48'07" E 10°19'25", Lungomare San Giovanni.

Bitte verlangen Sie nicht von uns, dass wir uns am Vorabend unserer Abreise genau so verhalten wie die meisten anderen Touristen, die frühmorgens die Fähre nehmen. Wir beugen uns

nicht über die erstbeste Pizza, sondern spazieren noch einmal um das Hafenbecken, wofür der Abend eigentlich die schönste Zeit ist, um in der hinteren rechten (nordöstlichen) Ecke des alten Hafenteils eine schon ältere Empfehlung von Sabine Becht aus ihrem informativen Reiseführer zu testen (*Elba* im Michael Müller Verlag). Die ***Osteria Ferraja*** *(ehemals Osteria Libertaria)* hätten wir ohne Frau Bechts Anleitung vermutlich nicht gefunden (aber sie hat sich über die Jahre bewährt, und ich hoffe, dass mit der Änderung des Namens keine Veränderung des Konzepts erfolgt ist). Den Fisch unter der Pistazienkruste hätte Frau Becht uns aber nicht empfehlen müssen, den wählen die meisten Gäste ohnehin. Es sind zur Hälfte Deutsche, die alle dasselbe Buch besitzen (manchmal sogar zwei) und hier zu anständigen Preisen mit authentischer Hausmacherküche verwöhnt werden *(Tel. 0565 1901473, vermutlich kein Ruhetag)*. Die *Osteria* und der abendliche Spaziergang entlang der vertäuten Segelboote sind allein schon die Nacht auf dem Parkplatz von Portoferraio wert.

Wenn Sie am nächsten Tag mit aller Vorsicht und mit der Angst, Ihr Heck könnte aufsetzen, das Wohnmobil auf die Fähre rangiert haben und wehmutsvoll an die Reling treten, werden Sie Pläne schmieden, wann Sie das nächste Mal nach Elba zurückkehren.

Blick von der Reling

Tour 16: Die Etruskerküste 110 km

Venturina – Marina di Bíbbona – Cécina
Rosignano – Livorno

Stellplätze: bei Venturina, in Campiglia Marittima, in Suvereto, in Castagneto Carducci, bei Marina di Castagneto, in Marina di Bíbbona, bei Vada, bei Castiglioncello

Campingplätze: bei Marina di Castagneto, in Marina di Bíbbona, bei Vada

Besichtigen: Therme von Venturina, Castagneto Carducci, Pineta bei Marina di Bíbbona

Essen: Ristoranti *La Pineta, Aragosta, Solleone* oder *Giglio di Mare* in Marina di Bíbbona

Bevor wir uns an der Küste nordwärts vorarbeiten, offerieren wir Ihnen echte Geheimtipps ein paar Kilometer abseits der

Strände: Eher etwas für die Osterferien als für heiße Sommertage – und wegen des hohen Preises zugleich ein Ostergeschenk – ist das geräumige Becken des renovierten **Thermalbades** von **Venturina** *(Il Calidario – 19 € für den halben und 38 € für den ganzen Tag; 9:30–21 Uhr, Juli/August länger und teurer, nur nach Vorbuchung www.calidario.it/sorgente-naturale/, ab der SS 1 beschildert, mit 36 °C nicht ganz so heiß wie andere Quellen)*. Der nahe Stellplatz liegt landschaftlich reizvoll über der Ebene; bevor er gepflastert worden ist, hat er uns besser gefallen:

Thermalbad von Venturina

(225) Offizieller WOMO-Stellplatz: Venturina

GPS: N 43°02'14" E 10°35'59", Via di Caldana. **Max. WOMOs**: 15.
Öffnungszeit: Ganzjährig.
Ausstattung: Ver- und Entsorgung, Mülleimer.
Beschreibung: Der Platz ist mit Betonsteinen gepflastert, besitzt aber schmale grasige Ränder und ist klappstuhlgeeignet. Eine Gaststätte (mit leckerer Pizza) und die Therme sind nahe, das Ortszentrum ist etwa 500 m entfernt. ein Campingklub ist für den Platz verantwortlich, die Erlaubnis ist befristet und die Verlängerung vom Wohlverhalten der Nutzer abhängig.
Zufahrt: Biegen Sie von der SS 1 nach Venturina ab und folgen Sie dort der Beschilderung ‚*Il Calidario*'; fahren Sie an dem Bad vorbei bergauf und dann rechts auf den als Stellplatz beschilderten Parkplatz.

Nach dem Genussbad und von den Plätzen in der Nähe des Golf von Baratti bietet sich ein Besuch in einer beschaulichen toskanischen Kleinstadt an, deren verschachtelte, an den Hang gebaute Häuser schon länger in Ihrem Blick liegen. **Campiglia Marittima** (2.500 Einwohner) gehört nicht ohne

Campiglia Marittima

Grund zu den *Borghi più belli d'Italia (Schönsten Dörfer Italiens)* und ist ein mittelalterlicher Ort mit Stadtmauer, Treppen und einem dem Hang abgerungenen Hauptplatz, zwei Etagen über dem Stellplatz:

(226) Offizieller WOMO-Stellplatz: Campiglia Marittima

GPS: N 43°03'24" E 10°36'52", Via di Venturina. **Max. WOMOs**: 4-5.
Öffnungszeit: Ganzjährig.
Ausstattung: Ver- und Entsorgung, Mülleimer.
Beschreibung: Nur 4 bis 5 Plätze auf Asphalt und ohne Schatten sind einigermaßen eben, der Rest ist auch für leistungsfähige Keile eher zu schräg. Der Weg in das historische Zentrum und zu Gaststätten und Geschäfte ist mit 400 m kürzer als vermutet. Der Platz liegt nicht bei Häusern.
Zufahrt: An der Straße von Venturina schickt Sie kurz unterhalb der Altstadt ein blaues ‚*P*' nach links.

In Suvereto

Das acht Kilometer entfernte **Suvereto** (3.000 Einwohner) liegt in einem noch größeren Abstand zur Küste und musste sich daher beim Werben um Touristen besonders anstrengen. Ein mittelalterliches Ortsbild ist hier nämlich zu wenig, weil das viele Nachbarn ähnlich vorzuweisen haben. So half in Suvereto die Mitgliedschaft im Club der *Borghi più belli d'Italia* schon vor dem leichter erreichbaren Nachbarn zu einigen Touristen. Sie wissen inzwischen, dass wir jedes dieser Dörfer, soweit wir sie kennen, für lohnend halten. Außerdem hat man einen ungewöhnlich idyllischen, offiziellen Stellplatz mit natürlichem Untergrund eingerichtet:

(227) Offizieller WOMO-Stellplatz: Suvereto

GPS: N 43°04'32" E 10°40'40", Via dei Forni. **Max. WOMOs**: 5-7.
Öffnungszeit: Ganzjährig.
Ausstattung: Ver- und Entsorgung, Mülleimer.
Beschreibung: Der geschotterte Untergrund ist klappstuhlgeeignet, man steht hinter Büschen fast mitten im Ort sowie in der Nähe von Gaststätten und Geschäften.
Zufahrt: Biegen Sie von der SR 398 nach rechts in die *Via dei Forni* ab.

Suvereto

Sie wollen das Meer nicht nur sehen, sondern auch riechen und bei Seegang vielleicht sogar hören? An diesem Teil der Küste, man nennt den Bereich zwischen Livorno und Piombino gerne »Etruskische Riviera«, finden Sie die meisten Campingplätze. In der Hauptsaison sollten Sie auf allen, die wir Ihnen nachstehend empfehlen, sicherheitshalber anrufen, falls Sie länger bleiben möchten. Vor dem 10. Juli und ab etwa 25. August scheint es überall Platz zu geben (siehe auch unter dem Stichwort *Campingplätze*). Beinahe bis Livorno können Sie sich südlich davon im Sand eines meistens breiten und feinsandigen Strandes aalen.

Parken Sie aber nicht am Rand der Straße südlich von San Vincenzo. Der Strand ist zwar wunderbar (siehe am Ende der 14. Tour mit Hinweis auf einen kleinen Campingplatz), aber Wohnmobile sind hier ein häufiges Opfer von Einbrechern, während die Urlauber in der Sonne liegen. Und übernachten kann man hier schon gar nicht.

Da es bei **San Vincenzo** (7.000 Einwohner) weder eine empfehlenswerte Bleibe noch Sehenswürdigkeiten gibt, findet man sich schneller als erwartet in **Castagneto Carducci** (etwa 2.000 Einwohner ohne eingemeindete Nachbarn) und damit im Hinterland wieder, wo zwar auch die großen Highlights fehlen, man jedoch in engen Gassen unter der Wäsche echter Bewohner schlendert und sich an kleinen Besonderheiten erfreut. Zum Beispiel an der gegen Ende des 19. Jahrhunderts gegründeten **Schneiderei**, deren Tür weit offensteht und die so aussieht, als habe seit Jahrzehnten niemand mehr aufgeräumt oder die Ladeneinrichtung verändert. Ein jüngerer Osteuropäer hat den Betrieb übernommen und im Jahr 2012 sogar für Mick Jagger eine Jacke genäht. Das habe ich mir nicht

Castagneto Carducci

ausgedacht, sondern staunend bei Michael Müller (siehe bei *Literatur*) gelesen – und sodann ein wenig weiter geforscht:

Mick Jagger und Sarah Ferguson in Castagneto Carducci

Wenn man in Gedanken durch Castagneto Carducci spaziert, überlegt man sich, wovon hier die Leute eigentlich leben, weil darüber jeder deutsche Tourist schon seit seiner Jugend an allen Orten dieser Welt nachdenkt. In Castagneto Carducci fallen einem, wie häufig in Italien, nur *der Tourismus, der Weinbau* und *die Oliven* ein. Und bei dem zweiten Gedanken, den man nicht seltener hegt, ob man selbst in diesem Ort wohnen möchte, käme man niemals auf die Idee, dass sich ausgerechnet hier, fern von großen Jachten und teuren Boutiquen, in einem Dorf, das außerhalb der Hochsaison trotz der nahen Küste abgeschieden wirkt, die High Society trifft.

Mit **Giosue Carducci** (1835–1907) allerdings bringt man die feine Gesellschaft zu Recht nicht in Verbindung. Die Bronzebüste des einst hier (in der heute sogenannten Casa Carducci) wohnhaften Dichters, der 1902 den Literaturnobelpreis erhalten und nach dem man das Dorf benannt hat, blickt vom hohen Sockel auf die Dorfstraße. Das der Öffentlichkeit nicht zugängliche Schloss darüber fällt jedoch kaum auf.

Schneiderei in Castagneto Carducci

Es ist der Sitz der **Grafen della Gherardesca**, über die man in Nichtadelskreisen außerhalb Italiens nicht sprechen würde, hätte man nicht **Gaddo Walfredo** della Gherardesca (Jahrgang 1949) vor einiger Zeit ein Techtelmechtel mit Sarah Ferguson nachgesagt, einer ehemaligen Schwiegertochter der verstorbenen englischen Queen, die auch denjenigen, die Illustrierten nur beim Arzt lesen, eher unter ihrem Kurznamen ***Fergie*** geläufig ist. Gaddo Walfredos kleiner Bruder **Manfredi**, ein echter Nachkömmling und 1961 geboren, hat eine Gräfin zu Löwenstein-Scharfeneck geehelicht, deren Vater wiederum Finanzberater von

Mick Jagger war oder noch ist. Auf dieser Basis entstand offenbar eine Freundschaft zu dem Rolling Stone, der im Sommer 2011 sogar einer der Gäste bei Manfredis 50. Geburtstag in Castagneto Carducci war, neben **Bryan Ferry** (ehemals Roxy Music) und **Bryan Adams**. Ferry ist bei dieser Gelegenheit außerdem bei dem örtlichen Großereignis, dem Musikfestival ***Bolgheri Melody***, aufgetreten. Und Herr Jagger fand vermutlich Gefallen an der alten Schneiderei. Vielleicht auch an der grünen Samtjacke von Fergie, die hier früher schon eingekleidet worden war. Jedenfalls hat ihm der Meister im Sommer 2012 eine *Giacca Lucchese*, eine traditionelle Jagdjacke des Adels, auf den Leib geschnitten.

Castagneto Carducci hieß übrigens früher Castagneto della Gherardesca.

In Castagneto Carducci

Leider ist die Wahrscheinlichkeit, Mick Jagger auf der Piazza del Popolo von Castagneto zu begegnen, ziemlich niedrig. Und auch ein Probeschlückchen *Elixir* der **Likörfabrik Borsi** steht einer Weiterfahrt nicht im Wege, wenngleich Sie den handwerklichen Betrieb (von den Parkplätzen aus am Anfang des Dorfes nach links in die Via Garibaldi) unbedingt besichtigen sollten, in dem sogar die Etiketten von Hand auf die Flaschen geklebt werden. Schon der Dichter Carducci (siehe vorheriger beigen Kasten) hat mit *Elixir*, das ein wenig Chinin enthält, sein Fieber gelindert und vermutlich auch die Stimmung aufgehellt. Laut

Castagneto Carducci – Likörfabrik Borsi

Hausprospekt findet das zweite Traditionsprodukt des Unternehmens, der *Gran Liquore del Pastore*, *»ganz besonders bei den Damen Anklang«.* Sie werden trotz allem Ihre Frau wahrscheinlich nicht bewegen können, auf dem ehemaligen Sportplatz statt am Meer zu schlafen. Bestünde Bedarf, wäre das ein guter Stellplatz:

(228) WOMO-Parkplatz: Castagneto Carducci

GPS: N 43°09'39" E 10°36'47". **Max. WOMOs**: 5.
Ausstattung: Keine.
Beschreibung: Sie stehen auf gewachsenem, geschottertem und grasigem Untergrund klappstuhlgeeignet, teilweise schattig mit Gaststätten und Geschäften in der Nähe, aber die nächsten Häuser sind etwas entfernt.
Zufahrt: Biegen Sie von der SS 329 oben im Ort beim blauen ‚P'-Schild nach links ab und fahren Sie dann auf den ganz rechts, zwei Etagen tiefer gelegenen, ehemaligen Sportplatz (auf der Zufahrt einige tief hängende Zweige).

So kehren Sie also mit einer Flasche *Elixir (24 €)* im Küchenschrank zur Küste zurück, um sich an einem der verbliebenen herkömmlichen Stellplätze hinter dem breiten Strand zu erfreuen; ein Wunder, dass es ihn immer noch gibt:

(229) Offizieller WOMO-Stellplatz: Marina di Castagneto

GPS: N 43°11'36" E 10°32'29", Via delle Palme.
Max. WOMOs: 30.
Öffnungszeit: Ganzjährig.
Ausstattung: Schlichte Ver- und Entsorgung, Mülleimer, Tische und Bänke, Sandstrand (220 m) mit Stranddusche.
Beschreibung: Der geschotterte, klappstuhlgeeignete Platz liegt schön an einem Bachlauf (nach Auskunft von Lesern keine Moskitos) mit im Frühsommer fantastischem Vogelkonzert, aber nur wenigen schattigen Bereichen. Der nahe Strand ist als **Hundestrand** ausgewiesen.
Der Platz liegt einsam, ist aber im Sommer stets besucht und gegen Abend oft chaotisch belegt. Höchstens 48 Stunden am Stück.

In den Ort sind es 2,3 km. Wenn man erst am Strand entlang stapft und gleich nach dem Campingplatz auf die parallel verlaufende Straße wechselt, beträgt die Entfernung nur etwa 1,7 km.
Preise: 6 €/12 Stunden; 10 €/24 Stunden; 18 €/48 Stunden.
Zufahrt: Biegen Sie von der SS 1 nach Marina di Castagneto ab; an dessen Ortseingang fahren Sie nach rechts (Wegweiser zur Entsorgungsstation) durch ein Neubaugebiet in eine Pineta (weiter beschildert).

Hinter demselben sehr breiten und feinsandigen Strand liegen auch mehrere Campingplätze, von denen uns einer am besten gefallen hat, weil hier keine Dauercamper logieren. Allerdings ist er vor dem 25. August häufig belegt:

(230) WOMO-Campingplatz: Marina di Castagneto
International Camping Etruria

GPS/Kontakt: N 43°11'17" E 10°32'28", Via del Dentice, Tel: 0565 744254; www.campingetruria.it/.
Öffnungszeit: Mitte April bis etwa 20. Oktober.
Ausstattung: Läden, Restaurant, große Poollandschaft, diverse Spielplätze.
Beschreibung: Sie urlauben im großzügigen naturbelassenen Dünengelände, das etwa zur Hälfte mit Mietunterkünften (darunter auch vielen Zelten) bestückt ist und direkt an den sehr breiten Sandstrand grenzt. Nicht alle Plätze sind schattig.

In den Ort sind es etwa 1,3 km; wählen Sie am Platzausgang nach der Entsorgungsstation die erste Asphaltstraße rechts durch die Pineta (auf etwa 7 Minuten Fußweg unbeleuchtet).

Preise: 21–68 €, je nach Platzwahl und Zeitpunkt.
Zufahrt: Verlassen Sie die SS 1 bei der Ausfahrt *Donorático*, der Platz ist dann beschildert.

Hinweis: Wie auf einigen anderen Plätzen in der Pineta nerven winzige Ameisen, gegen die man vor Ort ein Mittel erwerben kann. Das WOMO darf nicht mit Ästen in Berührung kommen. Wenn Sie mit Kleinkindern im Krabbelalter reisen, die Sand in den Mund stecken, kommen diverse Parzellen möglicherweise nicht infrage.

Solch ein Campingplatz ist eine Urlauberenklave, wenngleich hier im Sommer auch zahlreiche Italiener das Strandleben (erstaunlich viele Stunden am Tag) genießen. Da verlässt man

Ristorante Miramare

am Abend gerne mal die Isolation. Leider gibt es im Ort nichts zu sehen, aber ein sehr schönes **Restaurant**, wo die Sonne im Meer versinkt, wo es aussieht, wie man sich das vorgestellt hat, und wo es auch so schmeckt: ***Ristorante Miramare*** *(Tel. 0565 745992; im Sommer kein Ruhetag, etwa in der Ortsmitte direkt am Strand; für die fantastische Lage erstaunlich maßvolle, leicht gehobene Preise, Foto Seite 337).*

Bei der Weiterfahrt nach Norden ist erneut ein Abstecher ins Hinterland angesagt. Das Elixier am Ende einer sagenhaften, vier Kilometer langen und auf Initiative von Carducci gepflanzten **Zypressenallee** kommt hier teuer zu stehen, es gilt nämlich als der beste Rotwein Italiens und heißt *Sassicaia* (über 200 €/Flasche – zur bezahlbaren Alternative siehe hinten unter *Wein*; in der *Enoteca Tognoni* können Sie *Sassicaia* fingerhutweise verkosten). Der Kenner weiß natürlich, dass von dem winzigen Dorf **Bolgheri** die Rede ist, dass dort mit *Ornellaia* ein weiterer, ähnlich teurer Spitzenwein produziert wird, und ahnt, dass ein Weinhype fünf Kilometer hinter einer Sandstrandküste nicht gut gehen kann. Lösen Sie auf dem Parkplatz vor dem Ort keine zu lange Parkdauer! Sie werden sich wahrscheinlich zwischen den Weinläden und Gasthäusern, es gibt fast nichts anderes, nur kurz aufhalten.

Im nördlich benachbarten **Marina di Bíbbona** (Betonung auf der ersten Silbe) wurden schon vor der Vorauflage verschiedene freie Stellplätze verboten. Auf einem verbliebenen kommunalen Gelände kann man in der Nähe des schönen Strandes übernachten, aber nicht erholsam urlauben. Die privat betriebene Alternative ist weiter vom Strand entfernt:

Marina di Bibbona

(231) Offizieller WOMO-Stellplatz: Marina di Bíbbona Asphaltplatz

GPS: N 43°14'34" E 10°31'48", Piazza del Ciclamini. **Max. WOMOs**: 30-40.
Öffnungszeit: Ganzjährig. **Ausstattung**: Mülleimer.

Beschreibung: Zugang zum schönen Strand (Bezahl-Bagno wie auch frei) direkt am asphaltierten Platz durch eine sehenswerte Pineta – etwa 300 m. Der Platz ist abends klappstuhlgeeignet, aber nahezu schattenlos. Gaststätten und Geschäfte im Ort nach etwa 300 bis 500 m.

Preise: Vom 15.6. bis 15.9. von 8 bis 20 Uhr höchstens 8 €, 1,50 €/Stunde.

Zufahrt: Fahren Sie in Marina di Bíbbona am Ende der Zufahrt links und nach etwa 250 m rechts.

Hinweise: Von Juni bis September nicht in der Nacht auf Mittwoch (Markt). Auf dem großen Platz sind nur bestimmte Plätze für WOMOs vorgesehen, zu erkennen an einem auf den Asphalt gemalten und verwitterten Symbol sowie an den größeren blau umrahmten Stellflächen. Achtung: Die Polizei schreibt im ganzen Ort falsch parkende Wohnmobile auf.
In der Nachbarschaft ist gelegentlich ein Zirkus, Jahrmarkt o.ä. aufgebaut.

(232) Offizieller WOMO-Stellplatz: Marina di Bíbbona *Area Sosta*

GPS: N 43°14'57" E 10°32'02", Via dei Cipressi. **Max. WOMOs**: 35. **Öffnungszeit**: April bis Oktober.

Ausstattung: Ver- und Entsorgung (nur für Platznutzer), Strom, Toilette, Dusche, Mülleimer.

Beschreibung: Der privat betriebene, teilweise schattige Stellplatz erinnert an einen Campingplatz und ist klappstuhlgeeignet. Zum Strand sind es ca. 800 m: Gehen Sie die Straße weiter nach Norden und dann durch die Pineta, möglicherweise ist der Weg durch den Ort an einen anderen Strandabschnitt etwas kürzer. Gaststätten und Geschäfte liegen näher. Man blickt auf einen großen Parkplatz.

Preis: 15 €/24 Std. Anmeldung in der Gaststätte gegenüber.

Zufahrt: Fahren Sie in Marina di Bíbbona am Ortseingang rechts; der Platz liegt dann rechts.

Wir entscheiden uns meistens für den optimal direkt am Strand gelegenen und sehr geräumigen Campingplatz, nach unserem Geschmack und Bedürfnis der schönste an der toskanischen Küste. Wenn wir am Meer zwei Wochen auf einem Platz urlauben wollten, würden wir das hier tun:

(233) WOMO-Campingplatz: Marina di Bíbbona *Le Esperidi*

GPS/Kontakt: N 43°15'02" E 10°31'40", Via dei Cavallegeri Nord 25, Tel: 0586 600196; www.esperidi.it/. **Öffnungszeit**: April bis etwa 20.10.

Ausstattung: Läden, zwei Restaurants (das **Ristorante *Giglio di Mare*** ist erstaunlich gut), Spielplätze, Pool in Form und Größe eines Badesees (siehe Foto auf der nächsten Seite – kostet 1 €/Person/Stunde; ich halte es für berechtigt, die hohen Kosten dieser einmaligen Anlage nicht auf den Campingpreis umzulegen).

Beschreibung: Der überwiegend schattige Platz in einer Pineta mit sehr schönen und teilweise großzügigen Nischen im Unterholz bietet trotz zahlreicher fester Mietbehausungen viel Freiraum; er ist nur durch einen Zaun vom Strand getrennt. Nachteilig ist lediglich die abendliche Musik.
Vom 2. bis 19.8. (möglicherweise von Jahr zu Jahr verschieden) ist nur ein Haustier erlaubt. **Preise**: 32–65 € je nach Zeitpunkt.
Zufahrt: Folgen Sie wegen einer Einbahnstraße nicht dem Navi, sondern der Beschilderung.
Hinweis: Wie auf einigen anderen Plätzen in der Pineta nerven stellenweise winzige Ameisen, gegen die man vor Ort ein Mittel erwerben kann. Das WOMO darf nicht mit Ästen in Berührung kommen. Wenn Sie mit Kleinkindern im Krabbelalter reisen, die Sand in den Mund stecken, kommen einige Bereiche möglicherweise nicht infrage.

Nebenan liegt der ebenfalls empfehlenswerte **Campingplatz *Casa di Caccia*.**

Am Campingplatz beginnt das Naturschutzgebiet der sehenswerten, bis Cécina erhaltenen **Pineta**, das unter Ihren sommerlichen Urlaubszielen nicht fehlen darf. So wie die mehrfach erwähnten Thermalbäder besser in die Zeit des Eierfestes passen, gehört die Pineta in den heißen August, in dem die Bäume am spürbarsten ihre Kühlung sowie ihren guten Geruch abgeben und den Besuchern der belebten angrenzenden Strände den Rückzug in die Stille ermöglichen. Man kann wunderbar von Marina di Bíbbona nach Cécina **radeln** (einfache Strecke 30 Minuten) und unterwegs sogar im Hochsommer am helllichten Tag fast so viele Hasen wie Rehe sehen und nur kaum mehr Menschen (ich untertreibe, aber um Sie in die Pineta zu

Pineta – zwischen Marina di Bibbona und Cecina

locken, ist mir jedes Mittel recht; die Pineta ist eine große Sehenswürdigkeit; ohne Fahrrad lohnt sich jede Fußwegstrecke, sei sie auch noch so kurz, am schönsten bei Sonne nach einem Regentag und bis zur ersten kleinen Brücke).

Nicht ohne Grund gehört diese Pineta zu unseren persönlichen **Top Ten**. Und wenn Sie Badesachen mitnehmen, können Sie an einsamen Stränden halbe Tage verbringen. Man kann die Schönheit nicht im Foto einfangen, Sie müssen also selbst nachsehen.

Die Pinien leiden allerdings sichtbar. Ursache sind vermutlich Borkenkäfer und Pinienprozessionsspinner, deren Vorkommen durch Trockenheit und Wärme, also durch die globale Klimaveränderung, begünstigt werden.

Einmal könnten Sie auch am Abend quer durch den Pinienwald promenieren, wenn die Sonne die Kronen der Bäume beleuchtet, weil am anderen Ende des Weges, der nördlich des Camping *Le Esperidi* in den Forst sticht, eines unserer **Lieblingslokale** am Strand liegt. Sogar aus ziemlicher Nähe würden wir dem Wirt der Bretterbude nur eine gut sortierte Eistruhe zutrauen, bestenfalls, dass er fragt, ob wir unseren *Averna* mit oder ohne Eis nehmen. Stattdessen ist ein nur wenig distinguierter Ober sogar fähig, uns auch einen *Campari* zu kredenzen und danach vielleicht Hundert verschiedene Flaschenweine. Er hat uns nicht verraten, in welchem Weinkeller ein auf Sand ans Meer gebautes *Ristorante* die Schätze einer solchen Präsens hortet. Aber er gibt unser Lob an die Köche weiter, die, so unsere Fantasie, in einer engen Kombüse den dort aufgestellten Gaskochern schier Unmögliches abverlangen. Auf den Punkt gebracht: Das in der vierten Generation betriebene **Ristorante *La Pineta*** ist, wenn man mal Platz genommen hat, gediegener als angenommen, man sitzt, besonders auf dem Balkon, schön am Strand und das Essen hat uns ohne Einschränkung überzeugt. Aber man muss richtig in die Tasche greifen. Es lohnt sich! Längst haben auch die Testesser von Michelin eine unserer früheren Auflagen gelesen und bemerkt, dass man den linken Eingang nehmen muss, weil rechts nur *Panini* serviert werden und dort die schon erwähnte Eistruhe steht. Vom benachbarten Campingplatz *Le Esperidi* können Sie über den Strand hin stapfen *(Sie müssen mehrere Tage vorher reservieren, Lokale dieser Qualität sind hier rar, Tel. 0586 600016; Mo. ganztags und Di. mittags geschlossen; Menüs ab 75 €, was für ein Lokal mit Michelinstern in dieser Lage nicht hoch ist; Sie können mit dem WOMO nicht auf den hauseigenen Parkplatz fahren).*

Wenn wir schon beim Thema sind und weil Marina di Bíbbona, das ich übrigens in meiner ersten Auflage des Jahres 1991 als hässlich verteufelt habe (es wurde nicht schöner, nur meine Ansprüche sanken, und ich habe genauer hingeschaut), ein angenehmer Ort für den Strandurlaub ist, noch eine Adresse für schmalere Geldbeutel, wo aber auch nicht die reine Abfütterung im Vordergrund steht: Das bei Einheimischen sehr beliebte **Ristorante *Aragosta*** finden Sie im nördlichen Ortsteil unweit des mehrfach erwähnten Campingplatzes *(Tel. 0586 600017; kein Ruhetag).* Eine saftige Pizza direkt am Strand mit prächtigem Meerblick bekommen Sie im ***Solleone*** *(Pizzeria des Bagno Venere, letzte Stichstraße vor Camping Le Esperidi bzw. beim Camping Casa di Caccia zum Meer).* Und bei der letzten Recherchetour waren wir vom ***Ristorante Giglio di Mare*** auf Camping *Le Esperidi* angetan.

Solleone

Nach **Cécina** (Betonung auf der ersten Silbe) sind Sie schon fast geradelt oder spaziert. Der Weg ist das Ziel, die Stadt samt ihrer Marina hingegen gehört nicht zwingend in jeden Urlaub, zumal man in der Nähe der Pineta auch nicht mehr frei stehen kann. Lediglich innerhalb von ***Camping Le Tamerici*** gibt es einen nicht schönen *Camperrastplatz*, 400 Meter von der Pineta und mindestens 650 Meter vom Meer entfernt [**234**: N 43°17'32", E 10°30'36"; Ver- und Entsorgung sind nicht frei zugänglich; bis zu 30 €]. Geblieben ist außerdem ein offizieller, aber unschöner Stellplatz am *Acqua Village*, einer Badelandschaft, die wir nicht kennen, von der jedoch im Internet wegen langer Wartezeiten an den Rutschen abgeraten wird; nur der Vollständigkeit halber [**235**: N 43°18'04" E 10°30'04"; tagsüber 8 €; mindestens 700 Meter bis zum den Strand].

In Cécina lohnt sich ein etwa neun Kilometer langer Abstecher landeinwärts nach **Montescudaiao** (2.100 Einwohner), das zu den *Schönsten Dörfern Italiens* gehört.

Schon für eine Vorauflage haben wir die Restküste südlich der Steilküste abgesucht und weitere passable Badestellen entdeckt. Geändert hat sich über die Jahre fast nichts. Fast allen fehlt der Schatten, ich liste sie einfach auf:

(236) Offizieller WOMO-Stellplatz: Mazzanta

GPS: N 43°19'41" E 10°27'37", Via dei Cavalleggeri.
Max. WOMOs: 70.
Öffnungszeit: Ganzjährig.
Ausstattung: Ver- und Entsorgung (zeitweise), Mülleimer.
Beschreibung: Riesiges, im Sommer stark besuchtes, geschottertes, schattenloses Gelände in einer Entfernung von etwa 300 m zum Strand. Markisen sind verboten, Stühle nur zum Essen erlaubt. Gaststätten und Geschäfte sind ab etwa 100 m fußläufig erreichbar. Höchstens 72 Std.
Preise: 10 €/24 Std.; außerhalb der Saison kostenlos.
Zufahrt: Am Nordende von Mazzanta (bzw. südlich von Vada) gut beschildert, Wegweiser *'Piscina comunale'*.

Nördlich von Mazzanta liegen nebeneinander zwei empfehlenswerte **Campingplätze** direkt am Strand: ***Camping Rada Etrusca*** (Tel. 0586 788344; Mitte April bis Anfang Oktober; 22–40 €) und ***Camping Tri Pesce*** (Tel. 0586 788017; Ende März bis Mitte Oktober, 22–41 €; Juni bis 20. August keine Hunde).

(237) Offizieller WOMO-Stellplatz: Vada – Sportplatz

GPS: N 43°21'08" E 10°27'07", Via Mare
Max. WOMOs: 50. **Öffnungszeit**: Juni bis August.
Ausstattung: Toilette, kalte Dusche, Mülleimer.
Beschreibung: Auf sandigem, bei Regen vermutlich matschigen Untergrund wird im Sommer ein ehemaliger Fußballplatz als klappstuhlgeeigneter, schattenloser Stellplatz benutzt, 80 m zum kleinen, stark besuch-

ten Strand, der mit hinzugefahrenem Sand ertüchtigt wird, und in der Nähe einer Hafenanlage, Geschäfte und Gaststätten im direkt angrenzenden Ort. **Preis**: 14 €. **Zufahrt**: Folgen Sie mitten in Vada bei einer Art Kreisverkehr dem Wegweiser mit dem WOMO-Symbol, der Platz liegt zwischen SP 39 und Strand. **Hinweis**: Siehe Warnung beim Platz in Rosignano Solvay!

(238) WOMO-Parkplatz: Vada – Via del Porto

GPS: N 43°21'27" E 10°26'59", Via del Porto. **Max. WOMOs**: 30.
Ausstattung: Mülleimer.
Beschreibung: Der geräumige, teilweise schattige und klappstuhlgeeignete Parkplatz auf gewachsenem Boden liegt am Rand von Pinien, etwas einsam, etwa 400 m zum Strand und halb so weit vom Ort entfernt. **Preis**: Kostenlos oder nur am Wochenende 8 €.
Zufahrt: Verlassen Sie Vada nach Norden auf der alten Via Aurelia (SP 39) und biegen Sie am Ende der Bebauung meerwärts ab; der Platz liegt dann bald links und ist außerhalb der Saison an den Abgrenzungsbalken zu erkennen.

Fährt man vom Hafen die **Straße entlang dem Strand durch die Pineta, darf** man in der Zeit vom 16.9. bis 31.5. bei N 43°21'41" E 10°26'36" an einem schönen Strand übernachten, aber nicht mehr weiter zu einem noch schöneren vorstoßen; siehe Warnung im folgenden Text.

Endgültig streiche ich eine Empfehlung bei **Rosignano-Solvay**. Dort ist der Strand nämlich auffallend weiß *(Spiagge bianche)*. Das ist die Folge von Ausbleichungen durch die nahe und hässliche Soda-Fabrik der Marke *Solvay* (daher der Name des Ortsteils), in deren Nähe Badeverbot gilt, weil Gifte ins Meer geleitet werden. Angeblich besteht außerhalb der Verbotszone kein Grund zur Sorge; ich würde hier weder baden noch mich in den Sand legen; siehe unter www.gentside.de/entdeckung/rosignano-solvay-das-dunkle-geheimnis-des-italienischen-paradies-strandes_art16443.html.

Bei Platz Nr. 239

Im nördlich gelegenen **Castiglioncello** (3.900 Einwohner) ist der große Parkplatz seit Jahren für Wohnmobile gesperrt, und nach so viel Sand hat man ohnehin wieder richtig Lust auf eine Felsküste. Der private Stellplatz dort ist eher ein improvisierter Campingplatz ohne richtige Toilette und viel besser, als wir früher dachten:

(239) Offizieller WOMO-Stellplatz: Castiglioncello *Fortullino*

GPS: N 43°25'48" E 10°23'45", SP 39. **Max. WOMOs**: 30.
Öffnungszeit: Unbekannt.
Ausstattung: Ver- und Entsorgung (nicht frei zugänglich), Strom (geringe Absicherung), warme Freiluftdusche, zwei Baustellentoiletten, Spülbecken, Mülleimer, Einkaufsmöglichkeit für Brot und Wein.

Beschreibung: Der Platz liegt schön oberhalb der Küste, teilweise mit Blick. Es gibt zwei Meerzugänge: am Anfang des Platzes zu einem einsamen Steinstrand und, wenn man am Ende des Platzes rechts geht, zu einem öffentlichen Strand mit Sand, aber steinigem Meereinstieg (unser Foto Seite 344). Diverse dauerhaft aufgestellte Wohnwagen stören nicht, ebenso wenig die nahe Bahnstrecke und die Schnellstraße. Der nächste Ort mit Einkaufsmöglichkeit ist etwa 4 km entfernt.

Zwei **Restaurants** sind erreichbar: Gehen Sie in das untere nördlich des Platzes (weißes Holztor an der Platzzufahrt, schöne Lage an einem dritten Strand, kleine Pizzas, siehe Foto oben). **Preise**: 18 €; Juli/August 25 €.

Zufahrt: Der Platz liegt etwa 4 km nördlich von Castiglioncello an der alten Aurelia und ist an einer Bahnbrücke beschildert, was man leicht übersieht, nach der Abzweigung noch etwa 300 m.

Nach **Livorno** (157.000 Einwohner) ist es von hier ein Katzensprung, und wer Zeit hat, schaut sich die zweitgrößte Stadt der Toskana auch mal an, deren historisches, von Kanälen durchzogenes Zentrum wesentlich lohnender ist, als man es in einer Industrie- und Hafenstadt vermutet. Wir fahren aber in diesem Buch stattdessen nach Hause.

In Livorno

In fünf Vorauflagen haben wir uns an der Küste ein wenig mit gerümpfter Nase herabblickend auf die Banausen, denen nichts über einen Strandurlaub geht und die dafür auch einen schlechten Stell- oder Campingplatz in Kauf nehmen, zurück nach Volterra bewegt, um dort bei untergehender Sonne literarisch Urlaub und Buch zu Ende zu bringen. Nie haben wir das wirklich so praktiziert, aber es schien sich gut zu lesen.

Irgendwann war Schluss mit den Klischees! Längst riechen wir in Marina di Bíbbona die Pineta, laufen noch mal an den Strand und trinken dort ein Bier. Danach messen wir den Ölstand und fahren am nächsten Morgen genauso schlecht gestimmt wie Sie, wenn Sie am Vorabend Ölstand und Bier prüfen mussten, nach Hause.

Was ich Ihnen sagen wollte: Die Toskanaküste lohnt sich in vielen Bereichen wirklich, gerade für Wohnmobile.

Sie könnten dennoch mit uns in Band 12 der WOMO-Reiseführer Umbrien und die Marken (mit der Adria-Küste) kennen lernen, ebenfalls ohne gefakten Sonnenuntergang und andere Lügen.

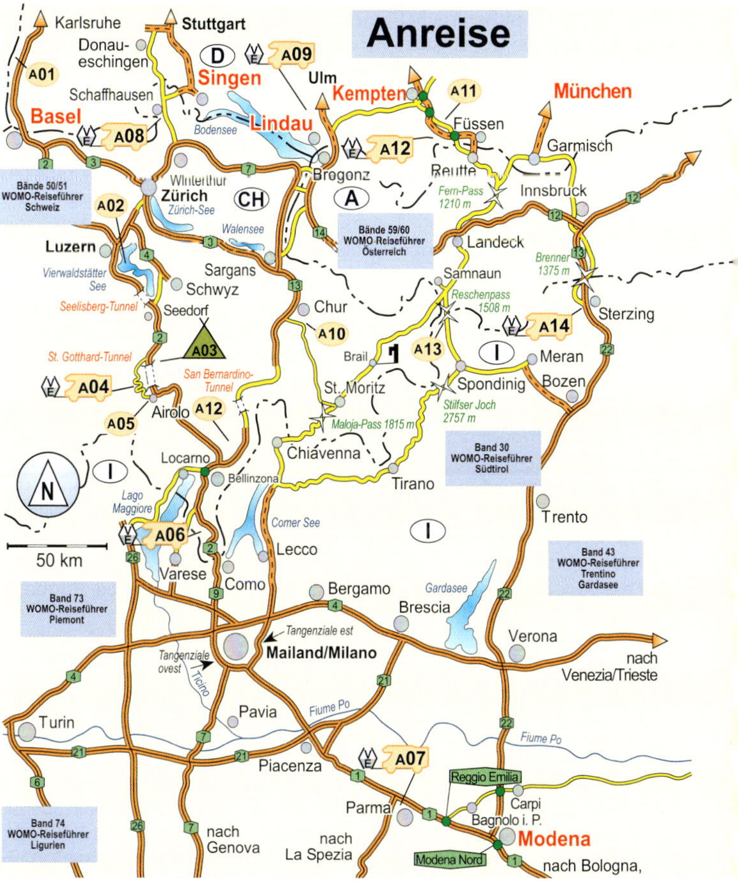

Anreise

Für Reisemobile **bis 3,5 t** kostet in der **Schweiz** die Vignette 40 CHF (41 €). WOMOs mit mehr als 3,5 t brauchen in der **Schweiz** keine Vignette, dafür bezahlen sie zwingend eine **Schwerverkehrsabgabe** (PSVA). *Wohnmotorwagen* kosten mindestens 25 CHF für sieben frei wählbare Tage. Die Abgabe wird heute praktikabel mit der **App *Via Strassenabgaben*** entrichtet.

Die 10-Tages-Vignette in **Österreich** kostet 9,60 Euro, die 2-Monats-Vignette 28,20 Euro. Für die Brennerautobahn müssen Sie zusätzlich Maut bezahlen. Die Maut für Reisemobile **über 3,5 t** wird in **Österreich** abhängig von der Fahrstrecke, der Anzahl der Achsen, der Schadstoffemission, der Lärmbelastung und sogar der Tageszeit erfasst. Dazu ist eine *Go-Box* erforderlich, die mit einem Guthaben aufgeladen werden kann *(Pre-Pay)*. Sie können aber auch im Nachhinein auf Rechnung bezahlen *(Post-Pay)*. Für Wohnmobile über 3,5 t mit zwei Achsen werden abhängig von der Emissionsklasse pro Kilometer ab rund 0,22 Euro berechnet (je nach Schadstoffklasse). Dazu kommt auf mehreren Strecken eine Sondergebühr, die ebenfalls über die *Go-Box* abkassiert wird (Zweiachser bezahlen für den österreichischen Teil Brennerstrecke rund 25 Euro; Näheres unter https://go-maut.at/go-maut-bezahlen/tarife-go-maut/). Es ist zu bestimmten Zeiten nicht möglich, von der Brennerstrecke auf Nebenknoten auszuweichen. Es gibt auch kostenlose Streckenbereiche.

Die Autobahngebühr in **Italien** ist bezahlbar geblieben und kein Grund, Autobahnen zu meiden (Näheres unten beim Stichwort *Verkehr*).

Das **Tagfahrlicht** (ersatzweise Abblendlicht) muss tagsüber in der **Schweiz** überall, in **Italien** außerorts in Betrieb sein. Beachten Sie in der Schweiz die vielen fest installierten **Blitzer** (vor allem in den Tunnels bei Basel und Luzern). Schon geringe Geschwindigkeitsüberschreitungen kosten viel Geld.

In der **Schweiz** fallen möglicherweise weiterhin **Roaminggebühren** an. Mir wurden eine Zeit lang nach der Reise Telefongebühren zwischen 40 und 50 Euro berechnet, obwohl ich in der Schweiz weder telefoniert noch bewusst im Internet gesurft habe (auch kein *Google Maps*). Seit ich die Roamingfunktion bei der Durchreise ausgeschaltet habe, ist mir dieser Aderlass erspart geblieben. Ich habe sogar festgestellt, dass sich mein Smartphone in Deutschland noch vor der Schweizer Grenze auf einen schweizerischen Netzbetreiber umgestellt hat. Ich bin alledem aber nicht näher nachgegangen.

Die Darstellung der **An- oder der Abreiserouten** ist eine undankbare Aufgabe, weil ich Sie damit von weit auseinanderliegenden Startorten ans Ziel oder von dort zu Ihren Heimatorten führen muss. Deshalb kommen wesentlich mehr Hauptreiserouten infrage, als ich lange dachte, die ich selbst nie benutze und daher auch nur schlecht beschreiben kann. Zu allen hat der WOMO-Verlag Reiseführer im Programm.

Sie werden die Toskana entweder über Tour 1 oder über Tour 4 erreichen. Wählt man die kürzest möglichen Strecken, verzweigen diese beiden Routen erst auf der italienischen Autobahn bei Parma. Ich kann die Alternativen daher bei den nachfolgenden Betrachtungen außer Acht lassen, mit dem kleinen Hinweis, dass das im Folgenden jeweils beschriebene Streckenziel dann nicht das Autobahndreieck bei Modena ist, sondern dasjenige bei Parma, 56 Kilometer nordwestlich:

St. Gotthard-Route I
Basel – Modena etwa 515 km

Basel – Luzern – St. Gotthard-Tunnel – Bellinzona – Mailand – Modena (nach La Spezia zu Tour 1 schon vorher bei Parma die Autobahn wechseln)

Es handelt sich um die schnellste und bequemste Verbindung – und um eine der kürzesten. Nahezu jeder Meter ist gepflegte Autobahn. Einziger Nachteil: Die Autobahn Frankfurt - Karlsruhe - Basel ist oftmals heillos überlastet; Staus sind geradezu vorprogrammiert. Spätestens wenn es zu eng wird, sollten Sie auf die leereren Autobahnen auf der anderen Rheinseite flüchten! Von Ludwigshafen bis Wörth verläuft die A 65; gefolgt von der kostenlosen französischen A 35 von Lauterbourg bis Basel (dazwischen wenige Kilometer Landstraße von Kandel nach Lauterbourg). Und meinen Reiseführer über das **Elsass** können Sie dabei gut gebrauchen.

Ob Sie am Gottardo durch den Tunnel (16.900 Meter lang) oder über den Pass fahren, müssen Sie in Göschenen entscheiden. In der Regel ist der Pass zwischen Mai und November offen und mit Wohnmobilen problemlos befahrbar. Nun ein paar Plätze an der Hauptstrecke:

(A 01) WOMO-Parkplatz: Hartheim/Rhein (Deutschland)
Verlassen Sie die Deutsche A 5 an der AS 64 *‚Bad Krozingen‘*. Folgen Sie nach ca. 5 km, in der Ortsmitte von Hartheim, nach rechts dem Wegweiser *‚Zum Rhein‘*. Ein Picknickplatz mit Tischen und Bänken, Schutzhütte und Grillstelle liegt direkt am Rhein. Hier feiert oft die Jugend, und man darf nur im markierten Randbereich stehen (wird kontrolliert).
GPS: N 47°56‘36” E 7°35‘54”.

(A 02) Offizieller WOMO-Stellplatz: Isleten (Schweiz)
Verlasse Sie die Schweizer AB A 2 an der AS Altdorf Nord/Schwyz (hinter dem Seelisbergtunnel am Ende des Vierwaldstätter Sees) und folgen Sie dem Wegweiser nach Seedorf. Dort schickt Sie ein Wegweiser nach Isleten/Bauen auf das Westufer des Sees. Sie bleiben auf der Uferstraße, bis

bei den Häusern von Isleten gegenüber dem Gasthaus Seegarten links der Straße vor einer Felswand ein großer, geschotterter Parkplatz auftaucht. Die Parkgebühr funktioniert nur mit CHF-Münzen und den Park-Apps *Easypark* und *Parkingpay*: 1,50 CHF/Stunde zwischen 8 und 20 Uhr, 1,20 CHF/Stunde für die Nacht; Badestelle und Gasthaus auf der anderen Straßenseite, kein Seeblick. **GPS**: N 46°55'03" E 8°35'40".

(A 03) WOMO-Campingplatz: Andermatt (Schweiz)
Gotthard Camping Andermatt; Schweizer AB A 2 bei der AS Göschenen (nördlich des Gotthardpasses oder -tunnels) verlassen und nach Andermatt fahren; der Platz liegt südlich des Zentrums an der Gotthardstraße und ist eine Mischung aus Camping- und Stellplatz.
GPS: N 46°37'55" E 8°35'31"; 1.440 m; Mitte Mai bis Anfang Oktober; ca. 35 CHF; Gaststätten und Geschäfte in der Nähe.

(A 04) WOMO-Parkplatz: Gotthard-Pass (Schweiz)
Schweizer AB A 2 bei der AS Göschenen (von Norden) bzw. Airolo (von Süden) verlassen und zum St. Gotthard-Pass fahren. Auf dem Pass gemütliche Gaststätte und ruhige Parkplätze u. a. neben dem kleinen See auf der Passhöhe. Der sehr lohnenswerte Umweg über den Pass (statt Tunnel) beträgt 17 km. Zwei Straßenvarianten sind möglich: die alte, gepflasterte Passstraße oder die gut ausgebaute, neue Strecke.
GPS: N 46°33'25" E 08°34'07"; 2.102 m.

(A 05) WOMO-Parkplatz: Airolo-Seilbahn (Schweiz)
Verlassen Sie die Schweizer AB A 2 bei der AS Airolo/St. Gotthard-Pass/Nufenenpass und fahren Sie Richtung Nufenenpass bis zur Talstation des Airolo-Liftes, dort entdecken Sie mehrere ebene Parkplätze gegenüber der St. Gotthard-Käserei mit Gaststätte, Käseverkauf und Schaukäserei.
GPS: N 46°31'26" E 08°36'12"; 1.186 m.

(A 06) Offizieller WOMO-Stellplatz: Monte Ceneri (Schweiz)
Verlassen Sie südlich von Bellinzona bei der AS Nr. 48 die schweizerische A 2 und fahren Sie auf der N 2 nach Monte Ceneri, bis etwa 600 m nach der Autobahn seitlich der Straße der Stellplatz auf einer Wiese liegt.
GPS: N 46°08'19" E 8°54'25"; 5 €/erste Stunde, danach 1,50 €/Stunde inkl. Strom; Ver- und Entsorgung.

(A 07) Offizieller WOMO-Stellplatz: Parma (Italien)
Der Platz liegt westlich der 4 km entfernten Innenstadt, Sie können mit dem Rad oder dem Bus gut das historische Zentrum besuchen; Zufahrt am besten von der Abfahrt *Parma-Ovest* der A 15 nach La Spezia oder von der Abfahrt *Parma* der A 1, Wegweiser *'Aeroporto'*; gut besucht, abends gelegentlich belegt, Anreise nur bis 23 Uhr.
GPS: N 44°48'32" E 10°17'04", Viale XXIV Agosto 17, 10-20 €, Ver- und Entsorgung, Toilette, Dusche, Strom.

St. Gotthard-Route II
Singen – Modena etwa 540 km

Singen – Winterthur – Zürich – Luzern (oder ohne Autobahn Schwyz), dann wie St. Gotthard- Route I

Wer weiß, dass man auf der Leib- und Magenstrecke der Stuttgarter, der A 81, dem Stau am Autobahnende hinter Singen entgehen kann, indem man über Donaueschingen und Schaffhausen fährt, ist fein raus:

(A 08) Offizieller WOMO-Stellplatz: Neuhausen – Rheinfall (Schweiz)
Reisen Sie aus dem Schwäbischen über die A 81 an, fahren Sie am *Dreieck Hegau* Richtung Schaffhausen und legen Sie eine Pause auf dem offiziellen WOMO-Stellplatz am **Rheinfall** ein. Dieser ist ab der Autobahn ausgeschildert.
GPS: N 47°40'24" E 8°36'31", Nohlstraße; WC, Dusche, Besichtigung des Rheinfalls, Parken Sie auf P 3, denn P 4 ist unbezahlbar teuer.

San Bernardino-Route I
Singen – Modena etwa 585 km
Singen – Zürich – Walensee – Chur – San Bernardino – Bellinzona, dann wie Gotthard-Route I

Vor und hinter dem San Bernardino-Tunnel (6.600 Meter Länge) gibt es je 25 Kilometer nur sehr gut ausgebaute Landstraße.

Die Strecke ist ab Basel rund 70 Kilometer länger als die St. Gotthard-Route I und bietet sich deshalb nur an, wenn Sie landschaftliche Abwechslung suchen oder einen Stau vor dem Gotthardtunnel, sei es nördlich oder südlich desselben, umfahren möchten. Bei einer Anreise über Basel rentiert sich der Umweg durch den Sankt-Bernardino-Tunnel nach unseren Erfahrungen (wegen der meistens auch dort entstehenden Staus) erst bei einer Wartezeit am Gotthard von über einer Stunde. Im Sommer fahren Sie besser über den Gotthardpass oder Sie entscheiden sich für Zwischenziele abseits der Strecke, um den Tunnel zu günstigeren Zeiten zu durchfahren (Elsass, Bodensee, Schweiz) oder für eine der nachgenannten alternativen Routen. Stellplätze werden unten aufgeführt.

San Bernardino-Route II
Lindau – Modena etwa 495 km
Lindau – Bregenz – Sargans – Chur, dann wie San Bernardino-Route I

Diese San Bernardino-Route ist die Hauptstrecke der Urlauber aus dem Nürnberger/Ulmer/Münchener Raum. Spätestens bei der Autobahnabfahrt Lindau muss man jedoch wählen: Weiter auf der österreichischen Autobahn und bequem durch den Pfändertunnel um Bregenz herum (österreichische Vignette oder Go-Box) – oder sparsam durch Bregenz hindurch und gleich hinüber auf die Schweizer Autobahn. Auf den San Bernardino-Routen kommen folgende Stellplätze infrage:

(A 09) Offizieller WOMO-Stellplatz: Kißlegg (Deutschland)
Verlassen Sie die Deutsche AB A 96 an der AS Wangen-Nord (von Süden) bzw. Leutkirch-West (von Norden) und fahren Sie über schmale Landstraßen nach Kißlegg und dort – ausgeschildert mit *‚Obersee/Strandbad/WOMO-Symbol'* – zum offiziellen Gelände.
GPS: N 47°47‘45” E 9°52‘46” Schlossstraße am See/Strandbad mit Ver-/Entsorgung; 7 €; nur für WOMOs mit Toiletten erlaubt, zeitweise feiernde Jugendliche.

(A 10) WOMO-Parkplatz: Tschiertschen (Schweiz)
Verlassen Sie die Schweizer AB A 13 an der AS Chur-Süd und fahren Sie zunächst 3 km Richtung *‚Lenzerheide‘*, dann links 8 km schmal und steil nach Tschiertschen; großer, ruhiger Parkplatz.
GPS: N 46°49‘11” E 9°36‘12”, 1.338m; am Ortsbeginn mit schöner Aussicht.

Fernpass-Malojapass-Route
Kempten – Modena etwa 570 km
Kempten – Reutte – Fernpass – Landeck – Stuben/Pfunds – St. Moritz Maloja-Pass – Chiavenna – Lecco – Vimercate – Mailand, dann wie St. Gotthard-Route I

Nach der Entfernungsangabe klingt es gar nicht schlecht, aber der niedrige Preis (kein Pickerl, keine Vignette) fordert auch seinen Lohn: Fernpass 8 Prozent Steigung, Maloja-Pass 15 Prozent, allein in Österreich und der Schweiz über 250 km Landstraße. Aber wenn Sie Zeit haben – der Silser See oberhalb St. Moritz mit dem verschneiten Corvatsch dahinter – ein Traum.

(A 11) WOMO-Parkplatz: Rückholz (Deutschland)
Verlassen Sie die deutsche A 7 an der Anschlussstelle 138 Marktoberdorf/Rückholz und fahren Sie nach links 2 km bis Rückholz, dort rechts 400 m zum Sportplatz. **GPS**: N 47°39‘18” E10°32‘44”.

(A 12) Offizieller WOMO-Stellplatz: Nesselwang (Deutschland)
Der geräumige, aber auch gut besuchte offizielle Stellplatz liegt südlich des

Ortes bei der Talstation der Alpspitzbahn; Ver- und Entsorgung (vor dem Gelände), schöne Lage; 15 € nur bar und passend!
GPS: N 47°37'12" E 10°29'52", Maria-Trost-Allee.

Fernpass-Reschenpass-Route
Kempten – Modena etwa 510 km

Bis Stuben/Pfunds wie Fernpass-Route I, dann Nauders – Reschenpass – Meran – Bozen (weiter wie Brenner-Route)

Dies ist der Geheimtipp für Pickerlverweigerer. Sie fahren nur auf Landstraßen durch Österreich (Achtung: benutzen Sie zwischen Imst und Landeck nicht die Autobahn, sondern die Bundesstraße 171).

(A 13) Offizieller WOMO-Stellplatz: Reschensee (Italien)
Biegen Sie nach dem Grenzübergang von Österreich nach Italien am Reschenpass in Reschen nach rechts (Westen) Richtung Rojental ab. Der Stellplatz liegt nach etwa 1.300 m am See bei der Talstation des Schönlebenlifts. Ver- und Entsorgung, Toiletten auch nachts offen.
GPS: N 46°49'23"; E 10°30'34".

Brenner-Route
München – Modena etwa 515 km

München – Rosenheim – Innsbruck – Brennerpass – Sterzing – Bozen – Trento – Verona – Modena

Viele Leser werden diese Strecke fahren, weil sie bequem und schnell ist. Sie ist aber mit Abstand die teuerste und auch nicht die kürzeste. Da sich auf ihr auch noch die meisten Italienurlauber drängeln, sollte man sie wirklich nur benutzen, wenn man aus Österreich oder dem Münchener Raum kommt.

(A 14) Offizieller WOMO-Stellplatz: Vipiteno / Sterzing (Italien)
Das ist eher ein Autobahnrastplatz mit direkter Zufahrt von der italienischen Autobahn A 22 (ausgeschildert) oder von der SS 508 bei Sterzing/Vipiteno. Man kann vermutlich nicht von dem einen Platzteil auf den anderen fahren. Es steht alles zur Verfügung, was Fernfahrer brauchen, also auch Duschen; 19 €. **GPS**: N 46°52'50" E 11°26'18".

Auf dem Weg zur 4. Tour und nach Florenz gibt es zur **Autobahn Bologna – Florenz** nur die Alternative, die Ihnen die Autobahnbauer seit ein paar Jahren selbst liefern, nachdem sie neben die alte Trasse eine neue gebaut haben: Nehmen Sie den als *Direttissima* oder *Variante di Valico* beschilderten Neubau, mit dem ein Großteil der Strecke untertunnelt, erheblich begradigt und vereinfacht worden ist. Den alten, kurvenreicheren Straßenverlauf gibt es weiterhin, er heißt *Panoramica* und lohnt sich nach unserem Geschmack nicht. Auf der 4. Tour empfehle ich Ihnen einen Campingplatz seitlich dieser Strecke.

Autoaufbrüche / Diebstahl

In meinem Führer über den Westteil der Provence berichte ich Ihnen, dass an unserem Fahrzeug die Seitenscheibe der Beifahrertür eingeschlagen worden ist und wie man sinnvollerweise mit einem solchen Ereignis umgeht. Das Einschlagen einer Scheibe ist in Frankreich eine der gebräuchlichsten Aufbruchvarianten, die nach meinen Erfahrungen in Italien hingegen wesentlich seltener praktiziert wird. Dort werden nach den mir zugehenden Berichten und einem eigenen Erlebnis eher die Schlösser geknackt. Damals wurde bei uns tagsüber auf einem belebten Parkplatz in einem kleinen Ort in Umbrien das Schloss einer Außenklappe aufgebrochen, aber der Dieb hat schnell die Flucht ergriffen, als er statt der erhofften Handtasche nur meinen Gasgrill zu Gesicht bekam und als ihm meine Alarmanlage gehörig den Marsch geblasen hat (die an eine richtige, laute Hupe angeschlossen ist und nicht an eine jämmerliche Sirene). Aber das Schloss, das europäische Wohnmobileinheitsschloss, war mit einer einzigen Schraubenzieherumdrehung aufgebrochen. Mit solchen

Schlössern sind immer noch zahlreiche Wohnmobile gesichert. Das heißt, sie sind nicht gesichert. Dabei wäre es ein lächerlicher Kostenaufwand, jede Wohnmobiltür mit einem kräftigen Zylinderschloss auszurüsten.

Gegen eingeschlagene Scheiben kann man sich nur damit schützen, dass man den Ort, an dem man das Auto unbeaufsichtigt parkt, nicht leichtfertig auswählt, dass man die wichtigsten Wertsachen nicht im Fahrzeug zurücklässt (schon gar nicht sichtbar) und dass man Vorkehrungen trifft, die ein Öffnen der Türen durch die eingeschlagene Scheibe einschließlich der Aufbau- oder Schiebetür verhindert, nachdem eine schmale Person in das Fahrzeug geklettert ist. Sonst räumen die Diebe im ungünstigsten Fall das ganze Fahrzeug leer. Um dem vorzubeugen, benötigt man **mechanische, abschließbare (!) Verriegelungen, die zugleich gegen aufgebrochene Schlösser** wirken. Der WOMO-Verlag verkauft Ihnen den *WOMO-Knacker-Schreck*, den Sie auch in Mietmobilen einsetzen können und der das Öffnen der Vordertüren verhindert (funktioniert nicht bei Ford-Modellen, weil die Armlehnen in den Türen eine Öffnung zum Einhaken haben müssen). Die beste Lösung auch gegen das Aufbrechen von Schlössern sind die Zusatzschlösser der Firma ***Heosafe*** *(www.heosolution.de). Heosafe* hat auch ein taugliches Angebot im Programm, mit dem sich die Schiebetür eines Fiat Ducato (Peugeot, Citroën) Kastenwagens auch nachts von innen perfekt verriegeln lässt, sowie Schlösser für die Schiebetür und die Hecktür von außen.

Sinnvoll ist außerdem eine **Alarmanlage**, die auch in unserem Fall die Diebe vertrieben hat, bevor besonders viel gestohlen werden konnte. Abgesehen davon, dass eine solche Vorrichtung Lärm macht, den Sie im benachbarten Restaurant oder an einem Badeplatz möglicherweise selbst hören, dürften schon entsprechende Aufkleber an den Seitenscheiben oder ein blinkendes Lichtchen eine gewisse Warnfunktion haben. Der Einbau ist leider teuer und kostet gut und gerne 500 Euro, aber er belohnt Sie mit einem sorgenfreieren Urlaubserleben. Zufrieden bin ich mit der Alarmanlage des Herstellers ***Thitronik***, der einen beeindruckenden Service bereitstellt *(www.thitronik-automotive.de/)*.

Wegen der beschädigten Scheibe wenden Sie sich am besten an die Firma *Carglass*, die uns mit einer Notscheibe geholfen hat (siehe im Internet).

Ein ganz wichtiger Tipp: Bewahren Sie wertvolle Dinge und wichtige Utensilien (täglich benötigte Medikamente) nicht in Aktentaschen oder kleinen Koffern auf. Alles, was ein Schloss hat, wird als erstes geklaut; besonders der Schminkkoffer, der, wie uns die Leserbriefe zeigen, nicht nur zum festen Repertoire eines deutschen Mietmobils, sondern auch zur Lieblingsbeute eines eiligen WOMO-Knackers gehört. Ständig benötigte Medikamente sollten Sie doppelt dabeihaben, davon einmal in einem sicheren Versteck. Auch in unserem Fall wurden solche Medikamente gestohlen!

Es gilt eine **Grundregel**, die Sie eisern befolgen müssen: **Verlasse nie dein WOMO mit nichts als dem Autoschlüssel in der Hand**. Denn die Diebe lauern womöglich hinter den Büschen und wissen, dass Sie mehr als diesen Autoschlüssel mit auf die Reise genommen haben: Geld, einen Laptop und die Damen eine Handtasche. Tragen Sie aber nichts unterm Arm, müssen diese Dinge zwangsläufig im WOMO zurückgeblieben sein.

Das betrifft besonders die Leser, die ein Wohnmobil gemietet haben, weil diese Fahrzeuge gegen Autoknacker schlechter gesichert sind. Die Besatzung solcher Mietmobile muss damit rechnen, das schwächste Glied in der Kette zu sein. Den Fahrzeugen, durchweg neuesten Modellen mit wenig individuellen Innereien, sieht der erfahrene Einbrecher an, dass die Mieter unkundiger und sorgloser sind als alte Hasen. Das dürfen Sie in keiner Minute vergessen, schon gar nicht auf dem Autobahnrastplatz oder an anderen Stellen, an denen Sie nur kurz Ihr Fahrzeug verlassen. Die wenige Minuten dauernde Einkehr ist oft die beste Gelegenheit, im Auto herumliegende Wertgegenstände zu stehlen. Wenn es irgendwie geht, sollte auf Rastplätzen immer ein Familienmitglied im Auto bleiben. Ansonsten müssen die Wertsachen zur kurzen Erfrischung (und Entleerung) mitgenommen werden!

Trotz aller Warnungen hören wir immer wieder von Diebstählen, bei denen die Besatzung das WOMO zu einer Besichtigung nur kurze Zeit verlassen und sogar abgeschlossen hat, während aber alle Wertgegenstände im Fahrzeug verblieben sind, einschließlich Geld und Ausweise, häufig in einem Rucksack auf dem Bett oder an einem anderen deutlich sichtbaren Ort.

Das alles hat mit der **Übernachtungssicherheit** auf freien Stellplätzen nichts zu tun. Ich kann mich an keine Italienurlauber erinnern, die mir im Verlauf von über 30 Jahren von einem nächtlichen Einbruch berichtet haben. Ich warne aber in allen Ländern vor den Autobahnrastplätzen! Der nächtliche Diebstahl unterscheidet sich von dem, der tagsüber stattfindet, dadurch, dass man nachts versucht, heimlich und ohne große Geräusche das Schloss zu knacken. Die genannten mechanischen Hürden verhindern natürlich auch das Öffnen der Türen, nachdem Schlösser aufgebrochen worden sind.

Falls Sie bestohlen wurden, benötigen Sie eine Bescheinigung der **Polizei**, dass Sie den Diebstahl angezeigt haben, nur dann, wenn das ganze Auto verschwunden ist oder Sie eine Reisegepäckversicherung unterhalten, die normalerweise Leistungen für Diebstähle aus dem Fahrzeug allenfalls erbringt, wenn der Diebstahl auf Campingplätzen stattgefunden hat, nicht aber, wenn das Fahrzeug außerhalb derselben aufgebrochen worden ist. Den Glasschaden einer eingeschlagenen Scheibe ersetzt die Kaskoversicherung auch ohne Nachweis einer Anzeige. Die Polizei nimmt den Diebstahl erst dann auf, wenn sie vorher im Tabakladen für die Verlustanzeige ein Formular gekauft haben, die *Carta bollata*.

Zur etwa notwendigen Kartensperrung lesen Sie Näheres beim Stichwort *Geld*.

Campingplätze

Campingplätze sind, von der Küste abgesehen, in der Toskana rar, relativ gut besucht und am Meer in der Hochsaison bisweilen wegen Überfüllung nicht zugänglich. Außerdem sind die Campingplätze in Italien sehr hochpreisig. Sie gehören zu den teuersten in Europa. Einer Familie mit vier Personen und einem Wohnmobil zieht man pro Nacht in der Hochsaison über 60 Euro aus der Tasche, bisweilen auch mal deutlich mehr.

Einige Jahre habe ich eine sogenannte *CampingCard* des **ACSI** besessen *(man spricht nur von der ‚Axicard'; Näheres unter www.campingcard.com/de; Lieferzeit von über zwei Wochen!)*, mit der man in der Nebensaison (!) erhebliche Preisvorteile erzielen kann, für die sich der Preis der Ermäßigungskarte für etwa 17 Euro pro Jahr lohnt. Aber ich wurde seit der letzten Bestellung mit Zahlungserinnerungen und einem Dauerauftrag belästigt, den ich bewusst nicht abgeschlossen hatte. Das hat mir die Freude genommen. Außerdem wurden zunehmend die Preisvorteile nur noch bei der Belegung von unattraktiven Parzellen gewährt, jedenfalls nicht für die schönen Stellen, die wir uns auf Campingplätzen ausgesucht hatten.

Camping Barco Reale – Tour 3

Hunde sind meistens erlaubt, ich weise

auf Verbote hin. Insoweit sind meine Angaben nicht ganz verlässlich, weil die Platzbetreiber bisweilen die Regeln ändern.

Ein Blick auf die **Internetseite** des Platzes verschafft oft Klarheit. Leider gibt es einen neuen Trend: Immer mehr Campingplätze veröffentlichen auf ihren Seiten keine Preise, ebenso wenig wie Öffnungszeiten, sondern nur noch schöne Bilder und Buchungsmöglichkeiten. Das sind meistens die teuersten Plätze.

Der Wohnmobilboom hat in den letzten Jahren zu einem starken Zustrom auf Campingplätzen geführt, der damit einher gegangen ist, dass fast alle Platzbetreiber auf ihrem Gelände das Angebot fester Behausungen ausgeweitet haben, meistens durch hüttenartige kleine Gebäude, häufig aber auch durch große Zelte. Die Kapazitäten für Wohnmobilreisende sind dadurch geschrumpft. In Strandnähe oder an Topzielen, beispielsweise in Pisa, bekommen Sie daher in der Hochsaison ohne Vorreservierung oftmals keinen Platz. Diese Hochsaison dauert etwa von **Anfang Juli bis um den 25. August**. Wenn Sie sicher gehen möchten, nicht übel gelaunt von Platz zu Platz vagabundieren zu müssen, sollten Sie reservieren.

Je früher am Tag Sie den Campingplatz beehren, umso größer sind die Chancen auf Einlass. **Die beste Zeit ist vormittags zwischen 11 und 12 Uhr**, wenn andere Urlauber gerade aufgebrochen sind. Besonders montags, weil viele Italiener das Wochenende erst am Montag gegen Mittag beenden.

Auf nur noch wenigen italienischen Campingplätzen pflegt man eine ausgedehnte **Mittagspause** (meistens 13:30–15 Uhr), in der Sie nicht auf den Platz fahren können, bisweilen ist auch eine Anmeldung nicht möglich.

Wenn ein Campingplatz über ein Schwimmbecken verfügt, darf dieses sehr oft, auch wenn ich das nicht ausdrücklich hervorhebe, nur mit **Badekappe** benutzt werden, die man vor Ort kaufen kann (beispielsweise in Siena). Die Bademützen haben daher in unserem WOMO einen festen Platz (Fotos, wie wir damit aussehen, werden weiterhin nicht veröffentlicht).

WiFi (WLAN) gibt es inzwischen eigentlich auf allen Plätzen. Häufig aber nur innerhalb bestimmter Bereiche, insbesondere der Rezeption. Erstaunlich oft ist es kostenlos, ähnlich oft aber auch langsam. Ich weise ganz bewusst nicht mehr darauf hin, weil ich für eine seriöse Information Angaben über Kosten, Reichweite, Geschwindigkeit und Stabilität machen müsste. Diese Eigenschaften verändern sich ständig, häufig abhängig von der Tageszeit und der Anzahl anderer Nutzer. Ausführungen dazu gaukeln demnach verlässliche Infos nur vor.

Freies Camping / Stellplätze / WOMO-Parkplätze

Stellplätze werden Ihnen heute von verschiedenen Internetanbietern zehntausendfach präsentiert, mit Fotos, Koordinaten und Kommentaren der Nutzer. Vorbei sind die Zeiten, in denen ich Ihnen erklären musste, wo und mit welchen Hilfsmitteln alte Hasen die besten Plätze aufspüren. Mit geeigneten Programmen drücken Sie an Ihrem Smartphone auf einen Touchscreen, und es erscheinen alle – geeigneten oder ungeeigneten – Stellplätze (und Campingplätze) im Umkreis, und wenn Sie möchten, können Sie sich sogar dorthin navigieren lassen.

Wer die Szene aufmerksam beobachtet, findet auf diesen Internetseiten auch Plätze, die von Autoren des WOMO-Verlages vor vielen Jahren entdeckt und publiziert worden sind. Bisweilen konnte man dort sogar die eigenen Fehler wiederfinden. Auch insoweit haben sich die Zeiten geändert. Denn die Autoren der WOMO-Reihe orientieren sich selbstverständlich ebenso an dem reichhaltigen Angebot des Internets und benutzen das auch zur Aktualisierung der Bücher. Aber wir wählen aus! Wir trennen die Spreu vom Weizen, und eine Aufgabe meiner Reiseführer besteht heute darin, soweit es um anderweitig veröffentlichte Stellplätze (und Campingplätze) geht – das sind praktisch fast alle, nur diejenigen in meine Bücher aufzunehmen oder weiter zu pflegen, die ich für geeignet und empfehlenswert halte. Wenn Sie also mit dem erwähnten Klick die Stellplätze der Umgebung abrufen und diese bei mir wiederfinden, können Sie annehmen, dass ich sie mir angesehen habe. Und es gibt immer noch wenige Plätze, die Sie zumindest vorübergehend nur bei mir finden.

Bei Saturnia – Platz. 164 (Tour 12)

Es existieren zweifellos gute, vielleicht sogar hervorragende Plätze, die ich nicht kenne oder die nach dem Erscheinen dieses Buches neu entstanden sind. Von dieser Einschränkung abgesehen sind Sie auf der sicheren Seite, wenn Sie möglichst solche Plätze anfahren, die wir Autoren für gut befunden haben.

Wenn ich im Internet bei App-Anbietern, unter anderem im Forum des WOMO-Verlages, surfe, lese ich immer wieder Klagen über **Parkgebühren** oder **andere Entgelte**, und es entsteht der Eindruck, dass nur derjenige die perfekte Wohnmobilreise erlebt, der möglichst wenig ausgibt. In einer Welt, in welcher der Tourismus eine feste Wirtschaftsgröße ist, sollten wir in keiner Sekunde daran zweifeln, dass wir nur dort, wo wir auch Geld ausgeben, in Zukunft geduldet sind. Damit meine ich nicht verschwiegene Plätzchen in untouristischen Gebieten, sondern den Wohnmobilurlauber als eine in Haufen auftretende Spezies an touristisch beliebten Orten. Warum sollten einer solchen Gruppierung Wasser, Müllkapazitäten, Toilettenanlagen, wertvolles Bau-, Garten- oder Agrarland unentgeltlich zur Verfügung gestellt werden, wenn der Nutzer nur das konsumiert, was er in seiner voluminösen Heckgarage herangekarrt hat? Diese Zeiten sind in allen Gebieten, in denen mit dem Tourismus Geld verdient wird, vorbei. Sie werden auch nicht wiederkehren, ganz gleich, wie laut man das beklagt.

Ich rate Ihnen demnach, in Ihrem Fahrzeug ein **Depot von Ein- und Zwei-Euro Münzen** anzulegen, vielleicht noch von ein paar Fünfziger, und dafür zu sorgen, dass dieses stets gut gefüllt bleibt. Immer noch müssen nämlich Stellplätze – und dort auch die Automaten für Wasser oder Strom – mittels Münzeinwurf bezahlt werden.

Die Bedienung dieser Geräte erfordert bisweilen eine hohe Intelligenz, Experimentierfreude – und nicht selten Nachsicht, falls trotz Bezahlung einfach kein Parkschein ausgedruckt wird, der Automat das Geld aber behält (das haben wir mehrfach erlebt und konnten nicht klären, ob wir etwas falsch gemacht hatten). Richtig ärgerlich wird es, wenn für den zweiten Versuch die Münzen aufgebraucht sind und Sie sinnieren, ob nach einem nicht bezahlten italienischen Knöllchen in der Heimat Repressalien drohen (nach Parkverstößen unseres Wissens derzeit nicht, aber das ist keine wirkliche Lösung des Problems fehlenden Münzgeldes). Erfahrene Weltenbummler schauen erst mal zu, wie Einheimische den Apparat bedienen. Im Übrigen nehmen Automaten zu, die mit der Kreditkarte zufrieden sind. Und häufig funktionieren inzwischen Parkplatz-Apps auf denen Sie mit ihrem Smartphone die Parkgebühr bezahlen.

Wenn die **Nutzungszeiten** auf Stellplätzen zeitlich begrenzt sind, geschieht dies in den seltensten Fällen, um Sie zu beschränken. Häufig möchte man keine Dauerbewohner. Vorwiegend aber will man damit abgestellte Wohnmobile verhindern. Auf den meisten kostenlosen Plätzen ohne diese Beschränkung stehen inzwischen mehr abgestellte als bewohnte Fahrzeuge, weshalb ich inzwischen sogar eine moderate Parkgebühr befürworte.

Italien ist **das** Land der Wohnmobile, entsprechend großzügig ist die Obrigkeit. Und wenn Sie wirklich einmal von der Polizei weggeschickt werden, bricht die Welt auch nicht zusammen, allenfalls wird Ihr deutscher Gehorsam

Stellplatz 63 in Greve (Tour 5)

angekratzt. Neuerdings berichten Leser allerdings auch mal von Bußgeldern – meistens in Höhe von 42 Euro. Das ist, wenn es Sie nicht ständig erwischt, ein Risiko, welches Ihnen nicht den Urlaub verdirbt, wenn man bedenkt, dass Stellplatzgebühren bis zu 25 €uro betragen können. Obwohl in fast ganz Italien das freie Übernachten unproblematisch ist, möchte ich an dieser Stelle erneut darauf hinweisen, dass weder Verlag noch ich die Gewähr dafür übernehmen, dass Sie auf den in diesem Buch empfohlenen Plätzen legal die Nacht verbringen dürfen.

Bedeutet ein WOMO-Verbot

Der Wohnmobiltourismus wäre ohne die sogenannten Offiziellen Stellplätze in den touristischen Regionen Mitteleuropas gar nicht mehr möglich. Schilder mit Symbolen oder den Hinweisen ***Sosta Camper*** oder ***Area di Sosta*** weisen Ihnen in Italien den Weg zu Stellplätzen, die ganz unterschiedlich und häufig mit Stromsteckdosen ausgestattet sind. Vor allem an der Küste geht der Trend zum ebenso bezeichneten, **privat betriebenen** und kostenpflichtigen Stellplatz, weil sich damit eine schlichte Wiese oder auch nur ein Asphaltplatz gut vermarkten lassen. Manchmal sieht man auch dort das Schild mit *'No Camping'* (Markisen, sowie Klappstühle sind verboten oder unerwünscht), weil der Wiesenbesitzer keine Campingplatz-Lizenz bekommen hat und man bei ihm nur Tag und Nacht – auch mehrere Nächte hintereinander – »parken« darf. Längst nicht alle dieser privaten Plätze sind von ihrer Lage empfehlenswert, und ich habe mir eine vollständige Auflistung in diesem Buch nicht zur Aufgabe gemacht. In diesem Zusammenhang interessiert Sie vielleicht ein kurzes Glossar:

Area Attrezzata (meistens mit Wohnmobilsymbol)	speziell hergerichteter Platz
Camper	Wohnmobil
Camper Service	Ver- und Entsorgung
Camper Sosta	Wohnmobilparkplatz
Carico	Wasserversorgung
Punto Sosta	Parkplatz
Scarico (nero)	Abwasser (Toilette)

Gas

Das Stichwort hat an Aktualität verloren, nachdem fast alle Wohnmobile über zwei 11 kg-**Flaschen** verfügen, mit denen eine durchschnittliche Leserfamilie ohne zu heizen einen ganzen Sommer lang verreisen kann.

Wer zur Vorratswirtschaft nicht fähig ist, kann sich in Italien auf vielen Campingplätzen, und in Eisenwaren- /Freizeitgeschäften *(Ferramenta)* eine teure, blaue *Camping-Gaz* Flasche kaufen. Für den Einsatz im WOMO braucht man aber auch ein spezielles Anschlussstück (möglichst schon zu Hause kaufen und ausprobieren, ob es an Ihren Regler passt). Man kann auch die kleine, blaue italienische Gasflasche (5 kg) leihen, die billiger ist als die *Camping-Gaz* Flasche und in den deutschen Flaschenkasten passt. Das Pfand wird bei der

Rückgabe ersetzt. Aber Sie brauchen auch dazu einen Adapter oder einen anderen Regler (siehe unten).

Langzeiturlauber benötigen ein Füll- und Anschluss-Set, mit dem sie in Italien an wenigen Stationen die eigene Flasche füllen lassen können. Zuständig ist auch hier die *Ferramenta* oder der *Distributore-Gas*, die meistens daran zu erkennen sind, dass sich am Haus oder im Schaufenster ein kleines Dreieck mit Flamme befindet. Eine Liste von toskanischen Gasverkäufern finden Sie unter *http://paginegialle.it/toscana/gas.html*, wenn Sie nach dem Öffnen der Seite in das Suchfeld *bombole gas* eingeben (dass an jeder genannten Adresse Flaschen befüllt werden, ist unwahrscheinlich). Nach einer Füllstation fragt man auf Campingplätzen, die bisweilen sogar von mobilen Abfüllern besucht werden (*füllen* heißt *riempire* und *Gasflasche* heißt *Bombola di gas*). Eine **Füllstation** für Flaschen finden Sie an folgenden Adressen (ich beknie Sie um Rückmeldungen, weil ich diese Tipps begreiflicherweise nicht selbst ausprobieren kann – aber ich benötige die vollständige Adresse oder die Koordinaten):

In **Marina di Grosseto** (Tour 14) nahe des Hafens in der Via IV Novembre 51, bei *Casalinghi e Gas* – ohne Adapter.

In **Grosseto** (Tour 14) an der SS 1 (Grosseto-Livorno) vor den Supermärkten *TAM* und *OBI* rechts abbiegen, die 2. Straße rechts, nach ein paar Metern auf der linken Seite (N 42°46'20" E 11°06'33"). Der freundliche Betreiber befüllt über Nacht Ihre Flasche für 28 € und er besitzt nun einen Adapter, weil ein Leser ihm einen geschenkt hat (dafür auf diesem Weg herzlichen Dank!).

In **Fonteblanda** (Tour 13) wurde die 11 kg-Flasche für 30 € befüllt (Camping-Bazar im Ort gegenüber der Tankstelle – genauere Angaben wurden uns nicht übermittelt).

In **Siena** (Tour 6) bei *Pronto Gas* im Viale Camillo B. Cavour 29, Tel. 0577-44722 oder 0577-283148; südlich des Bahnhofs, Wegweiser *‚Hotel Italia'* (Tour 6 – N 43°19'47" E 11°19'10" – besitzt einen Adapter, hat aber für eine 11 kg-Füllung 35 € verlangt und 2 Tage gebraucht).

Ohne Adapter aus dem **Euro-Flaschenfüll-Set D** (kostet ca. 20 €) geht in der Regel nichts, weil es das passende Teil, mit dem man eine deutsche Flasche auffüllen kann, in Italien nur ausnahmsweise gibt.

Falls Sie eine italienische Gasflasche anschließen möchten, benötigen Sie außerdem das **Euro-Entnahme-Set**, mit dem Ihr Anschlussschlauch an die fremde Flasche passt.

Wohnmobilbesitzer mit fest eingebautem **Gastank** oder einer **Tankflasche** können die Hoffnung, diese betanken zu können, endgültig aufgeben. *G.P.L.'* (das heißt *Gas Propano Liquido*) an Tankstellen darf nämlich aus steuerrechtlichen Gründen nur für den Betrieb von Kraftfahrzeugen, nicht aber zum Heizen, Kochen und Kühlen verkauft werden. Von meinen früheren Tipps, schnell heimlich zu tanken oder den Tankwart zu bestechen, distanziere ich mich ausdrücklich. Abgesehen davon, dass ich zu nichts Illegalem raten möchte, funktioniert das auch nicht. Selbstbedienung ist beim Gastank nicht möglich, und Tankwarte sind schon aus Furcht vor der Polizei nicht korrupt. Sie verweisen darauf, dass die Polizei von Zeit zu Zeit die Daten der Videoüberwachung auswertet und dabei erkennt, wenn eine Tankflasche befüllt worden ist bzw. ein Wohnmobil betankt worden ist, das praktisch nie mit Gas betrieben wird. Sie müssen sich daher eine italienische Gasflasche anschaffen, die sie vor Ort tauschen können. Eigene Erfahrungen – wie in Frankreich – dazu, mit welchen Flaschen das funktioniert, haben wir nicht.

Die meisten neuzeitlichen Fahrzeuge sind mit einer Schlauchbruchsicherung und/oder dem Strömungswächter ***Monocontrol CS*** (oder *Duocontrol CS*, beides von Truma und Nachfolger von *SecuMotion*) ausgerüstet, der serienmäßig einen Crashsensor enthält. Dieser Regler ist am Fahrzeug montiert, danach folgt der Schlauch und dann meistens noch eine Schlauchbruchsicherung (auf

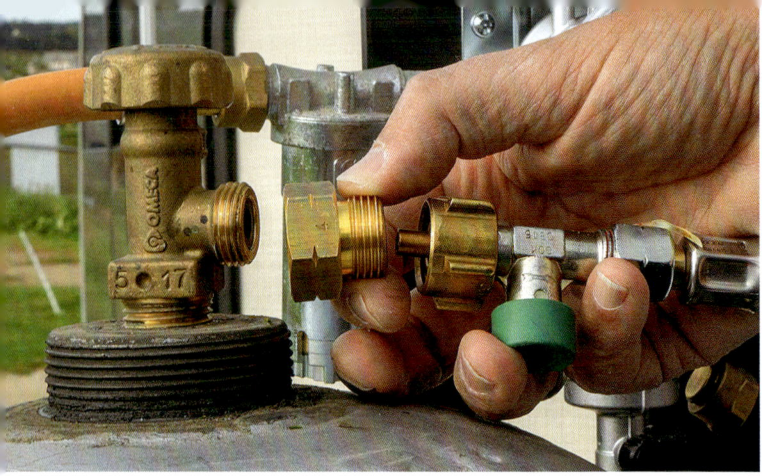

dem Foto das Teil mit dem grünen Knopf), die an die Flasche oder den Euro-Entnahme-Adapter geschraubt wird (siehe Foto am Beispiel des Adapters Nr. 4 für französische Flaschen).

Für (ältere) Fahrzeuge ohne diesen Schutz empfehle ich eine **Schlauchbruchsicherung**, der Einbau dauert 15 Minuten. Sie ist unerlässlich, wenn Sie unterwegs mit Gas kühlen. Die Sicherung verhindert, dass Gas bei einem Unfall oder nach einem Schlauchbruch in großer Menge ausströmt.

Geld

Geld zog man bislang flächendeckend mit PIN-Code aus dem **Bankautomaten**, entweder mit der (deutschen) **Girocard** (so heißt seit 2007 die frühere ec-Karte), fast genauso oft auch mit der **Kreditkarte** (Visa oder Eurocard), was aber deutlich teurer war. Ab 2023 kann möglicherweise nicht mehr jede Girocard aus Gründen, die ich hier nicht erläutern möchte, im Ausland eingesetzt werden. Es ist bei Redaktionsschluss dieses Buchs nicht abzusehen, ob eine Zahlung mit der Girocard in Zukunft möglich oder praktikabel ist.

Die Kreditkarte steht allerdings nicht auf der Kippe, weshalb ich dringend dazu rate. Sie benötigen diese ohnehin beim Tanken, was häufig nur entweder mit Kreditkarte oder mit Geldscheinen funktioniert (oder nur gegen teuren Aufschlag für die Bedienung). Beim Gaststättenbesuch sollten Sie zur Sicherheit ausreichend Bares dabeihaben oder zumindest vorher fragen, jedenfalls dann, wenn Sie in einem Dorf speisen, in dem kein Bankautomat montiert ist. Es gibt auch Campingplätze oder kleiner Läden, die nur Bargeld annehmen.

Zu den Reisedokumenten höchster Wichtigkeit, deren diebstahlgeschützter Ablageplatz niemals in Vergessenheit geraten darf, gehört der Zettel mit der Kreditkarten- und Scheckkartennummer sowie der Telefonnummer der Zentrale. Beides brauchen Sie für die Kartensperre: In Deutschland erreichen Sie unter 0049-116 116 die Hotline für etwa 90 Prozent aller Bank- und Zahlungskarten wie Maestro, EC, Euro/MasterCard, VISA und American Express (Näheres unter *www.kartensicherheit.de*). Rufen Sie dort **umgehend** an, wenn die Karte abhandengekommen ist, und sei es auch mitten in der Nacht. Nur wenn Sie davon berichten können, dass Ihnen das Stück Plastik gerade erst, vor wenigen Minuten, verlustig gegangen ist (und dass Sie die Geheimzahl nirgends aufgeschrieben haben), zahlt die im Kredit- oder Scheck-Kartenvertrag enthaltene Versicherung, falls ein Bösewicht Missbrauch treibt!

Geschichte

Mit ihr werden wir in der Toskana auf Schritt und Tritt konfrontiert. Es ist daher unumgänglich, dass wir wenigstens ein grobes geschichtliches Raster kennen:

Eine der interessantesten europäischen Hochkulturen macht den Anfang: Um 800 v. Chr. gründeten die **Etrusker** in Mittelitalien staatliche Gemeinschaften und verdrängten dabei die bäuerliche so genannte Villanova-Kultur. Bedeutende etruskische Zentren in der heutigen Toskana waren Arezzo, Volterra, Chiusi, Roselle, Populonia und Vetulonia. Diese Städte bildeten mit sechs anderen einen Staatenbund von 12 Stadtstaaten, die sich untereinander niemals bekriegt haben. Ihre Bewohner hatten ein ausgeprägtes handwerkliches und technisches Geschick, mit dessen Hilfe es ihnen gelang, die Sümpfe der Maremma trocken zu legen und Erze zu schmelzen. Hauptort ihrer Metallindustrie war Populonia, wo man heute noch die Reste etruskischer Schlacke in die Hand nehmen kann. Da die Etrusker auch begabte Seefahrer waren, entwickelte sich ein Wohlstand, dessen Zeugnisse heute in den Museen zu bestaunen sind.

Eine verlorene Seeschlacht leitete im 5. vorchristlichen Jahrhundert den Niedergang ein, so dass sich die Macht **Roms** allmählich nach Norden ausbreiten konnte. Mit der Eroberung der Stadt Veji (396 v. Chr.) begann die Unterwerfung der Etrusker, die damit endete, dass dieses Volk fortan römische Bürgerrechte erhielt und im Kampf der Römer gegen die Kelten den Kopf hinhalten musste. Insgesamt gingen die Römer mit ihrer neuen Provinz ziemlich stiefmütterlich um, sie ließen die Maremma wieder versumpfen, die Erzgruben verfallen, und sie holzten zum Bau von Schiffen und Häusern die Wälder ab. In Etrurien verfolgten sie vorwiegend militärische Ziele, sie bauten dazu Straßen (die heutigen SS 1 und SS 2) und unterhielten strategische Festungen. So kann man heute entgegen der Erwartung nur relativ wenige Zeugnisse der römischen Kultur besichtigen. Zwar wurden einige Städte neu gegründet und, wie auch etruskische Ansiedlungen, mit der römischen Standardausrüstung (Tempel, Amphitheater und Thermen) versehen. Trotzdem sind die spektakulären Zeugnisse des Altertums in der Toskana mehrheitlich etruskischen und nicht römischen Ursprungs.

Zwischen dem 5. und 11. Jahrhundert nach Chr. herrschten zunächst die **Westgoten**, die **Byzantiner** und die **Langobarden**. Schließlich wurde ab dem Jahr 774 die Toskana **fränkische Provinz** unter Karl dem Großen. In dieser Zeit, als zum ersten Mal die Bezeichnung Tuskana auftauchte, blühte die Region wieder auf, neue Landstriche wurden kultiviert.

Im 12. Jahrhundert wurde das Feudalsystem zerstört, der Handel entwickelte sich weiter, was zur Folge hatte, dass die größeren Städte unabhängig wurden und wieder **Stadtstaaten** bildeten. Sie mussten sich in den damaligen Machtstreitereien zwischen Papst und deutschem Kaiser auf die eine oder andere Seite schlagen. Zu den papsttreuen, den guelfischen, Städten gehörten Florenz, Lucca und San Gimignano, während die Herren von Pisa, Siena

und Pistoia die Ghibellinen, also die Anhänger des Kaisers, unterstützten. Beide Gruppen zeichneten sich gleichermaßen durch Machthunger und wirtschaftliche Interessen aus.

Der Kampf um die Vorherrschaft wurde schließlich von **Florenz** gewonnen, das zunächst Pisa und diverse andere Städte, im Jahre 1555 schließlich auch Siena, unterwerfen konnte. Nur Lucca gelang es, seine Unabhängigkeit zu bewahren. In Florenz war Mitte des 15. Jahrhunderts die Bankiersfamilie der **Medici** an die Macht gekommen, die bis in das Jahr 1737 andauerte. Papst Paul V. ernannte 1569 Cosimo I. zum Großherzog der Toskana und machte damit Florenz zum kulturellen Mittelpunkt Europas.

Dem Geld der Medici (Zinsforderungen bis zu 50%), seiner Macht und einer langen Zeit des Friedens verdanken wir die unermesslichen Kunstschätze der **Renaissance**. Entscheidend für diese Zeit der »Erneuerung« ist die Wiederentdeckung des klassischen Altertums und des Menschen, also das Abrücken von der mittelalterlichen Ausrichtung auf das Jenseits. Ein Kunstwerk sollte fortan ein Abbild der Wirklichkeit sein. Der italienische Modeschöpfer Pucci hat die Bedeutung der Renaissance in der Kunst einmal treffend erklärt: »*Die Renaissance hat der Welt die Angst genommen, weil sie statt schrecklicher Heiliger schöne Madonnen malte*«. Die Renaissance blieb zwar eine stark religiöse Epoche, ihre Kunst wird aber geprägt durch die Merkmale: Individualität, Rationalität und die Darstellung einer sinnlichen Welt.

Dekadenz und das Fehlen eines männlichen Nachkommens setzten der Macht der Medici ein Ende. Die Toskana geriet in die Hände der **Habsburg-Lothringer** und unter die Herrschaft des Großherzogs Pietro Leopoldo (1765 - 90), der durch Reformen einen Musterstaat unterhielt. Er schaffte Folter und Todesstrafe ab, hob Steuerprivilegien des Adels auf und verordnete die Gleichheit der Bürger vor dem Gesetz. Napoleon unterbrach die Regierung der Habsburger, die aber nach der Verbannung des französischen Kaisers ihr Reformwerk fortsetzen konnten. Ihr letzter Regent räumte 1859 mehr oder weniger freiwillig das Feld. Damit war im Jahre 1860 der Weg frei für einen durch Volksentscheid eingeleiteten Beitritt der Toskana zum **italienischen Königreich** und zum vereinten Italien. Florenz wurde nach Turin von 1865 bis 1871 italienische Hauptstadt, ehe in Rom die Macht des Kirchenstaates gebrochen war.

Michelangelo Heilige Familie (Uffizien)

Die Toskana gehört heute zu den reicheren italienischen Regionen. Das Wirtschaftswunder hat sie aber auch stark verändert: Die Industrialisierung führte zur Landflucht und zu einem rapiden Anwachsen der Städte und Ballungsgebiete. Obgleich der relative Wohlstand die Toskana innerhalb Italiens zum Einwanderungsgebiet machte und die Einwohnerzahl trotz Geburtenrückgang der Einheimischen immer noch zunimmt, wurden viele bäuerliche Landstriche entvölkert. Die Landwirtschaft spielt nur noch eine untergeordnete Rolle. An die Stelle einer Jahrhunderte alten Bauernkultur sind die kleinerer und mittlerer Industrie- und Handwerksbetriebe getreten, wodurch allerdings der Lebensstandard beträchtlich gewachsen ist. So nimmt die Toskana heute teil an den Problemen mitteleuropäischer Gesellschaften – nur die Hektik und deutscher Konsumrausch konnten noch nicht vollends über die Alpen vordringen, wenngleich die Unterschiede immer geringer werden.

GPS / Navigation

In diesem Reiseführer sind für alle Stell- und Campingplätze die Koordinaten angegeben. Das nutzt Ihnen nur, wenn Sie selbst ein Navigationsgerät (oder Smartphone) besitzen, in das man Koordinaten eingeben oder, noch besser, zugleich eine Datei mit allen Koordinaten aufspielen kann. Sie können beim WOMO-Verlag die Koordinaten in den von Ihnen benötigten Formaten aller Stell- und Campingplätze als sogenannte **POIs** (das ist die Abkürzung von **P**oint **of I**nterest) beziehen und auf Ihr Navi überspielen. Falls Sie das Navi wechseln und die Koordinaten in einem anderen Format benötigen, können Sie diese mit dem kostenlosen Computerprogramm *RouteConverter* selbst umwandeln.

Viele Leser navigieren mit dem **Smartphone** und dabei mit ***Google Maps***. Man kann sogar offline navigieren, wenn man sich zuvor den Kartenausschnitt heruntergeladen hat. Die Routensuche mit *Google Maps* funktioniert überraschend gut, wenn man weiß, wie man dort Koordinaten eingibt: Man tippt N oder E (groß oder klein) ein und danach die Ziffern. Sonderzeichen für Grad, Minuten und Sekunden sind bei Google Maps nicht erforderlich. Anstelle dieser Sonderzeichen muss man ein Leerzeichen eingeben, bei etwaigen Nachkommastellen anstelle des Kommas einen Punkt.

Ich bekomme immer wieder Zuschriften von Lesern, die mir andere Apps empfehlen, vor allem *Navigator* oder *maps.me*. Die meisten Ratschläge probiere ich aus, aber ich würde mich verzetteln, wenn ich mich an dieser Stelle damit näher befassen würde. Nach meinem Eindruck navigieren die meisten Menschen, besonders die jüngeren, mit Google Maps, oft sogar dann, wenn im Fahrzeug ein anderes Navigationssystem eingebaut ist.

Bei fast allen festeingebauten Geräten kann man die **Darstellung** der Koordinaten einstellen. Der WOMO-Verlag hat sich für die Angabe von **Grad, Minuten und Sekunden** entschieden, aber es gibt sowohl Geräte wie auch Publikationen mit anderer Schreibweise. **Wir bekommen immer noch Zuschriften irritierter Leser, die die Stellplätze nicht finden, weil sie in ihr Gerät statt Sekunden einen Nachkomma-Wert von Minuten eingeben!**

Wer sein Gerät nicht umstellen kann, benötigt eine App (zum Beispiel *LatLon Convertor* oder *www.fcc.gov/media/radio/dms-decimal*) für das Smartphone oder einen Taschenrechner im Handschuhfach und muss umrechnen: Um die Sekunden und Minuten zu dezimalisieren, muss man jeweils mit 0,01667 multiplizieren (zuerst also den Sekundenwert multiplizieren, danach dasselbe mit dem Minutenwert). Umgekehrt geht es auch: Man nehme den

Nachkomma-Anteil der Gradzahl, multipliziere mit 60 und setze das Komma nach der zweiten Stelle (Beispiel: aus 43,84537 Grad rechnet man 0,84537 x 60 = 50.7222 Minuten = 43°50.722'). Um die Sekunden zu erhalten, muss man den Nachkomma-Wert erneut mit 60 multiplizieren und bekommt so 43 Sekunden; die Winkelschreibweise führt nun also zu 43 Grad, 50 Minuten und 43 Sekunden (= 43°50'43"). Sie müssen das ausprobieren. Vielfaches Hin- und Herrechnen bringt allerdings Rundungsdifferenzen.

In diesem Buch werden Ihnen überwiegend keine Nachkommastellen genannt, die viele Geräte gar nicht anzeigen. Sie werden die Nachkommastelle für die Navigation zu einem Stell- oder Campingplatz allenfalls in extremen Ausnahmefällen benötigen.

Ich warne Sie vor allzu großer Navigationshörigkeit. Sie müssen die vorgeschlagene Strecke und vor allem das Ziel überprüfen, bevor Sie der Technik vertrauen und die Navigationsführung bei jeder zweifelhaften Abbiegung infrage stellen. Man wird sehr häufig auf ungeeignete Strecken geleitet. Außerdem sollten Sie meine Ratschläge unter *Landkarten* sorgfältig beachten. Ich bekomme immer wieder Zuschriften, in denen sich Leser beklagen, sie hätten das Ziel aufgrund der Koordinaten nicht gefunden, was vielfältige Gründe haben kann (z. B. geänderter Straßenverlauf, neue Zufahrten, niedrige Brücken).

Hunde

Die schlechte Nachricht zuerst: Sie dürfen höchstens fünf Hunde mitbringen. Im Übrigen benötigen Sie den **EU-Heimtierausweis** mit einer Beschreibung des Tieres, mit dem Namen und der Adresse des Eigentümers, dem Nachweis der Tollwutimpfung sowie mit der Chip-Identifizierungsnummer.

Für in Deutschland geimpfte Hunde muss das Mindestalter bei der Erstimpfung drei Monate betragen, und diese muss wenigstens 21 Tage zurückliegen. Sie sind verpflichtet, eine Identifikation (Chip) bei Ihren Hunden anbringen zu lassen. Ist Ihr Liebling jünger als drei Monate, gelten Sonderbestimmungen.

Maulkorb und Leine müssen stets zur Hand sein (genau genommen muss der Hund im öffentlichen Verkehrsraum an einer 1,5 Meter langen Leine geführt werden), und angeblich drohen Geldbußen bis 200 Euro, wenn der Vierbeiner bei der Fahrt nicht im WOMO festgezurrt ist. Nicht auf allen Campingplätzen sind Hunde erlaubt. In öffentlichen Verkehrsmitteln sind Hunde mit Maulkorb gestattet. Aktuelle Infos finden Sie unter https://italien.diplo.de/it-de/themen/willkommen/-/1604976.

Landkarten – auf Papier und virtuell

Selbst neben dem tollsten und teuersten Navigationsgerät benötigen Sie für das Verständnis dieses Reiseführers eine detailgenaue Landkarte.

Sehr gut ist die **Straßenkarte** *Toskana* von *Marco Polo*, im Maßstab 1:200.000 (1 cm = 2 km). Sie ist präzise und weist Sehenswürdigkeiten sowie Campingplätze aus. Außerdem verfügt sie über einen Ortsindex und Stadtpläne von Florenz, Livorno, Pisa und Siena. Stattdessen geht auch gut die Karte von **freytag&berndt**, die mit dem Maßstab 1:150 000 (1 cm = 1,5 km) besonders genau ist.

Wenn ich mich online orientieren oder nur die Verkehrslage checken möchte, verwende ich die kostenlose Internetseite von ***ViaMichelin***. Sobald Sie (am Smartphone) am Rand der Karte den Punkt mit den beiden Fahrzeugsymbolen berühren, wird die Verkehrslage ein- oder ausgeschaltet. Grüne Straßen sind freie Straßen, schwarze Straßen zeigen Sperrungen an, rote bedeuten Staus und orange Zähflüssigkeit. Man muss für diese Funktion, im Gegensatz zu *Google Maps*, keine Route eingeben. Mit ***Google Maps*** orientieren wir uns kostenlos online innerhalb von **Städten** und **Dörfern**, wenn wir konkrete Ziele, beispielsweise eine Gaststätte, (zu Fuß oder mit dem Rad) suchen. Das funktioniert derart perfekt, dass ich bei den Touren kaum noch Wegbeschreibungen zu Gaststätten angebe.

Falls Sie ab und zu wandern möchten, suchen Sie nach **Wanderkarten**, die es inzwischen von den meisten Wandergebieten gibt; Näheres wie auch zur brauchbaren App können Sie unter der Überschrift *Wandern* nachlesen.

Besitzer eines Smartphones laden ***maps.me*** und orientieren sich gerade in Städten, und zwar **offline**, also völlig kostenlos (siehe beim Stichwort *GPS*).

Lebensmittel / Getränke

Das Angebot an **Lebensmitteln** ist enorm. Sie müssen also nicht Ihr WOMO mit heimischen Produkten überladen. Nur dunkles Brot, das sich mehrere Wochen hält, sollten Sie einpacken. Dafür schmecken die toskanischen Panini (Brötchen) selten noch so, wie gute Brötchen schmecken müssen. Mit der Zeit kennt man den Geschmack der unterschiedlichen Brötchenformen. Die Auswahl an Obst und vor allem Gemüse ist erwartungsgemäß breiter als in unseren Läden. Aber die Preise sind nicht unbedingt niedriger.

Die großen Einkaufsmärkte nehmen auch in Italien stark zu. In jedem halbwegs bedeutsamen Ort finden Sie heute meistens relativ zentral gelegen einen *Coop* oder die Niederlassung eines ähnlichen Anbieters. Es gibt aber keine einheitlichen Ladenöffnungszeiten.

Das **Getränkeangebot** ist groß. Der Deutsche freut sich vor allem darüber, dass er aus Flaschen sogar 0,65 l Bier in seine durstige Kehle schütten darf. In den italienischen Bars – nicht in den Restaurants – gibt es zu relativ hohen Preisen häufig auch Fassbier. Sprudel und stilles Mineralwasser haben gemeinsam, dass auf beiden zumeist *Aqua minerale naturale* steht, auf der Sprudelflasche muss zusätzlich noch *addizionata di anitride carbonica* oder *frizzante* aufgedruckt sein. Wenn man nach Sprudel fragt, muss man *Aqua minerale con gas* verlangen. Fruchtsäfte werden meist in kleinen Fläschchen und relativ teuer verkauft. Hochprozentiges kann man in Italien billiger kaufen als bei uns. Dies gilt auch für den *Wein*, dem wir weiter hinten ein eigenes Stichwort gönnen.

Literatur

Sie werden sich wahrscheinlich noch einen Reiseführer kaufen, der sich mit Dingen beschäftigt, die bei uns zu kurz kommen; dies sind in erster Linie Kunst, Kunstgeschichte und Architektur.

Der Reiseführer mit den meisten Details und mit einer unglaublichen Fülle von gut recherchierten Informationen, kurz, die Bibel unter den Reiseführern, stammt von **Michael Müller** und ist typisch für den hervorragenden **Michael-Müller-Verlag**. Der Titel heißt erstaunlicherweise ***Toscana***. Für unseren Bedarf überflüssig sind allerdings die zahlreichen Hotelempfehlungen. Auch für Elba rate ich zum Produkt dieses Verlages. **Sabine Becht** hat in ***Elba*** die Tipps von Herrn Müller noch deutlich erweitert.

Notfälle

Ärzte

Wir empfehlen dringend eine sehr preisgünstige **Auslandskrankenversicherung** (bis zu 45 Tagen). Sie sollte für jeden Wohnmobilreisenden eine

Selbstverständlichkeit sein. Wer sich dazu nicht entschließen kann, benötigt für Italien und die Transitländer die **europäische Krankenversichertenkarte** (EHIC). Das Dokument kann direkt bei Ärzten und Kliniken vorgelegt werden. Wer in Deutschland gesetzlich versichert ist, muss die Karte nicht beantragen, sie ist automatisch auf der Rückseite der Versichertenkarte aufgedruckt. Gewährt werden bei der Vorlage alle notwendigen Leistungen – allerdings zu den Bedingungen, die vor Ort gültig sind. Wer die EHIC nicht vorweisen kann, wird zu entsprechenden Tarifen als Privatpatient behandelt und muss in Vorleistung treten. Gegen Rechnungsvorlage wird in der Heimat möglicherweise ein Teil wiedererstattet. Das gilt auch für zahnärztliche Behandlungen, bei denen Ihnen die EHIC nicht hilft.

Adressen deutschsprachiger **Ärzte** erhält man bei den Konsulaten oder vom ADAC, München (Tel. 0049 89 22 22 22), aber auch bei den örtlichen Touristenbüros oder beim Campingplatzverwalter. Im schlimmsten aller schlimmen Fälle: Wenn Sie einen Auslandsschutzbrief haben, werden Sie, Ihre Familie und das WOMO kostenlos nach Hause transportiert; ADAC siehe eben.

Apotheken:
Die Öffnungszeiten: 9 – 13 und 16 – 20 Uhr; die Anschrift der Nachtapotheke kann man an jeder anderen Apotheke erfahren, zumeist unter der Überschrift *turno*.

Botschaften:
Deutsche Botschaft in Rom, Tel. +39 06 492131, Notruf in dringenden Fällen +39 335 7904170; https://italien.diplo.de/itde/vertretungen/botschaft.
Österreichische Botschaft in Rom, Tel. +39 06 841 8212; Notruf in dringenden Fällen +39 335 7089749; www.bmeia.gv.at/oeb-rom/.
Schweizerische Botschaft in Rom, Tel. +39 06 809 571; www.eda.admin.ch/countries/italy/de/home/vertretungen/botschaft.html.

Notruf:
Polizeinotruf und Rettungsdienst: 113, Feuerwehr: 115, Carabinieri: 112 (funktioniert alles auch per Handy)

Pannendienst:
Automobil Club Italiano - ACI: 116
Notrufdienst des ADAC: Tel. +49 89 22 22 22
ÖAMTC-Notrufzentrale Wien: +43 1 38 31 111.
Weitere Infos erhalten Sie unter dem Stichwort *Unfall*

Preise

Fast nichts ist teurer als Campingplätze. Billig sind Speiseeis, Pizza, Café und Mineralwasser im Restaurant. Der Rest kostet ähnlich viel wie in Deutschland. Restaurants in Italien sind, solange man nicht Pizza bestellt, unter dem Strich teurer als in Deutschland. Eintrittspreise reißen ebenfalls große Löcher in die Urlaubskasse.

Rad fahren

Die Toskana ist kein ausgesprochenes Radfahrgebiet. Die Straßen sind bergig und schmal. Man kann freilich auch auf –meist nicht geteerten – Nebenwegen radeln, aber auch diese verlaufen quer durch die Hügel. Im Flachland, an der Küste oder im Becken von Florenz muss man sich zwar nicht bergauf quälen, dafür ist die Gegend ziemlich reizlos oder stark zersiedelt und befahren. Es gibt in der Toskana fast keine Radwege, und der Radfahrer ist im italienischen Straßenverkehr kein gleichberechtigter Teilnehmer.

Achtung: Wenn Ihre Räder mit einem Gepäckträger über das Wagenheck hinaus ragen, benötigen Sie unbedingt eine rot-weiße **Warntafel** *(Panello)*.

Reisezeit / Klima / Feiertage

Unter dieser Überschrift muss man zuallererst ein weit verbreitetes Vorurteil ausräumen: In der Zeit um Ostern sind weder Wetter noch Klima wesentlich anders als in unseren mitteleuropäischen Regionen. Es regnet nicht selten, es ist kühl und die Bäume sind auch kaum grüner als weiter im Norden. Ganz im Gegenteil haben wir auf der Durchreise in der Po-Ebene schon blühende Frühlingslandschaften erlebt, während südlich von Florenz kaum grüne Blattspitzen an den Bäumen zu sehen waren. Wer also in der Erwartung des »warmen Südens« seine **Osterferien** in der Toskana verbringt, wird häufig enttäuscht. Gewiss haben wir in dieser Jahreszeit auch schon Tage im T-Shirt genossen und im April auch schon mal gebadet. Aber das waren Ausnahmen. Zahlreicher sind die Tage, an denen wir die Wohnmobilheizung in Betrieb nehmen mussten. Die Meteorologen verzeichnen die meisten Regentage in den Monaten März, April, Mai sowie Oktober bis Dezember. Die geringste Niederschlagsmenge fällt in den Monaten Januar und Februar, dann ist es auch wesentlich milder als beispielsweise in Süddeutschland. Temperaturen unter dem Gefrierpunkt kann man im Winter nur im Gebirge messen, so dass ein Urlaub im Januar oder Februar gar nicht so abwegig ist.

Sie würden uns aber gründlich missverstehen, würden Sie annehmen, wir wollten Ihnen eine Toskana-Reise zur Osterzeit ausreden. Wenn man mit durchwachsenem Wetter rechnet und für jeden Sonnentag dankbar ist, wird im April die Toskana-Reise besonders attraktiv. Nur eignen sich nicht alle Regionen der Toskana für alle Jahreszeiten gleich gut:

Das gerne besuchte Chianti-Gebiet zwischen Florenz und Siena sollte man intensiv erst ab Anfang Mai bereisen. Da die Region stark bewaldet ist und die Bäume frühestens Ende April Blätter bekommen, fährt, radelt oder wandert man vorher durch eine bräunliche, laublose Landschaft, deren viel gepriesene liebliche Züge erst mit dem grünen Laub richtig zu Tage treten. Noch einmal im Klartext: **Ostern ist <u>nicht</u> die ideale Zeit für das Chianti!**

Andererseits ist im April, ja sogar schon Ende März, die Crete, südlich von Siena, besonders interessant, wenn nämlich das Getreide gerade junge, saftige Triebe bekommen hat und das ganze Land mit einem leuchtenden, wogenden Grün überzieht. Diese Landschaft verliert im Mai an Reiz, wenn die Getreidefelder grün-bräunlich werden, und gewinnt erst wieder im Spätsommer, nach der Ernte, wenn die Hügel karg und braun an eine Mondlandschaft erinnern. Ein echter Geheimtipp für Ostern ist Elba, sofern man die Fähre vorgebucht hat.

Die schönste Zeit für das **Chianti-Gebiet** ist sicher der Spätsommer um die Zeit der Weinlese, während die **Küstenregionen**, vor allem die Maremma, von den vollen Campingplätzen einmal abgesehen, im Juni und im Hochsommer am empfehlenswertesten sein dürften. Vor Hitze flimmernde Luft, braunes Gras und ein seltenes Gewitter passen am besten zu dieser Region, die zu allen Jahreszeiten deutlich regenärmer ist als die übrige Toskana.

Überhaupt ist es westlich der höheren Gebirgszüge am regenreichsten, weil die von Westen kommenden Wolken dort stärker abregnen. Dieses merkt man auch als Tourist ganz deutlich. Während es beispielsweise im Chianti-Gebiet regnet, können andere Urlauber zur selben Zeit weiter westlich an der Küste am Strand liegen. Wenn man, um ein anderes Beispiel zu nennen, Anfang Juni in der Maremma schon durch braune Wiesen fährt, die zeigen, dass es seit Wochen nicht mehr geregnet hat, steht im Chianti das Gras in saftigem Grün.

Schließlich muss man berücksichtigen, dass das Becken von Florenz im Sommer brütend heiß werden kann, weshalb man dann abends raus aus der Stadt und hoch auf die Hügel fahren sollte.

In der **Sommerferienzeit** ist an der Küste natürlich Hochbetrieb. Auf Campingplätzen am Meer findet man dann nur schlecht oder gar keinen Platz. Die Hauptreisewelle der Italiener schwappt am Wochenende nach dem 15.8. (dem so genannten *Ferragosto*, Mariä Himmelfahrt und in Italien Feiertag) über. Es ist der Kardinalfehler schlechthin, sich am Samstag oder Sonntag dieses Wochenendes zwecks Heimfahrt (umgekehrt ist es eher möglich) auf die Autobahn zu wagen. Sie setzen dann Ihre ganze Erholung aufs Spiel. Auch den größten Optimisten sei gesagt, dass sie an diesem (und meist auch am nächsten) Wochenende mit Sicherheit auf der Autobahn wertvolle Urlaubs- und Lebenszeit vertun. Wenn es Ihr Terminplan irgendwie möglich macht, verlängern Sie den Urlaub so, dass Sie erst nach diesem Wochenende starten oder gönnen Sie sich einen Urlaubsabschluss in Österreich, der Schweiz oder in Süddeutschland. Gerne bringe ich an dieser Stelle auch wieder das Elsass oder die Pfalz in Erinnerung.

Früher haben wir die Zeit um Pfingsten favorisiert, bis wir mehrfach Ende Mai und Anfang Juni verregnete Ferien erleben mussten – dafür bei einer der letzten Recherchen umso besseres Wetter in der zweiten Junihälfte hatten.

Zur **Jahreswende** herrscht auf Stellplätzen Hochbetrieb ähnlich dem Ansturm an Ostern. Das weiß ich aber nur zweiter Hand. Denn zur Winterreise fehlt uns jede eigene Erfahrung.

Für alle Jahreszeiten gilt: Achten Sie darauf, dass Sie Ihre Aktivitäten dem Wetter anpassen. Trotz aller Kunstschätze lebt auch der Toskana-Urlaub von der Natur. Bei Regen haben Sie nichts von der Landschaft, aber viel von den Städten, den Kirchen und den Museen. Bei Sonne und klarer Luft müssen Sie aber raus auf die Hügel um Volterra und San Gimignano, auf die Berge des Chianti und in die Einsamkeit der Crete. Seien Sie also flexibel, planen Sie kurzfristig und dem Wetter angepasst.

Feiertage in der Toskana sind:

1. Januar	Neujahr *(Anno Nuovo)* – gefeiert wird an Silvester *(Capodanno)*
6. Januar	Heilige Drei Könige *(Befana)*
März / April	Ostersonntag *(Pasqua)* sowie Ostermontag *(Pasquetta)*
25. April	Befreiungstag *(Festa della Liberazione)*. Dieser Tag erinnert an den Sieg der Alliierten in Italien und an das Ende der deutschen Besatzung und Mussolinis
1. Mai	Tag der Arbeit *(Festa del Lavoro)*
2. Juni	Gründung der Italienischen Republik *(Festa della Repubblica)*
15. August	Maria Himmelfahrt *(Ferragosto)*

Im April bei Asciano – Tour 9

1. November	Allerheiligen *(Ognissanti)*
8. Dezember	Tag der Unbefleckten Empfängnis *(Concezione Immacolata)*
25. Dezember	Erster Weihnachtstag *(Natale)*
26. Dezember	Zweiter Weihnachtstag *(Festa di Santo Stefano)*

Restaurants

Pizza gibt es in Italien, von Touristenlokalen mal abgesehen, nur, wenn Pizzeria an der Fassade steht. Dort ist inzwischen die Pizza, die in den Ristoranti in der Regel nur aufgetischt wird, falls sich das Etablissement zusätzlich Pizzeria nennt, in Form, Zubereitungsart und Geschmack der bei uns gebräuchlichen angeglichen. Die Pizzapreise sind wirklich so anständig, dass man mit einer vierköpfigen Familie auch mal mit 60 Euro hinkommt.

Im *Ristorante* wird Ihnen nur selten ein komplettes Menü angeboten, und bei der Vorstellung an aus der Speisekarte gesondert auszuwählende *Antipasti, Primi, Secondi e Dolci*, genau genommen bei der Addition der Preise dafür, wird Ihnen ganz schwach, weil Sie mal gehört haben, jeder italienische Kellner werde Sie schlecht behandeln, wenn nicht sogar des Lokals verweisen, falls Sie nicht das volle Programm abarbeiten – und bezahlen. Das ist Quatsch! In normalen wie auch in besseren oder teuren *Ristoranti* können Sie bestellen so viel, aber auch so wenig Sie wollen. Italiener machen das nicht anders.

Sie bekommen, wenn Sie das wollen, auch zweimal Pasta nacheinander und müssen nur beherzigen, dass das Hauptgericht *(Secondo)* bisweilen immer noch nur aus einem Stück Fleisch oder Fisch besteht, wenn Sie keine *Contorni* (Gemüse oder Kartoffeln) dazu ordern.

Das Essen im Lokal ist in Italien trotzdem **teuer**, ganz gleich, ob sich das Etablissement *Ristorante, Locanda* oder *Trattoria* nennt. Preiswert, und zwar auf niedrigerem Niveau als in Deutschland, sind nur Pizzerien.

Fisch ist deutlich teurer als Fleisch. Das gilt für *Primi* (erste Gänge) ebenso wie für *Secondi* (Hauptspeisen). Der Geschmack wird oft durch ein wenig Salz und etwas Olivenöl erheblich verbessert.

Wein ist in italienischen Gaststätten erstaunlich preiswert. Selbst gute Flaschen kosten kaum mehr als im Geschäft oder beim Erzeuger.

Wenn Sie sofort, nachdem Sie Platz genommen haben, vom Kellner nach Ihrem **Wasserwunsch** gefragt werden, ist das keine Geschäftemacherei, sondern italienische Höflichkeit, zumal das Mineralwasser in italienischen Gaststätten fast nichts kostet.

Pane e coperto, also der Grundpreis dafür, dass Sie zu Tisch sitzen dürfen, ist immer noch üblich, wenngleich nicht mehr flächendeckend.

Bezahlt wird fast immer an der **Kasse**, auch wenn die Rechnung an den Tisch gebracht worden ist (wobei Italiener sie gar nicht erst bringen lassen). Ich bin nicht mehr sicher, ob und in welcher Höhe in Italien **Trinkgeld** zur Selbstverständlichkeit gehört. Und fragen Sie mich nicht, wie man das Trinkgeld übergibt, wenn die Rechnung an der *Cassa* bezahlt wird. Mein Lieblingsitaliener hier in Schwetzingen hat mir gesagt, man stecke dem Kellner das Geld zu, weil es sonst der Chef an der *Cassa* für sich einsackt. Würde man es auf dem Tisch liegen lassen, käme geschwind der Hilfskellner und lasse das Trinkgeld beim Abräumen verschwinden.

Bitte beachten Sie, dass sich die von mir angegebenen Öffnungszeiten von Jahr zu Jahr verändern; der Ruhetag wird zwar meistens beibehalten, bezüglich der Ferien krempeln manche Wirte aber ihre Jahresplanung völlig um. Gerne folgen wir den Tipps der App ***Osterie d'Italia***, die aber leider längst nicht flächendeckend sind. Sie können sich die App kostenlos runterladen. Kostenpflichtig sind die Daten für die jeweilige Region *(ganz Italien 6,99 Euro für iPhone und Android erhältlich).* Restaurant Empfehlung über ***TripAdvisor*** sind nach unseren Erfahrungen leider unzuverlässig. Gerade die Kommentare der Esser decken sich bisweilen überhaupt nicht mit unseren Bewertungen, sowohl im Schlechten wie auch im Guten. Es muss viele Menschen geben, die keinen Geschmack haben oder zumindest einen wesentlich anderen als wir. Die besseren Platzierungen des von *TripAdvisor* hergestellten Rankings unterscheiden sich nicht immer, aber doch erstaunlich oft von unserem Erleben.

In den bekannten Restaurants sollte man sich anmelden, insbesondere am Wochenende. Andererseits reicht es nach unseren Erfahrungen, wenn man sich um die Mittagszeit (nachmittags nimmt oft niemand das Telefon ab) für denselben Abend noch einen Platz vormerken lässt. Die notwendige Redewendung hierfür: »*Vorrei ordinare un tavolo per questa sera*« (»*Ich möchte für heute Abend einen Tisch reservieren*«). Man muss zudem wissen, dass man sich in der italienischen Gastronomie fast flächendeckend englisch verständigen kann.

Sehenswürdigkeiten / Öffnungszeiten / Schönste Dörfer

An einem Wochentag (häufig montags) sind viele Sehenswürdigkeiten geschlossen! Auch an anderen Tagen scheitern Besichtigungen häufig an **Öffnungszeiten**, die für Mitteleuropäer ungewohnt sind. Sie müssen nämlich davon ausgehen, dass über Mittag vieles geschlossen ist, wobei wir auch die Kirchen mit einbeziehen. Es gibt zwar Gotteshäuser und Museen, die den ganzen Tag über offen sind, gerade bei den Kirchen ist das aber die Ausnahme. Leider gibt es keine Gesetzmäßigkeit oder Verlässlichkeit. Soweit wir bei den Reisebeschreibungen Öffnungszeiten angegeben haben, sind diese also mit Vorsicht zu genießen, sie betreffen oft auch nur das Sommerhalbjahr.

In diesem Reiseführer werden nur die nicht ermäßigten italienischen Eintrittspreise angegeben, die in den letzten Jahren brutal und teilweise unverschämt gestiegen, als könnte man damit die maroden Staatsfinanzen retten. Umso wichtiger sind daher Ermäßigungen: Kleinere Schulkinder haben häufig freien Eintritt. Dabei ist man bezüglich des Alters der Kinder großzügig. Achten Sie unbedingt auf die häufige Altersermäßigung ab 65 Jahren. Wenn Sie nicht danach fragen, müssen Sie immer den vollen Preis bezahlen. Behinderten (und deren Begleitpersonen) gewährt man ebenfalls häufig einen Nachlass.

Kirchen sind längst nicht mehr flächendeckend eintrittsfrei. Außerdem wird dort mittels Beleuchtungsautomaten kassiert. Will man Fresken, ein Altarbild oder eine Kanzel richtig genießen, sollte man Geldstücke in der Tasche klimpern lassen und darf damit nicht knausern. Das Licht bewirkt oft Wunder.

Zu unseren beliebtesten Zielen gehören die Dörfer, die als Mitglied der Vereinigung ***I borghi più belli d'Italia*** *(Die schönsten* Dörfer Italiens) aufgenommen worden sind. Wir zählen Ihnen die bei den Touren beschriebenen Orte hier nochmals auf. Soweit Dörfer in diesem Buch nicht behandelt werden, liegen sie abseits unserer Touren:

Anghiari (Tour 10)	Barga (Tour 2)
Buonconvento (Tour 9)	Campiglia Marittima (Tour 16)
Capalbio (Tour 13)	Castiglione di Garfagnana (Tour 3)
Cetona (Tour 11)	Coreglia Antelminelli (Tour 2)
Lucignano (Tour 11)	Montefioralle (Tour 5)
Montemerano (Tour 12)	Montescudaiao (Tour 16)
Pitigliano (Tour 12)	Poppi (Tour 10)
Populonia (Tour 14)	Santa Fiora (Tour 11)
Sovana (Tour 12)	Suvereto (Tour 16)

Wenn wir uns mit Listen beschäftigen, sollen hier auch die Bauwerke und Landschaften unseres Reisegebietes zusammen gefasst werden, die auf der **UNESCO-Liste des Welterbes** stehen, welche sich zusammen setzt aus Stätten des Weltkulturerbes, des Weltnaturerbes und des Erbes der immateriellen Kulturgüter:

Domplatz in Pisa (Tour 1)
Montecatini Terme als eine der Bedeutenden Kurstädte in Europa (Tour 3)
Villen und Gärte der Medici (Tour 4)
Historisches Zentrum von Florenz (Tour 4)
Historisches Zentrum von San Gimignano (Tour 6)
Historisches Zentrum von Siena (Tour 6)
Historisches Zentrum von Pienza (Tour 10)
Val d'Orcia (Tour 10)

Telefonieren

Die **Ländervorwahlziffer** nach Italien ist stets die 0039, danach **muss die 0 der Ortsvorwahl mitgewählt** werden. Von Italien sind die Ländervorwahlziffern (ohne 0 der Ortsvorwahl):

von Italien nach Deutschland 0049
von Italien in die Schweiz 0041
von Italien nach Österreich 0043

In Italien wird (außer bei Notruf) immer die Ortsvorwahl einschließlich der 0 mitgewählt – auch aus demselben Ortsnetz – wie aus dem Ausland! Aber bei Anrufen auf ein italienisches **Handy** *(cellulare)* ist das anders: Dort wird keine 0 gewählt. Eine italienische Handynummer beginnt immer mit einer 3. Bitte beachten Sie das bei den in diesem Buch angegebenen Telefonnummern.

Toiletten / Entsorgungsstationen / Wasser

Viele Leser denken bei diesem Stichwort nur an die legalen Entleerungsmöglichkeiten für das Chemieklo. Eine saubere **öffentliche Toilette** entlastet aber auch das eigene Klo und spart Chemie; darauf kann man gar nicht oft genug hinweisen. Wenn wir bei den Stellplatzempfehlungen Toiletten nennen, geschieht das nicht, um Ihnen einen Fingerzeig zur Entleerung Ihrer bordeigenen Chemietoilette zu geben, sondern das dient den Lesern, die ohne Toilette unterwegs sind oder ein Örtchen nur außerhalb der fahrbaren vier Wände aufsuchen (die Anzahl derer ist größer als man denkt). Die Chemietoilette sollten Sie dort möglichst nicht entleeren, weil das so gut wie nie ohne Spritzer abgeht und weil es dazu ausreichend Alternativen an den zahlreichen **Entsorgungsstationen** gibt. Sie finden diese auf unseren Touren und den Tourenkarten flächendeckend, wenn auch längst nicht immer kostenlos. Seien Sie sparsam im Umgang mit Chemie.

Ständig beobachte ich Kollegen, die einen an der Station angebrachten Schlauch oder Wasserhahn in den **Ausguss ihres Toilettentanks** (!!!!) halten. Machen Sie das auch? Weil ich das befürchte, meide ich viele Wasserstellen an solchen Stationen und desinfiziere im Zweifel den Hahn. Ich benutze so gut wie nie einen fremden Schlauch!

Wir haben noch in keinem anderen Reisegebiet wie in Italien so viele öffentliche Wasserzapfstellen gesehen. Wir verfügen allerdings über einen etwa 8 m langen Wasserschlauch und setzen ähnliches auch bei Ihnen voraus. Wenn Sie nämlich nur ein kurzes Schläuchlein mit einem einzigen Anschlussstück mitführen, wird es gelegentlich Probleme geben. Wir besitzen außerdem verschiedene, etwa 40 cm lange Schlauchenden (es gibt in den Baumärkten bei uns durchsichtige PVC-Schläuche, bei denen der jeweils kleinere genau in den nächstgrößeren hineingesteckt werden kann), mit deren Hilfe man seinen Schlauch jeder Dicke eines Wasserhahns, der vorne kein Gewinde hat, anpassen kann. Notfalls kann man den Schlauch auch in den Wasserhahn hineinstecken. Außerdem gibt es im WOMO-Handel (zumeist mit einem Duschkopf) einen kurzen Schlauch mit einem dehnbaren Gummianschluss, den man über die meisten Wasserhähne schieben kann. Befestigen Sie dieses Gummiteil an Ihrem Füllschlauch! Wir halten es allerdings für völlig unangebracht, den Schlauch in einem Friedhof anzuschließen – oder generell fremdes Wasser im Übermaß kostenlos und ungefragt zu bunkern.

Wir hantieren seit Jahren mit einer Zehnlitergießkanne, es gibt nichts Praktischeres, wenn man diese sauber hält und unterwegs Platz für sie hat. Alternativ empfehle ich einen faltbaren Wasserkanister, bei dem das Umfüllen in den eigenen Tankstutzen allerdings schwieriger ist.

An den öffentlichen Zapfstellen bekommen Sie durchweg Trinkwasser, dessen Qualität von uns natürlich nicht analysiert werden kann, dafür entkeimen wir ziemlich regelmäßig mit *Micropur*, einem geruchs- und geschmacklosen Mittelchen auf der Basis von Silberionen, frei von Chlor und Jod, das auch der Veralgung Ihrer WOMO-Wasserleitungen vorbeugen soll.

Immer wieder sehe ich an Wasserzapfstellen herrenlose **Tankdeckel**. Ein Tag ohne Tankdeckel ist leider ein problematischer Tag – zumal man das Malheur erst bemerkt, nachdem man stundenlang durch staubige Landschaften gefahren ist. Ich empfehle deshalb einen Ersatzdeckel. Außerdem ziehe ich nie den Schlüssel aus dem Schloss des Deckels und lege diesen während des Wasserfassens auf einen Vordersitz. Dann ist die Wahrscheinlichkeit, mit offenem Tank loszufahren, nahe null.

Unfall

Über unverschuldete Unfälle in Frankreich können wir schon lange berichten. Endlich kommen eigene Erfahrungen aus Italien hinzu. Sie möchten von uns ja auch über eigene Erkenntnisse in Restaurants lesen:

Unser Unfallgegner war auf dem Rückweg aus Volterra, wo in der Nacht sein Vater verstorben war. Deshalb war er nach eigenen Angaben unkonzentriert, bevor er auf einer Landstraße südlich von Pisa auf das Heck unseres verkehrsbedingt anhaltenden Wohnmobils aufgefahren ist. Wir standen, als es krachte, und Sie möchten nun wissen, wie der besonnene deutsche Kraftfahrer spontan reagiert: Er ruft nicht als erstes den ADAC an, er schlägt auch nicht im Wohnmobilreiseführer nach, er googelt nicht einmal. Ich fuhr das WOMO an den Straßenrand, wir hofften, dass der Gegner nicht abhaut und stiegen aufgeregt aus – natürlich ohne Warnwesten, da diese unter dem Sitz verstaut waren. Im Nachhinein mussten wir froh sein, dass wir dabei nicht unter die Räder von Autos und LKWs geraten sind, die mit hohem Tempo und gaffend an der Unfallstelle vorbeigebrettert sind. Das war die erste wichtige Erkenntnis!

Mein Verlangen nach der Polizei wurde vom Unfallgegner und einem andern Italiener, der angehalten hatte, mit dem Hinweis abgetan, bei einem reinen Sachschaden, bei dem die Autos nicht besonders stark beschädigt seien, käme in Italien keine Polizei. Das scheint richtig zu sein. Nachdem Alfio, unser Unfallgegner, mehrfach »Mea Culpa« beteuert hatte, füllten wir den *Europäi-*

schen Unfallbericht aus, ich machte zahlreiche Fotos, insbesondere auch von den Versicherungsunterlagen, der Zulassungsbescheinigung und dem italienischen Personalausweis, alles Unterlagen, die Alfio vorlegen konnte, und wir verabschiedeten uns mit Handschlag. Alfios Wagen war eigentlich nicht mehr fahrbereit, aber er fuhr trotzdem. Unser Sachschaden (siehe Foto) betrug, wie ein in Deutschland eingeholtes Gutachten ergeben hat, knapp 15.000 Euro.

In Deutschland kam uns zugute, dass vor einiger Zeit der EU-Gesetzgeber die **Regulierung von Unfallschäden** deutlich leichter gemacht hat: Wenn sich der Unfall in einem EU-Staat ereignet hat oder wenn der Unfallgegner aus der EU stammt, kann der Schaden von zu Hause aus in deutscher Sprache reguliert werden. Beim **Zentralruf der Autoversicherer** erfahren Sie in Deutschland (unsere Leser aus Österreich und der Schweiz bitten wir um Nachsicht, dass wir die Einzelheiten nicht recherchieren konnten) unter 0800-2502600 (Anrufer aus dem Ausland erreichen den Zentralruf unter +49 40 300 330 300), falls Sie das Kfz-Kennzeichen und möglichst auch die Versicherung des Unfallverursachers angegeben haben, einen Regulierungsbeauftragten, meist ein anderes Versicherungsunternehmen. Wenn Sie die Versicherung nicht kennen, ermittelt der Zentralruf anhand des Kennzeichens zunächst auch diese und den sogenannten Schadensrepräsentanten.

Bei diesem habe ich unsere Ansprüche angemeldet, wobei viel Geduld aufgebracht werden muss. Die beginnt in telefonischen Warteschleifen, und setzt sich bei der eigentlichen Schadensregulierung fort. Denn der deutsche Repräsentant handelt letztlich nur auf Weisung des italienischen Versicherers, und in einer Regulierungszeit von Monaten, wenn nicht Jahren. Allerdings verjähren nach italienischem Recht die Ansprüche nach zwei Jahren, aber man kann in Deutschland klagen, selbst wenn sich der Unfall in Italien ereignet hat. Bei Drucklegung waren seit unserem Unfall drei Monate vergangen, aber eine Regulierung war nicht in Sicht. Ich berichte dann in der nächsten Auflage und im Forum des Verlags zum Toskanabuch.

Es gilt aber das Schadensrecht des Unfallortes (also die dortigen Verkehrsregeln und auch die dortige Gesetzgebung über Schadensersatz, Schmerzensgeld, Rentenansprüche etc.). Wenn Sie in Deutschland mit Ihrer Kaskoversicherung einen sogenannten **Auslandsschadensschutz** abgeschlossen haben (kostet fast nichts), bekommen Sie dort die Ansprüche ersetzt, die Ihnen nach deutschem Recht zustehen würden, wenn sich der Unfall in Deutschland ereignet hätte (zum Beispiel die Sachverständigenkosten, die in meinem Fall über Tausend Euro betragen haben, oder die Wertminderung – Beides kennt das italienische Recht nicht). Informationen finden Sie unter *www.adac.de/Auslandsunfall*.

Die Durchsetzung von Schadensersatzansprüchen nach einem Unfall in Italien ist also wesentlich besser als früher, aber immer noch so kompliziert, dass ich Ihnen weiterhin eine **Rechtsschutzversicherung** dringend empfehle. Dass Sie für Ihr Wohnmobil eine **Vollkaskoversicherung** abschließen sollten, die sie auch nach Monaten in Anspruch nehmen können, falls der italienische Versicherer nicht reagiert hat und sie die Reparatur- oder Wiederbeschaffungskosten nicht vorlegen möchten, muss ich nicht gesondert erwähnen.

Sie haben ein Wohnmobil **gemietet**? Rufen Sie am besten Ihren Vermieter spontan von der Unfallstelle aus an, versuchen Sie die Polizei zu rufen, füllen Sie den Europäischen Unfallbericht aus, unterschreiben Sie nichts, was sie nicht verstehen. Fragen Sie Ihren Vermieter nach der Rechtsschutzversicherung. Falls er keine unterhält, Sie sich aber selbst rechtsschutzversichert haben, beispielsweise für Ihr normales Auto, genießen Sie Rechtsschutzversicherungsschutz auch als Fahrer eines fremden Autos, sofern Ihre eigenen Rechte betroffen sind. Dieses gilt für den gesamten strafrechtlichen Bereich, also für Geldstrafen, Freiheitsstrafen und auch für die Durchsetzung Ihrer eigenen Schadensersatzansprüche, wenn Sie einen Körperschaden erlitten haben.

Achten Sie darauf, dass Ihre Familienmitglieder in dieser Rechtsschutzversicherung mitversichert sind. Wir können Sie, um dieses unheilvolle Kapitel zu beschließen, nicht eindringlich genug bitten, alle diese Dinge nicht auf die leichte Schulter zu nehmen.

Schließen Sie nach einem Unfall sofort das **Gasflaschenventil**. Weitere Tipps geben wir Ihnen oben unter dem Stichwort *Notfälle* und zur **Schlauchbruchsicherung** an der Gasflasche unter *Gas*. Der Crashsensor hat übrigens in unserem Fall die Gaszufuhr nicht unterbrochen. Wahrscheinlich ist Alfio zu zart mit unserem Auto umgegangen.

Zuletzt verweisen wir auf das Stichwort *Notfälle*. Sowie darauf, dass unsere versicherungsrechtlichen Ratschläge nur für Deutschland überprüft sind.

Verkehr / Straßen / Umweltzonen / Tankstellen

Dem miserablen **Zustand** vieler Straßen sieht man die schlechte Lage der italienischen Staatsfinanzen zunehmend an. Es besteht eindeutig ein Nord-Süd-Gefälle. Selbst Schnellstraßen weisen teilweise tiefe Schlaglöcher und brutale Spurrinnen auf und verrotten von Jahr zu Jahr mehr. Zuletzt waren nur noch die Autobahnen einigermaßen schadensfrei. Daran wird sich auch in den nächsten Jahren nichts ändern. Die Straßen werden noch mehr vergammeln. Der Italienurlaub gerät durch den Zustand der Straßen allerdings nicht in Gefahr.

Auf zahlreichen Straßen muss man bis ins Frühjahr (beispielsweise vom 15.11. bis zum 15.4.) **Schneeketten** mitführen oder auf Winterreifen rollen – nicht jeder tut das (wir jedenfalls nicht). Absurderweise war beispielsweise Ende März auf der Adriaautobahn auf jeder riesigen Leuchttafel über der Fahrbahn jene Schneekettenpflicht angezeigt – bei strahlender Sonne, 20 Grad und einem ortsfesten Hoch. Die sich in diesem Zusammenhang aufdrängende Diskussion über Rechtstreue und Rechtsempfinden der Bevölkerung angesichts solcher Vorschriften führen wir hier allerdings nicht.

Das gilt auch für den **Reservekanister**. Der ist nämlich verboten. Aber Sie wären vermutlich der erste Leser, der kurz vor der Grenze die 5 l in den Fahrzeugtank umfüllt (wir besitzen übrigens keinen Kanister, sondern tanken rechtzeitig, was mit einer Kreditkarte rund um die Uhr möglich ist).

Ein Bußgeld riskieren Sie, wenn Sie keine **Warntafel** an Ihrem überstehenden Heckgepäckträger angebracht haben, selbst wenn dieser hochgeklappt ist. Der sogenannte *Panello* muss aus Alu sein, die früher gebräuchliche Plastiktafel ist bei Einheimischen bisweilen noch im Einsatz, sie wurde aber schon vor Jahren verboten. Und es hört sich nicht an wie ein Gerücht, wenn gemunkelt wird, die Warntafelindustrie habe Dankesschreiben an die Bürokratie geschickt.

Die Empfänger solcher Post sind dieselben, denen die Warnwestenindustrie die Füße küsst, muss doch in Italien und Österreich, wie längst auch in Deutschland und der Schweiz, jeder, der pannen- oder unfallbedingt sein Auto verlässt, eine **Warnweste** tragen, also auch die Beifahrer. Sie müssen diese also griffbereit aufbewahren tragen diese vor Aufregung und Eile dann doch nicht, wie unser eigenes Unfallerlebnis zeigt.

Die Glühlampenindustrie wird sich über verstärkten Birnenverbrauch freuen und ebenfalls Danke sagen: Seit dem Jahr 2003 ist in Italien außerorts auch tagsüber auf allen Straßen **Abblendlicht** oder **Tagfahrlicht** vorgeschrieben. Österreich hat die Lichtpflicht wieder abgeschafft, dafür wurde sie in der Schweiz eingeführt.

Die Strafen sind saftig: 200 Euro, wenn der *Panello* fehlt. 1.000 Euro und der Führerschein sind nach einer Geschwindigkeitsüberschreitung von mehr als 40 km/h in den Händen der Polizei. Für Geschwindigkeitsüberschreitung unter 40 km/h können zwischen 100 und 400 Euro fällig werden. Selbst wer nur bis zu 10 km/h zu schnell ist, zahlt zwischen 45 und 100 Euro. Kurvenschneiden oder das Befahren des Seitenstreifens der Autobahn bringen ebenfalls den Führerschein in Gefahr.

Dafür werden **stationäre Blitzer** durch Verkehrsschilder und auffällige Lackierung deutlich angezeigt. Man zahlt also für seine Unaufmerksamkeit.

Wenn die Parkplatzmarkierungen aus **blauen Linien** bestehen, ist der Parkscheinautomat nicht weit, das Parken kostet nämlich Geld. Gerade auf kommunalen Stellplätzen kommt immer mehr blaue Farbe zum Einsatz. **Gelbe Linien** bedeuten Parkverbot.

Zebrastreifen sind für deutsche Fußgänger gefährlich, weil italienische Autos nicht anhalten – und für deutsche Autos, wenn sie anhalten. Damit rechnet kein italienischer Hintermann. Beides hat sich allerdings in den letzten Jahren gebessert.

Auf den Autobahnen ist an den **Mautstellen** größte Vorsicht geboten. Wer sich auf der falschen Spur eingeordnet hat, weil er zum Beispiel die **gelbe** Spur für den *Telepass* mit der **blauen** Spur für die *VIAcard* verwechselt hat und dann rückwärtsfährt, muss sich einen Ersatzfahrer suchen, falls die Polizei zuschaut. Die zieht dann den Führerschein ein, weil man auf der Autobahn bekanntlich nicht rückwärtsfahren darf. Wenn Sie also in die falsche Spur gelangt sind, bleiben Sie besser stehen und warten Sie, bis Ihnen das Personal zu Hilfe kommt. Nehmen Sie dennoch auf **italienischen Autobahnen** die mit ***VIAcard*** (oder *CARTE*) gekennzeichnete **blaue Spur** und stecken Sie Ihre Kreditkarte (*Visa* und *Eurocard* funktionieren, aber nicht die sogenannte *ec-Karte = girocard*) in den Schlitz, und ziehen Sie die Karte erst raus, wenn ein grünes Licht leuchtet! Viele italienische Wohnmobilisten und deutsche Vielfahrer besitzen einen *Telepass,* ein kleines elektronisches Gerät, das man hinter die Windschutzscheibe legt. Die Maut wird dann vom Konto eingezogen *(www.tolltickets.com/country/italy/telepass.aspx)*.

Ab **1,5 Promille Blutalkohol** wird Ihr WOMO vom italienischen Staat eingezogen und versteigert. Sie bekommen vom Erlös aber keinen Cent ab!

Zur Schonung Ihrer Urlaubskasse nachfolgend eine Tabelle über die erlaubten Höchstgeschwindigkeiten (km/h) für Fahrzeuge bis 3,5 t zulässiges Gesamtgewicht. Fahranfänger dürfen in Italien in den ersten drei Jahren auf Autobahnen nur 100 km/h fahren; WOMOs über 3,5 t müssen außerorts, auf Schnellstraßen bei 80 Km/h und auf Autobahnen bei 100 km/h vom Gas gehen:

	Autobahn	**Landstraße**	**Ortschaft**
Schweiz	120	80	50
Österreich	130	100	50
Italien	130	90	50

Eine **grüne Versicherungskarte** ist für Italien wie auch für die Transitländer nicht erforderlich, sie wird aber allgemein empfohlen, spielte aber bei unserem eigenen Unfall keine Rolle. Wir empfehlen Ihnen ferner dringend eine **Vollkaskoversicherung mit Auslandsschadensschutz** und einen **Schutzbrief**, beides halten wir, genauso wie die **Rechtsschutzversicherung** für eine Selbstverständlichkeit wie auch die Auslandskrankenversicherung.

Bei Drucklegung gab es im Zielgebiet zwar verschiedene **Umweltzonen** oder **Fahrverbotszonen**, aber keine hat uns erwähnenswert beeinträchtigt. Eine Fahrverbotszone heißt *'zona traffico limitato'* oder *'ZTL'*. Solche Zonen werden automatisch kameraüberwacht, die Kennzeichen werden fotografiert. Die Strafe für verbotenes Einfahren beginnt bei 85 Euro.

Bei den **Umweltzonen** werden Dieselfahrzeuge als Euro 0 bezeichnet, die unterhalb der Schadstoffklasse Euro 1 liegen. Auf den Einfahrtverbotsschildern stehen häufig nicht einfach die Euro-Klassen, sondern (allein oder zusätzlich) die Kürzel der EU-Verordnungen, die die Euro Klassen definieren. Demnach fallen beispielsweise Fahrzeuge in die Klasse Euro 1, wenn in der Zulassungsbescheinigung die Kürzel 91/441, 91/542 oder 93/59 erscheinen usw. Mit anderen Worten: Sie müssen die Eintragung in der Zulassungsbescheinigung (ich weiß nicht, wie dieses Papier in Österreich und in der Schweiz heißt – ein Leser könnte das mal übersetzen) mit dem Verkehrsschild vergleichen.

Das **Tankstellennetz** ist in Italien dicht. Man tankt nur noch an **Selbstbedienungssäulen** (Achtung dort gibt es oft auch mit ‚*servito*' gekennzeichnete Bediensäulen, die wesentlich teurer sind) und bezahlt mit Scheinen oder der Kreditkarte. Manchmal klappt der Vorgang nicht auf Anhieb, meistens hat man dann den Zapfhahn zu früh an der Säule abgehängt, bevor der Automat die Säule freigegeben hat. Aber unsere Visa-Karte hat seit Jahren ausnahmslos funktioniert.

Wanderungen

Wir möchten Sie bei den Reisebeschreibungen mit einigen selbst getesteten Vorschlägen zu Wanderungen und Spaziergängen verleiten. Wandern oder, wie die Italiener sagen, *Trekking*, ist in der Toskana längst in Mode. Nur sind leider die äußeren Voraussetzungen dafür nicht gerade ideal. Im Sommer ist es heiß, und lange, schattige Wege dürfen Sie nicht überall erwarten. Sonst haben sich die Bedingungen in den letzten Jahren verbessert. Man findet erstaunlich viele markierte und sogar beschilderte Wege.

Und dazu flächendeckend **Wanderkarten**: Der Südtiroler Kompass-Verlag *(www.kompass.at)* hat im Maßstab 1:50.000 für das ganze Gebiet Karten herausgegeben, die Sie in der Toskana in fast jedem touristisch orientierten Ort bekommen. Sie können sie auch schon in der heimischen Buchhandlung oder in Deutschland portofrei direkt beim Verlag bestellen. Die neuen Ausgaben sind wegen des wasserfesten Materials und weil sie bis auf eine Ausnahme auch auf der Rückseite bedruckt sind, etwas sperrig, aber ausreichend übersichtlich und meistens besser als italienische Karten im Maßstab 1:25.000 *(Carta dei sentieri)*. Am besten ist die Kompass-Wanderkarte über Elba, weil dort der Maßstab 1:30.000 beträgt. In Deutschland können Sie alle Karten und, wenn Sie es wünschen, nach kompetenter Beratung beim Reisebuchladen Heidelberg/Karlsruhe bestellen *(www.reisebuchladen-heidelberg.de)*. Das habe ich ebenfalls getestet, und überhaupt ist diese Adresse eine erste Adresse für Reiseliteratur.

Früher oder später werden Sie sich mit einer **Kartenapp** auf dem Smartphone anfreunden. Diese bietet fast zu hundert Prozent Gewähr für ein Wanderleben ohne Irrwege. Dabei sollte man in das Kartenprogramm eine Karte laden können, auf der Wanderwege eingezeichnet sind. Dann sieht man nämlich auf dem Smartphone stets, ob man noch auf dem richtigen Weg ist. Digitale Karten ohne eingezeichnete Wanderwege sind daher nach unseren Erfahrungen weniger sinnvoll. Wir haben gute Erfahrungen mit der **Kompass-App Pro** gemacht, die es für die Toskana flächendeckend gibt (siehe unter www.kompass.de/app-anleitung/ und www.kompass.de/produkte/kompasspro/ für 19,99 Euro im Jahr. Infrage kommt ebenso die App von ***ape@map***, die in der Pro-Version sinnvoll ist, weil man Karten offline benutzen kann (19,90 Euro), zu der man für unser Gebiet die *Kompass-Wanderkarten* über die Toskana für 9,99 Euro ohne zeitliche Begrenzung dazu kaufen kann (http://apemap.com/shop3/). Dann bekommen Sie zusätzliche Wege in einem besseren Maßstab. Alle Kompasskarten enthalten kleinere Fehler, aber die App ist wirklich eine sehr gute Lösung.

Eine gute Lösung ist das **Gold-Abo** von **Rother**, bei dem Sie für 29,99 € pro Jahr alle elektronischen Produkte des **Verlages Rother** laden können, darunter sämtliche *Guides*, und mit dem Sie gute Karten mit den meisten markierten Wanderwegen zusätzlich erhalten. Die *Guides* ihrerseits sind Apps, mit denen alle Touren eines **Rother-Wanderführers** über die Toskana digital

– und zwar offline – zur Verfügung stehen, also die digitalen Ausgaben der gedruckten Bücher von **Heitzmann/Gabriel**, ***Toskana Nord*** sowie von **Rolf Goetz** ***Toskana Süd***.

Bislang nur gedruckt gibt es den Wanderführer von Rother über Elba. Im gedruckten MM-Wanderführer von **Britta Ullrich** aus dem **Michael Müller Verlag**, werden ungewöhnliche Strecken empfohlen werden.

Für einen Wanderurlaub mit Ihrem Nachwuchs unverzichtbar ist ***Südtoskana und Elba mit Kindern*** von **Inge Kraus** und **Stefanie Holtkamp** im **Naturzeit Reiseverlag**.

Nachfolgend fasse ich die in diesem Buch abgewanderten Strecken zur besseren Übersicht noch einmal zusammen:

Von Calci auf den Monte Verruca (Tour 1)
Spaziergang auf dem Stadtwall von Lucca (Tour 2)
Von Vinci zum Geburtshaus von Leonardo (Tour 3)
Vom ehem. Bahnhof v. Carmignano nach Artimino (Tour 3)
Rundwanderung bei Fiesole (Tour 4)
Von Greve zum Sugamepass (Tour 5)
Von Greve nach Montefioralle (Tour 5)
Von Radda nach Volpaia (Tour 5)
Von der Badia a Coltibuono nach Gaiole (Tour 5)
Rundweg bei Certaldo (Tour 6)
Rundweg bei San Gimignano (Tour 6)
Von Santa Lucia nach Montauto (Tour 6)
Zu den Fumarolen von Sasso Pisano (Tour 7)
Baden in der Farma (Tour 7)
Von Montalcino zum Kloster Sant'Antimo (Tour 8)
Von Bagno Vignoni zum Castello Ripa d'Orcia und nach Vignoni (Tour 8)
Von Montepulciano nach Monticchiello (Tour 9)
Rundgang beim Kloster Monte Oliveto Maggiore (Tour 9)
Von Cortona zur antiken Strada Basolata (Tour 11)
Von Sovana zu den Etruskergräbern (Tour 12)
Von Talamone in den Naturpark der Maremma (Tour 13)
Von Alberese in den Naturpark der Maremma (Tour 13)
Von Capoliveri zum Monte Calamita (Tour 15)
Von Porto Azzurro zur Kirche Mad. di Monserrato (Tour 15)
In die Bucht von Terranera (Tour 15)
Von Marciana Marina nach Sant'Andrea (Tour 15)

Wein

Auch in Italien gilt die 0,5 Promille-Grenze. Allzu tief sollten Sie also bei der Weinprobe nicht ins Glas schauen (siehe auch unter *Verkehr*).

Die Auswahl von **Weißweinen** ist in der Toskana relativ einfach, diesbezüglich werden ohnehin keine Superlativen geboten, dafür schmeckt aber auch schon die Flasche *Vernaccia di San Gimignano* oder *Bianco di Pitigliano* für etwa 8-10 Euro. Die Weißweine eignen sich nach unserer Meinung nicht zum Mitnehmen, da füllen wir freien Gepäckraum schon lieber mit Rotem.

Vieles, was als **Rotwein** mit der Qualitätsbezeichnung DOC in den Regalen der Geschäfte steht, ist höchstens mittelmäßig, eher sogar schlecht. Wenn Sie eine solche Flasche für weniger als sieben bis acht Euro im Supermarkt erstanden haben, werden Sie wahrscheinlich keine Offenbarung erleben. Das gilt besonders für Chianti-Weine, unter denen das Angebot riesengroß ist. In der Supermarkt-Preisklasse bis zehn Euro trinkt man mindestens neun mäßige Flaschen aus, bevor man auf eine beachtenswerte trifft. Ihnen muss klar sein, dass man für diesen Preis normalerweise keinen wirklich guten Wein herstellen kann, jedenfalls nicht, wenn daran noch der Handel verdient hat. Einst hat mir ein Leser geschrieben, es wäre diskriminierend, Ihnen zu sagen, guter Wein koste normalerweise über acht Euro. Leider ist guter Wein nicht billig, aber niemand ist ein schlechter Mensch, wenn er dafür kein Geld ausgeben kann oder will. Soll ich meine knappen Worte streichen, weil der größere Teil unserer Leser Tee, Bier oder Wein aus dem Supermarkt trinkt? Und was tun wir mit den Wanderstrecken, den Kirchen, den Museen, den Campingplätzen und den Restaurants?

Die Rotweinpreise sind leider in den letzten Jahren erbarmungslos gestiegen und haben kein Anbaugebiet verschont. Und bei Drucklegung sind wegen des Ukrainekrieges weitere Preissteigerungen zu erwarten.

Bei Tour 16 haben Sie den teuersten und angeblich besten Rotwein Italiens kennen gelernt. Jetzt wird Ihnen verraten, dass der Erzeuger dieses Edelgetränkes, die *Tenuta San Guido*, mit dem *Le Difese* auch einen »kleinen« Zweitwein anbietet, für zwischen 21 und 23 Euro. Die preiswerteste Bezugsadresse (ich war nicht im Weingut selbst) habe ich nicht in Italien entdeckt, sondern in Deutschland unter www.superiore.de/. Der Wein lohnt sich!

In Vorauflagen durfte ich Ihnen vom *Brunello di Montalcino* vorschwärmen und von seinem kleinen Bruder, dem *Rosso*. Ich tue das nicht mehr. Ich habe schon bei der 8. Tour keine Weingüter mehr genannt. Früher, in der Jugend, tranken wir auch keinen *Brunello* und hatten Spaß. Heute trinken wir höchstens noch *Rosso*, der ist allemal besser als der *Lambrusco* oder *Kalterer See* von früher, als wir noch Spaß hatten. Und viele moderne Chiantis sind sowieso besser als die Chiantis von früher und um Klassen besser als die Chiantis von heute, wenn sie aus den Regalen bestimmter, hier ungenannter Ladenketten stammen.

Und der Spaß, den ich hatte, als ich mich bei der Neuauflage intensiv mit der Toskana beschäftigt habe, muss auch nicht mehr mit einem *Brunello* abgerundet werden. Weder literarisch noch real am Schreibtisch. Ich trinke ein Bier. Und ich trinke es aus der Flasche wie früher, als ich auch schon ein ordinäres Bier jedem schlechten Rotwein vorgezogen habe. Aber zu Zeiten, als die schlechten Rotweine wenigstens preiswert waren.

Und wenn sich der Reisende in der Toskana ein wenig erfrischt, trinkt er schon seit Jahren keinen Wein mehr, sondern, wie die Italiener sagen, *Aperol-Spriiiiieetz'*.

Stichwortverzeichnis

A
Abbadia San Galgano 177
Abbadia San Salvatore 246
Abbazia di Camaldoli 224
Abbazia di La Verna 225
Abbazia di Monte Oliveto Maggiore 213
Abbazia di Sant'Antimo 186
Abbazia di Vallombrosa 220
Abtei Santi Salvatore e Cirino 142
Airolo 349
Alberese 277
Andermatt 349
Anghiari 226
Anreise 347
Ansedonia 267
Apotheken 364
Apuanische Alpen 15
Arcidosso 248
Arezzo 228
Artimino 74
Ärzte 363
Asciano 216
Aulla 52
Autoaufbrüche 351

B
Badia a Coltibuono 117
Badia a Isola 142
Badia a Passignano 123
Bagnaia 301
Bagni di Lucca 46
Bagni di Petriolo 181
Bagni San Filippo 243
Bagno Vignoni , 192
Balze 163
Baratti 293
Barbarossa-Bucht 308
Barberino Val d'Elsa 123
Barga 47
Bibbiena 224
Bolgheri 338
Borgo a Mozzano 46
Botschaften 364
Bucht von Terranera , 311
Buonconvento 212
Burano 267

C
Calamoresca 292
Calci 34
Camaldoli 224
Campiglia Marittima 331
Campingplätze 353
Camporgiano 52
Capalbio , 263
Capoliveri 302
Capraia e Limite 72
Caprese Michelangelo 225
Carmignano 72
Carrara 19
Cascate del Gorello 257
Casentino 220
Casola in Lunigiana 52
Castagneto Carducci 333
Castel del Piano 247
Castellina in Chianti 110
Castello di Brolio 120
Castello di Meleto 120
Castello di Romena 222
Castello di Vignoni 194
Castello Ripa d'Orcia 197
Castelnuovo dell'Abate 188
Castelnuovo di Garfagnana 51
Castiglioncello 345
Castiglione della Pescaia 284
Castiglione di Garfagnana 52
Castiglione d'Orcia 197
Cavo 315
Cavriglia 116
Cécina 343
Certaldo 126
Certaldo Alto 127
Certosa di Pisa 35
Cetona 240
Chianciano Terme 241
Chiarone 267
Chiusi 239
Chiusure 215
Colle di Val d'Elsa 140
Colline Metallifere 166
Collodi 55
Colonnata 15
Convento di Nicosia 36
Coreglia Antelminelli 50
Cortona 234
Costa Concordia 270
Crete 200
Crete di Lucciolabella 242
Cupola di San Michele Arcangelo 126

D
Diebstahl 351
Dreamwoods 179

E
Elba 297
Enfola 323
Entsorgungsstationen 369

Eremo di Camaldoli 224

F

Farma 176
Feiertage 365
Fiesole 93
Figline Valdarno 107
Firenze 78
Florenz 78
Follonica 291
Fonteblanda 272
Fonte di Napoleone 319
Fortullino 345
Fosso Bianco 244
Freies Camping 354
Fumarolen 167

G

Gaiole in Chianti 120
Garfagnana 45, 51
Gas 356
Geld 358
Geschichte 359
Getränke 363
Giardino dei Tarocchi 265
Giardino di Daniel Spoerri 247
Golfo di Baratti 293
Golf von Lacona 316
Gotthard-Pass 349
GPS 361
Greve in Chianti 100
Grondola 14
Grosseto 281
Grotta del Vento 53

H

Halbinsel Enfola 323
Hartheim/Rhein 348
Hunde 362

I

Isleten 348

K

Kißlegg 350
Klima 365
Kloster La Verna 225
Kloster Monte Oliveto Maggiore 213
Kloster San Galgano 177

L

Lacona 316
La Foce 242
Laghetto di Terranera 312
Lago dell'Accesa 171
Lago di Chiusi 239
Lago di Massaciuccoli 25
Lagune von Burano 267
Landkarten 362
Larderello 166
Lardo di Colonnata 17
La Verna 225
Lebensmittel 363
Le Rocchette 287
Lido di Camaiore 21
Literatur 363
Livorno 346
Lucca 39
Lucignano 233

M

Madonna di Monserrato , 310
Magazzini 301
Manciano 261
Marcialla 126
Marciana 318
Marciana Marina 319
Marina di Alberese 278
Marina di Bíbbona 338
Marina di Campo 317
Marina di Carrara 21
Marina di Castagneto 336
Marina di Grosseto 282
Marina di Pescia Romana 266
Marina di Pisa 34
Marinella di Sarzana 21
Marmorsteinbrüche 15
Massaciuccoli 25
Massa Marittima 168
Mazzanta 343
Miseglia 17, 19
Montalcino 183
Montauto 139
Monte Amiata 246
Monte Argentario 270
Monte Calamita 304
Monte Capanne 318
Montecatini Alto 59
Montecatini Terme 58
Monte Ceneri 349
Montefioralle 105
Montemagno 35
Montemerano 261
Monte Oliveto Maggiore 213
Montepulciano 206
Monterchi 227
Monteriggioni 141
Monterotondo Marittimo 168
Monte San Michele 116
Monte San Savino 233
Montescudaiao 343
Monte Verruca 36
Monticchiello 209
Monticello Amiata 248
Mortelliccio 292

N
Napoleon 326
Naturpark der Maremma 275
Navigation 361
Necropoli di Prato Rosello 77
Nesselwang 350
Neuhausen 349
Niki de Saint-Phalle 265
Nisporto 302
Notfälle 363
Notruf 364

O
Öffnungszeiten 368
Orbetello 269

P
Panzano in Chianti 108
Parco Faustico del Monte Amiata 248
Parma 349
Paso della Consuma 220
Passo del Sugame 104
Pescia 57
Petriolo 181
Pienza 201
Pieve di Romena 222
Pineta 340
Pinocchio 55
Piombino 292
Pisa 26
Pistoia 61
Pitigliano 251
Poggio a Caiano , 73
Pontassieve 219
Pontremoli 13
Poppi 223
Porto Azzurro 306
Porto Ercole 268
Portoferraio , 300
Prato 96
Pratolino 95
Pratovecchio 222
Preise 364
Procchio 322
Puccini 26
Punta Ala 289
Punta delle Grotte 300

R
Radda in Chianti 111
Rad fahren 364
Radicofani 244
Radicondoli 180
Rapolano Terme 216
Reale-Bucht 311
Reisezeit 365
Reschensee 351
Restaurants 367
Rheinfall 349
Rio Marina 313
Rio nell'Elba 312
Roccastrada 173
Roccatederighi 176
Roselle 281
Rosignano-Solvay 344
Rückholz 350

S
Salivoli 292
San Baronto 63
San Filippo 243
San Galgano 177
San Gennaro 56
San Gimignano 130
San Giovanni d'Asso 215
San Giuliano Terme 37
San Miniato 68
San Quirico d'Orcia 190
San Romano in Garfagnana 52
San Salvatore 246
Sansepolcro 225
Santa Fiora 248
Sant'Albinia 295
Santa Lucia 138
Santa Maria di Rispecia 279
Sant'Andrea 321
Sant'Antimo 186
San Vincenzo 333
Sarteano 240
Sasso Pisano 167
Saturnia 257
Scansano 261
Schönste Dörfer 368
Sehenswürdigkeiten 368
Serchio 52
Seregola-Bucht 314
Siena 143
Sorano 251
Sovana 253
Spiaggia di Ferrato: 305
Spoerri, Daniel 247
Stazione di Carmignano 77
Stellplätze 354
Sterzing 351
Stia 221
Sticciano Alto 173
Straßen 372
Strove 140
Sugamepass 103
Suvereto 332

T
Talamone 272
Tankstellen 372
Tarot-Garten 265

Telefonieren 369
Terranera 311
Teufelsbrücke 46
Toiletten 369
Tómbolo della
Giannella 271
Tómbolo di Feniglia , 268
Topinetti-Bucht 314
Torniella 176
Torre del Lago 26
Torre del Lago Puccini 24
Torre Mozza 291

U
Umweltzonen 372
UNESCO-Liste 369
Unfall 370
Uzzano Alto 57

V
Val d'Orcia 205, 211
Vallombrosa 220
Venturina 331
Verkehr 372
Versilia-Küste 25
Vetulonia 172
Via Francigena 45
Viareggio 22
Vicopisano 37
Vignoni 195
Villa a Tolli 186
Villa Demidoff 95
Villa Mansi 45
Villa Napoleone 322
Villa San Martino 322
Villa Torrigani 45
Vinci 65

Vipiteno 351
Volpaia 114
Volterra 157

W
Wanderungen 374
Wasser 369
Wasserfällen von Saturnia 257
Wein 375
WOMO-Parkplätze 354

Bildnachweise:

Alle WOMO® Reiseführer auf einen Blick

Albanien, Ulrike und Frank Staub
Allgäu, Heiner Newe
Andalusien, Christina und Christian Winkler
Auvergne, Esther Vergenz
Baden-Württemberg, Heiner Newe
Baltikum, Stefanie Holtkamp und Andrea Bergmann
Bayern Der Nordosten, Heiner Newe
Bayern Der Südosten, Christina und Christian Winkler
Bayern Der Nordwesten, Heiner Newe
Belgien/Luxemburg, Ulrike und Frank Staub
Bretagne, Anette Scharla-Dey und Franz Peter Tschauner Neu 2023
Burgund, Ralf Gréus
Dänemark, Anke Globi
Elsass, Ralf Gréus
England Der Süden, Christina und Christian Winkler
England Der Norden, Christina und Christian Winkler
Finnland, Uwe und Annegret Rohland
Französische Alpen, Heiner Newe Neu 2023
Französische Atlantikküste Der Norden, Esther Vergenz
Französischer Jura, Heiner Newe
Griechenland, Waltraud Roth-Schulz und Reinhard Schulz Neu 2023
Harz, Heiner Newe
Hessen Der Norden, Anette Scharla-Dey und Franz Peter Tschauner
Hessen Mitte und Süden, Anette Scharla-Dey und Franz Peter Tschauner
Hunsrück/Mosel/Eifel, Anette Scharla-Dey und Franz Peter Tschauner
Irland, Uwe und Annegret Rohland
Island, Jutta und Alexander Ramin Neu 2023
Korsika, Waltraud Roth-Schulz und Reinhard Schulz
Kroatien, Silvia Sussmann und Peter Simm
Languedoc-Roussillon, Ralf Gréus
Ligurien, Ralf Gréus Neu 2023
Lothringen, Friedrich Riehl
Lüneburger Heide, Heiner Newe
Marokko, Ulrike und Frank Staub
Mecklenburg-Vorpommern Teil 1, Stefanie Holtkamp und Andrea Bergmann
Mecklenburg-Vorpommern Teil 2, Stefanie Holtkamp und Andrea Bergmann
Mittel-Italien, Friedrich Riehl
Münsterland, Regina Stockmann
Namibia, Ute Nast-Linke und Frank Linke
Neuseeland Der Norden, Andrea Lossen und Dieter Giesen
Neuseeland Der Süden, Andrea Lossen und Dieter Giesen
Niederlande, Friedrich Riehl
Normandie, Anette Scharla-Dey und Franz Peter Tschauner
Norwegen Der Süden, Waltraud Roth-Schulz und Reinhard Schulz
Norwegen Der Norden, Waltraud Roth-Schulz und Reinhard Schulz
Österreich Der Osten, Christina und Christian Winkler
Österreich Der Westen, Christina und Christian Winkler

Weitere Infos unter **www.womo.de**

Ostfriesland, Heiner Newe
Pfalz, Ralf Gréus
Piemont und Aostatal, Ralf Gréus
Peloponnes, Waltraud Roth-Schulz und Reinhard Schulz
Polen Der Norden, Nicola Kluftinger
Portugal Der Norden, Stephanie Seufert
Portugal Der Süden, Stephanie Seufert
Provence Der Westen, Ralf Gréus
Provence Der Osten, Ralf Gréus
Pyrenäen, Stefanie Holtkamp und Andrea Bergmann Neu 2023
Rumänien, Christina und Christian Winkler
Sachsen, Anette Scharla-Dey und Franz Peter Tschauner
Sardinien, Waltraud Roth-Schulz und Reinhard Schulz
Schleswig-Holstein und Hamburg, Heiner Newe
Schottland, Uwe und Annegret Rohland
Schwarzwald, Ralf Gréus
Schweden Der Norden, Uwe und Annegret Rohland Neu 2023
Schweden Der Süden, Waltraud Roth-Schulz und Reinhard Schulz
Schweiz Der Osten, Stefanie Holtkamp und Andrea Bergmann
Schweiz Der Westen, Stefanie Holtkamp und Andrea Bergmann
Sizilien, Christina und Christian Winkler
Slowakei, Ulrike und Frank Staub
Slowenien, Silvia Sussmann und Peter Simm
Spanien Der Norden, Waltraud Roth-Schulz und Reinhard Schulz Neu 2023
Spanien Der Osten, Waltraud Roth-Schulz und Reinhard Schulz
Süditalien Der Osten, Waltraud Roth-Schulz und Reinhard Schulz
Süditalien Der Westen, Waltraud Roth-Schulz und Reinhard Schulz
Südafrika Krügernationalpark, Ute Nast-Linke und Frank Linke
Südwestfrankreich, Stefanie Holtkamp und Andrea Bergmann
Südtirol, Waltraud Roth-Schulz und Reinhard Schulz
Tal der Loire und Paris, Anette Scharla-Dey und Franz Peter Tschauner Neu 2023
Thüringen, Katja Eisenschmidt
Toskana und Elba, Ralf Gréus Neu 2023
Trentino, Silvia Sussmann und Peter Simm
Tschechien, Eva und Steffen Peuker
Umbrien und Marken, Ralf Gréus Neu 2023
Ungarn, Silvia Sussmann und Peter Simm
Venetien und Friaul, Christina und Christian Winkler Neu 2023
Wales, Christina und Christian Winkler
Zentralspanien Der Osten, Ulrike und Frank Staub Neu 2023
Zentralspanien Der Westen, Ulrike und Frank Staub Neu 2023

Außerdem im Programm:
Die gordische Lüge – Reiseroman, Ralf Gréus
Allgemeines Wohnmobil Handbuch, Reinhard Schulz
Allgemeines Wohnmobil Kochbuch, Waltraud Roth-Schulz
Heitere Wohnmobil Geschichten, Silvia Sussmann und Peter Simm

Ihr WOMO® Stellplatz-Dienst

Wir führen Sie zu den **schönsten Orten**, die unsere erfahrenen Autoren **selbst besucht und getestet** haben. Die GPS-Daten ihrer Stell- und Campingplatz-Empfehlungen finden Sie im Online-Shop unter **www.womo.de**

Mehr erfahren. Mehr erleben.

womo.de ist der **Spezialist** für Ihren entspannten **Erlebnisurlaub auf vier Rädern**. Profitieren Sie für Ihre Reisevorbereitung und -planung von unserer **jahrzehntelangen Erfahrung**.
Seit 2022 arbeiten wir daran, Bewährtes noch besser zu machen: Dazu gehört die **moderne Optik** unserer neu gestalteten und **neu aufgelegten** Reiseführer.

Selbstverständlich werden unsere WOMO-Reiseführer permanent auf einen **aktuellen inhaltlichen Stand** gebracht. Jeder einzelne bietet eine Fülle an Ideen, Inspiration und Information **für Ihren Erlebnisurlaub**.

Wenn Sie persönliche Anregungen oder **konkrete Fragen zu Ihrer Reiseplanung haben**, dann schreiben Sie uns gern unter: **verlag@womo.de**

Den kostenlosen Download-Link für die **GPS-Daten** zu diesem WOMO-Reiseführer finden Sie im Shop unter:
www.womo.de
Ihr Passwort lautet:
Tg1kdA

WOMO®
Der Wohnmobil-Verlag
An der Liethe 4
36452 Kaltennordheim
Telefon: 036946 20691
www.womo.de